全国高职高专教育"十一五"规划教材

民 法
Min Fa

王 彦 主 编
许建苏 吕新建 副主编

高等教育出版社·北京
HIGHER EDUCATION PRESS BEIJING

内容提要

本书是全国高职高专教育"十一五"规划教材。全书分为民法概论、民事主体、民事法律行为、民事权利、民事责任5编,包括民法概述、民事法律关系、诉讼时效和期限、自然人、法人和非法人组织、民事法律行为概述、代理、人身权、物权、债权、继承权、违约责任、侵权责任共13章内容。

本书密切关注法学研究、立法和法律实践动态,充实了最新法律知识;注重对学生实务能力的培养,各章根据知识重点、难点设有丰富的案例,章后还设有"综合训练",以鲜活、典型的案例来培养学生的综合职业素质和能力。

本书可作为高等职业院校、高等专科学校、成人高等教育、应用型本科院校、五年制高职法律类专业课程教材,也可作为社会从业人士的业务参考书和培训用书。

图书在版编目(CIP)数据

民法/王彦主编. —北京:高等教育出版社,2010.1(2016.1 重印)
ISBN 978-7-04-028592-5

Ⅰ. 民… Ⅱ. 王… Ⅲ. 民法-中国-高等学校:技术学校-教材 Ⅳ. D923

中国版本图书馆 CIP 数据核字(2009)第 242124 号

| 策划编辑 | 高 飞 | 责任编辑 | 刘柏才 | 封面设计 | 张志奇 | 版式设计 | 余 杨 |
| 责任校对 | 王 雨 | 责任印制 | 刘思涵 | | | | |

出版发行	高等教育出版社	咨询电话	400-810-0598
社　　址	北京市西城区德外大街4号	网　　址	http://www.hep.edu.cn
邮政编码	100120		http://www.hep.com.cn
印　　刷	唐山市润丰印务有限公司	网上订购	http://www.landraco.com
开　　本	787×960　1/16		http://www.landraco.com.cn
印　　张	18	版　　次	2010年1月第1版
字　　数	410 000	印　　次	2016年1月第5次印刷
购书热线	010-58581118	定　　价	29.90元

本书如有缺页、倒页、脱页等质量问题,请到所购图书销售部门联系调换
版权所有　侵权必究
物料号　28592-00

前　言

　　为进一步适应高等职业法律教育教学的要求，充分体现理论和实践相结合、培养应用性人才的高职教育目标，我们组织编写了这部民法教材。此教材的编写是高等职业法律教育人才培养模式改革的重要组成部分，是提高教学质量、实现高职教育工学结合的重要举措。

　　本书的编写有四个特点，一是参编人员多为既有深厚理论基础、又有丰富实践经验的教师；二是大量增加了实践教学的内容，以鲜活案例来培养学生的综合素质；三是密切结合法律动态，把最新的法律知识充实进来；四是教材体例有所创新，增加了知识目标、能力目标的提示及能力培养的综合训练。通过这些改革，我们力求通过教材的编写和使用，实现高职法律人才培养的目标，为社会培养更多的应用人才。

　　全书由王彦担任主编并统稿，许建苏、吕新建担任副主编。各章编写分工如下：第一、二、四章由赵欣编写；第三、六、七章由吕新建编写；第五、十三章由程玲编写；第八章由许建苏编写；第九章由王彦、许建苏、王艳玲编写；第十章由刘志秀、程玲、王伟英编写；第十一章由李静芹、许建苏编写；第十二章由刘志秀、王伟英编写。

　　在编写本书的过程中，我们参阅并引用一些书籍的某些观点及材料，均在参考文献中列明，在此谨向有关作者深表谢意。

　　虽然我们努力创新，精心组织，但由于编者水平有限，难免有疏漏之处，恳请各位读者不吝赐教。

编　者

2009 年 11 月

目 录

第一编 民法概论

第一章 民法概述 ………… 3
第一节 民法的概念、调整对象和特征 ………… 3
第二节 民法的基本原则 ………… 6
第三节 民法的表现形式和适用范围 ………… 9
第二章 民事法律关系 ………… 12
第一节 民事法律关系概述 ………… 12
第二节 民事法律事实 ………… 15
第三节 民事权利、民事义务、民事责任 ………… 16
第三章 诉讼时效和期限 ………… 23
第一节 诉讼时效 ………… 23
第二节 期限 ………… 29

第二编 民事主体

第四章 自然人 ………… 33
第一节 自然人的民事权利能力和民事行为能力 ………… 33
第二节 监护 ………… 37
第三节 宣告失踪和宣告死亡 ………… 40
第四节 个体工商户和农村承包经营户 ………… 43
第五章 法人和非法人组织 ………… 46
第一节 法人概述 ………… 46
第二节 法人的民事权利能力和民事行为能力 ………… 48
第三节 法人的成立、变更和终止 ………… 50
第四节 非法人组织概述 ………… 54
第五节 合伙 ………… 56

第三编 民事法律行为

第六章 民事法律行为概述 ………… 63
第一节 民事法律行为的概念和特征 ………… 63
第二节 民事法律行为的形式和分类 ………… 64
第三节 民事法律行为的有效条件 ………… 68
第四节 无效民事行为，可变更、可撤销民事行为和效力待定民事行为 ………… 69
第五节 附条件和附期限的民事法律行为 ………… 74
第七章 代理 ………… 78
第一节 代理概述 ………… 78
第二节 代理权的行使和消灭 ………… 82
第三节 无权代理 ………… 85

第四编 民事权利

第八章 人身权 ………… 91
第一节 人身权概述 ………… 91
第二节 人格权 ………… 94
第三节 身份权 ………… 104

第九章	物权 …………………… 107	第三节	债的移转 ………………… 178
第一节	物、物权和物权法 ……… 107	第四节	债的消灭 ………………… 182
第二节	物权变动 ………………… 115	第五节	合同概述 ………………… 186
第三节	所有权 …………………… 120	第六节	合同分则 ………………… 199
第四节	善意取得 ………………… 125	第七节	侵权行为 ………………… 214
第五节	财产共有 ………………… 128	第八节	不当得利 ………………… 216
第六节	相邻关系 ………………… 133	第九节	无因管理 ………………… 218
第七节	建筑物区分所有权 ……… 137	第十一章	继承权 ………………… 224
第八节	用益物权 ………………… 141	第一节	继承制度概述 …………… 224
第九节	担保物权 ………………… 149	第二节	法定继承 ………………… 228
第十章	债权 …………………… 166	第三节	遗嘱继承、遗赠、遗赠抚养协议 ………………… 234
第一节	债的概述 ………………… 166		
第二节	债的保全和担保 ………… 171	第四节	遗产的处理 ……………… 240

第五编　民事责任

第十二章	违约责任 ……………… 251	第十三章	侵权责任 ……………… 262
第一节	违约责任的概念和特征 … 251	第一节	侵权责任及其归责原则 … 262
第二节	违约责任的归责原则、构成要件及免责事由 ……… 252	第二节	一般侵权责任的构成要件 …………………… 265
第三节	违约行为 ………………… 254	第三节	侵权责任的抗辩事由 …… 267
第四节	违约责任的形式 ………… 256	第四节	特殊侵权责任 …………… 270
第五节	缔约过失责任 …………… 258	第五节	侵权民事责任的方式 …… 275

参考文献 ……………………………………………………………………………… 281

第一编 民法概论

第一篇 民法总论

第一章

民法概述

学习目标

知识目标
- 掌握民法的基本性质和理念,明确民法的基本内容和学习方法;
- 理解民法的调整对象,了解民法的渊源和适用范围,把握民法的基本原则。

能力目标
- 会运用民法的基本原则处理具体民事案件。

第一节 民法的概念、调整对象和特征

【案例】

张三和李四同为某村村民,两人为邻居。多年来两人因宅基地经常发生纠纷。2007年8月,当李四家翻盖房屋打地基时,张三认为李四占了自己的宅基地,遂前去阻挠施工,并与李四发生斗殴,李四拿起施工用的铁钎对张三头部猛烈一击,致张三昏厥倒地,送医院经抢救无效死亡。随后,李四被公安机关依法逮捕。

本案当中双方的宅基地纠纷、李四故意伤害致人死亡、张三的亲属的赔偿要求,哪些由民法调整?

一、民法的词源

民法作为一种法律文化现象,起源于罗马私法。当时古罗马人把全部法律划分为政治国家的法和市民社会的法。前者被称为"公法",后者被称为"私法"。在公元212年以前,罗马私法有明确的属人色彩。罗马本土人适用"市民法"(jus civile),而对罗马市民与外省人、外国人纠纷的处理,则适用"万民法"(jus gentium)。公元212年,随着古罗马市民权的外放,

罗马私法合二为一。近代在一些大陆法系的立法中使用的民法一语，是由市民法转译而来的。

在我国，法律传统本身不可能孕育出意思自治、私权神圣等理念，民法作为基本部门法的概念，确非我国文化所固有。"民法"一词在我国的来源可追溯至清朝末年。清政府委任沈家本等人为修订法律大臣，聘请日本学者松岗义正等人起草民法，于1911年完成《大清民律草案》，称"民律"而不称"民法"。南京国民政府成立后，设立民法起草委员会，1929年5月23日公布民法总则（民法典的第一编），是我国法律上使用"民法"一词之始。

二、民法的概念和调整对象

民法是调整社会普通成员之间关系的法律，是我国法律体系中的一个重要的法律部门。在民法范围内，以个人利益为核心，以人的平等和自治为理念，当事人处于平等的地位。民法调整的社会关系的范围非常广泛，包括财产关系和人身关系，涉及全国每个人、每个行业。根据我国法律规定，可将民法的概念表述如下：民法是调整平等主体的自然人之间、法人之间、非法人团体之间，以及他们相互之间的财产关系和人身关系的法律规范的总称。

其中，民法调整的平等主体之间的财产关系，是人们基于财产的支配和交易而形成的社会关系。平等主体之间的财产关系，可分为两类：支配型与流转型。支配型财产关系表述的是财产归何人控制的状态，回答财产"是谁的"或"由谁利用"这样的问题。在支配型财产关系中，对物的支配，民法上谓之物权关系；对智力成果的支配，民法上谓之知识产权。流转型财产关系反映的是商品交换中的财产关系，表述的是财产在交易中即财产因买卖、租赁、借贷、承揽等行为而发生的移转状态。流转型财产关系民法上谓之债的关系。

民法调整的平等主体之间的人身关系，是指平等主体之间基于人格利益和身份利益而发生的不具有直接财产内容的人格关系和身份关系。人身关系是"人格关系"和"身份关系"的合称。民法调整的人身关系即自然人的人格权关系和身份权关系。所谓人格，是指自然人主体性要素的总称。人格关系是自然人基于彼此的人格或者人格要素而形成的关系。人格要素是与自然人人身不能分离的，没有直接经济内容的，它包括生命、身体、健康等物质性要素和姓名、肖像、名誉、荣誉、隐私等精神性要素。人格在法律上不得抛弃、不得转让并不得被剥夺。根据《民法通则》的规定，法人亦享有名称权、名誉权、荣誉权等有限人格权。所谓身份关系，是指自然人基于彼此的身份形成的相互关系，包括父母子女、兄弟姐妹、祖父母、外祖父母等亲属关系。身份关系仅存在于自然人之间，也不得被抛弃和转让。

结合法律的规定，本节案例当中张三和李四之间的宅基地纠纷是双方在地位平等的基础上因宅基地使用权发生的纠纷，属民法的调整范围；李四故意伤害致人死亡为刑事犯罪，由司法机关依法进行追究，该案件不属于民法调整；李四将张三打死，张三的亲属要求李四赔偿相关损失，是因张三的生命权被侵害，给张三的亲属带来了经济损失和精神痛苦，属于民事侵权案件，张三的亲属可以提起刑事附带民事诉讼。

正确理解民法的概念，还应明确以下几个问题：

（一）形式意义上的民法与实质意义上的民法

形式意义上的民法是指按照一定体例编纂的民法典，即国家立法机关制定的以"民法典"、"民法"等命名的法律，如日本民法典、法国民法典等。实质意义上的民法是指调整平等主体间的财产关系和人身关系的民事法律规范的总称，是国家法律体系中的一个独立部门法。一个国家可以没有形式民法，但不能没有实质民法。从这个意义上看，目前我国虽无民法典，但并不能说我国没有民法。

（二）广义民法和狭义民法

广义民法是指实行一元制私法的国家的民法典，它的调整范围涉及所有的民事社会生活关系。而狭义民法是指实行多元制私法体制的国家的民法典，其仅对部分民事社会生活关系进行调整，另有一部分民事社会生活关系则通过民法典之外的其他法典或单行法规加以规定调整。如我国在《民法通则》之外，还有单独的《合同法》、《著作权法》、《婚姻法》等。

（三）民法典与民法通则

民法典是按照一定的逻辑体系和价值判断将各种民事制度规定于一部法律内的法律文件。在法制史上，比较有影响的民法典是法国民法典和德国民法典；在我国历史上，清末和民国时期曾制定过民法典。中华人民共和国成立后，于1986年公布并实施了《民法通则》，概括规定了民事法律的基本制度，有准民法典的性质。在2002年12月召开的第九届全国人大常委会第三十一次会议上，民法典草案被列入正式议程进行审议。可以预见，一部新的民法典不久将可问世。

三、民法的特征

（一）民法在本质上反映了商品经济活动的客观要求

民法本质上是商品经济的法律形式。民法伴随商品经济的产生而产生，伴随商品经济的发展而发展。商品经济由古代的简单商品经济发展为现代的市场经济，民法也相应的由反映简单商品经济的古典民法发展为反映现代市场经济的现代民法。现代民法作为现代市民社会的法律准则，其调整的民事关系虽然不限于市场商品经济关系，但是市场商品经济关系作为现代市民社会的经济基础，始终是现代民法调整的主要对象和核心部分。

民事主体、合同、物权、知识产权等制度界定了市场的经济主体，规范了市场交易行为，保障了市场经济主体支配其有形财产和无形财产从事商品生产经营活动。民事责任制度和债的担保制度又是维护市场交易安全的有力保证。可见民法规范是市场经济社会最基本的法律规则，反映了商品经济活动的内在要求。

（二）民法是私法

关于公法和私法的划分，起源于古罗马时期。他们将内容体现为政治、公共秩序以及国家利益的法归于公法，将内容体现为私人利益的法归于私法。作为单纯调整市民社会生活关系的法律，民法以私人平等和自治为基本理念，着眼于私个体的权利保护，其内容具有明确的私法性质。明确这一划分，有助于在私法领域提倡当事人意思自治并尽可能减少国家的干预。我国民事立法中要尽量减少有关国家行政机关的管理规则，努力减少对当事人合法的民事行为所施加的限制。

（三）民法以权利保护为出发点和归宿

民法最基本的职能在于对民事权利的确认和保护，这就使民法具有权利法的特点。首先，民法以权利保护为出发点。民法的重要内容就是规定和保障民事主体的合法民事权利。民法的一切制度都是以权利为轴心建立起来的，它规定了权利的主体（自然人、法人、合伙）、行使权利的方式（法律行为）、民事权利的种类、权利保护的方式（民事责任）、权利保护的时间限制（诉讼时效）等内容。其次，民法以权利为归宿，体现出权利本位的特点。民法的规范多为授权性规范。这类法律规范规定了具有肯定内容的权利，如人格权、身份权、物权、债权等，被授权者有完成这样或那样的积极行为的权利。授权性规范不同于禁止性规范，后者规定了主体不为一定行为的义务，刑法规范多属此类。民法的授权性规范重在鼓励民事主体积极进行活动并对这种活动进行引导。这种权利本位还体现在处理权利与义务的关系上，在民事权利与民事义务这对矛盾中，民事权利处于主导地位。民事义务的设置是为实现民事权利服务的，权利可以放弃而义务不能免除。

第二节 民法的基本原则

民法的基本原则是民事立法的准则，是民事主体进行民事活动的准则，同时也是法院解释法律、补充法律漏洞的基本依据。根据《民法通则》的规定，我国民法主要体现以下原则：

一、平等原则

我国《民法通则》第3条明文规定，当事人在民事活动中的地位平等，该条确立了我国民法中的首要基本原则。它集中反映了民事法律关系的本质特征，也是民事法律关系区分于刑事法律关系、行政法律关系的主要标志。平等原则的含义主要有以下体现：

（一）民事主体资格（民事权利能力）平等

根据《民法通则》第9、10条的规定，自然人自出生时起到死亡时止，具有民事权利能力，即具有民事主体资格。民事权利能力一律平等，而不问性别、年龄、民族、宗教、信仰、文化程度及智力程度。《民法通则》第3章对法人作了专门规定。法人自有效成立起，具有民事权利能力，享有民事主体资格。法人的业务性质不同，具体业务范围不同，但民事主体资格平等。

（二）民事主体的法律地位平等

在各种具体的民事法律关系中，在各种民事活动中，民事主体的法律地位一律平等。在民事法律关系中，没有上级与下级的关系，即使在行政上有隶属关系的上级组织与下级组织，在民事法律关系中，也必须以平等的民事主体身份出现，彼此地位平等。国家作为民事主体，也必须受民法规范的约束，与其他民事主体处于平等地位。无论是自然人还是法人，无论其经济实力强弱，无论所有制性质如何，任何一方都没有凌驾于另一方之上的特权。

（三）民事主体平等地享有权利，承担义务

在有些民事法律关系中，当事人的权利义务是法律规定的。例如，财产所有人对其所有物享有所有权，作者对其作品享有著作权，继承人享有继承权等。任何人都负有不得侵害他人权利的义务。当然，合同关系中权利和义务是由当事人约定的，这些权利义务对民事主体也都是平等的，如果出现了欺诈、胁迫等导致当事人权利义务不平等的情况，法律通过对特定人的特殊保护制度达到平等的效果。

（四）民事主体的民事权益平等地受法律保护

民事主体的民事权益有法律直接规定的，有当事人依法通过合同约定的，任何民事主体合法的民事权益都受法律保护，他人不得侵犯。民事权益受到侵害或债务人不履行债务，权利人有权请求相对人采取补救措施，承担民事责任，必要时可请求法院依法保护。法院对任何民事主体的合法权益都依法予以保护，不论说民事主体是自然人还是法人，是企业法人还是机关、事业单位和社会团体法人，都平等地予以保护。

二、意思自治原则

意思自治原则也称为自愿原则，是指当事人依照自己的理解判断去设计自己的私人生活，管理自己的事务。早在《法国民法典》中就确立了意思自治原则，把意思自治视为民法的基础。我国《民法通则》也确立了自愿原则为基础原则。分析意思自治的基本含义应当是两个方面：自主参与和自己责任。

自主参与是指民事主体进行民事行为时自己判断和选择，自主地参与市民生活，根据自己的意愿设立、变更和终止民事法律关系，其最主要的体现是合同自由原则。当事人缔约自由，选择相对人自由，订立合同内容自由，通过一定方式变更解除合同自由，对合同争议的解决方式自由。当然，合同自由从来都不是绝对的、无限制的。意思自治的后果是自己承担行为的后果即所谓自己责任。

自己责任是指自主参与者对其行为所导致的结果承担责任。首先，该责任的基础是过错，自己责任理念不仅规定有过失的加害人必须对加害行为负责，同时也规定加害人只对有过失的加害行为负责，即"无过失即无责任"的原则，尽管后来又发展出无过错责任和公平责任原则，但过错仍是民法的基本归责原则。其次，自己责任是参与者个人责任，在责任主体问题上，强调谁行为谁负责，无论是自然人或是法人，都应当独立承担行为后果，严格意义的"父债子还"在民法上是不成立的。

三、公平原则

《民法通则》第4条规定：民事活动应当遵循公平原则。公平是法律追求的最高价值目

标，要求立法和司法都必须符合公平和正义的要求。民法调整平等主体之间的财产关系和人身关系，直接涉及人与人之间利益的协调与平衡，因此将公平作为它的一项基本原则。

公平原则的含义有：

第一，民法在规范民事主体的权利义务与责任的承担上，兼顾各方利益。民法规范还有平衡当事人利益的特别条款。例如，对显失公平的民事行为，当事人有权请求撤销；格式条款有两种以上解释时，应作出不利于提供格式条款一方的解释。

第二，民法调整的主要是商品经济关系，公平原则主要用于合同关系。当事人在订立合同时，应本着公平原则确定相互的权利义务，公平买卖，公平交易。

第三，法院处理民事案件时，法律有明确规定的，按照规定处理就体现了公平原则。在法律规定不具体或无规定，当事人也无约定的情况下，或在发生情事变更的情况下，法官应依公平原则进行裁决。

四、诚实信用原则

《民法通则》第4条规定，民事活动应当遵循诚实信用的原则，诚信原则是市场伦理道德准则在民法上的反映，诚信原则常被奉为"帝王条款"，有非常高的效力，作为一般条款，诚信原则主要有以下两个方面的功能：

其一，确立了当事人参与民事活动的行为规则，它要求民事主体设立、变更、终止民事行为时应诚实，不作假不欺诈，民事主体应恪守信用，自觉履行义务和承担责任。

其二，该原则具有填补法律漏洞的功能。当人民法院在司法审判实践中遇到新情况新问题时，可直接依照诚信原则行使自由裁量权，调整当事人之间的权利义务关系，可见诚信原则意味着承认司法活动的创造性和能动性。

可以看到作为诚实信用原则的延伸，各个国家和地区的民法上，又普遍确立了禁止权利滥用原则。该原则要求一切民事权利的行使，不能超过必要的正当界限，超过这一限度就是滥用权利，而这一正当的界限应当就是诚实信用原则。

五、公共利益原则

《民法通则》第7条规定：民事活动应当尊重社会公德，不得损害社会公共利益，这条规定体现了指导民事活动的公共利益原则。该原则的基本点是：行使民事权利不得损害社会公共利益。

社会公共利益关系整个国家、民族或大多数人的利益。任何公民或者法人都不得为谋求局部利益或个人利益而损害社会公共利益。严格讲，对公共利益的侵犯，不仅包括对国家和公共财产或利益的侵害，而且包括对国家经济计划的破坏和对正常经济秩序的扰乱。从这个意义上说，侵犯公共利益的行为也是违法行为。民事活动尊重社会公德，是建设社会主义精神文明的重要措施之一，也是民事活动应当遵循的原则之一。尊重社会公德是发展我国社会主义市场经济，维护正常的社会经济秩序，保障公民、法人的人身和财产权利，不断满足人们生产和生活需要的重要手段。

第三节　民法的表现形式和适用范围

一、民法的表现形式

民法的表现形式又称为民法的渊源。它解决一个"找法"的问题，也就是从哪里去寻找民事规范。我国民法的形式主要体现为国家有关机关在其职权范围内所制定的有关民事方面的规范性文件。当然，由于制定机关不同，法律规范的效力也有差异，故我们通常说的民法的渊源都可以理解为效力的渊源。

（一）宪法

《宪法》是国家最高权力机关——全国人民代表大会制定的国家根本大法，具有最高的法律效力，是民事法律的立法依据。我国宪法中有关民事方面的规定，如关于所有权的规定、关于民事主体的基本权利和义务的规定，既是民事立法的主要依据，也是调整民事关系的法律规范。在民事法律规范没有规定的情况下，民事审判的判决、调解书可以直接援引宪法的有关规定。

（二）民事法律

全国人民代表大会及其常务委员会依据宪法的规定所制定的法律，在全国范围内具有仅次于宪法的效力。其中有关民事法律是民法的主要表现形式。民事法律包括以下两种：

1. 民事基本法。民事基本法是由全国人民代表大会制定的调整最基本民事关系的法律，如《民法通则》和将来的民法典。
2. 民事单行法。它由全国人民代表大会及其常委会制定调整某一领域民事关系的法律。比如，我国已颁布的《合同法》、《继承法》等都是民法的单行法，是民法的重要组成部分。应该指出的是，对于民事法律，全国人民代表大会及其常委会有最高解释权，其解释同样具有法律效力。

（三）国务院及所属部委制定的法规、决议和行政法规中的民事规范

国务院是国家最高行政机关。国务院制定的民事法规有两类：一类是根据政府行政职能，为立法部门制定的法律配套的实施条例，如《土地管理法实施条例》、《著作权法实施条例》；还有一类是含有民事法律规范的单行行政法规，如《城市私有房屋管理条例》。

根据法律和国务院的批准，国务院所属各部、委（包括局）结合本部门所辖的事务或职权，可以发布命令、指示和规章。该内容主要表现为国务院各部、委发布的实施细则。

（四）地方性的法规、决议、条例、命令和指示

地方各级人民代表大会、地方各级人民政府、民族自治地方的自治机关，在法律规定的权限范围内，所制定的地方性法规、决议、单行条例、自治条例以及命令和指示中的有关民事规范，都是民法的渊源。上述地方性法规、决议等，只在制定发布机关的辖区内有效。还有就是

特别行政区的民事规范，根据"一国两制"的方针，我国香港和澳门特别行政区在回归后，两地的法律制度基本不变。它们原有法规中的大量的民事法律规范只适用于各该特别行政区。

（五）最高人民法院的司法解释

最高人民法院是最高审判机关，依法享有司法解释权。根据《人民法院组织法》第33条规定："最高人民法院对于在审判实践中如何具体适用法律、法令的问题，进行解释。"其中有关民事的内容，也属于我国民法的组成部分。最高人民法院指导性的指示属于司法解释，其解释对各级人民法院的司法审判具有指导作用，可以作为判案依据。然而并不是任何对法律的解释都可作为判案依据。各级人民法院在审理具体案件时，也对法律规范进行解释，由于我国不实行判例法，其解释只能作为参考，而不能引用。

（六）习惯

习惯本身不是法的渊源，只有那些不违背宪法和现行法律、法令、不违背社会主义道德、被法律所确认的习惯（且与民事关系有关的），才具有民法渊源的意义。

二、民法的适用范围

民法的适用范围，就是民法的效力范围，即民法对什么人、在什么地方和什么时间发生效力。全面掌握民法适用范围的规定，是正确适用民法处理有关民事案件的前提。

（一）民法对人的适用范围

民法对人的适用范围，即民法对哪些人发生法律效力。我国民法对人的适用范围，采用许多国家所采用的原则，即以属地主义为主，与属人主义、保护主义相结合的原则。根据《民法通则》规定，除法律另有规定的以外，我国民法适用于中华人民共和国领域内的公民和法人，具体而言：中华人民共和国公民之间、法人之间以及他们相互之间在平等基础上发生的民事关系，都适用我国民法。中华人民共和国公民侨居或者留在外国者，依照我国民法和我国所签订的国际条约、双边协定以及我国认可的国际惯例，应当适用我国法律的，我国民法对其具有法律效力。在我国领域内的外国人、无国籍人和外国法人，除我国法律另有规定的以外，我国民法对其具有法律效力。

（二）民法在空间上的适用范围

民法在空间上的适用范围，就是民法在哪些地方发生法律效力。《民法通则》第8条规定："在中华人民共和国领域内的民事活动，适用中华人民共和国法律，法律另有规定的除外。"所以，原则上民法适用的空间范围是我国的领土、领空、领海，包括我国驻外使馆、在我国领域外航行的我国船只、航空器。

当然，民事法律、法规因颁布机关不同，其在空间上的效力亦有差别。凡全国性的法律规范，在全国生效；地方性的民事法规，只在当地人民政府所辖行政区域内发生法律效力，外地区只能作为参考，不能援用作为处理本地区民事问题的法律依据。人民法院处理跨地区的民事案件，原则上应以民事活动发生地的民事法律规范为依据。

（三）民法在时间上的适用范围

民法在时间上的适用范围，又叫做民法在时间上的效力，主要是指民法在何时生效、何时失效以及有无溯及既往的效力。

1. 民法的生效和失效。民法的生效时间分为即时生效和之后生效两种。在一般情况下，民事法律规范的施行不需要准备工作，公布后即可实行的，规定自公布之日起即时生效。有些民事法律需要经过一段时间才便于施行，颁布后经过一段时间才能生效。例如，《民法通则》1986年4月12日通过，1987年1月1日起施行，为之后生效。

民法的失效时间也就是民事法律规范效力终止或被废止的时间。一般有下列情况：新法规定直接废止旧法，旧法与新法规定相抵触的部分当然失去法律效力，由国家机关颁布专门的决议规定以宣布某些法律失效等。

2. 关于民法的溯及力问题。民法一般不具有溯及既往的效力。民法不溯及既往是法律一般原则的适用，但并不排斥在必要时作出溯及既往的规定。例如，最高人民法院《关于贯彻执行〈中华人民共和国合同法〉若干问题的解释》（一）第3条规定："人民法院确定合同效力时，对合同法实施以前成立的合同，适用当时的法律无效而适用合同法有效的，则适用合同法。"

思 考 题

1. 结合法学理论知识，谈谈民法作为部门法有何不同于其他法的特殊调整对象和性质。
2. 思考民法的基本原则在民事立法、民事司法和民事活动中的重大意义和功能。

第二章

民事法律关系

学习目标

知识目标
- 认识民事法律关系的本质,明确民事法律关系的三要素;
- 掌握民事法律关系发生、变更和终止的原因。

能力目标
- 能运用民事法律关系基本原理分析处理简单民事案件。

第一节 民事法律关系概述

【案例】

张某从李某处借人民币5 000元,约定借款期限1年。到期后李某催要借款,张某拒不返还。张某称李某曾丢失自己的手机一部,要求以借款折抵手机损失。李某承认曾借用张某的手机不慎丢失,但认为丢失手机与借款是两回事。张某仍然坚持不还借款。李某一气之下,找几个朋友将张某打了一顿,致使张某住院治疗,花费医疗费用3 000元。

本案中有几个民事法律关系?

一、民事法律关系的概念和特征

在日常生活中,民事主体从事民事活动,必然发生各种社会关系,如买卖、租赁、借贷、委托、承揽,等等。为了稳定社会生活秩序,有效地规范民事主体的行为,国家必然要运用法律手段来调整民事主体间发生的各种社会关系。这就形成了法律关系的概念,也就是受法律调整的社会关系。其中,由民事法律规范所调整的社会关系,就是民事法律关系。民事法律关系与民法的调整息息相关。民法是民事法律关系的发生前提,民事法律关系是民法发挥调整作用的必然结果。

综上所述,民事法律关系是民法规范调整社会关系的产物。而民法是将平等主体之间的财产关系和人身关系纳入调整范围的。所以我们认为民事法律关系是平等主体之间的财产关系和人身关系在法律上的体现,它是受民法调整的以民事权利和民事义务为内容的社会关系。民事法律关系是现代社会中最重要的社会关系,它与基础法律关系相对比,主要具备如下特征:

第一,主体的私人性。民法是调整平等主体之间的财产关系和人身关系的法律规范,故而民法调整社会关系而形成的民事法律关系也是平等主体之间的私人法律关系。它着眼于平等的自然人、法人之间的各种财产关系和人身关系。民事法律关系有物权民事法律关系、债权民事法律关系、知识产权民事法律关系、人身权民事法律关系、婚姻家庭民事法律关系及继承民事法律关系等,这些都是建立在平等基础之上的,即使政府、法院等公权力机关参与到民事法律关系中,也只能以民事主体的身份参与,不能以公权谋私利。

第二,产生的自治性。在大多数情况下,民事法律关系是当事人根据自己的意愿自主设定的,体现了个体的意志,民事法律一般只对意思表示规定严格的条件,当事人只要遵循该条件,即可自由设定民事法律关系,并且受到法律的承认。

第三,内容的对等性、相互性。作为民事法律关系内容的民事权利和民事义务一般是对等的、相互的。尤其在债权法中合同部分体现得最为明显。而有些法律关系如人格权的权利人仅为一人,只有权利;义务人一方,只有义务。这种关系仅从某项具体的法律关系形式上看,双方的权利义务并不对等,但从整体和实质上看,每个民事主体既作为权利人享有权利,也作为义务人负有义务。这种权利义务也是对等的、相互的。

二、民事法律关系的要素

民事法律关系的要素是指民事法律关系必备的构成要件。民事法律关系多种多样,但究其本质,都由这些要素构成。要素发生变动,具体的民事法律关系就随之变动。任何民事法律关系都包括主体、客体、内容三要素。

(一)民事法律关系的主体

民事法律关系的主体,简称民事主体,是民事活动的参与者,是在民事法律关系中享受民事权利、承担民事义务的人。具体地说,就是民事法律关系在什么人之间发生,谁是民事法律关系中权利义务的承受者。

民法所承认的民事法律关系主体主要是自然人和法人以及其他组织。自然人是因出生而获得生命的人类个体,是与法人相对应的概念。法人是具有民事权利能力和民事行为能力,依法独立享有民事权利、承担民事义务的组织。国家有时也直接参与民事活动,但基于民事主体的平等性,国家出现在民事活动中,其身份只能是公法人。另外,在一些特定的民事法律关系中,其主体也可以是不具有法人资格的其他社会组织。

民事法律关系的当事人中,享有权利的一方为权利主体,又称权利人;负有义务的一方为义务主体,又称义务人。民事法律关系正是在权利人和义务人之间产生的。有些民事法律关系中，一方仅为权利人，只有权利，而不承担义务；而另一方仅为义务人，只有义务，而不享有权利（例如赠与等）。而在大多数民事法律关系中，当事人都既享有权利又负有义务，既是权利主体，又是义务主体。这也体现人与人之间的平等性（例如买卖）。民事法律关系可以建立在双方当事人之间，也可建立于多方主体之间，而每一方当事人既可以是一人，也可以是多人，随社会关系的特点而定。

（二）民事法律关系的客体

民事法律关系的客体是指民事主体得以结成相互关系的利益对象，是主体享有的民事权利和负有的民事义务所指向的事物。客体是民事权利和民事义务之所依，是主体交往的基础和利益所在。如果人与人之间没有具体的利益对象，民事权利和民事义务将成为无法落实、毫无意义的东西，故没有客体便无从发生民事法律关系。

依照通说，民事法律关系的客体，依利益的表现形式，可分为物、行为、智力成果和人身利益。

1. 物。物是能满足人的需要，能够被人支配或控制的物质实体或自然力。民法上的物虽具有物理属性，但与物理学意义上的物不同，要求有可支配性、存在性和效用性。物在民法中具有重要意义，大多数民事法律关系与物有密切联系，有的以物为客体，如所有权、担保物权等，有的虽以行为为客体，但仍以物为利益体现，如交付物的买卖合同。

2. 行为。作为客体的行为特指能满足债权人利益的行为，通常也称给付。行为主要是债这一民事法律关系的客体，因为债权是请求权，债权人只能就自己的利益请求债务人为给付，如交付物、完成工作，而不能对债务人的物或其他财产直接加以支配。

3. 智力成果。智力成果是人脑力劳动创造的精神财富，是知识产权法律关系的客体，包括文学、艺术、科技作品、发明、实用新型、外观设计以及商标等。知识产权保护的不是智力成果的载体，而是载体上的信息，载体本身属物权保护对象。

4. 人身利益。人身利益是指民事主体依法享有的，与其自身利益不可分离也不可转让的没有直接财产内容的利益。人身利益包括人格利益和身份利益，是人身权法律关系的客体。

（三）民事法律关系的内容

民事法律关系的内容指民事法律关系中的权利主体所享有的权利和义务主体所承担的义务，也就是民事权利和民事义务。例如，在所有权关系中，所有人为权利主体，他享有的民事权利是对客体的支配，而所有人之外的社会大众是所有权关系中的义务主体，其义务为不能妨害所有人对所有物的支配权利，这种权利义务结合起来构成了所有权民事法律关系。这样，所有权民事法律关系就在权利主体和义务主体之间基于双方的民事权利和义务关系而产生。

民事法律关系的内容是民事法律关系的核心，判断民事法律关系的性质、类别的根据主要是民事主体之间的权利义务关系，正是主体之间千差万别的权利义务构成了各种类型的民事法律关系。例如，买卖、赠与、租赁、保管等不同合同类别的划分，正是根据合同当事人之间民事权利和民事义务的不同而确定的。同时，判断一个民事法律关系是公平的、互利的或是显失公平、欺诈的，也主要是以民事法律关系所确定的双方权利义务来观察的。

本节案例中存在三个民事法律关系，一是两人之间的借款合同关系，李某有权要求张某偿还借款；二是丢失手机的损害赔偿关系，张某有权要求李某赔偿手机损失；三是人身损害赔偿关系，李某及其朋友应赔偿因侵害行为致张某受伤的医疗费用。三个法律关系应独立存在，不能简单折抵。可见，正是对上述法律关系的内容进行分析，才能准确判断民事法律关系的性质，进而找到与之相对应的法律规范进行处理。

第二节 民事法律事实

一、民事法律关系的变动与民事法律事实

任何社会关系都是在不断发展变化的，民事法律关系也在不断地发生、变更或消灭。我们把民事法律关系的产生、变更、消灭称为民事法律关系的变动。民事法律关系不会凭空产生，只有通过一定的法律事实才能在当事人之间发生法律关系或者使原来的法律关系变更或消灭。那些能够引起民事法律关系发生、变更或消灭的客观事实，即为民事法律事实。

并非一切客观现象均能够成为民事法律事实，只有为法律规定或承认的并能够产生民事法律后果的那些事实才能成为法律事实。属于自然现象的日出、日落、刮风、下雨，属于人的活动的吃饭、睡觉等不能引起民事法律关系的发生、变更和消灭的后果，不能成为法律事实，而人的出生、死亡、结婚、离婚都为法律所规定或承认并能引起民事法律关系的变动，能够产生民事法律后果，因而属于民事法律事实。

二、民事法律事实的分类

民事法律事实分为两类，即自然事实和人的行为。

（一）自然事实

民法将与民事主体的意志无关的、能够引起民事法律关系变动的客观现象称为自然事实。自然事实又可分为两类：状态和事件。

1. 状态。状态是指某种客观情况的持续。例如，人的下落不明、精神失常，对物的持续占有，权利的持续不行使等。

2. 事件。事件是指某种客观情况的发生。例如，人的出生、死亡，发生自然灾害、意外事故、战争爆发、洪水、台风来袭等。这里应当注意的是，无民事行为能力人在无意识或精神失常中的行为，也应属于事件。

（二）人的行为

人的行为是指与当事人意志有关的那些法律事实。行为一般是受人的意志所支配的活动，即有目的有意识的活动。根据是否需明确对外作出意思表示，人的行为又被划分为表意行为和非表意行为。

1. 表意行为。表意行为是行为人通过意思表示，旨在设立、变更或消灭民事法律关系的行为。民事法律行为是合法的表意行为，因行为人有预期的效果意思，所以，该行为能产生当事人意欲达到的民事法律关系产生、变更和消灭的效果。

2. 非表意行为。非表意行为是行为人主观上没有产生民事法律关系效果的意思表示，客观上却引起法律效果发生的行为。如侵权行为，行为人主观上并没有效果意思，但客观上却导致赔偿的发生。

三、民事法律事实的结合

民事法律事实的结合，又称为民事法律事实构成，是指依法律的规定或当事人的约定，一个民事法律关系的发生、变更或消灭需要两个以上的法律事实相结合。在通常情况下，一个民事法律事实就可以引起民事法律关系的变动。但在某种情况下，需要两个或两个以上的法律事实存在才能导致民事法律关系产生、变更和消灭。例如，根据我国继承法的有关规定，遗嘱继承法律关系，就需要立遗嘱的行为和遗嘱人死亡以及继承人不拒绝接受遗嘱继承这三个法律事实才能够发生。此外，当事人亦可对法律关系的建立作出约定，如赠与关系的双方当事人除依法达成合意之外，还可相约去公证机关办理公证手续。则该赠与关系基于当事人的约定，也出现了两种法律事实存在方可发生的法律现象。

总之，民事法律关系的发生、变更和消灭，需要借助于一个民事法律事实或多个民事法律事实的结合。法律事实是建立民事法律关系的基石，民事法律关系是完成民事法律事实必然的法律结果。

第三节　民事权利、民事义务、民事责任

一、民事权利

（一）民事权利的概念

"权利"的概念，起源于古罗马法，拉丁文为 Jus，法语为 droit，英语为 right，德语为 Recht，均含正义、直道、公平之含义。在我国法律上的"权利"，是由"权"和"利"合二为一，组成"权利"一语，此为 19 世纪以来日本学者的创造，随着我国对日本民法的借鉴一并引入。从该词汇的产生来看，它本身就体现着人与人之间的平等自主关系，强调法律对个人自治的保护，借助法律上的力量在维护社会生活、公共秩序的同时，为个体划定获取合法利益的行为边际，在边际范围之内对民事主体的自由提供保障。

民事权利是法律上的一种权利。民法学界对于民事权利的认识有多种。有学者认为民事权利是"民事法律规范赋予民事主体满足其利益的法律手段"。有学者认为民事权利是"民法规范赋予当事人为实现其利益所可实施的行为范围。"从权利的历史背景和本质入手，我们认为

民事权利应包含以下三层含义：第一，民事权利的背后应是权利人的利益。这是其本质要件，如其代表与体现的是他人的利益就不能划归为权利。如代理权、监护权就都不是严格意义上的权利。第二，民事权利是有边界的。民事权利是权利人意思自由的范围。在此范围之内有充分的自由。而超出该范围就不受法律的保护，甚至要被追究责任。第三，民事权利是以国家强制力作为后盾的。作为民事法律关系内容的民事权利，是民法规范赋予民事主体的，在国家机器保障之下的权利。非法侵害他人合法民事权利的行为人，将承担不良的民事法律后果。

（二）民事权利体系分类

民事权利按其内容、作用、性质的不同可作如下划分：

1. 财产权与人身权

依照民事权利是否直接具有财产或经济内容为标准，民事权利有财产权与人身权之分。这是民事权利体系中最基本的分类。财产权，是以主体的物质财产利益为内容的民事权利。如基于财产的所有而发生的物权，基于财产转让而发生的债权，基于智力财富而形成的知识产权等。这些财产权重在体现主体的经济利益，该权利是可以在民事主体之间让渡的。人身权，是以主体的人身利益为内容的民事权利。如基于人的出生而享有的生命权、健康权，基于家庭关系而形成的亲属权、配偶权等，这些人身权重在体现主体的人身利益。一般情况下，人身权是不能转让和继承的。

2. 支配权、请求权、抗辩权、形成权

民事权利，依其作用可划分为支配权、请求权、抗辩权、形成权。

支配权，是指民事权利主体享有的可以直接支配权利客体并排斥他人干涉的权利。支配权俗称对物权（这里的"物"指代的是权利客体）。它是主体对客体的权利。这种权利的最大特点在于它的排他性，权利主体行使权利不需他人配合，但他人不可为同样的支配行为。如物权人对物的直接支配处置，知识产权拥有者对智力成果的直接支配。

请求权，是指权利人能够要求他人为特定行为（或不为特定行为）的权利，请求权的作用体现为请求而非支配。请求权俗称为对人权（这里的"人"指代的是义务主体）。它是一主体对另一主体的权利。该权利的突出特点为权利须通过义务人履行义务的行为方可实现，不得对义务主体的财产或其他利益直接进行处置。请求权因基础权利的不同可分为：债权上的请求权、物权上的请求权、人格权上的请求权、身份权上的请求权、知识产权上的请求权。

抗辩权，是指对抗请求权的权利。其作用主要在于对抗、反对或防御他人的权利请求。故抗辩权的行使特点是以请求权存在并且提出请求为前提。在权利已经消灭或权利请求未提出的情况下，抗辩权无从行使。如同时履行抗辩权，不安抗辩权等。

形成权，是指当事人一方可以以自己的行为使法律关系发生变动的权利。俗称为"对事权"，即对事项的决定权。形成权的独特性在于只要有权利人一方的意思表示就足以使权利发生法律效力。解除权、追认权、抵销权、选择权等都属于形成权。

3. 绝对权与相对权

依照民事权利效力所及范围为标准，民事权利可分为绝对权与相对权。绝对权是指民事权

利的效力及于一般人的权利。换言之，是以权利人之外的一切人为义务人的权利。因而又称为"对世权"。义务的内容是对他人权利的尊重和不侵扰。作为义务主体，只要不妨碍权利主体，权利主体就可实现权利。典型的绝对权有物权、知识产权、人格权等。相对权是指权利的效力仅及于特定的民事主体的权利。相对权因其义务主体的特定性，因而又称为"对人权"。相对权权利主体的权利必须通过义务主体的履行行为才能实现。典型的相对权为债权。

4. 主权利与从权利

依照民事权利之间的依存关系，民事权利可划分为主权利和从权利。主权利是指在互有关联的两个以上的民事权利中，可以独立存在的民事权利。从权利是指在互有关联的两个以上的民事权利中，必须以其他权利的存在为前提的民事权利。从权利随主权利的存在或消失而存在或消失。例如，抵押权的存在，是以其所担保的债权为前提的。因此，抵押权是以债权为主权利的从权利。

5. 原权利与救济权

依照权利之间的原生与派生关系中的地位不同，民事权利可划分为原权利与救济权。通常的权利均是原权利，而当原权利受侵害时，权利人可行使停止侵害请求权，消除影响请求权或提起诉讼。救济权是因基础权利受侵害或有受侵害之危险时产生的援助性的权利。而基础权利即为原权利。民法上有谚语云"有权利即有救济"，也可以说无救济则无权利。救济权是原权利的保障，否则权利只是一纸空文。

（三）民事权利的行使与保护

1. 民事权利的行使

法律赋予民事主体以权利，但民事权利必须通过主体的行为才可能实现。而民事主体以一定的行为实现民事权利内容的过程，就是民事权利的行使。在行使的方式上，民事权利可以由本人亲自行使，有的也可以由他人代为进行。可以以事实行为行使，也可以实施某些民事行为来行使。同时应当看到，民事权利对民事主体而言不是一种负担，民事主体可以自由处分，对民事权利当事人可以行使，也可以放弃。

民事主体行使权利的意愿是自由的，法律保护民事主体的合法权益，其他个人、组织均不得非法干涉。但任何权利的行使，不仅是权利人利益的实现问题，而且也牵涉相关义务人的利益、国家、社会的利益。因而权利主体在行使其民事权利时，应在法律规定或合同约定的范围之内进行，不得妨碍他人权利的行使，更不能损害公共利益。应当诚实信用，不得滥用权利。如果因滥用权利给他人造成损害，须承担赔偿责任。

2. 民事权利的保护

民事权利是由法律赋予的，也是由法律所保护的。法律庄严确认的权利与民事主体实际享有的权利之间存在着很大差异。在现实生活中，义务主体不自觉履行义务，甚至非法侵犯他人权利的情况时有发生。如果仅有民事权利的赋予，而偏废了对权利的保护，那么仅宣告民事主体的权利，是毫无意义的。民法关于权利的保护，全在于救济权制度。也就是赋予当事人救济权，通过切实可行的程序，确保救济权的行使。在救济方式上可分为两种：

第一，公力救济，又称民事权利的国家保护，是指民事权利受到侵害时，权利主体依法请求国家机关强制行为人承担相应的民事责任的方法。公力救济是救济制度中最基本、最常用的手段。由于民事权利受国家多个部门法的保护，在权利人的权利受侵害时，权利人可以依法请求有关行政部门给予保护，也可诉请人民法院或仲裁机关给予裁决。而经常性的、大量的是民事权利主体提起民事诉讼，请求法院支持。

第二，自力救济，又称民事权利的自我保护，是民事权利受侵犯时，民事主体采取必要措施保护自身合法权利的方式。采取自我保护是受到法律严格限制的，禁止以牙还牙，以眼还眼。权利主体只能以法律许可的方式，在法律允许的限度内保护自己的权利。一般而言，仅限于公力救济来不及、达不到、不可能的情况下，才可以采用。并且在采取自力救济之后，行为人应尽可能地将民事权利纳入公力救济的范畴。我国民法仅规定了正当防卫和紧急避险两种自卫行为。但从法理上，还应包括某些自助行为，例如民事主体临时行使留置权等。

二、民事义务

（一）民事义务的概念

义务是权利的对应词。关于义务的含义与民事义务的诠释有多种。参照本书关于民事权利的释义，我们认为，民事义务是民事主体为实现他方权利而行为受限的界限。权利是自由的依据，而义务就是约束的依据。民事权利体现为当事人的利益，民事义务则体现为不利益。对民事权利，权利人可选择行使或不行使，甚至抛弃。而对民事义务，在国家强制力的约束之下，义务人则必须履行。

（二）民事义务体系分类

民事权利与民事义务是对立统一关系，两者是相关联、相对应的，因而民事义务体系划分中与民事权利的划分也有相关联相类似的部分。例如民事权利有绝对权利与相对权利，主权利与从权利之分，相应的民事义务也有绝对义务与相对义务，主义务与从义务之别，除此之外，义务也有不同于权利的特有划分。

1. 积极义务与消极义务

这种分类是以义务人行为的方式为划分依据的。积极义务，又称作为义务，是以作为的积极形式履行的义务。例如买卖合同中，双方当事人的给付行为。消极义务，又称不作为义务，是以不作为的消极方式实施的义务。它集中体现为对他人权利的容忍。例如在所有权民事法律关系中，非所有人未经所有权人许可，不得对所有物实施占有、使用、收益。

2. 法定义务与约定义务

这是以义务人义务的来源为划分依据的。法定义务，来源于民法规范的直接规定。例如，子女对父母的赡养义务，义务人对物权的不作为义务等。约定义务，来源于当事人合法的事先约定，该义务也受民事法律保护，例如合同义务等。它同时也说明每一个民事主体的义务要么来源于法律的直接规定，要么来源于行为人自身。任何由于第三人的行为都不应另行加诸义务。

三、民事责任

（一）民事责任的概念和特征

民事责任是违反约定或者法定义务所产生的法律效果。民事责任的效果，是救济权人得以公力救济方式诉请执行机关予以强制执行。民事责任判处和执行依靠的是国家的公权力。与其他法律责任相比较，民事责任有如下特征：

1. 民事责任是不履行民事义务的法律后果

在行为规范中，应当实施的行为，属于义务而非责任，只有当事人不履行义务时，方发生责任。因此，民事义务是民事责任发生的前提，没有民事义务就没有民事责任。

2. 民事责任以加害人补偿受害人的损害为主要目的

这突出表明了民法"私"的性质。按照平等原则的要求，在这一关系中，一方当事人不履行义务或侵犯对方的权利时，违法行为人对受害人承担同样的不利后果，以使受损害人被破坏的平等地位得到恢复。因而民事责任主要具有补偿性，而非惩罚性。

3. 民事责任可由当事人在法律允许的范围之内协商

它主要体现在财产法中的合同部分，例如约定免责条款，约定违约金和损害赔偿金的数额或计算方法等。这种协商在其他的责任中是不可想象的，而民法中可以。这个特征是由民法的平等和自愿原则所决定的。当然，协商的内容不能超出法律允许的范围。

（二）民事责任的类型

《民法通则》第134条规定了10种具体承担民事责任的方式，具体有：停止侵害，排除妨碍，消除危险，返还财产，恢复原状，修理、重作、更换，赔偿损失，支付违约金，消除影响、恢复名誉，赔礼道歉等。

如果按一定标准，对这些责任形态作学理上划分，民事责任可以作如下分类：

1. 合同责任、侵权责任与其他责任

这是根据责任发生的原因与法律要件不同而作的划分，我国《民法通则》将民事责任区分为"违反合同的民事责任"、"侵权的民事责任"及其他民事责任。合同责任，是指违反合同义务产生的责任；侵权责任，是指因侵犯他人的财产权与人身权产生的责任；其他责任就是合同责任与侵权责任之外的其他民事责任，如不履行不当得利债务、无因管理债务等产生的责任。

2. 财产责任与非财产责任

这是根据民事责任是否以财产方式救济所作的区分。财产责任，是指民事责任人以负担财产上不利后果来补偿受害人损害的民事责任，如返还财产、恢复原状、赔偿损失、支付违约金以及修理、重作、更换等。非财产责任，是指由责任人以非财产方式承担预防或消除受害人损害后果的民事责任，如消除影响、恢复名誉、赔礼道歉等。

3. 无限责任与有限责任

在财产责任中，根据债务人对其财产所负债务的责任形态划分，财产责任可分为无限责任和有限责任。无限责任，是指债务人以其全部财产对其债务所负的责任。易言之，债务人的所有财产为债权人债权的担保,债务人对其债务,原则上应负无限责任,债务人的所有债权人,不论其债权发生的先后,均以平等的地位受清偿,即所谓债权平等。有限责任,是指债务人仅以特定财产为限,对其债务所负的清偿责任。在债务人承担有限责任,而其特定财产不足以满足债权时,可不以其他财产负清偿责任。债务人对债务负有限责任,对债权实现甚为不利,故负有限责任的债务须以法有明定为限,否则即应负无限责任。我国现行法对有限责任的规定,主要有公司法规定的公司股东对公司所负债务的有限清偿责任和继承法规定的继承人对被继承人债务的有限清偿责任。

4. 过错责任、无过错责任、公平责任

这是根据责任的构成是否以当事人的过错为要件进行的分类。

过错责任是指因行为人过错导致他人损害时应承担的责任,根据《民法通则》第106条的规定,一般侵权责任以当事人有过错为要件。过错责任中还有一种特殊的谓之推定过错责任,其与一般过错责任不同之处,在于诉讼中由被告证明自己无过错,否则推定其有过错。

无过错责任是指行为人只要给他人造成损害,不问其主观上是否有过错,都应当承担的责任,也称不问过错责任。根据《民法通则》第106条第3款规定,没有过错,但法律规定应当承担民事责任的,应当承担责任,例如高度危险作业的责任、环境侵害责任就属于无过错责任。

公平责任是指当事人对造成的损害都无过错,而又不能适用无过错责任,则根据实际情况由当事人分担的责任。

思 考 题

1. 为什么说民事法律关系的内容是民事法律关系的核心所在?
2. 如何正确认识民事权利、民事义务以及民事责任之间的关系?

综 合 训 练

1. 某日,甲向乙借现金20元。甲妻在某银行工作,被指派销售若干20元一张的有奖储蓄奖券。甲妻交给甲数张,让甲帮助销售。甲将其中的一张奖券交给乙,要求抵债20元,乙表示同意,双方未做其他约定。后来乙的20元奖券中奖5 000元。甲闻讯后,找乙索要奖金,理由是其偿还给乙的只是奖券上的20元储蓄金额,中奖权利仍归甲所有。乙予以拒绝。为此甲向人民法院起诉,请求判令乙返还5 000元奖金。

问:

(1) 从民事权利分类的角度讲,获奖权分别属于哪几种民事权利?

(2) 甲将一张20元的有奖储蓄券交给乙的行为是何种性质行为?该行为能产生哪些民事法律后果?

(3) 甲向乙索要5 000元奖金的理由是否正当?为什么?

要点提示:获奖权属财产权、请求权、相对权、奖券所有权的从权利、原权利,等等。获奖权会随着奖券所有权的移转而移转。

2. 甲、乙、丙三村分别按20%、30%、50%的比例共同投资兴建了一座水库，约定用水量按投资比例分配。某年夏天，丙村与丁村约定当年7月中旬丙从自己的用水量中向丁供应灌溉用水1万立方米，丁支付价款1万元。供水时，水渠流经戊村，戊村将水全部截留灌溉本村。丁村因未及时得到供水，致秧苗损失5 000元。丁村以为丙村故意不给供水，即派村民将水库堤坝挖一缺口以放水，堤坝因此受损，需2万元方可修复。因缺口大，水下泻造成甲村鱼塘中鱼苗损失2 000元。

问：
本案涉及哪些民事法律关系？

要点提示：水库所有权的共有法律关系；买卖灌溉用水的合同法律关系；戊村截留流水的侵权法律关系以及丁村村民的破坏堤坝的侵权法律关系。

第三章

诉讼时效和期限

学习目标

知识目标
- 理解诉讼时效的概念、种类、适用范围；
- 掌握诉讼时效的起算时间、诉讼时效的中止、中断和延长；
- 了解期日、期间的概念、分类、确定方式和计算方法。

能力目标
- 能够结合具体案件准确计算诉讼时效期间；
- 能正确运用诉讼时效的中止、中断和延长来维护当事人的利益。

第一节 诉讼时效

【案例】

李某与刘某是朋友，2002年9月5日李某因买房向刘某借款3万元。当时，李某向刘某写有一张借据，借据上写明在2003年9月5日前还清。到还款时间，李某未向刘某还款，刘某也不好意思提及此事。直到2006年10月，刘某见李某既不还款也不提及此事，只好向李某说明他等钱用，希望李某尽快还款。不料，李某却声称并未向刘某借过款。刘某大怒，遂将李某起诉至人民法院，要求李某归还借款，被告辩称本案已经超过诉讼时效。人民法院经审理驳回了刘某的诉讼请求。

一、诉讼时效的概念和特征

（一）诉讼时效的概念

诉讼时效，是指权利人在法定期间内不行使权利，如果起诉之后被告提出时效抗辩，则法院不再强制被告履行义务的法律制度。当事人可以对债权请求权提出诉讼时效抗辩,但对下列债权请求权提出诉讼时效抗辩的,人民法院不予支持:(1)支付存款本金及利息请求权;(2)兑付国债、金融债券以及向不特定对象发行的企业债券本息请求权;(3)基于投资关系产生的缴付出资请求权;(4)其他依法不适用诉讼时效规定的债权请求权。

(二) 诉讼时效的特征

1. 诉讼时效属于强制时限。诉讼时效及其具体内容由国家法律作出规定,民事主体必须遵守。当事人之间不得就诉讼时效期间的缩短、延长以及预先放弃时效利益订立协议,否则,均属无效。时效完成后当事人放弃时效利益的行为与预先协议放弃时效利益的行为不同,前者属于一般弃权行为,并未对时效规范加以变更;后者属于违反法律规定的行为。

2. 超过时效,权利人的诉权并不消灭。根据民事诉讼法的规定,原告提起诉讼有三个条件:一是明确的被告,二是具体的诉讼请求,三是事实与理由,法律没有规定超过时效的不得起诉;并且,是否超过时效只有经过审理才能够查明。所以,即使原告的请求超过诉讼时效,也有权提起诉讼,法院也应受理。

3. 超过时效,权利人并不必然败诉。即使超过了诉讼时效,权利人起诉后,如果被告不提出时效抗辩,则法院不得主动适用时效判案而驳回原告的诉讼请求。但是,一旦被告提出时效抗辩,则法院就应该判决原告败诉。

4. 超过时效,权利人的实体权利并不消灭。诉讼时效期间届满后,义务人如自愿履行义务,权利人仍有权受领,义务人履行后则不得以不知时效届满为由要求返还。超过时效的权利,一般称之为"自然债权"。

二、诉讼时效的种类

(一) 普通诉讼时效

普通诉讼时效,又称为一般诉讼时效,是指由民事基本法统一规定,普遍适用于法律没有作特殊诉讼时效规定的各种民事法律关系的诉讼时效。除特别法另有规定外,所有的民事法律关系皆适用普通时效。《民法通则》第135条规定,普通诉讼时效的期间为2年。

案例中,刘某虽有借据可以证明李某向其借款的事实,但他在还款期限届满后,既未向李某催还借款,又未向人民法院起诉,其享有此项债权的诉讼时效期间自2003年9月6日至2005年9月6日已届满,在此期间刘某没有行使权利,其权利已经超过诉讼时效,当被告提出时效抗辩时,法院驳回刘某的诉讼请求是正确的。

(二) 特别诉讼时效

特别诉讼时效,是指法律规定的仅适用于某些特殊民事法律关系的诉讼时效。对各种不同的民事法律关系,只要有特殊诉讼时效规定的,就应适用特殊诉讼时效;没有特殊诉讼时效规定的,适用普通诉讼时效。我国民事立法对特殊诉讼时效的规定,有以下两种:

1. 短期诉讼时效。短期诉讼时效是指时效期间不足2年的时效。《民法通则》第136条规定,下列诉讼时效期间为1年:(1)身体受到伤害要求赔偿的;(2)出售质量不合格的商品未声明的；（3）延付或拒付租金的；（4）寄存财物被丢失或损毁的。此外，我国《食品卫生法》规定有 1 年的时效期间，适用于食物中毒或其他食源性疾患的损害赔偿请求权。我国《海商法》也规定有 1 年的时效期间，适用于海上货物运输损害赔偿请求权。

2. 长期诉讼时效。长期诉讼时效是指时效期间在 2 年以上不满 20 年的时效。长期诉讼时效属于特别诉讼时效，它主要适用于一些调查取证费时耗力的疑难案件或涉外经济纠纷。如《合同法》规定涉外货物买卖合同争议提起诉讼或者仲裁的期限为 4 年，《保险法》规定人寿保险的被保险人或者受益人对保险人请求给付保险金的诉讼时效期间为 5 年等。

（三）权利最长保护期限

《民法通则》第 137 条规定："诉讼时效期间从知道或者应当知道权利被侵害时起计算。但是，从权利被侵害之日起超过二十年的，人民法院不予保护。"其意思为，权利人不知或不应知道权利已被侵害，自权利被侵害之日起经过 20 年的，其权利失去法律的强制性保护。

应当注意的是，权利最长保护期限是从权利被侵害时开始计算，不适用诉讼时效的中止、中断的规定，属于不变期间。

三、诉讼时效期间的起算

诉讼时效期间的起算，又称诉讼时效期间的开始，是指从什么时候开始计算诉讼时效。《民法通则》第 137 条规定："诉讼时效期间从知道或者应当知道权利被侵害时起计算。"

诉讼时效的开始是权利人可以行使权利的时间，该权利的行使以权利人知道或者应当知道自己的权利受到侵害为前提。所谓"应当知道"，是一种法律上的推定，不管当事人实际上是否知道权利受到侵害，只要客观上存在知道的条件和可能，即使当事人因主观过错，应当知道而没有知道其权利受到侵害，也应当开始计算诉讼时效期间。这一规定的目的，是为了防止权利人以不知道权利被侵害为借口规避诉讼时效。

在司法实践中，由于民事案件千差万别，因此，具体到各个案件，其时效的起算点也不相同，通常有以下几种计算方法：

（1）有约定履行期限的债权请求权，从期限届满之日的第二天开始计算。当事人约定同一债务分期履行的，诉讼时效期间从最后一期履行期限届满之日起计算。

（2）未约定履行期限的合同，依照《合同法》第 61、62 条的规定，可以确定履行期限的，诉讼时效期间从履行期限届满之日起计算；不能确定履行期限的，诉讼时效期间从债权人要求债务人履行义务的宽限期届满之日起计算，但债务人在债权人第一次向其主张权利之时明确表示不履行义务的，诉讼时效期间从债务人明确表示不履行义务之日起计算。

（3）返还不当得利请求权的诉讼时效期间，从当事人一方知道或者应当知道不当得利事实及对方当事人之日起计算。

（4）管理人因无因管理行为产生的给付必要管理费用、赔偿损失请求权的诉讼时效期间，从无因管理行为结束并且管理人知道或者应当知道本人之日起计算。本人因不当无因管理行为产生的赔偿损失请求权的诉讼时效期间，从其知道或者应当知道管理人及损害事实之日起计算。

(5) 附条件的债权请求权,从条件成就时开始起算。

(6) 附期限的债权请求权,从期限到达时开始起算。

(7) 请求他人不作为的债权请求权,应当自义务人违反不作为义务时起算。

(8) 因侵权行为而发生的赔偿请求权,从受害人知道或者应当知道其权利被侵害或损害发生时起算。损害事实发生时,受害人知道的,从损害时起算;损害事实发生后,受害人才知道的,从知道时起算。在人身损害赔偿中,侵害当时即发现受伤的,从侵害当日起算;侵害当时未曾发现的,事后经检查确诊并证明是由该侵害引起的,从伤势确诊之日起算。

诉讼时效期间的起算,法律有特别规定的,应依特别规定。如《海商法》第258条规定,海上旅客运输向承运人要求赔偿的2年诉讼时效期间,分别依下列规定计算:有关旅客人身伤害的请求权,自旅客离船或应当离船之日起算;有关旅客死亡的请求权,发生在运输期间的,自旅客应当离船之日起算;因运输期间的伤害而导致旅客离船后死亡的,自旅客死亡之日起算,但是此期限自离船之日起不得超过3年;有关行李灭失或者损坏的请求权,自旅客离船或者应当离船之日起算。

四、诉讼时效的中止、中断和延长

(一) 诉讼时效的中止

1. 诉讼时效中止的概念

诉讼时效的中止,又称诉讼时效不完成,是指在诉讼时效进行中,因一定的法定事由发生而使权利人无法行使请求权,暂时停止计算诉讼时效期间,待阻碍时效进行的法定事由消除后,继续进行诉讼时效期间的计算。诉讼时效中止的目的,是为了保证权利人遇有阻却权利行使的特殊事由时仍然有行使权利的必要时间。

2. 诉讼时效中止的事由

诉讼时效中止的事由是法定事由。根据《民法通则》第139条规定,诉讼时效中止的事由:一是不可抗力,是指"不能预见,不能避免并不能克服的客观情况"。如战争、地震、火山爆发等自然灾害。二是其他障碍,是指当事人无法控制的除不可抗力之外的其他事由,一般包括:(1) 权利人死亡,尚未确定继承人或遗产管理人。继承开始,继承人的不确定将会导致继承无法进行,因此可引起时效中止。(2) 权利人为无民事行为能力人或限制民事行为能力人而又无法定代理人或者法定代理人死亡、丧失代理权、丧失行为能力。无民事行为能力人或限制民事行为能力人的权利行使或权利受领应由法定代理人代理,或经法定代理人允许,如无法定代理人,无论是权利行使或权利受领,均陷于不能。(3) 权利人被义务人或者其他人控制无法主张权利。(4) 其他导致权利人不能主张权利的客观情形。

3. 诉讼时效中止的时间

根据《民法通则》第139条规定,诉讼时效中止的时间为诉讼时效期间的最后6个月内。因为此时发生中止事由,可能导致权利人无足够的时间行使权利。如果是在时效期间最后6个月前的期间发生法定中止事由，因权利人有足够的时间行使权利，诉讼时效期间不中止。

4. 诉讼时效中止的效力

诉讼时效期间中止后，中止的期间不计入时效期间内，待中止事由消除后，时效期间继续进行，与中止前已经过的时效期间合并计入总的时效期间。例如，在一般诉讼时效中，当时效进行到一年零八个月时发生中止诉讼时效的法定事由，该事由延续两个月，那么这两个月不计入时效期间，自法定事由消除之日起，接着一年零八个月继续计算，直至期满两年，即还有四个月的时效期限。

（二）诉讼时效的中断

1. 诉讼时效中断的概念

诉讼时效的中断，是指在诉讼时效进行期间，因发生一定的法定事由，使已经经过的时效期间统归无效，待引起时效期间中断的事由消除后，诉讼时效期间重新计算。

2. 中断的法定事由

根据《民法通则》第140条的规定，诉讼时效期间中断的法定事由包括以下情形：

（1）提起诉讼。权利人依法向人民法院提起诉讼是行使自己权利的一种最有效的方式。当事人一方向人民法院提交起诉状或者口头起诉的，诉讼时效从提交起诉状或者口头起诉之日起中断。

根据司法解释的规定，权利人申请强制执行、申请支付令、申请破产、申报破产债权向仲裁机构申请仲裁、向行政机关提出解决权益纠纷的请求行为以及向人民调解委员会请求调解等，都应视为行使其权利的具体表现，与起诉有同等的效力。

（2）权利人主张权利。这是指权利人向义务人明确提出要求其履行义务的主张，包括权利人向义务人、保证人、义务人的代理人或财产代管人主张权利等。需要注意的是，权利人向义务人提出请求时，应采取书面或其他有证明力的方式进行，以避免因证据不足而使时效中断不被认可的情况发生。

根据司法解释的规定，具有下列情形之一的，应当认定为"当事人一方提出要求"，产生诉讼时效中断的效力：第一，当事人一方直接向对方当事人送交主张权利文书，对方当事人在文书上签字、盖章或者虽未签字、盖章但能够以其他方式证明该文书到达对方当事人的。对方当事人为法人或者其他组织的，签收人可以是其法定代表人、主要负责人、负责收发信件的部门或者被授权主体；对方当事人为自然人的，签收人可以是自然人本人、同住的具有完全行为能力的亲属或者被授权主体。第二，当事人一方以发送信件或者数据电文的方式主张权利，信件或者数据电文到达或者应当到达对方当事人的。第三，当事人一方为金融机构，依照法律规定或者当事人约定从对方当事人账户中扣收欠款本息的。第四，当事人一方下落不明，对方当事人在国家级或者下落不明的当事人一方住所地的省级有影响的媒体上刊登具有主张权利内容的公告的，但法律和司法解释另有特别规定的，适用其规定。

（3）义务人同意履行义务。这是指义务人通过一定方式向权利人做出愿意履行义务的意思表示，又称承认。义务人做出的同意履行义务的意思表示，意味着对权利人权利存在的认可。同意履行义务的表示方法除了书面或能够证明的口头方式之外，债务人向债权人要求分期履行、部分履行、提供担保、请求延期履行、制定清偿债务计划等承诺或者行为的，都属于义务人同意履行义务的表现方式。

3. 诉讼时效中断的效力

诉讼时效中断的效力在于，使此前已经经过的时效期间归于无效，另从中断时起重新计算时效期间。

（三）诉讼时效的延长

诉讼时效的延长，是指在诉讼时效期间届满后，权利人因有正当理由，向人民法院提起诉讼时，人民法院可以把法定时效期间予以延长。

《民法通则》第137条规定："诉讼时效期间从知道或应当知道权利被侵害时起计算。但是，从权利被侵害之日起超过二十年的，人民法院不予保护。有特殊情况的，人民法院可以延长诉讼时效期间。"从上述规定可以看出，诉讼时效的延长应具备三个条件：一是诉讼时效期间已经完成；二是权利人在诉讼时效期间内未行使权利有正当理由；三是由人民法院根据实际情况决定是否延长时效期间。

五、除斥期间

（一）除斥期间的概念

除斥期间，又称预定期间，是指法律规定某种权利预定存在的期间，权利人在此期间不行使权利，期间届满，便发生该权利消灭的法律后果。

除斥期间制度的价值在于，促使民事行为当事人及时纠正意思表示的瑕疵，及时确定不确定的权利义务关系以及因不利于自己的情形发生时及时行使救济权。

（二）除斥期间与诉讼时效期间的区别

除斥期间与诉讼时效期间都是以一定的事实状态的存在和一定期间的经过为条件而发生一定的法律后果，都属于法律事件，其目的在于督促权利人及时行使权利及维护法律秩序。但两者又有区别，主要有以下方面：

1. 适用对象不同。除斥期间一般适用于形成权，如追认权、同意权、撤销权等；诉讼时效期间适用于请求权。

2. 法律效力不同。除斥期间届满后消灭的是实体权利本身；诉讼时效期间届满后，实体权利本身并不消灭，义务人如自愿履行义务，权利人仍有权受领。

3. 期间起算不同。除斥期间自权利成立之时起算；诉讼时效期间自权利人能够行使请求权之时起算。

4. 期间性质不同。除斥期间是不变期间，不适用中止、中断和延长的规定；诉讼时效期间是可变期间，可以适用中止、中断和延长的规定。

第二节 期 限

一、期限的概念、种类和意义

(一) 期限的概念

期限是指民事权利义务产生、变更和终止的时间。期限分为期日和期间。期日是指不可分割的一定时间,它是时间的某一特定的点。期间是指一定的时间段,即自某一时间点始至某一时间点止的时间段。期日是时间的某一静态的点;而期间则是时间某一动态的阶段,即期日与期日之间的间隔时间。

(二) 期限的种类

1. 法定期限。它是由法律直接规定的期限,如时效时间。
2. 指定期限。它是由法院或有关机关确定的期限,如法院或仲裁机构指定的债务履行期限、宣告死亡的期限等。
3. 约定期限。它是当事人自行约定的期限,如附期限民事法律行为中所附的期限。

(三) 期限的意义

任何民事法律关系的发生、变更、消灭都在一定的期限内进行,没有期限,就不能确知和确定权利义务的产生、变更、消灭和持续的时间。具体而言,期限具有以下法律意义:

1. 期限是确定民事主体权利能力和行为能力开始和终止的尺度,如自然人出生之日,即是其享有法定民事权利能力之时。
2. 期限是做出法律推定的根据,如失踪人下落不明的期间是作出宣告死亡推定的根据。
3. 期限是确定权利的取得或丧失的根据,如所有权转移的时间、时效期间就有这种作用。
4. 期限是行使权利和履行义务的时间段,如合同履行期限即属此种。
5. 期限是法律行为效力的起点或终点。

二、期限的确定和计算

(一) 期限的确定方式

根据相关法律规定,期限的确定主要有如下方式:

1. 规定某一具体日期,如 2009 年 8 月 5 日。
2. 规定一定的期间,如 2009 年 8 月 1 日起 4 个月。
3. 规定某一必然到来或必然发生的时刻,如公路通车之日、货物交付之日等。
4. 规定以当事人提出请求的时间为期限,如债权人请求偿还债务之日等。

（二）期限的计算方法

期限的计算有期日的计算和期间的计算两种情况。期日的计算比较简单，一般以法定期日、指定期日和约定期日为准。期间的计算比较复杂，依据《民法通则》第154条的规定，计算方法如下：

1. 关于起点。以小时计算的，从规定时开始计算，经过规定的期间所达到的时为届满点；以日、月、年计算的，开始的当天不计入，从次日开始计算。

2. 关于终点。期间的最后一天的截止时间为24点，有业务时间的到停止业务活动的时间截止。如果期间的最后一天是星期日或者其他法定节假日的，以休假日的次日为期限的最后一天。

当事人非以月、年的第一天为起算点的，则一个月以30天（该起算日开始到下月同日的前一天）计算，一年以365天（该起算日开始到下年同日的前一天）计算。当事人对期间的起算时间有约定的，从其约定。

我国民法期间中的"以上"、"以下""以内"、"以前"、"届满"等都包括本数；而"不满"、"以外"则不包括本数。

思 考 题

1. 诉讼时效与除斥期间的区别有哪些？
2. 诉讼时效的中止与诉讼时效的中断有何异同？

综 合 训 练

方某系长春市人，大学毕业后到广州市工作。其父母去世时在长春市留有私房两间，方某继承后一直闲置未用。方某数年未回家乡，遂写信给其同学询问家中房屋情况，2001年6月20日方某获悉：2000年3月方某家邻居赵某的孩子结婚，私自将方某家房门拧开招待客人，由于晚上未将炉火熄灭引起火灾，导致两间房屋被烧毁。2003年5月20日方某向单位请假准备回家处理此事，但由于"非典"在全国蔓延，方某的申请未被批准。2003年8月15日"非典"得到了有效控制，经单位批准方某赶回长春市，于9月5日向长春市某区人民法院起诉，要求其邻居承担侵权赔偿责任。而其邻居在答辩中称，该案已过诉讼时效，法院应驳回方某的诉讼请求。

问：

（1）该案诉讼时效期间从何时起计算？适用何种诉讼时效期间？

（2）方某主张权利时是否已过诉讼时效期间？

要点提示："非典"属于不可抗力，可引起诉讼时效期间的中止。中止的期间不计入时效期间内，待"非典"过后，时效期间继续进行，与中止前已经过的时效期间合并计入总的时效期间。

第二编 民事主体

第四章

自 然 人

学习目标

知识目标
- 认识自然人的民事法律地位；
- 掌握法律关于自然人的民事权利能力和民事行为能力的概念；
- 理解监护制度的基本内容；
- 把握宣告失踪和宣告死亡制度的基本规则；
- 明确个体工商户、农村承包经营户的法律特征。

能力目标
- 能够运用自然人的民事能力制度、监护制度、宣告失踪和宣告死亡制度等原理分析相关民事案例和解决司法实践中的实际问题。

第一节 自然人的民事权利能力和民事行为能力

【案例】

陈某17岁，在某工厂当学徒，月工资800元，每月除基本生活外，略有剩余，而当地群众的一般生活消费为每月500元。一日早陈某骑车上班，因车速过快将一老太撞倒，致使老太受伤，住院治疗花费4 000元。老太要求陈某赔偿医疗费，陈某表示没钱。老太要求陈某的父母赔偿，被陈某父母拒绝。

请考虑由谁来赔偿老太的损失？

一、自然人概念

自然人，是指依自然规律出生而取得民事主体资格的人。而公民是宪法上的概念，是指具有某一国家的国籍,根据该国的法律享有权利和承担义务的自然人。我国的公民,就是指具有中华人民共和国的国籍,享有中国法律规定的权利并履行法律规定义务的自然人。从范围上讲,公民的范围小于自然人的范围。在一个国家中生活的自然人不仅有本国公民,还包括外国人和无国籍人。《民法通则》使用的是"公民"(自然人);《合同法》则采用了"自然人"的概念。自然人的概念比公民的概念更周延。

二、自然人民事权利能力

(一) 自然人民事权利能力的概念

自然人的民事权利能力,是指法律赋予自然人享有民事权利、承担民事义务的资格。它是民事权利、义务能力的缩写,是自然人参加民事法律关系,取得民事权利、承担民事义务的法律依据,也是自然人享有民事主体资格的标志。在我国,自然人的民事权利能力具有平等性、权利义务统一性、适用范围广泛性等特点。

自然人的民事权利能力与自然人享有的民事权利是两个既有联系又有区别的法学概念。民事权利能力是一种主体资格,只有具有这种资格,自然人才能参加具体的民事法律关系,在民事法律关系中享有民事权利。因此,民事权利能力是自然人取得民事权利的前提,民事权利是自然人民事权利能力实现的结果。

(二) 民事权利能力的开始

《民法通则》第9条规定,公民自出生时起到死亡时止,具有民事权利能力,依法享有民事权利,承担民事义务。也就是说自然人的民事权利能力的取得始于出生。出生属于自然事实,与有无户籍没有关系。户籍可以作为何时出生的证明,最高人民法院《关于贯彻执行〈中华人民共和国民法通则〉若干问题的意见(试行)》(以下简称《民通意见(试行)》)第1条规定,自然人"出生时间以户籍证明为准;没有户籍证明的,以医院的出生证明为准;没有医院证明的,参照其他有关证明认定"。

民事权利能力作为享有民事权利的前提条件,自无疑义。所以对于尚未出生的胎儿来讲,因不具有民事权利能力,致使胎儿权利得不到保护。我国民法考虑到胎儿将成为婴儿的事实,由法律作出特别规定,对胎儿利益给予特殊保护。如我国《继承法》第28条规定:"遗产分割时,应当保留胎儿的份额。胎儿出生时是死体的,保留的份额按照法定继承办理。"也就是说为保护其出生后的健康成长,在继承法中规定了继承遗产时为胎儿保留必要的遗产份额。

自然人的民事权利能力始于出生,与自然人的年龄没有关系,这是民事权利能力的一条基本原则。但是自然人的一些特殊的民事权利能力,如结婚的权利能力,只有达到法律规定的年龄才能取得,参加劳动的民事权利能力亦受到应满一定年龄的限制等。这种权利能力被称为特别的民事权利能力。

(三) 民事权利能力的终止

自然人的民事权利能力终于死亡。死亡包括生理死亡和宣告死亡。

生理死亡又称自然死亡，是自然人生命的终结。死亡的原因，无论是正常死亡还是非正常死亡，均使其民事权利能力消灭。对于自然人死亡时间有争议的，就需要对其加以证明。有时确实无法证明的，则适用法律的推定。宣告死亡亦引起自然人民事权利能力的终止。人民法院判决宣告之日为被宣告死亡人的死亡时间。《民法通则》第24条第2款规定："有民事行为能力人在被宣告死亡期间实施的民事法律行为有效。"因此，如果被宣告死亡人实际上还活着，则应视为其权利能力仍然存在。

　　世界各国法律大多规定，自然人死亡后，其姓名、名誉、肖像、隐私等受到侵害的，依法给予保护。这是否意味着自然人死亡后还具有某些民事权利能力呢？答案是否定的。自然人死亡后，其民事权利能力终止。死者既不是民事主体，也不享有民事权利，我国司法实践中，对死者利益的保护，不是基于死者是民事主体，享有民事权利，而是基于社会利益的考虑。民事权利是以利益为内容的，这一利益是个体利益与社会利益的结合。自然人死亡，其生前享有的权利中，个人利益不再受法律保护，但社会利益仍需要法律保护。所以，对于不法侵害死者利益的行为，不仅死者的亲属可以请求法律保护，在危害社会整体利益的情况下，社会其他人也可主张法律追究。

三、自然人民事行为能力

（一）民事行为能力的概念

　　民事行为能力是民事主体独立实施民事法律行为的资格。具有民事权利能力，是自然人获得参与民事活动的资格，但能不能运用这一资格，还受自然人的智力、认识能力等主观条件的制约。换言之，智力能力不健全的权利能力者，若任其独立参与民事活动，可能会损害自己，也可能会损害别人。所以，有民事权利能力者不一定就有民事行为能力，两者确认的标准不同。

　　民事行为能力的有无与自然人的意思能力有关。意思能力是对自己行为会发生何种效果的预见能力，自然人有无意思能力属于事实问题，我国现行立法技术对心智正常人采取年龄主义划线，即达到一定年龄就认定其有行为能力，而对成年精神病人，则采取个案审查制。

（二）自然人民事行为能力的种类

1. 完全民事行为能力

　　第一，年满18周岁的成年人。《民法通则》第11条第1款规定："十八周岁以上的公民是成年人，具有完全民事行为能力，可以独立进行民事活动，是完全民事行为能力人。"《民法通则》确定自然人年满18周岁为完全民事行为能力人，主要是考虑自然人的智力发育水平。一般情况下，随着大脑的发育和生活阅历的增加，自然人达到一定的年龄后，就能理智地判断和理解法律规范和其他社会规则，能够预料到实施某种行为可能发生的后果，因而能够有意识地实施民事行为。因此，我国法律规定，年满18周岁的自然人具有完全民事行为能力。

　　第二，16周岁以上不满18周岁，以自己的劳动收入为主要生活来源的人。《民法通则》

第 11 条第 2 款规定："十六周岁以上不满十八周岁的公民，以自己的劳动收入为主要生活来源的，视为完全民事行为能力人。"根据我国《劳动法》的规定，年满 16 周岁的自然人可以参加社会劳动。现实生活中，有不少年满 16 周岁的自然人参加了工作，有了自己的劳动收入，融入到社会生活中，将他们视为完全民事行为能力人，有利于他们从事生产经营等社会活动，也有利于保障他们的合法利益。本节案例中，陈某属于以自己的劳动收入为主要生活来源的人，视为完全民事行为能力人，其给他人造成的损失应自己承担，如当时没钱，可以采取分期赔偿的方式解决，其父母没有义务替其承担责任。

2. 限制民事行为能力

限制民事行为能力，又称不完全民事行为能力，是指自然人的行为能力受到一定的限制，只在一定范围内具有民事行为能力，超出这一范围便不具有相应的民事行为能力。限制民事行为能力人包括：

第一，10 周岁以上的未成年人。《民法通则》第 12 条规定："十周岁以上的未成年人是限制民事行为能力人，可以进行与他的年龄、智力相适应的民事活动；其他民事活动由他的法定代理人代理，或者征得他的法定代理人同意。"10 周岁以上的未成年人，已有一定的智力水平，对事物有了一定的识别能力和判断能力。因此，法律允许他们实施日常生活所必需的民事法律行为。但是这些未成年人的智力发育还没有完全成熟，也不能充分预见自己行为的法律后果，因此，一些重大、复杂的民事法律行为应由他们的代理人或征得代理人同意后实施。

第二，不能完全辨认自己行为的精神病人。《民法通则》第 13 条第 2 款规定："不能完全辨认自己行为的精神病人是限制民事行为能力人，可以进行与他的精神健康状况相适应的民事活动；其他民事活动由他的法定代理人代理，或者征得他的法定代理人同意。"不能完全辨认自己行为的精神病人（包括痴呆人），由于其精神方面的障碍，对重大复杂的民事活动缺乏判断能力和自我保护能力，但其并未完全丧失意思能力，能够进行与其精神健康状况相适应的民事活动，所以，我国法律将他们规定为限制行为能力人。

限制民事行为能力人所进行的民事活动是否与其年龄、智力、精神健康状况相一致，可以从行为与本人生活相关联的程度、本人的智力、精神状态能否理解其行为，并预见相应的行为后果，以及行为标的数额等方面认定。

3. 无民事行为能力

无民事行为能力，是指自然人不具有以自己的行为取得民事权利、承担民事义务的能力。无民事行为能力人包括：

第一，不满 10 周岁的未成年人。《民法通则》第 12 条第 2 款规定："不满十周岁的未成年人是无民事行为能力人，由他的法定代理人代理民事活动。"立法认为不满 10 周岁的未成年人，处于生长发育的最初阶段，智力水平较低，对于具有法律意义的民事活动，还难以认知和判断，因此将他们归入无民事行为能力人的范围。

第二，不能辨认自己行为的精神病人。《民法通则》第 13 条第 1 款规定："不能辨认自己行为的精神病人是无民事行为能力人，由他的法定代理人代理民事活动。"不能辨认自己行为的精神病人,由于丧失了意思能力,不具有识别能力和判断自己行为后果的能力,从保护他们的利益出发,将他们规定为无民事行为能力人,由他们的法定代理人代理其民事活动。

(三) 自然人民事行为能力的法律宣告

自然人的民事行为能力因年龄和精神健康状态的变化而具有可变性。对于未成年人不需要其他认定程序,而对精神病人则需要对民事行为能力状态发生改变的情况进行法律宣告。

根据《民法通则》的规定和相关的司法解释,对自然人民事行为能力的法律宣告,应遵循以下的法律规则:

第一,精神病人的利害关系人,可以向人民法院申请宣告精神病人为无民事行为能力人或者限制民事行为能力人。

第二,被人民法院宣告为无民事行为能力人或者限制民事行为能力人的,根据他健康恢复的状况,经本人或利害关系人的申请,人民法院可以宣告他为限制民事行为能力人或完全民事行为能力人。

(四) 无民事行为能力人、限制民事行为能力人可以单独实施的民事行为

民法设立民事行为能力制度的目的,在于保护无民事行为能力人和限制民事行为能力人的合法利益,避免他们因意思能力欠缺而实施损害自己利益的行为。但是,如果他们所实施的民事行为对其并无不利,仍不允许他们单独实施,则会给他们的利益带来损害。因此,根据最高人民法院《民通意见(试行)》的有关规定,无民事行为能力人、限制民事行为能力人接受奖励、赠与、报酬,他人不得以行为人无民事行为能力、限制民事行为能力为由,主张以上行为无效,即这些行为有效。

第二节 监 护

【案例】

李强在一工厂上班,因受刺激得了精神病,工厂将其送回老家交其父亲照顾。不久,李强又回到工厂,吃住在宿舍,每天外出转悠。工厂见其尚能够自理,遂听任其在宿舍生活。一日,李强外出时将一路人某甲打伤。某甲要求工厂承担赔偿责任,工厂称自己不是李强的监护人,应由监护人李强之父承担责任。

请考虑谁应是李强的监护人。

一、监护的概念与设立监护的目的

监护是对未成年人和精神病人的人身、财产及其他合法权益进行监督和保护的一种民事法律制度。履行监督和保护职责的人,称为监护人;被监督、保护的人,称为被监护人。

设置监护的目的,一方面是为保护未成年人和精神病人的合法权益;另一方面是为维护社会秩序。未成年人和精神病人意思能力欠缺,属无民事行为能力或限制民事行为能力人,许多

他们不能独立实施的民事活动,由其监护人实施,以弥补他们行为能力的不足,也可有效保护他们的合法权益。同时由于未成年人和精神病人对自身行为缺乏控制和认识,有可能实施违法行为,从而损害他人的合法权益,通过设立监护制度,对被监护人进行监督,约束被监护人的行为,对被监护人的不法行为承担民事责任,保护他人的合法权益,以达到稳定社会秩序的目的。

二、监护人的设立方式

监护依设立的方式,可分为法定监护、指定监护和委托监护。

(一) 法定监护

法定监护是由法律直接规定监护人范围和顺序的监护。法定监护人可以由一人或多人担任。《民法通则》第 16 条第 1 款规定,未成年人的父母是未成年人的监护人。父母对子女享有亲权,是当然的第一顺位监护人。未成年人的父母死亡或没有监护能力的,依次由祖父母和外祖父母、兄姐、关系密切的亲属或朋友、父母单位和未成年人住所地的居委会或村委会、民政部门担任监护人。成年精神病人的法定监护人的范围和顺序是:配偶、父母、成年子女、其他近亲属、关系密切的亲属或朋友、精神病人所在单位或住所地的居委会、村委会、民政部门。

法定监护顺序在前者应优先于在后者担任监护人。本节案例中,李强的父亲仍健在,就轮不到其所在单位担任监护人。但法定顺序可以依监护人的协议而改变,前一顺序监护人无监护能力或对被监护人明显不利的,人民法院有权从后一顺序中择优确定监护人。

(二) 指定监护

指定监护是指有法定监护资格的人之间对担任监护人有争议时,由监护权力机关指定的监护。从《民法通则》的规定看,指定监护实际上是法定监护的延伸,仍属法定监护范畴。指定监护只是在法定监护人有争议时才产生。所谓争议,对于未成年人而言,是其父母以外的监护人范围内的人争抢担任监护人或互相推诿都不愿意担任监护人;对于成年精神病人而言,则是监护范围内的任何人之间的争议,争议事项与未成年人的监护相同。

《民法通则》规定的指定监护的权力机关,是被监护人父母或本人所在单位或本人住所地的居民委员会或村民委员会。指定的范围应在被指定人的近亲属之列。指定监护可以用口头方式,也可以用书面方式,只要指定监护的通知送到被指定人,指定即成立。被指定人不服指定的,可在接到指定通知次日起 30 天内向人民法院起诉,由人民法院裁决。被指定人未提起诉讼的,自其收到通知满 30 天后生效;在提起诉讼时,自法院裁决之日起生效。

(三) 委托监护

委托监护是由合同设立的监护人,委托监护属意定监护。委托监护可以是全权委任,也可以是限权委任。前者如父母将子女委托祖父母照料或配偶将精神病人委托精神病院照料;后者如将子女委托给寄宿制学校、幼儿园等。依我国《民通意见(试行)》的解释,委托监护不论是全权委托或限权委托,委托人仍要对被监护人的侵权行为承担民事责任,但另有约定的除外;被委托人只有在确有过错时,才负连带赔偿责任。即法定或指定监护人对被监护人应承担的民事责任,不因委托发生移转,委托监护人只承担过错连带赔偿责任,其在尽到监护之责而无过错时,被监护人之行为如依法律仍须由监护人负责时,则由法定监护人承担。

三、监护人的职责

监护关系确定后,监护人应履行下列职责:

(一) 照顾被监护人的日常生活

由于被监护人是未成年人和精神病人,生活自理能力较差,因此,监护人在日常生活中,应给被监护人以必要的关心和照料,给未成年人提供必要的物质和文化生活条件,以保证其健康成长。对于精神病人,监护人还要给其以必要的治疗。严禁对被监护人遗弃或虐待,否则要承担法律责任。

(二) 保护被监护人的人身、财产及其他合法权益

监护人应保护被监护人的生命、健康、名誉、肖像等人身方面的合法权益不受侵害。妥善管理和保护被监护人的合法财产,非为被监护人的利益,监护人不得处分其财产。

(三) 代理被监护人进行民事活动和诉讼活动

监护人是被监护人的法定代理人,对被监护人不能独立实施的民事行为,应由监护人实施。被监护人的合法权益受到侵害或与他人发生争议时,监护人应代理被监护人进行诉讼,以维护其合法权益。

(四) 当被监护人给他人造成损害时,由监护人承担民事责任

监护人应对被监护人进行必要的监督和约束,当被监护人实施不法行为给他人造成损害时,监护人应承担民事责任。监护人尽了监护职责的,可以适当减轻责任。当然,如果监护人不履行监护职责或者侵害被监护人合法权益的,应当承担民事责任。给被监护人造成损失的,应当承担赔偿责任。

四、监护的终止

监护终止的原因有以下几种情形:

(一) 被监护人取得了完全民事行为能力

监护制度是为无民事行为能力人和限制民事行为能力人设立保护人的制度,作为被监护人的未成年人成年后,具有完全民事行为能力,精神病人康复后,恢复了民事行为能力时,监护终止。

(二) 监护人或被监护人一方死亡

监护人或被监护人一方死亡(包括宣告死亡)的,监护关系终止。被监护人死亡的,没有了监护对象,监护关系自然终止。监护人死亡的,此监护关系也终止,应另行确定监护人,建立新的监护关系。

（三）监护人丧失了民事行为能力

监护关系的成立以监护人有监护能力为前提，监护人丧失了民事行为能力，则监护关系终止。

（四）监护人被撤销监护资格

监护人不履行监护职责或利用监护之便，侵害被监护人的合法权益时，经利害关系人申请，人民法院可以撤销监护人的监护资格，监护关系因此终止。

（五）监护人辞去监护职责

监护人有正当理由的，应允许其辞去监护职责，但这仅适用于未成年人的父母以外的监护人。正当理由一般包括监护人病重，家庭困难，迁居等。监护人辞去监护职责应经有指定权的有关组织或人民法院同意。

第三节 宣告失踪和宣告死亡

【案例】

张三因与家人闹矛盾离家出走，外出经商，连续10年不与家人联系。家人经多方寻找未果，于是申请宣告张三死亡。后张三经商失败，欠多人债务40余万元。无奈之下，张三回到老家。债权人查找到张三老家，要求其归还欠款。张三称所欠款项是其在被宣告死亡期间所为，所以该行为无效。

请考虑张三被宣告死亡期间行为的性质。

一、宣告失踪

宣告失踪，是指自然人离开自己的住所，下落不明达到法定期限，经利害关系人申请，由人民法院宣告其为失踪人的法律制度。现实生活中，由于战争、意外事故、自然灾害等原因造成一些人下落不明，致使与失踪人相关的社会关系处于不稳定的状态，为了结束这种不稳定的状态，保护失踪人和利害关系人的合法权益，民法上确立了宣告失踪的法律制度。

宣告失踪是对自然事实状态的法律确认，其制度价值在于救济因自然人下落不明而导致的财产关系不稳定状态。通过宣告下落不明人为失踪人，可为其设立财产代管人，保管失踪人财产、处理应了结的债权债务，维护失踪人和利害关系人的利益，维护社会秩序的稳定。

（一）宣告失踪的法律要件

1. 须有自然人下落不明的事实，且达到法定期限。失踪是指自然人离开自己的住所或居所下落不明，没有任何音讯。自然人下落不明是宣告失踪的基本条件，宣告失踪是对这一自然事实状态的法律确认。下落不明的状态还须达到法定期限，才能宣告其失踪。根据《民法通则》第20条的规定，自然人下落不明的事实须持续满两年，利害关系人才可以向人民法院提出宣告失踪的申请。下落不明人下落不明的时间,应从该自然人音讯消失之次日起计算。战争期间下落不明的,从战争结束之日起计算。

2. 须由利害关系人提出申请。宣告失踪须有利害关系人提出申请,没有利害关系人申请,人民法院不能主动宣告失踪人失踪。利害关系人包括:被申请宣告失踪人的配偶、父母、子女、兄弟姐妹、祖父母、外祖父母、孙子女、外孙子女以及其他与被申请人有民事权利义务关系的人。

3. 须由人民法院依照法定程序宣告。宣告失踪只能由人民法院作出判决,其他任何组织和个人都无权作出宣告失踪的决定。人民法院接到宣告失踪的申请后,应发布寻找下落不明人的公告,公告期为3个月。公告期届满,不能确定被申请人尚生存的,应作出宣告失踪的判决。

(二) 宣告失踪的法律后果

自然人被宣告失踪后,其民事主体资格仍然存在,因而不发生继承,也不改变与其人身有关的民事法律关系。宣告失踪的目的,主要是为失踪人设立财产代管人,以解决因其失踪而引起的财产关系的不稳定状态。宣告失踪的后果在于为失踪人设定财产代管人。对于未成年人或成年的精神病人来说,法律已为其设置了监护人制度,即使其失踪,监护人即可担负财产代管责任,无须再另设财产代管人。因此,宣告失踪,仅对有完全行为能力的成年人才有意义。

财产代管人由人民法院指定,通常是失踪人的近亲属、关系密切的其他亲属、朋友。作为财产代管人,有权从失踪人的财产中支付失踪人所欠税款及应付的其他费用,也有义务以失踪人的财产为限为失踪人清偿债务。涉及失踪人的财产诉讼,财产代管人可以作为原告或被告参加诉讼。财产代管人不履行代管职责或者侵犯失踪人财产的,要负侵权的民事责任,其他利害关系人可请求其承担民事责任,并要求变更财产代管人。

(三) 失踪宣告的撤销

根据《民法通则》第22条的规定,当被宣告失踪的人重新出现或确知其下落时,经本人或利害关系人申请,人民法院应当撤销失踪宣告。失踪宣告一经撤销,财产代管人的代管权随即终止。代管人应将其代管的财产交还给被撤销失踪宣告的人,并负有将代管期间的管理情况予以告知的义务。

二、宣告死亡

宣告死亡是自然人下落不明达到法定期间,经利害关系人申请,由法院推定其死亡,宣告结束失踪人以生前住所地为中心的民事法律关系的制度。宣告死亡是生理死亡的对称,与生理死亡不同的是,宣告死亡是一种法律推定。宣告死亡的制度价值,主要在于维护生者的利益——包括配偶的再婚权、继承人的继承权、债权人的受偿权等。由于宣告死亡要消灭被宣告死亡人的民事主体资格,所以,法律对此慎之又慎。法律规定的宣告死亡的条件,要比宣告失踪条件严格得多。

(一) 宣告死亡的法律要件

1. 须自然人下落不明，并达到法定期限。宣告死亡和宣告失踪一样，必须有自然人下落不明的事实，但对自然人下落不明的期间要求不一样。一般情况下，自然人下落不明满4年，可宣告其死亡；因意外事故下落不明的，期限为2年。战争期间下落不明的，适用4年的规定。期间的起始与宣告失踪相同。此外，根据《民事诉讼法》第167条的规定，因意外事故下落不明，经有关机关证明该自然人不可能生存的，利害关系人申请宣告其死亡的，不受2年期间的限制。

2. 须由利害关系人申请。宣告死亡须以诉为之，故须由利害关系人申请。依《民通意见（试行）》第24、25条的解释，宣告死亡的申请人范围与宣告失踪的申请人范围完全相同，不同的是，宣告死亡的申请人有顺序先后的限制，即顺序在前的申请人之申请权，有排他效力。第一顺序为配偶，如无配偶的，下一个顺序递增为第一顺序，以此类推；第二顺序为父母、子女，第三顺序为兄弟姐妹、祖父母、外祖父母、孙子女、外孙子女，最后一个顺序是其他有民事权利义务关系的人。对于宣告死亡的申请人顺位，主要是为了优先保护配偶、父母和子女的身份利益、伦理利益和情感利益。申请人的顺序效力是，有在先顺序时排除在后顺序，同顺序人权利平等。也有学者对此提出异议，认为利害关系人在法律地位上一律平等，因此在死亡宣告的申请上不应有顺序限制。

3. 须由人民法院进行宣告。宣告死亡的案件只能由人民法院审理，其他任何组织和个人都无权宣告下落不明人死亡。人民法院受理宣告死亡的案件后，须发出寻找下落不明人的公告，公告期为1年，因意外事故下落不明，经有关机关证明该公民不可能生存的，宣告死亡的公告期间为3个月。公告期间届满仍不能确定下落不明人尚生存的，人民法院才能依法对其死亡宣告。判决宣告之日为被宣告死亡人的死亡日期。

应当注意的是，宣告失踪不是宣告死亡的必经程序。公民下落不明，符合申请宣告死亡的条件，利害关系人可以不经申请宣告失踪而直接申请宣告死亡。但利害关系人只申请宣告失踪的，应当宣告失踪；同一顺序的利害关系人，有的申请宣告死亡，有的不同意宣告死亡，则应当宣告死亡。

(二) 宣告死亡的法律后果

自然人被宣告死亡的，产生与生理死亡相同的法律后果。这主要包括：
1. 民事权利能力终止；
2. 其个人合法财产转变为遗产，由其继承人继承；
3. 婚姻关系消灭；
4. 其下落不明前参加的民事法律关系终止。

但是，自然人被宣告死亡毕竟与自然死亡有所区别，宣告死亡只是对失踪人的死亡推定，事实上该失踪人的生命不一定终结，有可能生存在其利害关系人不知道的地方。为维护失踪人的利益和正常的社会生活秩序，《民法通则》第24条规定，有民事行为能力人在被宣告死亡期间，能够独立参加各种民事活动，其实施的民事行为仍然有效。本节案例中，张三在被宣告死亡期间因经商所欠款项当然有效,应予偿还。在被宣告死亡和自然死亡的时间不一致的情况下,被宣告死亡所引起的法律后果和真实行为的法律后果均有效,但自然死亡前实施的民事法律行为与被宣告死亡引起的法律后果相抵触的,则以其实施的民事法律行为为准。

(三) 死亡宣告的撤销

失踪人被宣告死亡只是法律上推定其死亡,当被宣告死亡的人重新出现,或有人确知其仍然生存时,经本人或利害关系人申请,人民法院应当撤销对他的死亡宣告。

死亡宣告撤销的效力是有溯及力的,但在人身关系和财产关系方面,为了保护善意第三人,法律对溯及力做了限制。

第一,在人身关系方面。配偶尚未再婚的,婚姻关系自行恢复;配偶已再婚的,再婚效力不受撤销宣告的影响,即使再婚后离婚或再婚配偶又死亡的,婚姻关系也不当然恢复;子女在宣告死亡期间被他人收养的,收养关系仍然有效,不受撤销宣告的影响。

第二,在财产关系方面。因宣告死亡而继承、受遗赠或以其他方式取得遗产者,均应返还;返还原则应是原物及孳息;原物已被第三人善意取得时,则免除原物返还义务,代之以适当补偿。

第三,宣告死亡若系利害关系人隐瞒真相恶意所致,属于侵权行为,侵害人不仅要返还所取得的财产及孳息,还要负赔偿责任。

第四节 个体工商户和农村承包经营户

一、个体工商户

个体工商户,是指在法律允许的范围内,依法经核准登记,从事工商业经营的自然人或家庭。个体工商户是个体劳动者,即从事个体经营的人。此处的"户",不是在户籍意义上使用,而是作为工商管理上的管理单位。个体工商户的特征是:

(一) 从事经营活动的是单个自然人或家庭

单个自然人从事经营活动的,应是年满16周岁以上的自然人。以家庭为单位从事经营活动的,户主应具有经营能力,其他家庭成员,可以不具有经营能力。个体工商户业主须亲自经营。他们虽然可以请3~5个帮手,或者带1~2名学徒,但并不雇工。这一特点,使个体工商户与私营企业区别开来,后者可以雇工8人以上。

(二) 个体工商户是在法律允许的范围内从事工商业经营活动

这里所说的工商业经营活动是广义的,《城乡个体工商户管理暂行条例》第3条规定:可以在国家法律和政策允许的范围内,经营工业、手工业、建筑业、交通运输业、商业、饮食业、服务业、修理业及其他行业。但是,不论从事何种工商业经营活动,都应在法律允许的范围内进行才能受到法律的保护。

（三）个体工商户应依法进行核准登记

有经营能力的城镇待业人员、农村村民以及国家政策允许的其他人员，无论是单个自然人还是家庭从事个体经营，均可以申请从事个体工商户经营，经户籍地县级工商行政管理机关核准，领取营业执照，即为个体工商户。

二、农村承包经营户

农村承包经营户，是指在法律允许的范围内，依照承包合同的规定，从事商品经营的农村集体经济组织的成员。农村承包经营户的特征是：

（一）承包人是农村集体经济组织的成员

实践中，他们既可以是本集体经济组织内部成员，也可以是本集体经济组织以外的其他人员，以家庭或个人为基本单位从事商品生产经营活动。

（二）农村承包经营户是基于承包合同而发生的

农村集体经济组织的成员与发包方签订了承包合同，才能称为农村承包经营户，依承包合同的规定，明确双方的权利义务和责任。

（三）农村承包经营户依承包合同，在法律允许的范围内从事商品生产经营活动

农村承包经营户通常是承包集体所有或国家所有由集体使用的土地、森林、草原、荒地、滩涂等自然资源，从事农、林、牧、渔业生产。

三、个体工商户、农村承包经营户的法律地位

关于个体工商户、农村承包经营户的法律地位，法学界存在着争议。《民法通则》将个体工商户、农村承包经营户置于自然人一章，作为特殊的自然人主体。而有的学者认为，应将这类主体视为非法人组织。本书赞同《民法通则》的作法，认为个体工商户、农村承包经营户应属自然人主体，因为他们从事经营活动是以单个自然人或家庭的形式，其财产与个人财产、家庭财产不能严格区分，其生产经营活动中所产生的民事责任也由个人或家庭承担。因此，个体工商户、农村承包经营户作为自然人主体更为妥当。当然，因其从事商品生产经营活动，又有与一般自然人所不同的一些特性。

四、个体工商户、农村承包经营户的财产责任

《民法通则》第29条规定，个体工商户、农村承包经营户的债务，个人经营的，以个人财产承担；家庭经营的，以家庭财产承担。即以个人名义申请登记的个体工商户和以个人名义承包的集体组织成员，个人经营、收益也归个人者，对债务负个人责任；以家庭共同财产投资，或者收益的主要部分供家庭成员消费的，其债务由家庭共有财产清偿；在夫妻关系存续期间，一方从事个体工商户经营或者承包经营，其收入作为夫妻共有财产者，其债务由夫妻共有财产清偿；家庭全体成员共同出资、共同经营的，其债务由家庭共有财产清偿。

思 考 题

1. 思考民事权利能力与民事行为能力的关系。
2. 如何正确理解宣告失踪与宣告死亡之间的关系?
3. 监护人的设立有哪几种方式?监护人的监护职责有哪些?如何切实保护被监护人的合法权益?

综 合 训 练

某日上午,徐某欲外出购物,遂将其学龄前孙女小燕(时年5岁)委托给邻居吴某代为看管。中午,小燕在吴某家吃过午饭后,和吴某的女儿小华(时年4岁)一起到徐某家玩耍,两人误将徐某放在家中的半包灭鼠药当作糕粉食用。当两小孩返回吴某家时,吴发现女儿小华手中有一灭鼠药袋,询问后因小孩不承认吃过而未加重视。后吴某发现徐某的孙女小燕口吐白沫、瘫软在地,便急送卫生院抢救。稍后吴某的女儿小华亦出现同样症状,急送抢救。徐某的孙女小燕被救脱险,吴某的女儿小华因抢救无效死亡。吴某起诉徐某,要求被告赔偿由此造成的经济损失。被告辩称并反诉:被告将小孩委托给原告看管,委托关系成立。原告未尽委托监护责任,致使原告女儿意外死亡,责任在原告,应由原告自负。同时,因原告未尽委托监护之责,也给小燕造成了损害,为此,特提起反诉,要求原告赔偿被告为此付出的全部医疗费用。

问:

本案应如何处理?用监护制度的原理进行分析。

要点提示:本案存在两种监护方式:吴某对女儿小华的法定监护以及吴某对小燕的受委托监护。无论何种方式,吴某都应尽到监护人的职责,对于因未尽到职责导致的损害,其应承担民事责任;而是否承担全部的赔偿责任,则要视具体情况而定。

第五章

法人和非法人组织

学习目标

知识目标
- 理解法人和非法人组织的法律特征；
- 认识法人、非法人组织、自然人在民事权利能力、民事行为能力和民事责任能力方面的差异；
- 掌握法人成立、变更和终止的基本法律规则。

能力目标
- 能结合社会生活实际，准确判断民事主体是否具有法人资格；
- 能够分析具体案件中法人或非法人组织在民事活动中应该承担何种民事责任。

第一节 法人概述

一、法人的概念和特征

法人是与自然人相对应的民事主体，根据《民法通则》第36条的规定，法人是具有民事权利能力和民事行为能力，依法独立享有民事权利和承担民事义务的组织。

法人的法律特征：

第一，法人是依法成立的社会组织。这是法人与自然人的最主要区别。只有那些具备法定条件，并得到国家认可或批准的社会组织，才能取得法人资格。

第二，法人拥有独立的财产。法人财产由出资财产和法人经营积累的财产组成。享有独立的法人财产权，是法人作为独立民事主体的条件，也是法人得以独立承担民事责任的物质基础。

第三，法人能独立承担民事责任。法人作为独立民事主体，可以以自己的名义参加民事活动，独立地享有民事权利、承担民事义务，可以以其全部财产对法人债务独立承担民事责任。这是法人区别于非法人组织的一大特点。例如，甲、乙、丙三人各投资10万元成立A有限公司，A公司经营不善欠下债务50万元。此时，A公司应以其全部财产承担50万元债务，而投资人甲、乙、丙仅以其出资额为限对公司债务承担有限责任。

二、法人的分类

（一）《民法通则》的分类

我国《民法通则》将法人区分为企业法人、机关法人、事业单位法人和社会团体法人。

1. 企业法人

企业法人是以营利为目的，独立从事商品生产和经营活动的法人。我国企业法人根据所有制性质的不同分为全民所有制企业法人、集体所有制企业法人和私营企业法人；根据是否有外资参与，分为中资企业法人、中外合资经营企业法人、中外合作经营企业法人和外资企业法人；根据企业的组织形式，分为公司企业法人和非公司企业法人。

2. 机关法人

机关法人是指依法享有国家权力，并因行使职权的需要而享有民事权利能力和民事行为能力的国家机关。机关法人包括权力机关、行政机关、司法机关和军事机关。机关只有在从事民事活动时，才能称为法人。

3. 事业单位法人

事业单位法人是指以社会公益事业为目的，从事文化、教育、卫生、体育、新闻等公益事业的单位。这些法人组织不以营利为目的，一般不参与商品生产和经营活动，虽然有时也取得一定收益，但该收益只能用于事业目的，不能分配给出资人。

4. 社会团体法人

社会团体法人是指自然人或法人自愿组成，为实现会员共同的意愿，按照其章程开展活动的非营利性社会组织。社会团体法人又可分为：学术性团体法人、行业性团体法人、专业性团体法人及联合性团体法人。

（二）大陆法系的分类

1. 公法人和私法人

以法人设立的目的及所依据的法律不同，将法人区分为公法人和私法人。公法人是指以实现公共福利为目的、依据公法所设立、组织的法人。国家管理机关是典型的公法人。追求私人目的，依据私法所设立的法人为私法人。公司是典型的私法人。

2. 社团法人和财团法人

以法人成立的基础为标准，可以把私法人区分为社团法人和财团法人。社团法人是指以成员的组合为法人成立基础的私法人，如有限责任公司是以股东的组合为成立基础，有限责任公司属于社团法人。财团法人是以一定的财产作为成立基础的私法人,如各种基金会。

3. 公益法人、营利法人和中间法人

以法人的设立目的为标准,可将法人区分为公益法人、营利法人和中间法人。以营利为目的设立的法人是营利法人,反之为公益法人。中间法人是指既不以营利为目的,也不符合公益性要求的,因特别法而被赋予法人资格的团体组织。社团法人大多为营利法人,也有的属于公益法人,财团法人必为公益法人。

第二节 法人的民事权利能力和民事行为能力

【案例】

甲建筑公司承包修建某酒店时因急需一批木材,经人介绍与乙家具厂李厂长签订木材购销合同。合同签订10天后,李厂长调离原工作岗位,新任厂长认为合同是原厂长所签并且以家具厂没有经营木材经销资格为由要求解除合同,一切后果由李某个人负责。

一、法人的民事权利能力

法人的民事权利能力是指法人作为民事主体,参与民事法律关系,享有民事权利和承担民事义务的资格。

(一) 法人民事权利能力的开始与终止

《民法通则》第36条第2款规定:"法人的民事权利能力和民事行为能力,从法人成立时产生,到法人终止时消灭。"

法人民事权利能力始于法人成立,而法人成立的具体时间因法人分类的不同而有所差别。企业法人自核准登记,领取企业法人营业执照之日起取得法人资格。具备法人条件的事业单位、社会团体,依法不需要办理法人登记的,从成立之日起,具有法人资格;依法需要办理法人登记的,经核准登记,取得法人资格。例如,我国一些全国性社会团体经批准不需要登记,自成立时即具有法人资格。

法人民事权利能力终于法人终止。法人可因章程规定的终止事由出现、依法被吊销营业执照、宣告破产等各种原因而终止。根据《民法通则》的规定,法人终止,应当依法进行清算。清算期间,法人人格并未丧失,但民事权利能力受到极大限制,即只能从事与清算有关的活动。法人清算完结后,应办理注销登记并公告,此时法人人格最终消灭。

(二) 法人民事权利能力的限制

法人虽与自然人一样,都是独立的民事主体,但由于法人的社会组织属性,某些专属于自然人的权利能力内容法人不可能享有,如自然人享有的继承权、精神损害赔偿请求权等。此外,法人的民事权利能力还受到法律上的限制。例如《公司法》规定:除法律另有规定外,公司不得成为对所投资企业的债务承担连带责任的出资人。最后,法人的民事权利能力范围还受到其事业目的方面的限制。

二、法人的民事行为能力

法人的民事行为能力是法律赋予特定社会组织独立进行民事活动,即其以社会组织自己的名义取得民事权利、承担民事义务的资格。与自然人的民事行为能力相比,法人的民事行为能力具有以下特点:

1. 法人的民事行为能力与民事权利能力同时产生、同时终止。当法人依法定程序取得法人资格后,即具有民事权利能力,同时也具有民事行为能力。当法人因撤销、解散等原因而终止时,其民事权利能力和民事行为能力都随之终止。自然人的民事权利能力因自然人出生而享有,但其完全民事行为能力则需达到一定年龄,并且精神状况正常才能享有。自然人的民事权利能力因自然人的死亡而终止,民事行为能力则有可能因其精神失常在其生存期间即丧失。

2. 法人的民事行为能力范围与民事权利能力范围一致。不同的法人,其民事权利能力范围是有差别的,而就每一个具体的法人而言,一旦其民事权利能力范围确定,其民事行为能力范围也随之确定,而且两者的范围完全一致。

3. 法人的民事行为能力通常是由法人机关或法人组织委托的代理人实现。法人机关是指根据法律或法人章程的规定,对内管理法人事务,对外代表法人从事民事活动的个人或集体。法人机关是法人的组成部分,无独立人格。

法人机关可分为独任机关与合议制机关。其中由单个个人形成的法人机关称独任机关,如股份有限公司的董事长。由集体组成的法人机关称为合议制机关。法人机关还可分为权力机关、执行机关和监督机关。其中权力机关是法人意思的形成机关,如有限责任公司的股东会,它有权决定公司的经营方针、投资计划、发行债券、修改章程等重大事项。执行机关是法人权力机关的执行机关,负责实现业已形成的法人意志,如有限责任公司的董事会(执行董事)。监督机关是对法人执行机关的行为进行监督的机关,如有限责任公司的监事会(监事)。

法人机关的行为即为法人的行为,法律后果由法人承担。法人组织委托其他自然人、法人或其他组织以法人名义实施的行为,其行为后果亦由法人承担。而自然人的民事行为能力通常是由自己或由其法定代理人、委托代理人实现。

三、法人的民事责任能力

法人的民事责任能力,是指法人独立承担民事责任的资格。它是法人行为能力中的一种特殊形式。

我国民事立法肯定了法人的民事责任能力,如《民法通则》第43条规定:"企业法人对它的法定代表人和其他工作人员的经营活动,承担民事责任。"《民通意见(试行)》第58条又进一步明确"企业法人的法定代表人和其他工作人员,以法人名义从事经营活动,给他人造成经济损失的,企业法人应当承担民事责任"。法定代表人,是指根据法律或法人章程的规定,对外代表法人行使职权的独任法人机关。法定代表人因其特定身份无需法人的特别授权,就可以以法人的名义,对外代表法人从事民事活动。法定代表人对外以法人名义实施的职务行为,视为法人的行为,其后果由法人承担。例如本节案例中,李某签订木材购销合同的行为是以家具厂名义实施,与其个人人格无关,属于法定代表人的职务行为,应视为家具厂的行为,由家具厂承担相应法律后果。家具厂超越经营范围的民事行为除违反国家限制经营、特许经营以及法律、行政法规禁止经营规定外,不应认定无效,新任厂长不得以家具厂没有经营木材经销资格为由要求解除合同。

另外,《民法通则》第121条规定:"国家机关或者国家机关工作人员在执行职务中,侵犯公民、法人的合法权益造成损害的,应当承担民事责任。"如某市公安局干警王某,在执行职务时驾车不慎撞伤张某,应由公安局对张某承担民事责任。

第三节 法人的成立、变更和终止

【案例】

2001年5月某市制药厂与某市物资公司签订了一份购买药材合同,合同约定,物资公司向制药厂供应4吨药材,每吨单价为10万元,交货期限为2001年8月底,制药厂应于6月30日前预付款20万元,其余货款待交付药材后10天内全部付清。合同签订后,制药厂按期预付了20万元的货款。7月中旬,制药厂由于改制的需要,分立为药业有限公司和对外服务公司。制药厂向物资公司购买的4吨药材作为分配财产为药业有限公司所有。制药厂在清理原订合同时和物资公司协商约定,所购药材剩余价款由分立的两个单位各负担一半。8月底,物资公司送货时被告知药材运至药业有限公司,药业有限公司向物资公司支付了10万元,物资公司向其追要剩余的10万元,药业有限公司按照公司分立时签订的协议回复,自己对这笔债务只负担一半,其余一半应由对外服务公司支付。而对外服务公司提出自己资金紧张,而且并未占有、使用这4吨药材,这是药业有限公司所欠的货款,与己无关。物资公司追索无果,遂向法院提起了诉讼。

一、法人的成立

法人的成立须经法人设立和法人资格取得两个阶段。

(一)法人的设立

法人的设立是指创办法人组织,为使其具有民事主体资格而进行的多种连续准备行为。它是法人成立的前置阶段。

法人的设立与法人的成立是两个既有联系又有区别的概念。凡法人成立必须经过法人的设立活动,没有法人的设立就没有法人的成立。但法人的设立并不必然导致法人的成立,当设立无效时，法人不能成立。

（二）法人设立的原则
法人设立的原则，因法人类型而异，大致包括以下原则：

1. 自由设立主义

自由设立主义又称放任主义，是指法人的设立完全由当事人决定，国家不作任何干涉和限制。此原则在欧洲中世纪曾一度盛行，但因有碍交易安全，近代以来，除瑞士民法对非营利法人仍采此主义外，其他国家已不多见。

2. 特许设立主义

特许设立主义即法人的设立需要有专门的法令或国家特别的许可。我国机关法人、全民所有制事业单位法人和某些全国性社会团体如中华全国总工会、中国共产主义青年团、中华全国妇女联合会等均为特许设立。

3. 行政许可主义

行政许可主义又称核准设立主义。即法人设立时除了应符合法律规定的条件外，还要经过有关主管机关批准。如德国民法对财团法人的设立采此主义。在我国，需办理登记的社会团体、事业单位、非公司企业法人等采行政许可主义。

4. 准则主义

准则主义又称登记主义，是指法律预先规定法人的成立条件，设立人可依照该条件进行设立，一旦符合法人的成立条件，无须经过批准，可直接到登记机关进行登记，法人即可成立。德国民法对于社团法人的设立采此主义。根据我国《公司法》的规定，有限责任公司的设立一般采准则主义，但也有采行政许可主义的，如《公司法》第6条第2款规定法律、行政法规规定设立公司必须报经批准的，应当在公司登记前依法办理批准手续。例如，《证券法》中规定设立证券公司，必须经国务院证券监督管理机构审查批准。未经国务院证券监督管理机构批准，任何单位和个人不得经营证券业务。

（三）法人成立的条件
根据《民法通则》第37条的规定，法人成立应具备下列条件：

1. 依法成立

依法成立是指依照法律规定而成立。法人的设立目的和宗旨要符合国家和社会公共利益的要求，其组织机构、设立方式、经营范围等均要符合法律、法规的规定。

2. 有必要的财产或经费

拥有必要的财产或者经费，对于法人来讲极为重要，这是法人享有民事权利和承担民事义务的物质基础，也是法人独立承担民事责任的物质保障。其中，必要的财产是对企业法人的要求；必要的经费是对机关、事业单位、社会团体法人的要求。企业法人因其经营性质和经营范围的不同，须具有的法定最低财产数额亦有所区别。根据《公司法》的相关规定，有限责任公司注册资本的最低限额为人民币3万元，一人有限责任公司的注册资本最低限额为人民币10万元，股份有限公司注册资本的最低限额为人民币500万元。另外，《商业银行法》中规定设立全国性商业银行的注册资本最低限额为10亿元人民币。设立城市商业银行的注册资本最低限额为1亿元人民币,设立农村商业银行的注册资本最低限额为5 000万元人民币。

3. 有自己的名称、组织机构和场所

每一个法人都应有自己的名称,以使特定的法人与其他法人相区别。法人名称的确定应与法人的性质、业务范围、活动内容等相适应。根据《企业名称登记管理规定》的要求,企业的名称应依次由字号、行业或经营特点、组织形式组成,并在企业名称前冠以企业所在省或市或县行政区划名称。

法人是社会组织,不同于自然人能亲自参加民事活动,法人民事权利能力、民事行为能力的实现有赖于其组织机构的行为。法人的组织机构通常包括权力机构、执行机构和监督机构。

法人要开展业务活动,就必须有活动场所。作为法人的场所,可以是自己所有的,也可以是租赁他人的。法人的场所可以是一个,也可以是多个。法人的场所和法人的住所不同,后者是指其主要办事机构所在地,并且只能有一个。

4. 能够独立承担民事责任

能够独立承担民事责任,是指法人能以其全部财产独立承担民事责任,而不是由法人的设立者、法人成员或其他组织承担。

二、法人的变更

法人的变更,是指在法人存续期间,法人的组织机构、业务范围、名称、住所等重大事项的变动。

(一) 法人组织机构的变更

1. 法人合并

法人合并是指两个以上的法人集合为一个法人的民事法律行为。法人合并可分为吸收合并和新设合并。吸收合并是指一个法人吸收被合并的其他法人,合并后只有一个法人存续,被吸收法人均消灭的合并方式。新设合并是指两个以上的法人合并为一个新法人。新设合并导致原来的法人均消灭,新的法人产生。为保障各合并法人债权人的利益,法人应在合并前通知债权人,债权人有权要求法人清偿债务或提供相应的担保。法人合并后,合并各方的债权、债务,应当由合并后存续的法人或者新设的法人承继。

2. 法人的分立

法人的分立是指一个法人分成两个以上的法人。法人的分立包括新设分立和派生分立。新设分立是指解散原法人,而分立为两个以上的新法人。派生分立是指原法人继续存在,从中分出新的法人。法人分立前的债务由分立后的法人承担连带责任。但是,法人在分立前与债权人就债务清偿达成的书面协议另有约定的除外。

例如本节案例中,制药厂的分立属于新设分立,即原制药厂解散,分立为药业有限公司和对外服务公司两个新法人。若制药厂分立前未与物资公司达成书面债务清偿协议,则应由分立后的药业有限公司和对外服务公司对原制药厂的债务承担连带责任。但本案中,由于制药厂在清理原订合同时和物资公司协商约定，所购药材剩余价款由分立的两个单位各负担一半，所以应按协议内容由药业有限公司和对外服务公司各承担10万元货款债务，即对外服务公司给付10万元货款。

（二）法人组织形式的变更

对于公司法人而言，存在公司形式的变更问题。如有限责任公司在符合法定条件的前提下，经全体股东一致同意，可以变更为股份有限公司。但这种形式的变更，同新设立一样，应获得有关部门批准，方能进行变更登记。

（三）法人其他重要事项的变更

法人其他重要事项的变更是指法人的业务活动范围、注册资金、名称、住所、法定代表人等事项的变更。企业法人上述事项的变更，应到企业登记机关办理变更登记手续，并进行公告。

三、法人的终止

法人的终止又称法人的消灭，是指法人丧失民事主体资格，其民事权利能力和民事行为能力终止。

（一）法人终止的原因

1. 依法被撤销。它是指依据法律、法规的规定或行政命令，或因法人实施违法行为，被依法撤销的情况。

2. 解散。它是指法人的目的业已完成或无法完成、法人章程规定的存续期间届满、解散事由的发生，以及法人的权力机关作出决定而使法人消灭的情况。

3. 被宣告破产。企业法人不能清偿到期债务，并且资产不足以清偿全部债务或者明显缺乏清偿能力的，经债权人或债务人申请，由人民法院宣告其破产。

4. 其他原因。如法人的合并、分立等事由也能导致法人的终止。

（二）法人的清算

法人的清算是指由依法成立的清算组织，清理即将终止的法人财产，了却其作为当事人的法律关系，使法人归于消灭的程序。

清算期间，法人的主体资格并不消灭，但法人的民事权利能力受到限制，清算组织只能从事以清算为目的的活动，不得创设新的法律关系。清算组织对内清理法人财产，处理法人的有关事务，对外代表法人清偿债务，收取债权，对涉及将终止法人的民事诉讼，清算组织可以以自己的名义起诉或应诉。

清算终结，由清算组织向有关部门办理法人的注销登记，并予以公告。完成法人的注销登记和公告，法人即归于消灭。

第四节 非法人组织概述

【案例】

日本某公司依法在中国上海设立了一办事处,办事处聘张某为该办事处代理人。2003年6月,经张某联系,该办事处与国内甲企业签订了一份购销合同。甲企业按合同交货,但办事处迟迟未付款。后由于日本公司经营困难,该公司决定撤销办事处,并着手变卖办事处财产,甲企业得知此情况后,向法院起诉办事处,要其承担偿还该日本公司所欠货款的责任。

我国《民法通则》仅规定了自然人和法人两种民事主体,但现实生活中,以自己的名义参与民事活动,既不是自然人又不是法人的社会组织是客观存在的。如企业法人的分支机构、不具有法人资格的中外合作企业、外资企业和合伙企业等。因此,在民法理论界,有人提出赋予非法人组织民事主体资格的主张。从我国的社会实际看,赋予这些非法人组织以民事主体资格,不仅有利于规范这些非法人组织的民事活动,维护其合法权益,而且也有利于保障相对人的合法权益,维护正常的社会秩序。

一、非法人组织的概念和特征

非法人组织是指不具有法人资格,但可以以自己的名义参与民事活动,享有一定民事权利并承担相应民事义务的社会组织,亦称非法人团体。

非法人组织具有以下特征:

(一)非法人组织是组织体

非法人组织同法人一样,都是社会组织,是由多数人为达一定共同目的而结合的组织体。该组织体有自己的名称、组织机构、组织规则和业务活动场所,并具有相对的稳定性。

(二)非法人组织享有一定的民事权利能力和民事行为能力

非法人组织虽然不具有法人资格,但也能以自己的名义对外进行民事活动,享有一定的民事权利能力和民事行为能力。与自然人相比较,非法人组织不享有自然人的生命、健康、肖像等人身方面的权利能力。与法人相比,它的民事权利能力和民事行为能力也受到法律上的限制。如法人的分支机构未经法人书面授权,不得为他人提供担保。

(三)非法人组织不能完全独立地承担民事责任

非法人组织虽然能以自己的名义实施民事行为,但它不能对自己的行为所产生的债务独立承担清偿责任。即当非法人组织的财产不足以清偿全部债务时,不同于法人的成员仅以其出资为限对法人债务承担有限责任,而是由非法人组织的设立人承担最终的民事责任。例如,法人的分支机构不能以其经营管理的财产清偿所负债务时,由法人承担责任;普通合伙企业财产不足以清偿合伙债务时,由普通合伙人负无限连带责任。

二、非法人组织的主要类型

在我国,非法人组织主要包括依法登记领取营业执照的私营独资企业、合伙组织、合伙型联营企业、中外合作经营企业、外资企业、企业法人的分支机构和依法领取社会团体登记证的社会团体,等等。其中,个人独资企业、企业法人的分支机构、合伙组织是比较普遍的非法人组织。

(一) 个人独资企业

个人独资企业是指由一个自然人投资,全部财产属投资人所有,投资人以其个人财产对企业债务承担无限责任的经营实体。其特征是:

其一,投资主体方面,个人独资企业仅由一个自然人投资设立。而合伙企业的合伙人至少为两人以上。一人有限公司的投资人虽然也只有一人,但投资人并不限于自然人。

其二,企业财产方面,个人独资企业的全部财产为投资人个人所有,包括企业成立之初投入的资产及企业经营期间积累的财产。

其三,责任承担方面,个人独资企业的投资人以其个人财产对企业债务承担无限责任。这是其与一人有限公司的本质区别。

根据《个人独资企业法》的有关规定,个人独资企业的设立须有合格的投资主体、合法的企业名称、投资人申报的出资、有固定的生产经营场所和必要的生产经营条件、必要的从业人员等条件。

(二) 企业法人的分支机构

企业法人的分支机构是法人在法人总部之外设立的,以完成法人部分职能为目的的业务活动机构。

企业法人的分支机构具有以下特征:

1. 企业法人的分支机构具有独立性。相对于法人的内部机构,其分支机构有一定的独立性,表现在:法人的分支机构经核准登记才能从事业务活动;有自己的名称、组织机构;有可以支配的财产和经费;可以以自己的名义从事民事活动。

2. 企业法人的分支机构具有从属性。从属性表现在:法人分支机构的业务范围不能超出法人的业务范围;分支机构的名称须标明与其所属法人的隶属关系;虽有可以支配的财产,但其财产是所属企业法人财产的组成部分;虽有自己的组织机构,但机构成员由所属法人委派;分支机构从事民事活动所发生的债务和责任最终要由法人承担。

例如本节案例中,日本公司依法在中国境内设立的分支机构不具有中国法人资格,该办事处属于非法人组织,可以以自己的名义订立合同,参加诉讼,享有一定的民事权利能力和民事行为能力。但在民事责任能力方面,当该办事处财产不足以清偿全部债务时,应由设立办事处的日本公司偿还。日本公司撤销其在中国境内的办事处时必须依法清偿债务,按照公司法清算程序的规定进行清算。未清偿债务之前不得将其办事处的财产移至中国境外。

第五节 合　　伙

【案例】
甲、乙、丙3人各出资5万元设立某合伙企业，合伙协议中约定合伙企业负责人是甲，对外代表该合伙企业，合伙企业经营汽车配件生产、销售，经营期限为2年，未明确约定盈亏的分配比例。经营期间，甲因扩大生产规模采购设备的需要，向丁银行借款20万元。但借款一年到期后，该配件厂因经营不善而无力偿还。同时，甲个人所经营的某杂货铺因失火倒闭，欠下戊货款5万元。

一、合伙的概念和特征

我国《民法通则》第30条规定："个人合伙是指两个以上公民按照协议，各自提供资金、实物、技术等，合伙经营、共同劳动。"第52条规定："企业之间或者企业、事业单位之间联营，共同经营、不具备法人条件的，由联营各方按照出资比例或者协议的约定，以各自所有的或者经营管理的财产承担民事责任。依照法律的规定或者协议的约定负连带责任的，承担连带责任。"《合伙企业法》第2条第1款规定："本法所称合伙企业，是指自然人、法人和其他组织依照本法在中国境内设立的普通合伙企业和有限合伙企业。"由此可见，在我国现行民事立法中，合伙既包括个人合伙、法人合伙、也包括自然人、法人和其他组织间的合伙。合伙人可以根据合伙协议调整合伙人之间权利义务关系。作为非法人组织中的一种，本节所阐述的合伙指依合伙企业法设立的合伙企业组织，合伙人主要指普通合伙人。

所谓合伙，是指两个以上的民事主体，订立合伙协议，共同出资，共同经营，共享收益，共担风险，对合伙债务承担无限连带责任的营利性组织。

合伙具有以下特征：

（一）合伙人须有合伙协议

合伙协议是合伙得以成立的法律基础。合伙协议依法由全体合伙人协商一致、以书面形式订立。合伙协议经全体合伙人签名、盖章后生效。合伙人按照合伙协议享有权利，履行义务。

（二）合伙人须共同出资

合伙人出资是合伙经营的物质基础。合伙人可以用货币、实物、知识产权、土地使用权或者其他财产权利出资，也可以用劳务出资（有限合伙人除外）。合伙人以非货币财产形式出资需要评估作价的，可以由全体合伙人协商确定，也可以由全体合伙人委托法定评估机构评估。

合伙人应当按照合伙协议约定的出资方式、数额和缴付期限，履行出资义务。以非货币财产出资的，依照法律、行政法规的规定，需要办理财产权转移手续的，应当依法办理。

（三）合伙人须共负盈亏

根据合伙企业法的规定，合伙企业的利润分配、亏损分担，应按照合伙协议的约定办理；

合伙协议未约定或者约定不明确的，由合伙人协商决定；协商不成的，由合伙人按照实缴出资比例分配、分担；无法确定出资比例的，由合伙人平均分配、分担。合伙协议不得约定将全部利润分配给部分合伙人或者由部分合伙人承担全部亏损。

例如本节案例中，由于合伙协议未约定盈亏分配比例，应先由甲乙丙三人协商决定，协商不成的，按三人实缴出资比例分配，即按1∶1∶1的比例分配利润及分担损失。

（四）合伙人对外承担无限连带责任

这是合伙与公司法人的主要区别之一。公司是企业法人，有独立的法人财产，享有法人财产权。公司以其全部财产对公司的债务承担责任。公司的股东以其认缴的出资额或认购的股份为限对公司承担责任。而合伙企业不能清偿到期债务时，由合伙人承担无限连带责任。即在合伙企业的全部财产不足以清偿全部合伙债务时，任何一个合伙人都有承担全部合伙债务的义务，合伙的债权人有权要求任何一个合伙人清偿全部债务。就本节案例而言，若该配件厂的全部财产不足以清偿丁银行的20万元债务，丁银行有权要求甲乙丙任何一人清偿全部债务。

但在特殊的普通合伙企业中，一个合伙人或者数个合伙人在执业活动中因故意或者重大过失造成合伙企业债务的，应当承担无限责任或者无限连带责任，其他合伙人以其在合伙企业中的财产份额为限承担责任。有限合伙企业中，有限合伙人亦仅以其认缴的出资额为限对合伙企业债务承担责任。

二、合伙事务的执行

合伙事务的执行是为实现合伙目的而进行的业务活动。合伙人对执行合伙事务享有同等的权利。合伙人同等执行合伙事务的权利并不意味着每一个合伙人都必须执行合伙事务，实践中，既可以全体合伙人共同执行合伙事务，也可以按照合伙协议的约定或者经全体合伙人决定，委托一个或者数个合伙人对外代表合伙企业执行合伙事务。作为合伙人的法人、其他组织执行合伙事务时，由其委派的代表执行。在有限合伙企业中，有限合伙人不执行合伙事务，不得对外代表有限合伙企业。

为保障各合伙人之间的平等地位，合伙企业法规定，除合伙协议另有约定外，合伙企业的下列事项应当经全体合伙人一致同意：改变合伙企业的名称；改变合伙企业的经营范围、主要经营场所的地点；处分合伙企业的不动产；转让或者处分合伙企业的知识产权和其他财产权利；以合伙企业名义为他人提供担保；聘任合伙人以外的人担任合伙企业的经营管理人员。

三、合伙财产与合伙债务

（一）合伙财产

合伙财产包括合伙人的出资、以合伙名义取得的收益和依法取得的其他财产。

根据合伙企业法的规定，合伙人在合伙企业清算前，不得请求分割合伙企业的财产。除合伙协议另有约定外，合伙人向合伙人以外的人转让其在合伙企业中的全部或者部分财产份额时，须经其他合伙人一致同意，在同等条件下，其他合伙人有优先购买权。合伙人之间转让在合伙企业中的全部或者部分财产份额时,应当通知其他合伙人。

(二) 合伙债务

合伙债务是指合伙经营期间,以合伙的名义执行合伙事务时所产生的债务。合伙债务应按下列方式承担:

1. 合伙企业对其债务,应先以其全部财产进行清偿。即以合伙人的出资、以合伙企业名义取得的收益和依法取得的其他财产进行清偿。

2. 合伙企业不能清偿到期债务的,合伙人承担无限连带责任。合伙人发生与合伙企业无关的债务,由该合伙人以其自有财产清偿,不足以清偿全部债务时,该合伙人可以以其从合伙企业中分取的收益用于清偿;债权人也可以依法请求人民法院强制执行该合伙人在合伙企业中的财产份额用于清偿。但相关债权人不得以其债权抵销其对合伙企业的债务;也不得代位行使合伙人在合伙企业中的权利。

本节案例中,甲作为合伙企业负责人以合伙企业的名义向丁银行借款的行为属合伙企业的行为,该笔债务为合伙债务,应先以合伙企业财产偿还,若合伙企业财产不足以清偿全部债务时,丁银行有权要求甲、乙、丙任何一人清偿全部债务。而甲欠戊的5万元债务属于甲个人债务,甲应先以其合伙企业财产份额以外的个人财产清偿,甲自有财产不足以清偿全部债务时,甲可以以其从配件厂中分取的收益用于清偿,戊也可依法请求法院强制执行甲在配件厂中的财产份额用于清偿。

四、入伙和退伙

(一) 入伙

入伙是指合伙成立后,第三人加入合伙组织并取得合伙资格的行为。新合伙人入伙,除合伙协议另有约定外,应当经全体合伙人一致同意,并依法订立书面入伙协议。订立入伙协议时,原合伙人应当向新合伙人如实告知原合伙企业的经营状况和财务状况。除入伙协议另有约定的,入伙的新合伙人与原合伙人享有同等权利,承担同等责任。新合伙人对入伙前合伙企业的债务承担无限连带责任。

(二) 退伙

退伙是指合伙人在合伙存续期间退出合伙组织,消灭合伙人资格的行为。退伙有以下三种形式:

1. 自愿退伙

根据《合伙企业法》第45、46条的规定,合伙协议约定合伙期限的,在合伙企业存续期间,有下列情形之一的,合伙人可以退伙:合伙协议约定的退伙事由出现;经全体合伙人一致同意;发生合伙人难以继续参加合伙的事由;其他合伙人严重违反合伙协议约定的义务。合伙协议未约定合伙期限的,合伙人在不给合伙企业事务执行造成不利影响的情况下,可以退伙,但应当提前30日通知其他合伙人。

2. 法定退伙

法定退伙又称当然退伙，是指基于法律的直接规定而退伙。根据《合伙企业法》第48条的规定，合伙人有下列情形之一的，当然退伙：作为合伙人的自然人死亡或者被依法宣告死亡；个人丧失偿债能力；作为合伙人的法人或者其他组织依法被吊销营业执照、责令关闭、撤销，或者被宣告破产；法律规定或合伙协议约定合伙人必须具有相关资格而丧失该资格；合伙人在合伙企业中的全部财产份额被人民法院强制执行。

合伙人被依法认定为无民事行为能力人或者限制民事行为能力人的，经其他合伙人一致同意，可以依法转为有限合伙人，普通合伙企业依法转为有限合伙企业。其他合伙人未能一致同意的，该无民事行为能力或者限制民事行为能力的合伙人退伙。退伙事由实际发生之日为退伙生效日。

3. 强制退伙

强制退伙又称除名退伙，是指合伙人有不法或不当行为，其他合伙人可以决定该合伙人退伙。根据《合伙企业法》第49条的规定，合伙人有下列情形之一的，经其他合伙人一致同意，可以决议将其除名：未履行出资义务；因故意或重大过失给合伙企业造成损失；执行合伙事务时有不当行为；发生合伙协议约定的事由。对合伙人的除名决议应当书面通知被除名人。被除名人自接到除名通知之日，除名生效，被除名人退伙。被除名人对除名决议有异议的，可以自接到除名通知之日起30日内，向人民法院起诉。

合伙人退伙，其他合伙人应当与该退伙人按照退伙时的合伙企业财产状况进行结算，退还退伙人的财产份额。退伙人对给合伙企业造成的损失负有赔偿责任的，相应扣减其应当赔偿的数额。退伙时有未了结的合伙企业事务的，待该事务了结后进行结算。退伙人在合伙企业中财产份额的退还办法，由合伙协议约定或者由全体合伙人决定，可以退还货币，也可以退还实物。

退伙人对基于其退伙前的原因发生的合伙企业债务，承担无限连带责任。合伙人退伙时，合伙企业财产少于合伙企业债务的，退伙人应当依法分担亏损。

五、合伙的解散与清算

（一）合伙的解散

合伙的解散是指合伙因某些法律事实的发生而使合伙归于消灭的行为。合伙解散的事由包括：合伙期限届满，合伙人决定不再经营；合伙协议约定的解散事由出现；全体合伙人决定解散；合伙人已不具备法定人数满30天；合伙协议约定的合伙目的已经实现或者无法实现；依法被吊销营业执照、责令关闭或者被撤销；法律、行政法规规定的其他原因。

（二）合伙的清算

合伙企业解散，应当由清算人进行清算。清算人由全体合伙人担任；经全体合伙人过半数同意，可以自合伙企业解散事由出现后15日内指定一个或者数个合伙人，或者委托第三人，担任清算人。自合伙企业解散事由出现之日起15日内未确定清算人的，合伙人或者其他利害关系人可以申请人民法院指定清算人。

清算人在清算期间不得开展与清算无关的经营活动，应清理合伙企业财产，分别编制资产负债表和财产清单;处理与清算有关的合伙企业未了结事务;清缴所欠税款;清理债权、债务;处理合伙企业清偿债务后的剩余财产;代表合伙企业参加诉讼或者仲裁活动。

清算结束,清算人应当编制清算报告,经全体合伙人签名、盖章后,在15日内向企业登记机关报送清算报告,申请办理合伙企业注销登记。合伙企业注销后,原普通合伙人对合伙企业存续期间的债务仍应承担无限连带责任。

思 考 题

1. 软件设计师甲、乙、丙、丁四人欲共同进行游戏软件的研发事业,有人提议合伙经营,有人提议设立公司,请问你有什么建议?

2. 比较自然人、法人和非法人组织在民事权利能力、民事行为能力和民事责任能力方面的差异。

3. 理解合伙概念的内涵。比较个人合伙与合伙组织的法律特征。

综 合 训 练

1. 某建筑安装公司从某机电设备制造厂购进了2 000只电源开关,经检测发现有1/3的质量不合格。经双方协商,机电设备制造厂同意全部退货,但迟迟没有将退货款交付建筑安装公司。几经催讨未果,建筑安装公司将机电设备制造厂起诉至法院。但此时,机电设备制造厂已经被某电力设备有限公司兼并。原机电设备制造厂领导以制造厂已经不存在为由,拒绝归还欠款;某电力设备有限公司领导认为,此债务属原制造厂,与电力设备公司业务没有任何关系,也不应承担责任。

问:
(1) 某建筑安装公司应该以谁为被告?
(2) 此债务应该由谁来承担?

要点提示:考虑机电设备制造厂已经被某电力设备有限公司兼并的事实,结合法人组织机构变更后民事责任承担的法律规则来判断。

2. 甲、乙、丙三人商定合伙经营跑运输,每人出资10万元成立普通合伙企业,同时甲提出丁有管理经验,可由丁以其管理才能入伙,无须交纳出资,乙、丙表示同意。四人一致同意由丁作为日常业务负责人并约定按1:1:1:1比例分配利润。合伙企业成立1年后甲退出合伙企业。甲退伙3天后,丁在运输过程中撞伤他人并致货物损失,需支付赔偿费共计50万元,为此引起纠纷。

问:
(1) 丁以其管理才能入伙是否有效?
(2) 赔偿费50万元应如何承担?为什么?

要点提示:结合合伙的特征分析丁入伙的条件及效力,判断该50万元的债务性质是否属于合伙债务。

第三编　民事法律行为

第三編 民事特別法

第六章

民事法律行为概述

学习目标

知识目标
- 理解民事法律行为的概念、特征,熟悉民事法律行为的分类及表现形式;
- 掌握民事法律行为的成立要件及无效民事行为、效力待定民事行为和可变更、可撤销民事行为的种类。

能力目标
- 能够结合实际案例对民事行为的效力进行判断;
- 能够对无效民事行为、效力待定民事行为、可变更或可撤销民事行为的后果进行分析处理。

第一节 民事法律行为的概念和特征

【案例】
甲有一辆旧货车欲出售,乙想购买。双方经协商,最终以5 000元的价格达成一致,乙向甲交付5 000元后将车开走。随后,甲乙一同到车管部门办理过户登记手续。工作人员称,该车已报废,不能办理过户手续。于是,乙向甲提出退货,而甲则主张,车是乙自己看的,卖出去的东西不能收回,要求维持双方的买卖关系。

一、民事法律行为的概念

民事法律行为,简称为法律行为,是指民事主体设立、变更、终止民事权利和民事义务的合法行为。民事法律行为是一种重要的民事法律事实。

民事法律行为与民事行为是两个不同的概念。民事行为是指民事主体进行的能够引起民事法律后果的行为，包括合法民事行为和不合法民事行为。合法民事行为表现为民事法律行为；不合法民事行为表现为无效民事行为、可变更、可撤销的民事行为或效力未定的民事行为。民事法律行为能够产生当事人预期的法律效果；而不合法的民事行为，则完全不能或者不能确定、立即地按照当事人的意思表示的内容发生法律效果。

二、民事法律行为的特征

1. 民事法律行为以发生一定的民事法律后果为目的。从民事法律行为的定义可以看出，民事法律行为是民事主体旨在设立、变更和终止民事法律关系的行为，因此，凡不具备这一预期目的的行为，如日常生活中的体育锻炼、看书学习等，均不是民事法律行为。

2. 民事法律行为以意思表示为核心要素。所谓意思表示，是行为人将其期望发生某种法律效果的内心意思以一定方式表现于外部的行为。意思表示包括两方面的内容：一是"意思"，即行为人的内心想法和主观愿望；二是"表示"，即行为人将其"意思"以一定形式表现于外部，为他人知晓。意思表示是法律行为不可缺少的内容，是法律行为最基本的要素。

3. 民事法律行为是合法行为。民事法律行为的合法性，表现为民事法律行为的内容和形式应符合法律的要求或者不违背法律和社会公共利益。如果民事行为违法，不仅不会产生行为人预期的法律后果，而且还会因为行为的违法性而承担对其不利的后果。

本节案例中，甲乙间的买卖旧货车的行为是以发生民事法律后果即成立买卖关系为目的，以意思表示为要素，属于民事行为。但因买卖报废车的行为不符合法律的要求，为无效民事行为，对当事人无拘束力，不能发生当事人预期的买卖法律后果，双方应当相互返还。

第二节 民事法律行为的形式和分类

一、民事法律行为的形式

民事法律行为的形式，实际上是作为法律行为核心要素的意思表示的形式。《民法通则》第56条规定："民事法律行为可以采用书面形式、口头形式或者其他形式。法律规定用特定形式的，应当依照法律规定。"据此，民事法律行为可采用以下形式：

（一）口头形式

口头形式，是指用口头语言进行意思表示的形式，包括双方当事人当面洽淡、电话交谈等直接对话方式，也包括托人带口信等间接对话形式。口头形式的法律行为，具有简便、迅速的优点，但同时由于缺乏客观记载，一旦发生纠纷，日后难以取证。因此，这种形式大多适用于即时清结或标的数额较小的民事法律行为。

（二）书面形式

书面形式，是指用文字进行意思表示的形式。《合同法》第 11 条规定："书面形式是指合同书、信件和数据电文等可以有形地表现所载内容的形式。"具体来讲，书面形式包括合同书、信件、电报、电传、传真、电子数据交换和电子邮件等。书面形式又分为一般书面形式和特殊书面形式。

1. 一般书面形式。一般书面形式是指行为人用书面文字进行意思表示，并且签名盖章后即可发生法律效力，不需要再履行其他法律手续的形式。

2. 特殊书面形式。特殊书面形式是指行为人除了用文字形式进行意思表示外，还需要履行其他法律手续的形式。具体包括以下几种：

（1）公证形式。它是指由国家公证机关依照法律程序对当事人的书面意思表示的真实性和合法性进行审查并加以证明的形式。民事法律行为是否需要进行公证，通常由当事人自愿选择。但是，如果法律规定某些民事法律行为必须进行公证才能发生法律效力的，必须进行公证。经过公证的民事法律行为，在真实性、合法性方面取得了较强的证明力，特别是被赋予了强制执行效力的债权文书在公证后，具有直接的执行力，可不经过诉讼阶段直接进入执行阶段。

（2）鉴证形式。它是指由国家工商行政管理机关或其他有关主管机关对当事人申请的书面民事法律行为（一般指书面合同）的真实性和合法性进行审查、鉴定并加以证明的形式。是否采用鉴证形式，本着自愿的原则。

（3）审查登记形式。它是指当事人将其书面的意思表示提请国家有关主管机关加以审查、批准，确认该民事法律行为真实合法后，将有关事项记载于审查机关的公共登记簿并发给证明文件的形式。

书面形式可以促使当事人深思熟虑后才实施法律行为，使权利义务关系明确化，并可保存证据，有助于预防和处理争议。书面形式是要式法律行为的一种形式，是否采用，由法律规定或由当事人约定，主要适用于履行期限较长、交易规则复杂、标的数额较大的民事法律行为。

（三）视听资料形式

视听资料形式，是指以现代化的科学技术成果来表达行为人的意思表示的形式。视听资料形式具有信息量大，内容丰富，利于保存，便于使用等优点，具有较大的准确性和可靠性。但是，视听资料容易被伪造、篡改。因此，一般来说，要有两个以上无利害关系人作证或其他证据证明，才可认定有效。

（四）推定形式

推定形式，是指当事人通过有目的、有意义的积极行为将其内在意思表现于外部，使他人可以根据常识、交易习惯、相互间的默契，推知当事人已做出了某种意思表示，从而使该民事行为成立的形式。这种形式，当事人既没有通过语言，又没有通过文字，而是通过某种积极的行为来进行其意思表示，因而推定形式又可称之为作为的默示形式或积极的默示形式。

(五) 沉默形式

沉默形式，是指行为人既没有通过语言文字来表达，也没有进行积极的行为，但从其沉默不语，可以推断其内在的意思表示，从而使法律行为成立的形式。通常情况下，内部意思须借助于身体外部积极的行为来进行表达，沉默不是意思表示，不能成立法律行为。只有在法律有特别规定时，当事人的消极行为才被赋予一定的表示意义，才产生成立法律行为的效果。这种行为又可称之为不作为的默示形式或消极的默示形式。

二、民事法律行为的分类

民事法律规范对不同种类的民事法律行为，在成立要件和具体内容上有不同的要求。对民事法律行为做出科学的分类，有助于了解和掌握不同种类的民事法律行为的不同特征，正确分析判断现实生活中的各种民事活动是否具备民事法律行为的成立要件。民事法律行为从不同的角度或根据不同的标准有如下不同的分类。

(一) 单方民事法律行为、双方民事法律行为与多方民事法律行为

这是根据民事法律行为是否由当事人一方的意思表示即可成立为标准进行的划分。

单方民事法律行为，是指基于当事人一方的意思表示而成立的法律行为。这种民事法律行为仅凭一方当事人意思表示即可成立，而无须征得对方当事人同意。如立遗嘱的行为、无权代理的追认、委托代理中的撤销委托、辞去委托、放弃继承、免除债务等都是单方民事法律行为。

双方民事法律行为，是指必须由双方当事人意思表示一致才能成立的民事法律行为。这种民事法律行为必须由双方当事人作出意思表示，并且双方当事人意思表示一致时方可成立。实践中的买卖合同、借贷合同、租赁合同等都是双方民事法律行为。

多方民事法律行为，是指基于三方以上当事人意思表示一致才能成立的民事法律行为。这种民事法律行为由三方以上当事人参加，其成立只有在多方当事人意思表示一致时才有效，如三人以上的合伙行为即为多方民事法律行为。

区分单方民事法律行为、双方民事法律行为与多方民事法律行为的意义在于：法律对三者成立的要求有所不同，单方民事法律行为，只要行为人一方作出意思表示，民事法律行为就成立；双方民事法律行为、多方民事法律行为则需要各方行为人的意思表示达成一致，民事法律行为才能成立，只有行为人一方的意思表示，民事法律行为不能成立。

(二) 有偿民事法律行为与无偿民事法律行为

这是根据民事法律行为中一方当事人转让某种利益时是否要求对方给予相应的报偿为标准进行的划分。

有偿民事法律行为，是指一方当事人在转让某种利益时，要求对方当事人支付相应对价的行为。现实生活中，大多数民事法律行为都属于有偿民事法律行为，如买卖、租赁等合同。

无偿民事法律行为，是指一方当事人在转让某种利益时，对方当事人无需给付任何代价的行为。赠与合同、借用合同等即属此类。

区分有偿民事法律行为与无偿民事法律行为的意义在于：一是对行为性质的认定。对于某些民事法律行为的性质，法律规定必须是有偿的或无偿的。二是对行为人责任的认定。一般来说，有偿民事法律行为义务人承担的民事责任要重，而无偿民事法律行为义务人承担的民事责任要轻。

（三）诺成性民事法律行为与实践性民事法律行为

这是根据民事法律行为的成立是否以交付实物为条件所进行的分类。

诺成性民事法律行为，是指双方当事人意思表示一致即可成立的民事法律行为。其成立并不以实物的交付为条件，只要当事人的意思表示一致，就能成立民事法律行为。如购销合同一经签订，该行为即可成立。如果供方不交付货物，购方依合同有权要求对方交货。

实践性民事法律行为，是指除当事人意思表示一致外，还必须交付实物才能成立的行为，所以又称为要物法律行为。这种行为如果仅有意思表示一致而无实物的交付，就不能成立。定金合同、民间借贷等属于实践性民事法律行为。

区分这两种民事法律行为的意义在于：诺成性民事法律行为依据行为人的意思表示一致而成立；实践性民事法律行为除当事人意思表示一致外，还需要交付实物才能成立。

（四）要式民事法律行为与不要式民事法律行为

这是以民事法律行为的成立是否须具备特定的形式为标准进行的划分。

要式民事法律行为，是指根据法律规定必须具备特定形式才能成立或有效的民事法律行为。如根据有关法律规定，房屋的买卖必须到房屋登记部门办理过户手续。

不要式民事法律行为，是指法律不要求特定形式，当事人自由选择一种形式就能成立及有效的民事法律行为。法律对其形式没有专门规定，允许当事人自行选择。如公民间的借用合同，可以订立书面协议，也可以口头达成协议。

区分要式民事法律行为与不要式民事法律行为的意义在于：要式民事法律行为须采用法定的法律行为形式；不要式民事法律行为由当事人自由选择法律行为形式。

（五）主民事法律行为与从民事法律行为

这是以民事法律行为之间的相互关系为标准而进行的划分。

主民事法律行为，是指不需要借助其他法律行为的存在就可独立成立的民事法律行为。这种法律行为的特点是，其可独立成立和存在，而不需要依附于其他的民事法律行为。

从民事法律行为，是指依附于其他民事法律行为的存在而存在的民事法律行为。这种法律行为的特点是，其成立及效力均取决于主法律行为的成立及效力。主法律行为不成立，从法律行为就不成立；主法律行为无效，将会直接导致从法律行为不能生效。

区分主民事法律行为与从民事法律行为的意义在于：从民事法律行为具有附随性，主民事法律行为无效或消灭，从民事法律行为也随之无效或消灭。

（六）财产民事法律行为与身份民事法律行为

这是以民事法律行为发生效果的内容为标准而进行的划分。

财产民事法律行为是以发生财产上法律效果为目的的行为，其后果是在当事人之间发生财产关系的变动。

身份民事法律行为是以发生身份上法律效果为目的的行为,其后果是在当事人之间发生身份关系的变动。

区分财产民事法律行为与身份民事法律行为的意义在于:财产民事法律行为的目的是取得或丧失财产;身份民事法律行为的目的在于取得或丧失身份。

第三节　民事法律行为的有效条件

【案例】

甲与乙是朋友,2000年2月,乙因结婚急需用钱,遂向甲借款5 000元。乙结婚后宴请好友。宴席上,乙感谢甲的借款,其他朋友对甲开玩笑说:"都是哥们儿,这5 000元还借什么,干脆给乙算了。"在朋友的起哄下,甲随口讲:"算就算了。"乙笑着说:"那我就不还了,算你送的。"数月后,甲因事需用钱,向乙催还借款。乙称:"这钱你已当着大家的面说送给我,不用还了,现在怎么又向我要?"甲解释,那是自己随口开玩笑。乙表示,我是当真的。甲多次催要无果,2001年11月向人民法院起诉,要求乙归还借款。

民事法律行为的有效条件,是指已经成立的民事行为要获得引起民事法律关系的设立、变更和终止的法律效力必须具备的条件。民事法律行为的有效条件包括一般有效条件和特别有效条件。

一、民事法律行为的一般有效条件

根据《民法通则》第55条的规定,民事法律行为应具备以下条件:

(一)行为人具有相应的民事行为能力

这是民事法律行为有效的首要条件。行为人不具备相应的民事行为能力就不能以自己的行为取得民事权利和承担民事义务,也就不能独立地实施民事法律行为。所谓相应的民事行为能力,是指行为人的民事行为能力同其所为的民事法律行为要相适应。就自然人而言,具有从事民事法律行为能力的人,包括完全民事行为能力人、能够从事与其年龄、智力、精神健康状况相适应的民事活动的限制民事行为能力人。不具有相应行为能力的人所从事的民事行为,在未经其法定代理人追认的情况下,原则上无效。但根据法律规定,无民事行为能力人、限制民事行为能力人可独立进行单纯获得利益而不承担义务的法律行为。

(二)意思表示真实

所谓意思表示真实,是指行为人表现于外部的意思与其真实意愿相一致,是在行为人意志自由,并认识到自己意思表示的法律后果的前提下所表现出来的状态。意思表示真实有两项基本要求:一是行为人的意思表示与其内心意思相一致;二是行为人的意思表示是行为人自愿作出的，不是受他人欺诈、威胁或者在自己重大误解的情况下作出的。民事主体之间的地位是平等的、独立的，他们之间在进行民事活动时应当遵循平等自愿原则，一方无权将自己的意愿强加给对方。行为人只有在自愿的基础上把自己的真实意思表达出来，并按自己的真实意思进行民事法律行为，才是真正的意思表示真实。

（三）不违反法律或者社会公共利益

民事法律行为不违反法律或社会公共利益，是民事法律行为的基本要求。不违反法律是指行为人实施的民事行为从内容到形式都要符合法律的规定，不违背法律的禁止性规定。内容上的合法主要指，行为主体、行为动机、目的、权利和义务等要符合国家法律的要求。形式上的合法，是指行为的表现形式要符合法律的规定。凡是法律规定某种民事法律行为必须采取某种形式的，行为人必须遵从法律规定，否则，其行为不产生法律效力。

不违反社会公共利益是指行为人实施的行为应符合社会公共利益的要求，不违背社会主义的社会公德和良好的社会风尚，不损害国家、集体或他人的利益。

以上三个条件是密切联系、不可分割的，民事法律行为只有同时符合以上三个条件才能产生相应的法律效力。

本节案例中，对于甲所作出的赠与的表示，根据当时的场合，完全可以判断出是在特定条件下的玩笑话，与其内心的真实意思是不一致的，并且，从以后甲向乙追要欠款的行为也可得到印证。由于赠与是双方民事法律行为，缺乏任何一方的真实意思表示都不能成立，因此，甲与乙之间的赠与不发生法律效力，乙必须向甲归还欠款。

二、民事法律行为的特别有效条件

通常情况下，民事法律行为在具备了上述一般有效条件之后，就可发生法律效力。但在某些特殊情况下，民事法律行为除具备一般有效条件外，还应具备法律规定的或当事人约定的某种特别有效条件，才能产生相应的法律效力。如当事人立遗嘱的行为，这种行为在成立时，并不立即发生法律效力，只有在立遗嘱人死亡这一特别有效条件发生时，该遗嘱才能发生法律效力。

第四节 无效民事行为，可变更、可撤销民事行为和效力待定民事行为

【案例】

某琴行新进了一批钢琴，定价为18 888元，售货员误将标价牌制作为8 888元。一天上午，顾客王某来到琴行发现，在其他琴行售价近2万元的钢琴在此仅卖8 888多元，看到如此便宜，并且自己也正需要一架钢琴，于是，王某马上付款，并取走了钢琴。当天结账时，售货员发现售出的这架钢琴少卖了1万元。经多方查找，最终找到了王某。王某称，钢琴的标价是

琴行定的,自己按价付款,不存在任何过错,双方的买卖行为合法有效。因此,拒绝加付1万元,也拒绝返还钢琴。琴行无奈,将王某起诉到人民法院,请求撤销这一买卖关系。

一、无效民事行为

无效民事行为,是指已经成立,但严重欠缺民事法律行为的有效条件,自始不能产生行为人预期的民事法律行为后果的民事行为。

无效民事行为也能产生一定的法律后果,但由于其欠缺民事法律行为的根本性有效条件,因而不能产生行为人进行民事行为所预期的民事法律后果,甚至产生相反的法律后果。

依据《民法通则》第58条、《合同法》第52条的规定,无效民事行为包括以下几种:

(一) 不具有相应行为能力人所实施的民事行为

1. 无民事行为能力人实施的民事行为。就自然人而言,无民事行为能力人包括不满10周岁的未成年人和不能辨认自己行为的精神病人。他们只能实施纯获利益的行为和处分零花钱的行为,除此之外的民事行为,他们不能独立进行,只能由其法定代理人代为实施。

2. 限制民事行为能力人实施的与其年龄、智力和精神状态不相适应的单方行为。根据《民法通则》的规定,在未经其法定代理人追认的情况下,此类民事行为属无效行为。

(二) 因受欺诈而实施的损害国家利益的行为

这种行为是指一方当事人故意用捏造虚假情况或者歪曲掩盖事实真相的手段,致使另一方当事人陷于错误的认识,并且基于这种错误认识而实施的损害国家利益的民事行为。这种行为具有以下特征:一是一方当事人具有欺诈的故意,即欺诈人在主观上意图使对方陷于错误认识而进行民事行为;二是欺诈一方实施了欺诈行为,包括捏造虚假情况、歪曲真实情况和隐瞒事实真相;三是受欺诈一方因欺诈行为而陷入错误认识,并且基于这种错误认识而实施了民事行为;四是受欺诈而实施的行为损害了国家利益。

(三) 因受胁迫而实施的损害国家利益的行为

这种行为是指一方当事人向对方当事人或者其亲属以不法加害相威胁,使对方当事人产生恐惧心理,并且基于这种恐惧心理而作出的违背其真实意思的损害国家利益的行为。这种行为具有以下特征:一是胁迫事实的存在,包括对被胁迫人本人或者其亲属的身体、生命、自由、名誉、财产表示施加侵害;二是胁迫的事实正在发生或者将来可能发生;三是被胁迫人因受胁迫而产生恐惧心理,并且基于恐惧心理实施了民事行为,即胁迫与民事行为之间有因果关系;四是受胁迫实施的民事行为损害了国家的利益。

(四) 恶意串通损害他人利益的行为

恶意串通损害他人利益的民事行为,是指双方当事人串通合谋,弄虚作假,进行损害国家、集体或者第三人利益的民事行为。这种行为的特点:一是双方当事人有串通合谋的行为,仅一方存在损害他人利益的故意,没有通谋的,不构成恶意串通;二是通谋的目的是损害国家、集体或者第三人的利益,而使自己获得非法利益;三是通谋者主观上是故意而非过失。

（五）违反法律或者公共利益的行为

违反法律或者公共利益的行为，是指违反了法律、行政法规的强制性规定的民事行为。所谓法律、行政法规的强制性规定是指法律、行政法规中规定的人们不得为某些行为或者必须为某些行为。如法律规定某些合同必须经过有关部门的审批就属于强制性规定。民事行为违背了法律、行政法规的强制性规定，就是违法行为，其结果必然是无效的。

违反社会公共利益的行为，是指违反社会公共秩序、善良风俗的民事行为。如与他人签订出租赌博场所的合同。

（六）以合法形式掩盖非法目的的行为

这种行为是指双方当事人故意串通，以合法的形式掩盖了另一个真实的非法的民事行为。该行为表面符合民事法律行为的条件，但实质上该行为却是违法的。其特征有二：一是双方当事人均是故意；二是当事人以合法的形式追求非法的目的。如以赠与的合法形式掩盖非法转移财产的目的，损害债权人的利益的行为。

二、可变更、可撤销的民事行为

可变更、可撤销的民事行为，又称相对无效的民事行为，是指民事行为虽已成立，但因欠缺民事行为的生效条件，行为人有权向人民法院或仲裁机构请求予以变更或撤销的民事行为。

可变更、可撤销的民事行为，只是相对无效，有效与否，取决于当事人的意志。这种民事行为可以发生民事法律行为的效力，但撤销权一旦行使，被撤销的民事行为溯及到其成立之时，其效力归于消灭。

根据《民法通则》第59条和《合同法》第54条的规定，可变更、可撤销的民事行为包括以下四类：

（一）重大误解的民事行为

重大误解的民事行为，是指行为人在作出意思表示时，对涉及行为的性质、对方当事人、标的物的品种、数量、质量、价格、规格等影响当事人利益的重大事项发生错误认识，使行为的结果与行为人的意思相悖，造成较大损失的行为。由此可以看出，重大误解的民事行为由以下两个方面的因素构成：从主观方面看，行为人的意思与行为结果存在根本性背离；从客观方面看，因为发生这种背离，给行为人造成较大损失。如误把甲当作乙而把钱给了甲，误将赝品当作真品购买等。

本节案例中，琴行的本意是要以18 888元的价格出售钢琴。但由于标价错误，只卖了8 888元，这是民事行为中的意思表示错误。顾客王某在不知情的情况下，与琴行达成了在价格上有重大误解的口头买卖合同，致使琴行受到了重大损失。琴行完全有理由要求法院撤销这一买卖合同。

（二）显失公平的民事行为

显失公平的民事行为，是指一方当事人利用自己的优势或对方没有经验，致使双方的民事行为明显违背了公平原则的民事行为。《合同法》第52条明确规定，在订立合同时显失公平的，属可变更或可撤销的民事行为，如果是在订立合同以后出现了不公平，则不属此类。这种民事行为有三个特征：一是行为结果对一方当事人过分不利，对他方当事人过分有利；二是受损失一方往往是屈从于对方的某种优势或地位，或因缺乏经验等原因而为之，行为结果违背本意；三是这种行为明显违背了公平原则。

（三）乘人之危的民事行为

乘人之危的民事行为，是指一方当事人利用另一方当事人的某种紧迫情况或者处于某种危难状态，迫使另一方当事人在违背自己真实意思的情况下所进行的民事行为。这种行为的特点：一是行为人处于紧急危难的境地，如个人或家人生命垂危或处于自然灾害的严重危困之中，迫切需要某种药物或救助行为；二是一方当事人乘人之危，往往提出苛刻条件，致使双方利益严重失衡，对方利益严重受损；三是行为人迫于无奈而实施了违背自己真实意思的民事行为。

（四）因受欺诈、胁迫而实施的民事行为

《合同法》第 54 条第 2 款规定："一方以欺诈、胁迫的手段或者乘人之危，使对方在违背真实意思的情况下订立的合同，受损害方有权请求人民法院或者仲裁机构变更或者撤销。"

对于上述民事行为，《民法通则》第 58 条规定为无效民事行为，而《合同法》第 54 条则规定为可变更、可撤销的民事行为。我们认为，《合同法》第 54 条的规定更为合理。在《民法通则》目前仍生效实施的情况下，根据特别法优于普通法的原则，合同问题应适用《合同法》第 54 条的规定，其他民事行为应适用《民法通则》第 58 条的规定。

可变更、可撤销民事行为的当事人可以请求人民法院或仲裁机构对该民事行为予以变更或者撤销。当事人请求予以撤销的权利称为撤销权，即权利人以单方的意思表示请求撤销已经成立的民事行为的权利。撤销权人仅要求变更的，人民法院或仲裁机构不得撤销。

根据《合同法》第 55 条的规定，具有撤销权的当事人自知道或者应当知道撤销事由之日起 1 年内没有行使撤销权，撤销权消灭。

三、效力待定的民事行为

（一）效力待定的民事行为的概念

效力待定的民事行为，是指民事行为虽已成立，但是否生效尚未确定，只有经过享有追认权的第三人作出追认或拒绝的意思表示以后，才能确定其效力的民事行为。

效力待定的民事行为的特征：（1）效力待定的民事行为的法律效力处于不确定状态，既非有效，又非无效；（2）效力待定的民事行为的效力的确定，取决于追认权人的行为；（3）效力待定的民事行为经追认权人追认后，其效力溯及于行为成立之时；追认权人拒绝追认，便自始无效。

（二）效力待定的民事行为的种类

1. 限制民事行为能力人订立的与其年龄、智力和精神状态不相适应的合同。限制民事行为能力人所订立的超出其民事行为能力的合同，只有经过其法定代理人的追认，才能生效。

2. 无权代理人以本人名义订立的合同。行为人没有代理权、超越代理权或者代理权终止后，以代理人的身份所进行的民事行为，只有经过被代理人的追认，民事行为才能生效。

3. 无处分权人处分他人财产订立的合同。根据《合同法》第51条的规定，无处分权的人处分他人财产，经权利人追认或者无处分权的人订立合同后取得处分权的，该合同有效。但是，在被权利人追认或无处分权人取得处分权之前，该合同为效力待定合同。

（三）效力待定民事行为效力的确定

1. 追认权的行使或不行使。对于效力待定的民事行为，按照法律规定，有追认权的人既可以依法追认，也可以拒绝。追认权行使时，追认人必须以明示的方式向相对人作出，不能以沉默方式进行追认，追认的意思表示自到达相对人时生效。效力待定的民事行为，一经追认，便自始具有法律效力。权利人放弃追认，既可以明示的方式，也可以默示或推定方式向相对人作出。如果在法律规定的期限内不作出追认或者拒绝的意思表示，视为拒绝。一经拒绝，该行为自始不发生法律效力。

2. 相对人行使催告权或撤销权。为了平衡当事人之间的利益关系，法律也同时赋予交易相对人以催告权和撤销权。

所谓催告权，是指相对人享有的在得知民事行为有效力欠缺的事实后，可将此事实告知追认权人并要求其在一定期限内作出追认或拒绝的确定意思表示行为的权利。催告可以口头作出，也可以书面作出，但须向有追认权人作出。催告追认权人答复，应给予1个月的追认期。

所谓撤销权，是指效力待定的民事行为的相对人主动撤销其意思表示的权利。相对人行使撤销权应做到：撤销权只能在追认权人进行追认之前行使；相对人行使撤销权必须是出于善意，否则不得行使撤销权，只可行使催告权；撤销的意思表示，必须以明示的方式作出。

四、无效民事行为，可变更、可撤销民事行为与效力待定民事行为的区别

无效民事行为，可变更、可撤销民事行为与效力待定民事行为，虽然都会引起民事行为无效的法律后果，但三者之间存在着明显的区别。

1. 无效的条件不同。无效民事行为的无效是无条件的，不论当事人对该项民事行为是否发生争议，是否主张无效，均当然没有法律约束力，人民法院或仲裁机构也可直接确定其无效。因此，这种民事行为的无效也被称为"绝对无效"。可变更、可撤销的民事行为的无效是有条件的，只有经当事人提出申请并由人民法院或仲裁机构裁决撤销的，该行为才无效。该行为在没有被撤销以前是有效的，因此，它的无效被称为"相对无效"。效力待定的民事行为因欠缺非根本性的有效条件，导致其效力处于不确定状态，有追认权的人不予追认或明示拒绝追认的，该民事行为无效，它也属"相对无效"的民事行为。

2. 无效的时间不同。无效的民事行为自行为开始时起就无效，对当事人就不具备法律约束力。可撤销的民事行为被撤销前已经生效，只有在被撤销后才无效，当事人才不受它的约束。但是其被撤销后，被撤销的效力有溯及力，可以追溯到行为开始起无效。对效力待定的民事行为，第三人应在法律规定的催告或追认期间内做出同意或拒绝的意思表示，一经拒绝，自

始不发生法律效力。

3. 主张无效的人不同：对无效民事行为，双方当事人和利害关系人都可主张无效。人民法院或仲裁机构在审理案件过程中发现民事行为为无效行为的，也可主动确认该项民事行为无效。而可变更、可撤销的民事行为只有享有撤销权的当事人才能主张无效，不享有撤销权的人不能主张。人民法院或仲裁机构只有在享有撤销权的当事人提出撤销该民事行为请求时，才可依法作出撤销的裁决，而无权在没有当事人申请的情况下主动作出撤销裁决。效力待定的民事行为，追认权人不予追认、拒绝追认以及相对人撤销其意思表示，都会使民事行为不发生法律效力。

五、民事行为无效和被撤销的法律效果

有效的民事行为能达到行为人所期望的法律效果。被确认无效和被撤销的民事行为也能引起一定的法律效果，但这种法律效果并不符合行为人的愿望。无效或被撤销的民事行为发生如下法律效果：

（一）返还财产

民事行为自成立至被确认无效或被撤销期间，当事人可能已根据该民事行为取得了对方的财产。民事行为被确认无效或被撤销后，当事人取得财产的法律根据已丧失，原物仍存在的，交付财产的一方可请求对方返还财产。原物不存在的，交付财产的一方可主张赔偿损失。

（二）赔偿损失

民事行为被确定无效或撤销后，应由有过错的一方向无过错的一方赔偿因此所造成的损失。在双方都有过错的情况下，各自承担相应的责任。

（三）追缴财产

双方恶意串通，实施了损害国家、集体或第三人利益的民事行为，其所取得或约定取得的财产应当追缴，收归国家、集体或返还给第三人。

第五节　附条件和附期限的民事法律行为

【案例】

李某、王某是同事，两人都在武汉市某单位工作。李某因与妻子两地分居，欲调往长沙市工作。王某得知此事找到李某，请求将其现居住的这套楼房卖给自己。经双方协商，达成以下协议：如李某成功调往长沙，将房屋售予王某，价款25万元；如调动不成，此房不再出售。订立协议后不久，李某恰遇一机会，将其妻子调回武汉市工作。李某随后将此事告诉同事王某，并称此房不再出售，自己需要继续使用。王某认为李某违反约定，遂起诉至人民法院，要求李某交付房屋。

民事法律行为是依当事人意思成立并发生当事人预期法律效果的行为。如果当事人对法律

行为效果的发生或消灭,加以限制,也是允许的,即民事法律行为可以附条件,也可以附期限。

一、附条件的民事法律行为

(一) 附条件的民事法律行为的概念

附条件的民事法律行为,指民事法律行为效力的开始或终止取决于将来不确定事实的发生或不发生的法律行为。

《民法通则》第62条规定:"民事法律行为可以附条件,附条件的民事法律行为在符合所附条件时生效。"实施民事法律行为是民事主体享有的权利,民事主体有权决定自己的民事法律行为暂不生效,等将来一定情况发生后再生效,或者在民事法律行为生效后一定情况出现时失去效力。但有两种民事法律行为不得附条件:一是妨碍相对人法定权利行使的。这主要是妨碍形成权的行使。如《合同法》第99条第2款规定,法定抵销不得附加条件。二是违背社会公德或社会公共利益的。这主要有结婚、离婚、收养、接受继承、票据行为等。如《票据法》第33条规定,背书不得附有条件。

(二) 对设定条件的要求

民事法律行为所附条件是民事法律行为生效或失效的特定法律事实,但并非任何法律事实都可作为民事法律行为所附的条件,对民事法律行为所附的条件,有以下要求:

1. 应是将来发生的事实。作为条件的法律事实必须是设定民事法律行为时尚未发生,而设定后可能发生的事实,过去已发生过的或正在发生的法律事实不能作为条件。

2. 应是不确定的事实。作为条件的法律事实发生与否是不确定的,既可能发生,也可能不发生。正因为这种事实的发生是不确定的,所以设定的民事法律行为成就与否也是不确定的。如果以某一必然发生的事实作为条件,则行为成就与否是确定的,只是时间问题,该"条件"便失去意义,这种情况下所附的是期限,而不是条件。

3. 是当事人约定的事实。所附条件同民事法律行为的内容一样,只有在当事人协商同意后才能成立,即它属于任意性条款。对于民事法律行为本身所要求的事实和法律明确规定的事实则无须约定作为条件。

4. 应是合法的事实。作为附条件的民事法律行为的条件,其设立目的在于决定民事法律行为的效力,因此,违反法律或社会公共利益的违法条件不能作为民事法律行为所附的条件。

(三) 附条件的分类

1. 延缓条件与解除条件

这是根据条件对法律行为效力所起的不同作用进行的划分。

(1) 延缓条件。延缓条件,又称生效条件,是指民事法律行为所确定的民事权利和民事义务,在所附条件成就时才发生法律效力的条件,其作用在于推迟民事法律行为发生效力。在条件成就前,尽管法律行为已经成立,但其效力处于抑制状态,权利人还不能行使权利,义务人也无须履行义务,法律行为的效力因被延缓而处于相对静止状态。

（2）解除条件。解除条件，又称为失效条件，是指民事法律行为中双方当事人所约定的民事权利义务在条件成立时即失去效力的条件，其作用在于使已生效的民事法律行为失去效力。

2. 肯定条件与否定条件

这是以某种客观事实的发生或不发生为标准进行的划分。

（1）肯定条件。肯定条件是指以某种客观事实的发生为条件，也称积极条件。它以一定客观事实的发生为条件成就，而以一定的事实不发生为条件不成就，肯定条件又分为肯定的延缓条件和肯定的解除条件。

（2）否定条件。否定条件是指以某种事实的不发生为条件，也称消极条件。它是以一定的事实不发生为条件成就，而以一定的事实发生为条件不成就。否定条件也可分为否定的延缓条件和否定的解除条件。

（四）附条件的效力

1. 条件成就及其效力。条件成就是指构成条件的内容已经实现。延缓条件成就后，民事法律行为当然发生效力，无须再有当事人意思表示或其他行为；解除条件成就后，民事法律行为的效力终止，也无须当事人再有意思表示或其他行为。

2. 条件不成就及其效力。条件不成就是指构成条件的内容没有实现。一般来讲，附延缓条件的民事法律行为，条件不成就时，该民事法律行为不生效；附解除条件的民事法律行为，条件不成就时，视为该民事法律行为不再附有条件，该民事法律行为继续有效。

本节案例中，李某与王某在买卖协议中确定的权利义务只有在李某调往长沙市这一条件实现时才发生法律效力。既然李某没有调往长沙，所附条件没有成就，李某、王某之间的权利义务虽已确定，但并未发生法律效力，权利人不能主张权利，义务人也无履行义务的责任。因此，王某要求李某交付房屋的要求不能得到法院的支持。

3. 条件成就与否的拟制。条件成就与否的拟制，是指当事人为自己的利益不正当地促成条件成就或阻止条件成就。当事人不正当促成条件成就的，视为条件不成就；当事人不正当地阻止条件成就的，视为条件已成就。

二、附期限的民事法律行为

（一）附期限的民事法律行为的概念

附期限的民事法律行为，是以一定期限的到来作为效力开始或终止原因的民事法律行为。期限与条件不同，任何期限都是确定地要到来的，而条件的成就与否具有不确定性。

（二）期限的分类

按照期限对民事法律行为效力所起的不同限制作用，可将所附期限分为延缓期限与解除期限。

1. 延缓期限。延缓期限又称为生效期限或始期，是指所附期限到来之时，法律行为始发生效力的期限。

2. 解除期限。解除期限是指已生效的法律行为于特定期限到来时,效力终止的期限。

(三) 对期限的限制

民事法律行为中所附期限一般应明确具体,法律不允许对法律行为附加不能期限。期限违法的,视为法律行为未附期限。

思 考 题

1. 分析无效民事行为、效力待定民事行为和可变更、可撤销民事行为的区别。
2. 在附条件民事法律行为中,对所附的条件有何要求?

综 合 训 练

林某,女,13岁,某市初中一年级学生。2005年4月,林某用积攒下的压岁钱1 300元为自己买了一部手机。买回后其母亲不同意,认为林某年龄还小,花这么多的钱应经过其同意,再者,过早用手机还会影响其身体健康及学习。于是,林某的母亲找到销售商店,要求退货。商店认为,手机是林某自愿买的,并无质量问题,拒绝退货。在此情况下,林某向人民法院提起诉讼,要求判决买卖合同无效,双倍返还货款2 600元。

问:
(1) 林某与商店的买卖合同属于什么性质的民事行为?是否有效?
(2) 如果法院判决商店退货,商店是应按原价退款,还是应双倍付款?

要点提示:效力待定的民事行为,其效力有待于有追认权人的行为确定。有追认权的人一经追认,便自始具有法律效力;拒绝追认,该行为将不发生法律效力。

第七章

代 理

学习目标

知识目标
- 理解代理的概念、特征，了解代理的适用范围及不适用代理的情形；
- 掌握狭义无权代理的种类及表见代理的构成要件。

能力目标
- 能够正确区分滥用代理权及无权代理；
- 具备正确分析实际生活中发生的有权代理、无权代理及表见代理问题的能力。

第一节 代理概述

【案例】

画家黄某所作的画每幅价值上万元。2004年6月的一天，某画店请其作画，双方约定黄某在半年内为画店作画5幅，纸张、笔墨由画店提供，画的规格以画店提供的七尺宣纸为准。画店随后支付了3万元预付款，并送来了笔墨纸张。时隔不久，国外一著名画院邀请黄某前去讲学。黄某急于办理出国手续，以致无暇为画店作画。直到出国前，黄某将印章及笔墨纸张留给自己的得意弟子高某，让其代为作画。12月底前，高某以黄某的名义将5幅画送到画店，画店支付了其余的价款。画店随后发现，5幅画无论从哪方面看都与黄某的作品有很大差距，经鉴定，全是赝品。画店要求黄某退款，并赔偿损失。

一、代理的概念

代理，是指代理人在代理权限内，以被代理人的名义同第三人实施的由被代理人承担法律后果的民事法律行为。

代理是一种民事法律行为,也是一项法律制度。在代理的民事法律关系中有三方当事人:代理人、被代理人与第三人。代理人是依据代理权代替他人实施民事法律行为的人;被代理人是由他人代替自己同第三人进行民事法律行为并承担法律后果的人,又称本人;第三人是同代理人进行民事法律行为的人,又称相对人。上述三方当事人涉及三方面的法律关系:一是代理人与被代理人之间基于委托授权或法律直接规定而形成的代理权关系,这种关系为代理的内部关系;二是代理人依据代理权与第三人之间的代理行为关系,这种关系为代理的外部关系;三是被代理人与第三人之间因代理行为而形成的权利义务关系,这种关系为代理的结果关系。

二、代理的特征

1. 代理人在代理权限内实施代理行为。代理人进行代理活动的依据是代理权,因此,代理人必须在代理权限内实施代理行为。委托代理人应根据被代理人的授权进行代理。法定代理人或指定代理人也只能在法律规定或指定的代理权限内进行代理。为了更好地行使代理权和维护被代理人的利益,代理人可以在代理权限内根据具体情况独立进行意思表示,以完成代理任务。

2. 代理人以被代理人的名义实施代理行为。根据《民法通则》第63条的规定,代理人应以被代理人的名义实施代理行为。代理人如果以自己的名义实施代理行为,这种行为是自己的行为而非代理行为。代理人只有以被代理人的名义进行代理活动,才能为被代理人取得权利、设定义务。

3. 代理行为是具有法律意义的行为。代理人所实施的代理行为必须能够产生一定的民事法律后果,即能够通过代理行为在被代理人和第三人之间设立、变更、终止一定的民事权利义务关系。日常生活中为他人代办某些事项的行为,如代友请客、替他人投寄邮件等,在当事人之间不能产生权利义务关系,不属于民法上的代理行为。

4. 代理行为直接对被代理人发生效力。代理人在代理权限内以被代理人的名义实施的民事法律行为,相当于被代理人自己实施的行为,产生与被代理人自己行为相同的法律后果。因此,被代理人享有因代理行为产生的民事权利,同时也承担代理行为产生的民事义务和民事责任。

三、代理的适用范围

代理的适用范围非常广泛,无论是自然人、法人或合伙组织,都可以通过代理人实施民事法律行为和其他有法律意义的行为,实现自己的民事权利和履行自己的民事义务。代理的适用范围包括:

(一) 代理各种民事法律行为

这是最常见的代理行为,包括进行各种具有债务关系性质或财产意义的法律行为,如代签合同、代理履行债务等。

（二）代理民事诉讼行为

自然人、法人通过代理人代理诉讼行为，是实现和保护自己民事权利的一种重要手段。在民事诉讼中，委托代理人、法定代理人、指定代理人均可以代理被代理人参加民事诉讼活动。

（三）代理实施某些财政、行政行为

尽管代理人所代理的某些行政、财政行为不是民事法律行为，而是行政法上的行为，但委托人与受托人之间存在的委托合同关系仍然适用民法有关代理制度的规定。如代理专利申请、商标注册、代理纳税、代理法人登记等。

尽管代理的适用范围很广，但还是受法律规定和当事人约定的限制。具体来讲，下列民事行为不得代理：

1. 具有人身性质的民事法律行为。具有人身性质的民事法律行为因人身属性的原因，而不适用代理。例如，立遗嘱、解除婚姻关系、预约绘画、预约演出等行为。

本节案例中，画店向黄某预约绘画的行为不适用代理。因为画店是基于对黄某的能力、信誉的信任与黄某订立合同，黄某应在合同规定的期限内，亲自完成合同规定的义务，不应转托他人。

2. 被代理人无权进行的行为。代理人所代理的行为必须是被代理人有权进行的，这是代理行为的前提。侵权行为、内容违法的行为不能代理。

3. 双方当事人约定应由本人亲自实施的民事行为。双方当事人约定必须由本人亲自实施的行为，必须遵从约定，不适用代理。如加工承揽合同中双方约定必须由承揽人亲自完成全部任务，则承揽人必须亲自工作而不能委托他人完成。

四、代理的分类

（一）委托代理、法定代理和指定代理

以代理权产生根据为标准，可将代理分为委托代理、法定代理和指定代理。

1. 委托代理。委托代理是指代理人按照被代理人的委托进行的代理。委托代理人所享有的代理权，是被代理人授予的，所以委托代理又称授权代理。授权行为是一种单方民事法律行为，仅凭被代理人一方授权的意思表示，代理人就取得代理权，故委托代理又称为意定代理。

委托代理一般产生于代理人与被代理人之间存在的基础法律关系之上，这种法律关系可以是委托合同关系，也可以是劳动合同关系（职务关系），还可以是合伙合同关系。

根据《民法通则》第65条的规定，授予代理权的形式可以是口头形式，也可以是书面形式，法律规定采用书面形式的，应当采用书面形式。

2. 法定代理。法定代理是指根据法律的直接规定而产生的代理。法定代理主要是为无民事行为能力人和限制民事行为能力人设定的代理。法定代理产生的根据是代理人与被代理人之间存在的血缘关系、婚姻关系、组织关系等。法定代理人所享有的代理权是由法律直接规定的，与被代理人的意志无关。

《民法通则》第14条规定："无民事行为能力人、限制民事行为能力人的监护人是他们的

法定代理人。"这一规定就是为他们设定代理人的法律依据。代理被监护人进行民事法律行为，实现和保护被监护人的合法权益，是监护人的重要职责。

3. 指定代理。指定代理是指基于人民法院或者有关单位的指定而产生的代理。在指定代理中，代理人所享有的代理权是由人民法院或者有关单位指定的，与被代理人的意志无关。指定代理是在没有法定代理人或担任法定代理人有争议或者法定代理人有正当理由不能履行代理职责的情况下，为无民事行为能力人和限制民事行为能力人设立的代理。

根据《民法通则》第16、17条的规定，有权指定代理人的是：（1）人民法院；（2）未成年人的父母所在单位或者精神病人的所在单位；（3）未成年人或精神病人住所地的居民委员会或村民委员会。被指定的代理人主要是被监护人的近亲属。

（二）一般代理与特别代理

以代理权限范围为标准，可将代理分为一般代理与特别代理。

一般代理，是指代理权范围及于代理事项的全部的代理，又称概括代理、全权代理。在实践中，如未指明为特别代理时则为一般代理。特别代理是一般代理的对称，是指代理权被限定在一定范围或一定事项的某些方面的代理，又称部分代理、特定代理或限定代理。

（三）单独代理与共同代理

以代理权是授予一人还是数人为标准，可将代理分为单独代理与共同代理。

单独代理，又称独立代理，指代理权仅授予一人的代理。共同代理是指代理权授予两人或两人以上的代理。在有数名代理人的情况下，各代理人的代理权限范围应在授权时明确规定，指明各代理人的代理事项及权限。如果法律或授权人没有明确规定，视为权限相等，责任相同。共同代理人应共同行使代理权，如其中一人或数人未与其他代理人协商，其实施的行为侵害被代理人权益的，由实施行为的代理人承担民事责任。

（四）本代理与再代理

以代理权是由被代理人授予，还是由代理人转托为标准，可将代理分为本代理与再代理。本代理是指基于委托人的直接授权或依法律规定而产生的代理，又称原代理。再代理是指代理人为了被代理人的利益将其享有的代理权转托他人而产生的代理，故又称复代理、转代理。因代理人的转托而享有代理权的人，称为再代理人。

再代理的主要特征有：（1）再代理人是由代理人以自己的名义选任的，不是由被代理人选任的；（2）再代理人不是原代理人的代理人，而是被代理人的代理人，其行使代理权时以被代理人的名义进行，法律后果直接归属被代理人；（3）再代理权不是由被代理人直接授予的，而是由原代理人转托的，并以原代理人的代理权限为限，不能超过原代理人的代理权。

根据《民法通则》第68条的规定："委托代理人为被代理人的利益需要转托他人代理的，应当事先取得被代理人的同意。事先没有取得被代理人同意的，应当在事后及时告诉被代理人，如果被代理人不同意，由代理人对自己所转托的人的行为负民事责任。但在紧急情况下，为了保护被代理人的利益而转托他人代理的除外。"可见，再代理附有条件，除紧急情况外，必须事先取得被代理人同意或事后告知被代理人并取得同意。

五、代理制度的意义

代理制度的意义表现为两个方面：

1. 扩大民事主体的活动范围。民事主体从事民事行为，主观上受知识和认识能力的限制，客观上受时间和空间的限制。特别是对于法人而言，仅靠法定代表人实施民事行为，法人的业务将大受限制。代理制度的价值就在于，克服民事主体在知识、认识水平、时间、空间等方面的局限性，使民事主体的权利能力得以充分实现。

2. 补充某些民事主体行为能力的不足。无民事行为能力人和限制民事行为能力人不能或不能完全通过自己的行为，以自己的意思为自己设定权利、履行义务，而代理能使这类民事主体的行为能力得以补充。

第二节 代理权的行使和消灭

一、代理权的行使

代理权的行使，是指代理人在代理权限范围内，以被代理人的名义依法独立、有效地实施民事法律行为，以达到被代理人所希望的或者客观上符合被代理人利益的法律效果。

（一）代理权行使的原则

代理人在行使代理权的过程中应当遵循以下原则：

1. 代理人应在代理权限范围内行使代理权，不得无权代理。代理人只有在代理权限范围内实施的民事行为，才能被看做是被代理人的行为，由被代理人承担代理行为的法律后果。代理人非经被代理人的同意，不得擅自扩大、变更代理权限。代理人超越或变更代理权限所为的行为，非经被代理人追认，对被代理人不发生法律效力，由此给被代理人造成经济损失的，代理人应承担赔偿责任。

2. 代理人应亲自行使代理权，不得任意转托他人代理。被代理人之所以委托特定的代理人为自己服务，是基于对该代理人知识、技能、信用的信赖。因此，代理人必须亲自实施代理行为，圆满完成被代理人交付的事务。除非经过被代理人同意或者有不得已的事由发生，不得将代理事务转委托他人处理。

3. 代理人应积极行使代理权，尽勤勉和谨慎的义务。代理人行使代理权的目的是实现和维护被代理人的利益。因此，代理人在代理活动中应认真工作，尽相当的注意义务。在法定代理、指定代理和委托代理的无偿代理中，代理人实施代理行为时，必须恪尽与处理自己事务相同的注意义务；在有偿代理中，代理人应尽到善良管理人的注意义务。由于代理的后果由被代理人承受，在委托代理中，代理人应根据被代理人的指示进行代理活动，发现不利于被代理人的情形及需要由被代理人做出决定的事项，应及时报告被代理人。对于在代理过程中了解到的被代理人的秘密，代理人有保密的义务。若代理人未尽到职责，给被代理人造成损害的，应承担民事责任。

（二）滥用代理权的禁止

滥用代理权，是指代理人行使代理权时，违背代理权设定宗旨、代理行为的基本准则以及诚实信用原则，实施了有损被代理人利益的行为。

滥用代理权有以下特征：（1）代理人有代理权。在无权代理中，行为人没有代理权。这一要件使滥用代理权的行为与无权代理行为区别开来。（2）代理人在行使代理权的过程中，违背了代理权的设定宗旨和基本行为准则，违背了诚实信用原则。（3）代理人的代理行为有损被代理人的利益。

滥用代理权包括以下三种类型：

1. 自己代理。自己代理是指代理人以被代理人的名义与自己进行民事行为。在这种情况下，代理人同时为代理关系中的代理人和第三人，双方的交易行为实际上只有一个人实施。通常情况下，由于交易双方都追求自身利益的最大化，因此，容易发生代理人为了自己利益而牺牲被代理人的利益的情况。

2. 双方代理。双方代理，又称同时代理，是指一人同时担任双方的代理人实施民事行为。在通常情况下，双方代理由于没有第三人参加进来，交易由一人包办，一人同时代表双方利益，难免顾此失彼，难以达到利益平衡。因此，双方代理应予禁止，原则上是无效行为。

3. 恶意串通。恶意串通是指代理人与第三人进行恶意通谋，双方获利，而使被代理人利益受损的行为。代理人的职责是为被代理人实施一定的民事法律行为，维护和实现被代理人的利益。代理人与第三人恶意串通，损害被代理人的利益，这与其职责是背离的。《民法通则》第66条第3款规定："代理人和第三人串通，损害被代理人的利益的，由代理人和第三人负连带责任。"

二、代理权的消灭

代理权的消灭，又称代理权的终止，指代理人与被代理人之间的代理关系消灭，代理人不再具有以被代理人名义进行民事活动的资格。由于委托代理权与法定代理权、指定代理权产生根据不同，其消灭原因也有所区别。

（一）委托代理权消灭的原因

1. 代理期限届满或者代理事务完成。委托代理一般都有明确约定的代理期限或者特定的代理事务。在代理期限届满或代理事务完成之后，设立代理的目的已经达到，代理人的代理权自然终止。期限届满或事务完成的时间，有代理证书的依代理证书，无代理证书或代理证书记载不明的，依委托合同。授予代理权时未明确代理期间或者代理事务范围的，被代理人有权随时以单方面的意思表示加以确定。

2. 被代理人取消委托或者代理人辞去委托。委托关系存在的基础是代理人和被代理人之间的相互信任，一旦双方这一基础消失或客观上不需要委托，当事人双方就会解除代理关系。

取消或辞去委托行为均属单方法律行为，一方当事人一旦作出这种意思表示并通知对方当事人，就可以使代理关系终止。代理权的取消或辞去都应事先通知对方，否则要承担由此造成对方损失的赔偿责任。

3. 代理人死亡。代理关系具有严格的人身属性。代理人死亡，使代理关系失去了一方主体，失去了代理关系中双方彼此信赖的主体要素。因此，代理人死亡，代理权随之消灭，而不能以继承方式转移给继承人。

应当注意的是，被代理人死亡并不当然导致委托代理权的终止。依据最高人民法院的司法解释，被代理人死亡后有下列情形之一的，委托代理人实施的代理行为仍然有效：（1）代理人不知道被代理人死亡的；（2）被代理人的继承人均予承认的；（3）被代理人与代理人约定到代理事项完成时，代理权终止的；（4）在被代理人死亡前已经进行，而在被代理人死亡后为了被代理人的继承人的利益继续完成的。

4. 代理人丧失民事行为能力。代理人的职责是代替被代理人实施民事法律行为，实现被代理人的利益。如果代理人丧失民事行为能力，也就丧失了代理实施民事法律行为的能力，其代理权自应随之消灭。

5. 作为被代理人或者代理人的法人终止。代理权存在的基础是代理人和被代理人双方主体的存在。法人已经撤销或解散，便丧失了作为民事主体的资格。因此，法人不论作为代理人还是被代理人，一旦自身消灭，其代理权也归于消灭。

（二）法定代理权、指定代理权消灭的原因

1. 被代理人取得或恢复民事行为能力。法定代理或者指定代理是为无民事行为能力人和限制民事行为能力人设定的。因此，当被代理人已经成年并取得了民事行为能力，或者精神病人康复而恢复了民事行为能力的时候，代理权自动消灭。

2. 被代理人或者代理人死亡。法定代理人或指定代理人与被代理人之间存在一定的身份关系，具有严格的人身属性，一方死亡就会导致代理关系终止，代理权随之消灭。

3. 代理人丧失民事行为能力。法定代理人或指定代理人，是代理无民事行为能力人或限制民事行为能力人实施民事法律行为的人，如果代理人丧失了民事行为能力，就丧失了作为代理人的资格，代理权也随之消灭。

4. 指定代理的人民法院或者有关单位取消指定。指定代理权的依据是人民法院或者有关单位的指定。当指定代理人不履行代理职责或滥用代理权，严重损害被代理人利益，不宜继续担任代理人时，人民法院或有关单位可以依法取消指定，以更好地维护被代理人的利益。

5. 其他原因。《民法通则》第14条规定，法定代理人是由监护人担任的，监护人不履行监护职责或者侵害被监护人合法权益，人民法院可根据有关单位或有关人员的申请，取消监护人资格，代理权也随之消灭。除此之外，收养关系解除或成立等，都会引起法定监护关系的变化，从而导致法定代理关系的终止，代理权随之消灭。

第三节 无权代理

【案例】
　　某服装厂急于推销其积压产品，动员职工都参与销售，并为此制定了一系列的奖励措施。职工李某找到其在某商场当业务员的同学张某，让其帮忙销售。按照商场的规定，凡进货须经领导同意，但张某为显示自己有本事，用自己保留的盖过章的空白合同书与服装厂签订了一份购买价值15万元服装的合同。随后，服装厂按合同发去了服装。商场得知此事，坚持它没有委托张某购买这批货，要求退货；服装厂认为双方合同合法有效，商场应收货付款。多次协商未果，服装厂诉至人民法院，要求商场支付货款。

一、无权代理的概念和特征

　　无权代理包括狭义和无权代理和表见代理。
　　（一）无权代理的概念
　　无权代理是指没有代理权而以他人的名义与第三人进行民事活动。无权代理分为狭义的无权代理和表见代理。《民法通则》对无权代理只进行了原则性的规定，未区分狭义的无权代理和表见代理，但《合同法》区分了狭义的无权代理和表见代理。
　　无权代理和滥用代理权是两种不同的制度，其主要区别是：（1）性质不同。无权代理是没有代理权而进行的所谓代理；而滥用代理权则属有权代理，只是代理权行使不当。（2）情形不同。无权代理包括未经授权的代理、超越代理权的代理、代理权终止后的代理；而滥用代理权则包括自己代理、双方代理和代理人与第三人恶意串通损害被代理人利益的行为。（3）法律后果不同。无权代理并非绝对不能产生代理的法律效果；而滥用代理权的行为，一般属于无效民事行为。
　　（二）无权代理的特征
　　1. 行为人所实施的民事行为符合代理行为的表面特征。即以本人的名义独立对第三人为意思表示，并将其行为的法律后果直接归属本人。若不具备代理行为的表面特征，则不属于无权代理行为。
　　2. 行为人对实施的行为没有代理权。没有代理权包括未经授权、超越代理权和代理权终止三种情况。
　　3. 无权代理行为并非绝对不能产生代理的法律效果。由于无权代理的行为未必对本人或相对人不利，同时为了维护交易安全和保护善意第三人的利益，狭义的无权代理行为应属效力待定的民事行为，在经本人追认的情况下，无权代理变为有权代理，能产生代理的法律效果，而表见代理直接发生代理的法律效果。

二、狭义的无权代理

（一）狭义的无权代理的概念

狭义的无权代理是指行为人既没有代理权，也没有令第三人相信有代理权的事实或理由，而以本人的名义所进行的代理。

（二）狭义的无权代理的种类

1. 行为人自始没有代理权。行为人既未基于授权行为取得委托代理权，也未基于人民法院或有关单位的指定取得指定代理权或基于法律的直接规定取得法定代理权，但行为人却以本人的名义与第三人实施民事行为。

2. 行为人超越代理权。行为人虽然有一定的代理权限，但却擅自超越代理权范围进行代理活动。对于超越代理权的行为，除经本人追认的以外，其法律后果由行为人承担。

3. 代理权终止后的代理。在代理权终止后，行为人仍以被代理人的名义与第三人进行民事行为则属于代理权终止以后的代理，这种代理因行为人无代理权而成为无权代理。

（三）狭义的无权代理的法律后果

无权代理行为为效力待定的行为，其效力处于不确定状态，有效或无效有待被代理人的追认。在被代理人追认之前，可以催告被代理人予以追认，善意第三人也可以撤回与无权代理人所进行的行为。如果得不到被代理人的追认，第三人也不撤回意思表示，无权代理人应对第三人、被代理人承担相应的民事责任。

1. 无权代理人对第三人的责任

无权代理人对第三人承担责任，在于保护善意第三人的利益，维护交易的安全。无权代理人对第三人承担责任的条件：一是无权代理人应具有相应的民事行为能力，否则，本人不予追认，行为自始无效；二是本人未行使追认权，且第三人未行使撤销权；三是无权代理行为应为合法行为，否则不产生法律效力；四是第三人为善意且无过失，不知行为人无代理权。无权代理人对于第三人所负责任的内容，应根据第三人的选择，或履行无权代理行为所产生的义务，或承担损害赔偿的责任。

2. 无权代理人对被代理人的责任

被代理人拒绝追认代理权，则无权代理人与被代理人之间不存在实质上的代理关系，也无合同关系或合同上的责任，无权代理人对于被代理人应承担侵权责任。如果第三人明知无权代理人无权代理仍与其实施民事行为，造成被代理人损失的，无权代理人与第三人对被代理人负连带责任。

三、表见代理

（一）表见代理的概念

所谓表见代理，本属于无权代理，但因本人与无权代理人之间的关系，具有外表授权的特征，致使相对人有理由相信行为人有代理权而与其进行民事法律行为，法律使之发生与有权代理相同的法律效果。

《合同法》第 49 条规定："行为人没有代理权、超越代理权或代理权终止后以被代理人名义订立合同，相对人有理由相信行为人有代理权的，该代理行为有效。"这是表见代理制度的立法根据。设立表见代理制度的意义，在于确保交易安全和市场信用，保护善意第三人的合法利益。

（二）表见代理的构成要件

表见代理的构成要件可分为一般要件和特别要件。

1. 一般要件

（1）无权代理人须以本人的名义进行民事活动。

（2）行为人一般应具有相应的民事行为能力。

（3）无权代理人所为的行为不是违法行为。

2. 特别要件

（1）须行为人无代理权。无代理权是指实施代理行为时无代理权或对于所实施的行为无代理权。这是成立表见代理的第一要件。

（2）须有使相对人相信行为人具有代理权的事实或理由。这是构成表见代理的客观要件。这一要件是以行为人与本人之间存在某种事实上或法律上的联系为基础的。这种联系是否存在或是否足以使相对人相信行为人有代理权，应以一般交易情况而定。通常情况下，行为人持有本人发出的证明要件，如本人的介绍信、盖有合同专用章或公章的空白合同书，或者有本人向相对人所作的授予其代理权的通知或公告，构成认定表见代理的客观依据。此外，行为人与本人之间的亲属关系或劳动雇佣关系也常构成认定表见代理成立的客观依据。对上述客观依据，依《合同法》第 49 条规定，相对人负有举证责任。在我国司法实践中，盗用他人的介绍信、合同专用章或盖有公章的空白合同书签订合同的，一般不认定为表见代理，但本人应负举证责任，如不能举证，则构成表见代理。对于借用他人介绍信、合同专用章或盖有公章的空白合同书签订的合同，一般不认定为表见代理，由出借人与借用人对无效合同的法律后果负连带责任。

（3）须相对人为善意。这是表见代理成立的主观要件，即相对人不知行为人所为的行为系无权代理行为。如果相对人出于恶意，即明知他人为无权代理，仍与其实施民事行为，或者相对人应当知道他人为无权代理却因过失而不知，并与其实施民事行为的，不能成立表见代理。

在构成表见代理的情况下，相对人相信行为人具有代理权，往往与本人具有过失有关。但是，表见代理的成立不以本人主观上有过失为必要条件，即使本人没有过失，只要客观上有使相对人相信行为人有代理权的依据，即可构成表见代理。

本节案例符合表见代理的特征。张某作为商场的代理人与服装厂签订合同时本无代理权，但由于商场内部管理不严，张某出具了盖有公章的空白合同书，使服装厂确信其有代理权，服装厂善意无过错，商场作为被代理人，当然应对相对人服装厂负授权人的民事责任。

(三) 表见代理的效力

1. 对本人的效力。表见代理对本人产生有权代理的效力,即在相对人与本人之间产生民事法律关系,本人应受行为人与相对人之间实施的民事法律行为的约束,享有该行为设定的权利并履行该行为约定的义务。本人不得以无权代理而抗辩,不得以行为人具有故意或过失为理由而拒绝承受表见代理的后果,也不得以自己没有过失进行抗辩。

2. 对相对人的效力。表见代理对相对人来说,既可以主张狭义无权代理,也可以主张成立表见代理。如果相对人认为向无权代理人追究责任更为有利,则可主张狭义无权代理;如果相对人认为向本人主张权利更为有利,也可以主张成立表见代理。

思 考 题

1. 代理不适用于哪些行为?委托代理与法定代理、指定代理的区别是什么?
2. 试述表见代理与狭义的无权代理的区别与联系。

综 合 训 练

1. 某商场委托其业务员刘某到外地采购电冰箱 100 台,并开具了授权委托书。刘某以商场的名义与某电器公司签订了 100 台电冰箱买卖合同。但该电器公司又向其推销电冰柜。李某开始称,自己只被授权购买电冰箱,但最终禁不住对方的劝说,觉得该电冰柜质量、样式不错,且价格合适,在当地也很畅销,在未请示商场的情况下,利用本商场交给的盖有合同专用章的空白合同书,又与这家电器公司签订了购买 50 台电冰柜的买卖合同。

问:
(1) 某商场与电器公司之间买卖电冰箱的合同是否有效?为什么?
(2) 某商场与电器公司之间买卖电冰柜的合同效力如何?为什么?
(3) 某商场与电器公司之间买卖电冰柜的合同是否属表见代理?为什么?
(4) 若使商场与电器公司之间买卖电冰柜合同有效,有何补救措施?

要点提示:超越代理权订立的合同,其效力处于待定状态,除经本人追认的以外,其法律后果由行为人承担。

2. 李强与张娟经自由恋爱结婚。婚后第 3 年,张娟因工作受刺激得了精神分裂症。李强为张娟多方求医治疗,始终不见好转。张娟得病 5 年之后,李强感觉生活无望,不堪忍受压力,遂提出离婚诉讼。张娟父母已经死亡,其两个哥哥均表示不管张娟之事。

问:
在离婚诉讼中谁来代理张娟参加诉讼。

要点提示:应由人民法院、张娟所在单位或其住所地的居民委员会或村民委员会在其两个哥哥中指定代理人。

第四编　民事权利

第四条 己审对闭

第八章

人 身 权

学习目标

知识目标
- 了解人身权的分类,理解各项人身权的含义;
- 掌握姓名权、名誉权、肖像权、隐私权所包含的内容及常见的侵权行为表现。

能力目标
- 会判断某一行为是否构成对他人人身权的侵害;
- 具备通过法律途径保护人身权的能力。

第一节 人身权概述

【案例】
王小姐在一大型超市工作,该超市有一项奇怪的规定,就是要求所有员工在下班前把自己的包打开给保安检查。王小姐认为,自己的包是个人隐私,女孩子的包每天给男保安检查是很屈辱的事,但由于给超市打工,大家都敢怒不敢言。超市也有自己的说法,就是之所以这么做的原因是超市内盗严重,而且员工在进超市工作前都签订了自愿被检查包的协议。
如何看待超市的做法?

一、人身权的概念和特征

(一)人身权的概念

民法上所谓的人身权,是指民事主体依法享有的,体现在人格关系和身份关系上,以与其人身不可分离的利益为内容的民事权利。人身权包括以下三层含义:第一,它是以民事主体的人格利益和身份利益为内容的民事权利;该种权利与主体的人身(法律上的人格)紧密联系,由法律直接赋予,并与人身同在。第二,它与主体的人身不可分离,不得转让。第三,该种权利由法律直接规定,而无需民事主体之间的特别约定。

(二) 人身权的法律特征

人身权在民法中是与财产权相并列的民事权利,其基本法律特征一般也是与财产权相比较而言的。具体讲,人身权具有以下特征:

1. 人身权随民事主体的人格或特定身份产生,由法律直接确认。法律上规定的民事权利,如财产权、知识产权等,一般为客观权利,民事主体要取得这些权利,必须通过特定的法律行为或法律事实才能取得。而人身权的取得,则一般不需要有追求产生人身权关系效果的特定的法律行为或法律事实。人身权一般是于民事主体诞生之时,即法律人格产生的法律事实发生时,由法律直接确认的。

2. 人身权是民事主体固有的民事权利。自然人和法人自其具有法律上的人格时起,直至死亡或消灭,都自然地享有人身权。无论民事主体是否意识到,人身权都客观地存在着,即使民事主体不知其享有某种人身权,但一旦权利遭到侵害,法律同样给予保护。人身权是民事主体的专属权利,不能让与或放弃,在某些情形下,民事主体可以转让其具体人身权中的某一部分内容,但其权利本身不能转让。如自然人的肖像权,权利人可以将肖像的使用权部分地转让给他人,但肖像使用权不能全部转让他人(即卖断)。只有法人的名称权可以全部转让,这是人身权专属性的一个例外。

3. 人身权与权利主体的人身紧密联系、不可分离。人身权是以公民的人身或法人、其他组织体(即法律人格)为依附的,人身权不能离开民事主体而存在,民事主体也不能离开人身权而存在。一个民事主体如果没有财产权,不影响其作为民事主体存在,如果没有人身权,尤其是没有人格权,其作为民事权利主体的资格也就不存在了。人格权是维护民事主体的独立人格必须具备的权利,不能想象一个人不具有生命、健康、名誉、自由而能生存于世间。所以说,人身权是与权利主体的人身紧密结合,不可分割、不得转让(商号之转让为民事特别法上之制度,宜另论)、不得继承。在这一点上,身份权不及人格权,身份权中的亲权、亲属权固然是自然人生而取得,但配偶权、荣誉权、著作人身权等却必须具备一定的行为能力以后才可能取得,也可能因法定或约定的原因而丧失。

4. 人身权没有直接的财产内容。人身权的客体与财产权的客体有着明显的不同,任何财产权都以直接的财产利益为客体,人身权则仅以民事主体自身的人格和身份利益为客体。人身权的这一特征主要表明,人身权是不能用金钱来计算和衡量的。但并不能因此说人身权没有丝毫的财产内容。在各种人身权中,只有个别权利如名誉权、隐私权、自然人的姓名权、名誉权无财产内容,而在其他一些人身权中,如肖像权、法人名称权等,则有明显的财产利益,只是这些财产利益不是直接的,而是从肖像权、法人名称权的精神利益中派生出的利益。

二、人身权的分类

(一) 人格权与身份权

这是以权利是否直接普遍地由某一类民事主体共同享有为标准所作的划分。人格权是自然人和法人作为民事主体所享有的,为保持其法律上的独立人格所必需的权利。每一自然人都直接普遍地享有同样的人格权(如生命健康权、姓名权、名誉权、肖像权等);每一法人也都直接、普遍地享有同类主体应有的人格权(如名称权、名誉权等)。只要自然人出生,法人依法成立,他们无需作任何意思表示,也无需任何行为,就当然地取得了这类权利。

身份权则不同,它是自然人、法人因一定的民事身份的取得而产生,为维持其特定身份利益所必需的权利。民事主体只有取得了某种民事身份,才能享有相应的身份权。譬如,自然人要取得著作权之身份权,就必须创作出作品,取得作者身份。没有作品创作的事实,就不能成为作者,也不可能享有身份权。

人格权又有一般人格权和具体人格权之分。一般人格权是指民事主体基于人格独立、人格自由、人格尊严全部内容的一般人格利益而享有的基本权利。学理上通常将一般人格权的内容概括为人格独立、人格自由、人格平等和人格尊严四方面。本节案例中,超市的做法侵犯了员工的人格权,不论是员工的包也好,还是储物柜也好,都是公民的隐私空间,而查包事实上是超市把员工都当成小偷怀疑,已经侵犯到员工的人格尊严,对其名誉也是一种侵害。国家法律明文禁止非执法机关对公民进行搜身、搜包等检查,至于员工与超市签订的查包协议,表面上看是自愿,实质上是一种不平等的合同,是违背员工真实意愿的,也是违法与无效的。一般人格权的具体化就是具体人格权,在民法原理上,具体人格权又根据权利客体不同分为物质性人格权和精神性人格权。物质性人格权包括生命权、健康权、身体权;精神性人格权包括姓名权(名称权)、肖像权、名誉权、隐私权、贞操权、信用权、婚姻自主权及其他人格权。

在身份权中,根据身份不同可分为亲属法上身份权和亲属法外身份权。前者包括配偶权、亲权、亲属权;后者包括荣誉权、知识产权中的人身权等。

(二) 与财产权益有一定联系的人身权和与财产权益无联系的人身权

与财产权益有一定联系的人身权可以成为某些财产性权利的取得前提,如著作权人基于身份,可请求营利性使用其作品的人,支付合理的报酬。

与财产权益无联系的人身权,则只有在其人身权受侵害要求赔偿时,与财产权益才发生联系,除此之外,不与财产权发生联系。例如那些仅体现民事主体完整法律人格的生命权、健康权、身体权、名誉权等。

第二节 人格权

【案例1】

中国人民解放军警卫第一师仪仗大队（又称三军仪仗队）成立于1952年，主要担负迎送外国元首、政府首脑的仪仗司礼任务，是国家的窗口、三军的形象。某工艺品公司为销售工艺产品"将军佩剑"和"红色八一步枪"，多次在产品宣传画册和光盘中使用"三军仪仗队"的字样和形象，包括涉及"三军仪仗队"50周年阅兵、军官敬礼、操练、检阅等画面。

工艺品公司的行为是否构成侵权？侵犯了三军仪仗队的什么权利？

【案例2】

甄先生与赵老先生系同村村民。2006年3月7日晚8时许，派出所民警来到甄先生家，告知赵老先生家丢了500元钱，赵老先生指认是他偷的，甄先生对此予以否认。后来民警又将甄先生带到派出所讯问。2006年4月9日，真正的小偷被抓获。甄先生认为，由于赵老先生的虚假指控，四处宣扬他是小偷，引起村里人的议论，致使其不愿与他人接触，精神压力很大。他认为赵老先生的行为侵犯了其名誉权。遂起诉要求赵老先生书面向其赔礼道歉，恢复名誉并赔偿精神损失费500元。

赵老先生的行为是否侵犯了甄先生的名誉权？

这些案例涉及民事主体的人格权问题。人格权是指民事主体固有的，由法律确认的，以人格利益为客体，为维护民事主体法律上的独立人格所必备的基本权利。人格权具体包括下列权利。

一、生命权

法律意义上的生命，是指自然人的生命，是人体维持其生存的基本的物质活动能力。人的生命是人的最高人格利益，生命是人具有民事权利能力的基础。

（一）生命权的概念和特征

生命权，是以自然人的生命安全利益为内容的权利。生命权是自然人最基本的人格权。其特征在于：

1. 生命权以自然人的生命安全为客体。生命权的这一特征使生命权与身体权相区别。身体权的客体是人体的整体构造，以及维护该种构造的完整性的利益。生命权的客体是人的生命安全，即维护生命的正常活动，保障生命不受非法剥夺的人格利益。身体权受侵害，表现为身体完整性的破坏，有可能恢复；生命权受侵害，则是以不可逆转、不可恢复的生命丧失为标准的。

2. 生命权以维护自然人生命活动的延续为其基本内容。生命权的这一特征使其与健康权相区别。人体生命活动的延续依赖于人的健康状况，人的健康又以人的生命活动的存在为前提。但两种权利在内容上是不同的,健康权维护的是人体机能的完善性,保持其正常运作;而生命权维护的是人的生命活动的延续,防止人为地将其终止。

3. 生命权只有在生命安全受到威胁,或者处于危险状态时才能行使。生命权一旦受到实际侵害,任何法律救济对于权利主体都无实际意义。出于人类繁衍的需要和对生命的尊重,任何放弃生命的行为都是违背生命伦理的,因而自杀与安乐死至今仍为绝大多数国家法律所否定。因为死亡的不可逆转性,对死亡救济的唯一方法是使死者的近亲属得到财产上的补偿和精神上的抚慰。

(二) 生命权的内容

生命权的内容包括生命安全维护权和生命利益支配权。

1. 生命安全维护权。生命是人的最高人格利益,其基本内容,就是维护生命的延续,也就是保护人的生命不受外来非法侵害。包括三个方面:(1)法律保护自然人的生命安全利益,禁止他人非法剥夺生命,以使人的生命得以按照自然规律延续。(2)防止生命危害发生,有危及生命安全的危险或行为发生时,生命权人有权采取紧急避险、正当防卫等措施,保护自己的生命不受侵害。(3)生命权人有权改变生命危险环境,当环境对生命构成危险,即使该危险尚未实际发生,生命权人也有权要求改变环境、消除危险。如《民法通则》第134条第3项规定的消除危险民事责任,就包括改变生命危险环境。

2. 生命利益支配权。生命权中是否包含生命利益支配权,实际上意味着生命权人可否处分自己的生命。民法理论对此有争议。传统民法理论对此持否定态度,主要理由就是自杀为法律所不许。本书认为,从人道主义出发,从尊重个人的选择出发,应当承认有限制的生命利益支配权,即这种支配权仅限制在特殊情形下的献身和安乐死两种情况。

献身指献出生命。如为保护国家、集体及他人的生命、财产安全不惜牺牲自己的生命,或者参加危险性大的竞技项目前与举办者签订协议,作出"因竞赛死亡不追究他人责任"的承诺,实际上就是生命利益支配权的行使。另外对于负有特殊职责的人来讲,当需要以其生命来履行其职责时,如消防队员在火灾发生地、军人在战场上,如果他们临阵脱逃,其行为就不是行使生命权的行为,而是违法甚至是犯罪行为,应受到法律的制裁。

安乐死问题,在刑法领域一直争论不休,涉及的问题是安乐死的行为是否构成故意杀人。从民法的角度去看,应立足于个人对自己的生命利益有无支配权。如果承认有生命利益支配权,对身患绝症、濒临死亡、身心遭受极度痛苦不堪忍受的人来讲,请求安乐死的行为就属于支配自己生命利益的正当行为,从而使医生实施安乐死的行为也就合法化了。对于安乐死的实施,必须严格限制。荷兰于2001年4月10日通过了世界上第一部安乐死法案,比利时、瑞士等是世界上为数不多的允许安乐死的国家。

二、健康权

(一) 健康权的概念和特征

健康权,是指自然人享有的以维护其生理机能正常运作和功能完善发挥的利益为内容的权

利。健康权具有以下特征:

1. 健康权以人体生理机能的正常运作和功能正常发挥为具体内容。这是健康权区别于身体权的重要特征。身体和健康都是自然人的物质人格利益,但身体指的是人的肌体构造完整性,健康指的是人体生理机能的正常运作和功能的完善发挥,尽管健康有赖于肌体的完整,并且肌体的完整性受到破坏自然会损及健康,但两者仍是不同的权利客体。实践中,损坏他人肌体导致健康受损,应认定为侵犯健康权,而没有导致健康受损,则以侵犯身体权认定。

2. 健康权以维持人体的正常生命活动为根本利益。这是健康权与生命权的重要区别。健康与生命密切联系,并且共存于身体这一物质形态之中,但健康具有可康复性,生命具有不可逆转性,健康权以正常生命活动为根本利益,而生命权以维护生命活动的延续为根本利益。在民事审判实践中,无论主观上以侵害健康还是侵犯生命为目标,只要实际上生命尚存,就认定为侵犯健康权,反之,生命丧失,就认定为侵犯生命权。

(二) 健康权的内容

1. 健康维护权。健康维护权的含义包括两方面:(1)任何人有保持自己健康的权利。法律保障人们为健康权利的实现而付出的努力,如人们有权通过体育运动提高健康水平,有权接受医疗服务,有权获得有益于健康的良好环境、饮食等。(2)当人们的健康受到侵害甚至威胁时,有权获得法律保护。

2. 劳动能力保持权。劳动能力是人们创造物质财富和精神财富的能力,包括脑力劳动和体力劳动。劳动能力是人们获取物质财富,满足衣食住行等的前提。自然人享有劳动能力保持权,有权保有和发展自己的劳动能力,有权利用劳动能力满足自己及社会的需要,当这种能力受到侵害时,受害人可以请求司法保护。

侵害生命权、健康权的民事违法行为十分广泛。通常人们较多关注的是以暴力形式所实施的侵权行为,实践中,非暴力实施的侵权行为日益严重和突出,如交通事故、医疗事故、环境污染、有害食品致人伤亡、忽视劳动安全、高度危险作业、产品责任等致人损害等。此种违法行为除包括作为外,还包括不作为,如《民法通则》第125、126条规定的公共场所施工未设安全标志和防范措施致人损害、建筑物及其他设施以及建筑物上的悬挂物、搁置物致人损害;对未成年人或精神病人疏于监护,或带领其进行危险活动导致损害等,都可能造成侵害健康权的后果。

三、身体权

(一) 身体权的概念和特征

身体权,是指自然人维护其身体完整并支配其肢体、器官和其他组织的具体人格权。

身体权的法律特征包括:

1. 身体权以自然人的身体及其利益为客体。身体是指一个自然人生理组织的整体。自然人的身体包括两部分:(1)主体部分,包括肢体、器官和其他组织;(2)附属部分,如毛发、指甲等附属于人体的其他组织。移植的器官和其他组织可以构成身体的组成部分,人工制作的不可自由装卸的器官或组织替代物也视为身体的组成部分。身体具有完整性，破坏了完整性，就破坏了身体的有机构成，自然人身体完整性的利益就是身体权的客体。

2. 自然人对自己身体的组成部分有支配权。随着现代科学技术的发展，人体组织和器官的移植成功，人们对自己身体的组织或器官可以支配，并且不影响本人的生存。自然人对身体所享有的权利，尽管同所有权一样，都是一种支配权，但这种支配的客体仍是人格利益，而不是财产。

3. 身体权是自然人享有的一种独立的人格权。身体权与健康权尽管关系密切，但健康权不具有可支配性，并且有些侵犯身体权的行为如非法剪人毛发，并不伤及健康，有些损害健康的行为如致人患病并不破坏身体的完整性。所以身体权有其独立存在的必要性。

（二）身体权的内容

1. 身体完整维护权。任何人有权维护自己的身体完整，任何人不得侵犯这种完整性。
2. 身体组织及器官的支配权。在不违反法律和伦理的情况下，自然人有权支配自己的器官或组织，如捐献血液、骨髓、角膜甚至大型器官，如肾脏等。但这种支配是有限制的，其前提是对器官和组织不能进行有偿转让。对于自然人的身体组成部分，只有自己可以支配，其他任何人无权决定。

（三）对尸体的法律保护

自然人死亡后，对其尸体应当予以法律保护，这种保护的理论依据是对自然人生前人格利益予以保护的延伸。自然人死亡前，对其身体享有身体权；死亡后，身体成为尸体，其尸体所体现的人格利益也应当予以保护。对尸体的保护包括以下两方面：

1. 自然人有权合法利用和处置尸体。自然人生前可以遗嘱方式对自己身后尸体的安置、利用进行安排，是自然人行使身体权的一种体现，他人及死者近亲属应当予以尊重。现实中经常出现死者以遗嘱或其他方式表明捐献尸体或器官、组织的意愿，但死者近亲属并不尊重该遗愿，法律上应对死者此类遗嘱的效力予以认可和保障。当然，由于人们观念和感情上的限制，具体执行上较之财产遗嘱还需付出艰苦、细致的努力。自然人死亡后，生前没有个人意愿的，由其近亲属进行安置和利用。需要注意的是无论按死者意愿还是按近亲属的意志安置和处置尸体，都不得违反法律、公共秩序和善良风俗。
2. 禁止非法损害、利用尸体和其他侵害尸体的行为。侵害尸体的行为包括：（1）非法损害尸体。如为报复、泄愤而损害尸体。（2）非法利用尸体，如未经死者近亲属同意或无死者遗嘱，又无合法的强制理由，而擅自将尸体、器官或组织进行解剖、移植或其他利用。（3）其他侵害尸体的行为，如盗墓毁尸、盗窃骨灰、非法陈列尸体、殡仪馆将他人尸体错误火化、他人将尸体冒名火化等。

侵害身体权的行为主要表现为：非法搜查、侵扰自然人身体，未致伤亡的殴打，非法剔除、损坏他人毛发、指甲等，强制他人出让身体组织如强制输血、植皮、出让器官等，不当的外科手术，损害尸体等。

四、姓名权

（一）姓名权的概念和特征

姓名权，是指自然人依法享有的决定、使用和改变自己的姓名，并排除他人干涉和侵害的权利。姓名权具有以下特征：

1. 姓名权所保障的是权利主体的姓名以及与姓名相关的精神利益。姓名是使自然人特定化的文字符号标志，广义的姓名，不仅指自然人在户籍和居民身份证上显示的姓名，还包括曾用名、笔名、艺名以及我国传统文化中所特有的"字"、"号"等。

2. 自然人的姓名权具有专属性。姓名权专属于特定的自然人享有，但并不意味着自然人对与其姓名相同的文字符号具有专有使用权。姓名是借助于有限的文字符号来表示的，因重名导致的姓名冲突在所难免，但基于不正当目的故意使用与他人相同的姓名，则构成对他人姓名权的侵犯。

（二）姓名权的内容

《民法通则》第99条第1款规定："公民享有姓名权，有权决定、使用和依照规定改变自己的姓名，禁止他人干涉、盗用、假冒。"可见姓名权包括以下内容：

1. 姓名决定权。姓名决定权，是指自然人有权决定自己的姓名，其他人无权干涉。自然人对自己姓名的决定权，不仅包括有权决定名字，而且有权决定姓氏，有权选择从父姓、从母姓，也有权采用其他姓氏或根本不用姓氏。自然人出生时，由于本人无法亲自行使姓名决定权，该权利一般由监护人代为行使，自然人在具备命名能力后，可以通过行使变更权来决定自己的姓名。

2. 姓名使用权。姓名使用权是指自然人依法使用自己姓名的权利。它包括积极行使和消极行使两方面，前者如在进行民事行为时以自己的名义进行、在自己的作品上署上自己的姓名或笔名、在特定的场合下表明自己的身份以区别于其他社会成员，后者如在作品上不署名、在特定行为后拒绝透露自己的姓名。姓名使用权的限制在于，在特定条件下，自然人不许使用非正式姓名，如在户口登记簿、居民身份证、护照上必须使用正式姓名，在进行重要法律行为时，也有义务使用正式姓名。

3. 姓名变更权。姓名变更权，指自然人依照有关规定改变自己的正式姓名而不受他人干涉的权利。自然人变更姓名须按一定程序办理。我国《户口登记条例》第18条规定："未满18周岁的公民要由本人的父母、收养人向户口登记机关申请变更登记。18周岁以上的公民要由本人向户口登记机关申请变更登记。"

（三）侵害姓名权的行为

侵害姓名权的行为主要表现为：

1. 干涉他人行使姓名权。包括干涉他人决定、使用、变更自己的姓名。如户籍部门无正当理由拒绝自然人登记或更改姓名的要求；父母离婚或再婚家庭强行要求更改子女姓名。

2. 盗用他人姓名。盗用是未经他人同意而使用其姓名，如自称是某名演员的弟子以吸引观众。

3. 假冒他人姓名。假冒是冒名顶替，如称自己就是某人，完全以他人的身份从事活动。

五、名称权

（一）名称权的概念

名称权，是指自然人以外的法人或其他组织享有的决定、使用、变更和转让自己的名称并排除他人非法干涉的权利。名称权的性质是人格权，是具有法律人格的标志，不享有名称权，民事主体资格不能成立。同时，名称权的客体具有明显的财产利益因素，表现为企业名称具有很高的商业价值，驰名的企业名称会与企业信誉相得益彰，为企业带来较好的商业利润。不仅如此，名称权具有与其他人格权不同的显著例外，这就是企业的名称具有可转让性。

（二）名称权的内容

《民法通则》第 99 条第 2 款规定："法人、个体工商户、个人合伙享有名称权。企业法人、个体工商户、个人合伙有权使用、依法转让自己的名称。"由此决定名称权的内容包括：

1. 名称决定权。法人及非法人组织有权为自己设定名称，他人无权干涉。名称权的设定较之自然人有诸多限制，如企业只准使用一个名称，名称应由字号或商号、行业或经营特点、组织形式依次组成，不得使用欺骗或使人误解的文字等。法人特别是企业法人以及非法人组织，必须设定名称并依法将名称予以登记，企业在进行设立登记时，倘若没有名称将不予登记。个体工商户、个人合伙，是否设定名称，依其自愿。

2. 名称使用权。名称权主体对其名称享有独占的使用权，在登记主管辖区内，其他组织不得再以相同的名称进行登记。在同一地区内，数个组织曾使用相同的名称，其中一方将名称登记后其他各方不得再使用原来的名称，否则构成侵权；同时，这种独占使用权也限于同一行业，同行业经营者不得登记或使用相同名称。

3. 名称变更权。名称权主体在使用其名称的过程中可以依法变更自己的名称，变更程序与设定名称相同。

4. 名称转让权。名称权主体可以将名称权转让给他人，这是名称权最具特色的内容。依我国《民法通则》的规定，企业法人、个体工商户、个人合伙有权依法转让自己的名称；此外对于非公有制的企业法人，以及其他自然人组合的营业实体，当营业中的自然人死亡后，其财产应当由其继承人继承。当继承人继承该营业实体时，自然就发生名称权的继承问题。

侵害名称权的行为主要表现为：（1）干涉名称权的行为，如干涉名称权的转让。（2）非法使用他人名称的行为。这种行为是指未经名称权人许可，冒用或盗用他人登记的名称。（3）名称的混同。这种行为是指在名称登记的范围内，同行业的营业组织使用与他人登记的名称相同或相似以致为人误认的名称。

六、肖像权

（一）肖像权的概念与特征

肖像，是指以一定的物质形式再现出来的自然人的形象。肖像权，是指自然人对自己的肖像享有再现、使用并排斥他人侵害的权利。《民法通则》第 100 条规定："公民享有肖像权，未经本人同意，不得以营利为目的使用公民的肖像。"肖像权的法律特征是：

1. 肖像权的主体只能是自然人。只有自然人才具有反映其生理特征的外貌属性，法人及非法人团体都不具有这种生理属性，因而不具有肖像权。

2. 肖像权所体现的基本利益是精神利益。如自然人对自己的形象享有维护其完整的权利，有权禁止他人非法毁损、恶意玷污以维护自己的尊严，法律保护自然人的肖像权，就是为了保护这种精神利益。

3. 肖像权还体现一定的物质利益。肖像权与其他人格权相比，与财产有着较密切的关系。比如自然人的肖像，具有美学和标志价值，这种价值能够转化为财产利益，如以肖像做广告宣传或作为商标注册，会给企业带来经济效益，所以法律赋予肖像权人以许可他人使用其肖像并获取报酬的权利。

4. 肖像权的客体即肖像具有可重复利用性和再生性。肖像具有众多的表现形式，而且可以不断地重复利用，这是肖像权与其他人格权的一个重要不同之处。

（二）肖像权的内容

1. 肖像制作权。肖像的制作，是指通过造型艺术手段将人的外部形象表现出来，并固定在某种物质载体上。肖像制作权是指自然人决定是否制作、以何种手段制作自己肖像的权利。

2. 肖像使用权。自然人有权使用自己的肖像以获得精神满足和取得财产利益。自然人有权决定是否使用、如何使用、由何人使用等问题，权利人可以自己使用，也可以通过授权他人使用而获得经济报酬，任何人不得干涉。

3. 维护肖像完整权。自然人有权维护自己肖像的完整性并有权禁止他人的毁坏、修改及玷污行为。肖像权受到侵害时，肖像权人有权维护自己的肖像利益。

（三）侵害肖像权的行为

侵害肖像权的行为须具备如下三个要件：

其一，制作、使用他人肖像的行为，如擅自制作带有他人肖像的照片、雕塑进行出售的行为，在广告商标、产品说明书中使用他人肖像的行为，在商店橱窗、服务设施内张贴、悬挂他人肖像的行为；

其二，未经肖像权人同意；

其三，无阻却违法事由，如为宣传报道、为弘扬正气、为司法机关执行公务而制作、使用肖像，则因阻却违法而不构成侵权。

尽管《民法通则》第 100 条规定肖像侵权须具备以营利为目的的前提，但学者们越来越倾向于认为，即使不以营利为目的，擅自制作、使用他人肖像，也构成肖像侵权行为，除非有阻却违法的事由。至于对他人的肖像进行歪曲、丑化、毁损、玷污，我们认为是构成侵犯人格尊严权的行为。

七、名誉权

（一）名誉权的概念和特征

名誉权，是指民事主体就自己获得的社会评价享有利益并排除他人干涉的权利。名誉权具有以下特征：

1. 名誉权的主体包括所有民事主体。大多数人格权为自然人所专有，名誉权是少数自然人与非自然人都享有的人格权之一。

2. 名誉权的客体是名誉及其利益。名誉，也称名声，是指社会对民事主体的品德、才能及其他素质的社会综合评价。每个主体，包括自然人、法人和其他组织，都享有自己的名誉利益，有权维护自己的社会评价。对法人和其他组织来说，是指其经营状况、履约能力、商业信用、经济效益等。

3. 名誉权不具有财产性，但与财产有一定的联系。名誉权不具有直接的财产价值，也不能产生直接的经济利益，但却与财产利益有着密切联系。作为自然人，良好的名誉对其就业、晋级、提薪都有正面影响；作为企业法人或非法人团体，名誉在一定意义上就代表了企业的利润和效益，其与企业财产的关系尤为密切。

（二）名誉权的内容

1. 名誉保有权。每个自然人从出生之日起，每个法人或非法人团体自成立之日起，享有名誉权，有权保有自己的名誉不降低、不丧失。在知悉自己的名誉处于不佳状态时，有权凭借自己的实际行动来改进这种状态，他人不得干预。

2. 名誉利益支配权。民事主体可以利用自己良好的名誉，与他人进行广泛的政治、经济来往，使自己获得更好的社会效益和财产效益。另外，对于有损自己名誉的事实，自己允许他人散布，也是对自己名誉利益的一种支配，但是，这种支配不得违反法律的强制性规定和公序良俗。

3. 名誉维护权。《民法通则》第101条规定："公民、法人享有名誉权，公民的人格尊严受法律保护，禁止用侮辱、诽谤等方式损害公民、法人的名誉。"可见，权利人有权禁止他人以侮辱、诽谤方式损害其名誉，对于他人侵害自己名誉权的行为可以寻求司法保护。

（三）侵犯名誉权的行为

1. 侵害名誉权的行为须具备的要件

（1）行为人实施了侮辱、诽谤等行为。所谓侮辱，是指以语言、文字或行为使受害人名誉受损、蒙受耻辱的行为，如在历史小说中以影射手法对他人进行侮辱、丑化，以张贴大字报、小字报的方式用言辞侮辱他人。所谓诽谤，是指以口头或文字方式散布虚假事实，损害他人名誉的行为，如以写匿名信、传播小道消息等方式散布他人所谓桃色新闻。需要指出的是，民事诽谤与刑事诽谤不同，民事诽谤即使过失也可构成，如根据最高人民法院《关于审理侵害名誉权案件若干问题的解答》第7条第4款的规定，因新闻报道严重失实，致他人名誉受到损害的，应按照侵害他人名誉处理。而新闻侵权案件大部分是过失造成的，可见过失行为亦可构成诽谤。

（2）侵害名誉的行为须指向特定的人。这种指向可以是指名道姓的明确指向，也可以是以暗示等方法使人识别到具体的受害人。

（3）行为人的行为须为第三人所知悉。如侮辱行为，如果仅使受害人人格受辱，但不为人所知，不影响他人对受害人的评价，不应认定为是侵犯名誉权的行为。

（4）行为人有过错。过错包括故意和过失，但并非有过失的行为都构成侵权。如通过正当程序检举，但举报失实，如无诬告目的则不构成侵权。

2. 新闻侵权案件的认定

新闻侵权案件是名誉侵权案件中占较大比例的一类案件，并且社会影响较大，对受害人侵害比较严重。最高人民法院《关于审理名誉权案件若干问题的解答》就新闻侵权案件规定了认定标准。

（1）撰写、发表批评文章引起的名誉权纠纷，人民法院应根据不同情况处理：文章反映的问题基本真实，没有侮辱他人人格内容的，不应认定为侵害他人名誉权；文章反映的内容虽基本属实，但有侮辱他人人格的内容，使他人名誉受到损害的，应认定侵权；文章的基本内容失实，使他人的名誉受到损害的，应认定为侵犯他人名誉权。

（2）撰写、发表文字作品，不是以生活中特定的人为描写对象，仅是作品中的情节与生活中某人的情况相似，不认定为侵权；描写真人真事的作品，对特定人进行侮辱、诽谤或披露隐私损害其名誉的；或者虽未写明真实姓名和住址，但事实是以特定人为描写对象，文中有侮辱、诽谤或披露隐私内容，致其名誉受到损害的，应认定侵犯名誉权或隐私权。编辑出版单位在作品被认定为侵害他人名誉或被告知明显属于侵犯他人名誉权后，应刊登声明消除影响或者采取其他补救措施；拒不采取措施或继续刊登的，应认定为侵权。

（3）新闻单位根据国家机关依职权制作的公开的文书和实施的公开的职权行为所作的报道，其报道客观准确，不应当认定为侵害他人名誉权，其报道失实或者前述文书和职权已公开纠正而拒绝更正报道，致使他人名誉受到损害的，应认定为侵害他人名誉权。

（4）因提供新闻材料而发生的纠纷，如主动提供新闻材料，致使他人名誉权受到侵害的，认定侵权；被动接受采访而提供新闻材料，且未经提供者同意公开，新闻单位擅自发表，致使他人名誉受损，对提供材料者一般不予认定侵权；虽系被动提供，但发表时得到同意或默许，构成侵权。

（5）新闻报道或其他文字作品，如事实涉及他人隐私，也构成侵权，即构成对受害人隐私权的侵权。

本节中的案例2，由于赵老先生的虚假指控并四处宣扬，使甄先生受到村民的议论，让大家都怀疑其是小偷，使大家对甄先生的社会评价降低，赵老先生的行为构成侵犯甄先生的名誉权。

八、隐私权

（一）隐私权的概念和特征

隐私权，是指自然人享有的私人生活安宁与私人生活信息依法受到保护，不受他人知悉或披露的权利。隐私权具有以下特征：

1. 隐私权的主体只能是自然人。隐私意识源于自然人的羞耻心理，法人作为组织体，因其没有精神活动，因而不具有隐私权。企业法人的技术秘密或经营秘密作为商业秘密受知识产权法等法的保护。

2. 隐私权的客体包括私人活动、个人信息和个人领域。

3. 隐私权具有秘密性。作为隐私权客体的隐私，都具有一定的秘密性，权利主体对这些秘密享有相应的不公开权，法律保护权利主体这种秘密的存在，排除他人的干涉。

4. 隐私权具有可放弃性。权利主体有权处分其隐私，如披露个人秘密，允许他人介入自己的私生活，对自己的私人生活进行报道等。

5. 隐私权的保护范围受公共利益的限制。当隐私权与公共利益、他人合法权利发生冲突时，对隐私权应有所限制。

（二）隐私权的内容

隐私权的内容主要包括以下方面：

1. 个人生活安宁权。权利主体能够按照自己的意志支配个人的私生活，不受他人的干涉与破坏。如私人住宅不受非法监视、摄影等。

2. 个人信息和生活情报的控制、保密权。个人信息和生活情报的内容广泛，如身高、体重、病史、生活经历、婚姻、财产状况等情况，权利主体有权禁止他人非法调查、公布和使用其个人信息和生活情报。

3. 个人通讯秘密权。权利主体有权对个人信件、电话、传真的内容加以保密，禁止他人擅自查看、刺探和非法公开。

4. 个人对其隐私有利用权。权利主体有权利用自己的隐私从事有关活动，不受他人非法干涉。如将自己的特殊生活经历作为文学创作的素材，如有人为唤起社会对心疾患者的理解和重视，而将自己心理疾病的成因及治疗在电视上公开袒露；在传记中泄露隐私以提高传记的发行量。

（三）侵害隐私权的行为

侵害隐私权的行为主要表现为：

其一，以侵入、干扰等手段侵害自然人个人生活隐私，如非法侵入或搜查他人住宅；干涉、监视私人活动，侵入窥视私人生活或领域，如他人住房、箱包、日记等。

其二，以监听、监视、窥视私拍、非法调查等手段刺探他人隐私，如私自拆看他人信件、擅自调查他人的私生活，刺探、调查与公共利益无关的个人情报资讯，如财产状况、住址、电话号码、社会关系、人际交往、宗教信仰等方面的信息；私拍私生活镜头、监听私人电话、窃听他人性生活等。

其三，泄露、公开披露或者宣扬他人的隐私，如非法公布他人档案材料、医疗单位的工作人员对患者的性病史到处宣扬。

其四，非法利用他人隐私的，既包括未经权利主体同意而擅自利用其隐私材料的，也包括利用隐私材料时虽经过权利主体同意，但行为人超过约定的范围使用的。

自然人在行使隐私权时，常与他人的知情权发生冲突，所谓知情权，即公民有权知道他应该知道的东西。在两者发生冲突时，应贯彻如下原则：（1）社会政治及公共利益原则，如对政治人物财产状况方面的隐私应予以限制，以满足公众知悉和监督的权利。（2）权利协调原则，对知情权的满足以必须为条件，能尽量在较小范围内公开的，不在较大范围内公开，不是必须公开或知晓的信息尽量不公开。（3）人格尊严原则，即使需要公开某些隐私，也不得伤害当事人的人格尊严，如揭露腐败分子的腐朽生活时，不应涉及私生活中具体细节。

本节的案例1中，该工艺品公司使用"三军仪仗队"名称的根本目的在于对自己的产品进行推销，属于以营利为目的的使用，其行为构成对三军仪仗队名称权的侵犯；其在未征得同意的情况下，将三军仪仗队在各种场合的形象用于商业目的，广为宣传，必然导致降低和损害三军仪仗队的对外形象，侵犯了该部队所拥有的整体肖像利益。

第三节　身　份　权

身份，是民事主体在亲属关系以及其他非亲属的社会关系中所处的稳定地位，以及由该种地位所产生的与其自身不可分离，并受法律保护的利益。身份权，是民事主体基于某种特定的身份而依法享有的一种民事权利。具体有以下几种：

一、荣誉权

（一）荣誉权的概念和特征

荣誉权，是指民事主体对自己的荣誉受有利益并排除他人非法侵害的权利。荣誉权的法律特征是：

1. 荣誉权所保障的客体是荣誉及其利益。同名誉一样，荣誉也是一种社会评价，但这种评价是特定民事主体在社会生产、社会活动中有突出表现，政府、单位、团体或其他组织所给予的积极、正式的评价，如劳动模范、优秀团员、先进集体、质量信得过单位等。荣誉利益是因荣誉而获得的精神与物质利益。如受人敬仰以及自我精神上的满足感、因荣誉而获得物质待遇等。

2. 荣誉权是一种身份权。荣誉权并非人人都能享有，必须是具有一定身份才能享有，因此荣誉权属于身份权。

3. 荣誉权具有继受取得性、楷模性、物质性和稳定性的特点。荣誉是人们经后天努力取得；荣誉在人们心目中具有楷模作用；荣誉往往伴有直接或间接的物质利益；荣誉非有正当理由和正当程序，不得剥夺。这些都是其他人格权所不具有的特点。

4. 荣誉权可因荣誉被取消而消灭。

（二）荣誉权的内容

1. 荣誉获得权。民事主体有权获得荣誉及因荣誉所生的利益，包括授予荣誉时颁发的物质奖励及其后带来的物质利益。

2. 荣誉保持权。民事主体对于已被授予的荣誉保持归自己所有，非经一定程序不被取消的权利。

3. 荣誉利用权。

（三）侵害荣誉权的行为

侵犯荣誉权的行为主要表现为：不法否定或贬损他人荣誉，如非经正当程序对他人获取的荣誉进行质疑、贬低；非法剥夺他人的荣誉称号，如无权剥夺他人荣誉称号的机关、团体、领导人擅自剥夺或超越权限剥夺他人荣誉称号；非经正当理由和程序剥夺他人荣誉称号；占有或故意毁损他人的荣誉证书或代表荣誉的纪念品；拒发权利人应得的物质奖励。民事主体的荣誉权受到侵害，有权获得法律救济。

二、亲权

亲权是父母对未成年子女的人身和财产的管教、保护的权利。该权利的基础在于父母与未成年子女这一特定的身份关系。其主要内容包括：对未成年子女进行管教、保护的权利；作为未成年子女的法定代理人，代理未成年子女的民事法律行为；管理未成年子女的财产；惩戒权等。

三、亲属权

亲属权，是指民事主体因血缘、收养等关系产生的特定身份而享有的民事权利。具体可划分为：其一，父母与成年子女之间的权利，如父母享有请求成年子女赡养的权利。其二，祖父母、外祖父母与孙子女、外孙子女之间的权利，如父母已经死亡的未成年的孙子女享有请求有负担能力的祖父母、外祖父母抚养的权利。其三，兄弟姐妹之间的权利，如父母无力抚养的未成年弟妹享有请求有负担能力的兄姐抚养的权利。

四、配偶权

配偶权是指在合法有效的婚姻关系存续期间，夫妻双方基于夫妻身份所互享的民事权利。主要包括：同居权、忠诚权、协助权等。

此外，身份权还包括在知识产权中体现出来的身份权。知识产权是民事主体依法对自己的智力成果所享有的权利，包括著作权、专利权、商标权、发明权、发现权及其他科技成果权等。知识产权是具有财产权和人身权双重内容的民事权利，其中的人身权为身份权，而不是人格权。如著作权中的发表权、署名权、修改权、保护作品完整权即为作者享有的身份权。

思 考 题

1. 侵犯姓名权的行为有哪些？
2. 比较名誉权与荣誉权的异同。
3. 举例说明哪些行为是对他人肖像的正当使用，不构成侵犯他人肖像权。

综 合 训 练

1. 某医院在一次优生优育的图片展览时，展出了某一性病患者的照片，并在说明中用推断性的语言表述该患者系性生活不检点所致。虽然患者眼部被遮，也未署名，但有些观众仍能辨认出该患者是谁。患者得知这一情况后精神压力过大，投河自尽。为此，患者家属向法院起诉，状告该医院。

问：
医院这一行为侵害了患者的哪些权利？

要点提示： 医院未经患者同意展出患者照片的行为构成侵犯患者的肖像权；在说明中用推断性的语言表述该患者系性生活不检点，而且观众仍能辨认出该患者是谁，这样的行为侵犯了患者的名誉权。

2. 某村村民李某写举报信给县纪检部门，称毛某作为村干部，有贪污集体财产、贩卖枪支的行为。后来该信的内容在村内广为传播，致使毛某的家庭生活受到干扰，毛某之妻曾服毒自杀（后经抢救才脱离危险）。现毛某以李某的行为侵犯了其名誉权为由，向法院起诉，要求李某立即停止侵害，公开赔礼道歉，并赔偿精神损失10 000元。法院审理查明，当地公安机关曾于1997年6月就毛某贩卖枪支的行为依法作出处理。李某认为，自己只向县纪检部门写过举报信反映毛某的贪污及贩卖枪支行为，从没有在村内散播举报内容或写大字报散发。作为村民，自己向有关纪检部门写举报信是对村干部实施监督，该行为并无不当。另在法庭上，原告毛某曾向法官提交了被告李某写给县纪检部门的举报信、县纪检委调查笔录及数名村民的证言材料，但没有村民出庭作证，纪检部门的调查也没有能证实毛某有贪污集体财产的行为。

问：
李某的行为是否侵犯了毛某的名誉权？

要点提示： 本案中考虑被告李某向纪检部门举报原告毛某有无诬告的目的；是否李某向其他人散布告发的内容给毛某产生了不良的社会影响，综合考虑李某的行为是否侵犯毛某的名誉权。

第九章

物 权

学习目标

知识目标
- 了解什么是民法上的物、物权、物权变动、所有权取得的方式、用益物权的种类、三种担保物权的含义;
- 重点掌握物权法的基本原则、物权变动的基本规则、善意取得的适用条件、建筑物区分所有权的权利构成、用益物权的取得方式及内容、各种担保物权的设定。

能力目标
- 能够结合实际案例分析动产和不动产物权变动的效力,处理有关债权合同和物权变动的关系;
- 能够正确设定用益物权及担保物权;
- 能够分析处理相关用益物权和担保物权的民事案件。

第一节 物、物权和物权法

一、物的概念和特征

人类社会的生存与发展,无时无刻都离不开物,大到土地、空气、房屋,小到日常生活用品皆为物。此为广义上的物,即世间一切物理上之物。狭义的物是指法律上的物,即可以作为法律关系客体的物。凡能被人掌握和利用,能够满足人们的物质文化生活需要的客观实物,为法律上的物。物在民法中具有特殊重要的地位,是民事法律关系的客体中最重要的组成部分,也是民法之财产关系的基础。离开物,人们的财产关系便无所依附;离开物,人们的生活将难以为继。能够成为民法上的物,应当具备以下几个方面的特征:

其一，能够被人掌握和控制。民法上的物在于能够被人们所有和转让，如果物不能被人掌握和控制，则难以实现物的所有和流转，那么称之为法律上的物也没有意义。如日月星辰，虽给人类带来光明和生机，但人类还不能掌握控制它们，所以它们不是法律上的物。

其二，能够满足人们生产和生活需要。物若不能满足人的需要，则对人无任何价值，法律上也没有必要把它作为物来对待，人们也不会以之设定民事权利义务。

其三，能独立存在。物的独立性决定了物能够独立地满足人的需求或被转让。若物不能独立存在，则该物亦不能被独立转让，也就不能成为法律关系的客体。

其四，一般为有体物。物的有体性，即物占据空间之一部分，能够被人的感官所感知，如常见的固体、液体、气体。近年来，物的有体性也受到了挑战。如电、热、电磁波等，因其本身很难以某种形状来描述，与传统物的有体性不符，但却能够为人所掌握利用，人们可以通过自身或一定的设备感知，所以在法律上也是将它们当作物来对待的。《物权法》第50条规定的无线电频谱资源就属此类。

以上为物的基本特征，但是需要特别说明的是人体及人体器官不是法律上的物。人作为法律关系的主体是由人类的主宰地位决定的。人不同于其他动物，是高级智能动物。人的尊严在法律上应得到充分的尊重。所以人体和人体的组成部分作为人存在的载体，是不能作为法律关系的客体被转让处分的。对于活人身体的组成部分，如可与人体分离而独立存在，则与人体分离之后可作为物来对待，比如剪下的头发、脱落的牙齿、抽出的血液等。另外，随着医学的发展，出现了器官移植等现象，对传统法律上物的概念提出了挑战。但是，对于器官移植、器官捐献，只要不违背法律的禁止和公序良俗即可，但决不允许进行人体及器官的买卖，人体及人体器官不能成为买卖关系的客体。关于人的尸体是否为物，以前曾有争论，现在通说认为尸体是一种特殊的物，对之只能作符合法律规定和公序良俗的处分，其所有权一般归死者的近亲属。骨灰为尸体的转化形式，其性质同尸体。

二、物的分类

根据不同的标准，物可以有多种分类，下面介绍主要的几种分类。

（一）动产和不动产

动产和不动产是根据物是否可以移动和移动是否会损害物的价值来划分的。动产是指依物的性质能够移动且移动不会损害其价值的财产；不动产是指依物的自然属性不能移动或移动会损害其价值的财产。物的这一分类是物中最重要的分类。

动产在日常生活中大量存在，如服装、家具、书籍、汽车等。货币和有价证券也属动产，但是特殊的动产。货币的特殊性表现在它不能直接满足人们的需要，而是作为交换和衡量财产价值的媒介存在。有价证券的特殊性表现在它并非财产本身，而是代表财产的一种凭证，其流转要按照法律规定的方式进行。另外，对于汽车、轮船、飞机，虽然从性质上讲属于动产，但因其价值重大，法律多参照对不动产的有关规定来对待，如规定汽车、轮船、飞机所有权的流转需要办理登记手续，只是登记的效力有所不同。

不动产一般是指土地、房屋、森林、公路、铁路、桥梁等。土地是最重要的不动产，包括耕地、草原、江河湖泊等自然资源。与土地尚未脱离的土地生成物也属土地之一部分，如地上的树木、庄稼、地下水等。

区分动产和不动产的意义主要有三：第一，法律对动产和不动产物权的取得、转让、变更、丧失规定的程序不同。对于不动产，一般须经登记才发生物权变动的法律效力，仅有当事人达成合意还不足以导致物权变动；而对于动产，一般无须登记，只要当事人就物权变动达成合意并进行了标的物的交付，就可以发生物权变动的效果。第二，关于动产纠纷和不动产纠纷引起诉讼时的管辖法院不同。对于动产纠纷，一般适用原告就被告的原则来确定管辖法院；对于不动产纠纷，则一般由不动产所在地的法院管辖。第三，关于动产纠纷和不动产纠纷适用法律有所不同。对于不动产纠纷，一般适用不动产所在地的法律；对于动产争议，则一般适用审理案件的法院所在地的法律。

（二）特定物和种类物

这一分类的依据是物是否具有独立的特性以及是否可以用同种类的物相替代。如果具有独立的特性，没有同种类的物或不能以同种类的物相替代的，为特定物。如一件文物、一幅字画。种类物是指没有独立的特性，可以用同种类的物来替代的物。如化肥厂生产的同种型号的化肥。

特定物又可分为绝对特定物和一般特定物。绝对特定物是指独一无二的物，如某套房屋。而一般特定物是虽具有独立的特性，但却还有同种类的物，在某些情况下还可以同种类的物来替代，如丢失他人一辆自行车，就可以买一辆同种品牌型号的自行车来赔偿。另外，一般特定物可以从种类物中选出，谓之种类物的特定化，如顾客从商场同种品牌型号的自行车中选中一辆，则该辆自行车就具有独立特性，商场无权擅自更换。

种类物和特定物分类的意义在于当物被毁损灭失时的法律后果不同。当特定物被毁损灭失时，权利人只能要求赔偿损失，而不能要求返还原物或以同种类的物来替代交付；当种类物被毁损灭失时，则可以用同种类的物来替代交付。

（三）流通物、限制流通物和禁止流通物

这一分类的依据是法律对物的流通的限制程度。法律对物的流通没有任何限制，允许在当事人之间自由流转的物为流通物。限制流通物是指可以进行流转，但法律对其流转有所限制，这些限制主要是法律规定只能在特定人之间进行流转，或法律规定物的流转必须经过法定的特殊形式。例如，对于枪支、麻醉药品只能在法定的部门进行流转。禁止流通物是指法律绝对禁止流转的物，如毒品、淫秽物品、假币等。

此种分类的意义在于物的流转必须依法进行。对于流通物，当事人可以自由流转；对于限制流通物，当事人只能按照法定的流转范围、程序和方式进行流转；对于禁止流通物，则绝对不允许进行流转。

（四）可分物和不可分物

这一分类的依据是物是否可以分割以及分割是否会损坏物的价值和效用。物从性质上不可

分割或虽然可以分割,但分割之后会损害物的价值的,为不可分物。如一头牛、一辆汽车。可分物是可以分割且分割不会损害其价值的物,如一袋面粉、一桶食油。

此种分类的意义在于当物为几人共有、如需分割该物时,对可分物就可以直接分割实物;而对不可分物,则只能采取折价、变价的方式来进行分割,而不得分割实物。

(五) 主物和从物

这一分类的依据是两物之间是否会存在依赖关系。能够独立发挥作用的物为主物;非主物的组成部分,而附从于主物,并对主物发挥辅助效用的物为从物,从物必须是独立存在之物。如商品的包装、电视机的遥控器就是从物。须注意的是主物的组成部分不是从物,如服装上的纽扣。

区分主物和从物的意义在于主物的物权变动及于从物,即当主物的所有权发生转移时,从物的所有权也随之而转移;当主物被抵押时,该抵押权的效力及于从物。应注意这一效力并不绝对,法律允许当事人协议排除其适用。

(六) 原物与孳息

这是根据物与物的产生关系所做的分类。原物是指能够产生新的财产的物,而在原物之上产生的新的财产为孳息。如母鸡之与鸡蛋,存款之与利息。孳息分为天然孳息和法定孳息。根据自然规律所产生的孳息为天然孳息,而根据法律规定或当事人之约定所产生的收益为法定孳息,如利息和房租,再如中奖之奖金。需要注意的是,已经在原物之上产生但尚未与原物相分离的物还不是孳息,如树上之苹果,母牛怀孕之小牛,只有该物作为物独立存在时才可以作为孳息。

此种分类的意义在于孳息的归属。现在各国一般规定,除法律有特殊规定和当事人有特别约定以外,孳息的所有权归原物所有权人。

三、物权的概念和特征

根据《物权法》第 2 条的规定,物权,是指权利人依法对特定的物享有直接支配和排他的权利,包括所有权、用益物权和担保物权。可见,物权为权利人依法在特定物之上所享有的权利。这是物权区别于债权的关键之处。债权是权利人要求义务人为或不为一定行为的权利,其权利并非建立在特定物之上,而是建立在合同或法定的权利义务关系之上。

一般认为,物权具备以下几个特征:

(一) 物权为绝对权

物权的绝对性区别于债权。在物权关系中,物权的权利人为特定人,义务人为权利人之外的不特定人,权利人的权利对抗的是除自身之外的任何人,物权人有权要求任何人尊重其物权,不实施侵犯其物权的行为,所以物权也称为对世权。而在债权关系中,权利人和义务人均为特定人。物权的绝对性还包含着另外一层含义,即物权的绝对保护性:物权人于其标的物之支配领域内,非经其同意,任何人均不得侵入或干涉,否则即构成违法。物权的这一效力也称为物权的绝对保护效力。

（二）物权为支配权

物权的这一特征也称为物权的支配性或支配效力，是指物权人得依自己的意思对标的物进行管领处分以实现其权利，而无须他人意思或行为的介入。物权的直接支配性表现为权利人依照法律的规定，可以直接行使其权利，如所有权人行使其对物的占有权、使用权、收益权、处分权，无须征得义务人同意。因为物权人一般现实占有其物，所以其行使权利无须要求他人做什么行为，而只需义务人不实施侵害其权利的行为即可，义务人的义务是一种不作为的义务。

（三）物权的客体为特定物

因为只有物的标的物特定，其权利人才可以实现对物的管领支配。如果物权的标的不明，则物权人不能直接支配该物，其物权也难以体现。而在债权中，债权的标的物可以为不特定的种类物。

除物之外，某些权利也可以作为物权的客体，如《担保法》和《物权法》中规定的权利质权。以权利为客体的物权被称为"权利物权"。权利物权只有在法律明确规定时才可以被当作物权来对待，否则只能是债权。法律之所以设定权利物权，是出于对权利人的保护，目的是将该权利赋予物权效力。如在权利质权中，质权人有权以被质押的权利优先获得偿还，假如没有赋予该质权以物权的效力，该权利仅为债权性质，则以质押的权利实现债权时，质押人的其他债权人有权要求平等地获得偿还，质权人就丧失了优先受偿的机会。

（四）物权具有排他性

物权的排他性表现为物权法上的"一物一权主义"。"一物一权主义"的最初含义是指一个物上只能有一个所有权，不允许存在两个以上的所有权。后来这一主义的含义指"一个物上不允许存在性质相同、效力相同的两个以上的物权"。因为一个物上可以存在多个物权。如一套房屋，其所有权归甲，甲将该房屋抵押于乙，乙对该房屋就享有了抵押权，即担保物权。此时该房屋之上就出现了两个物权，但这两个物权的性质不同。再如甲在将该房屋抵押给乙之后又抵押给丙，这样，该物之上就有了两个抵押权，虽然都是抵押权，性质相同，但是它们的效力不同，这就是抵押权的顺位。这些抵押权依登记的先后顺序获得实现，即顺位在先的抵押权以抵押物实现时优先于顺位在后的抵押权。物权的这一性质不同于债权，在同一物上有几个没有担保的债权时，不论它们设定时间的先后，都应该平等地获得受偿，当财产不足以偿还时，应该平等地按比例偿还，不存在哪一个债权优先受偿的问题。

四、物权的分类

（一）所有权和他物权

所有权为物的所有人依法对物所享有的占有、使用、收益、处分的权利。其权利主体为财产所有人自己，所以也称为自物权；其权利内容包括了人对物的所有的权利方面，所以也称为完全物权。所有权是物权当中最完整的权利。

他物权指非财产所有人对该财产所享有的权利。他物权也称为定限物权或限制物权。他物权是所有权的权能与所有权人分离的结果，所以他物权人所享有的物权只能是所有权中的部分权能，而不可能是所有权的全部权能。如抵押权人对抵押物只享有优先受偿的权利，而没有占有、使用、收益的权利。他物权包括用益物权和担保物权。

（二）用益物权和担保物权

这一分类是对他物权的分类。用益物权是指为使用、收益的目的而对他人之物设定的物权。担保物权是为担保债权的实现而在他人之物上设置的物权。

用益物权包括建设用地使用权、地役权、土地承包经营权等权利。这些权利以支配物的利用价值为内容，以取得他人之物的使用价值为目的。用益物权一般由当事人通过合同方式设定。

担保物权包括抵押权、质押权、留置权。担保物权的权利人无权对物进行使用收益，而只能依法律的规定，在债务人不能履行其合同义务时有权通过法定的方式将担保物拍卖、折价或变卖以优先获得偿还。

（三）动产物权、不动产物权和权利物权

这是以物权标的物的种类为标准所做的划分。以动产为标的的物权为动产物权；而建立在不动产之上的物权为不动产物权；权利物权是指以权利为客体的物权。动产物权如动产的所有权、抵押权等。不动产物权如房屋所有权、地役权、土地承包经营权等。权利物权如权利质权、建设用地抵押权等。

法律之所以区分动产物权、不动产物权和权利物权，原因在于这些物权的取得、转让、变更和丧失所具备的条件不同。对于动产物权，一般以占有为物权享有的公示方式，以交付为物权变动的公示方式；而不动产物权享有的公示方式为登记记载，物权变动的公示方式为变更登记；关于权利物权的物权享有和物权变动，应该依物权法的规定由当事人通过合同及登记方式设定。

（四）主物权和从物权

这是以物权能否独立存在和两个权利之间的关系来划分的。不以主体享有的其他民事权利的存在为前提，而能够独立存在的物权为主物权，如所有权、建设用地使用权等。

从物权是指不能独立存在，而从属于其他权利存在的物权。如地役权就是从属于土地承包经营权、建设用地使用权、宅基地使用权的一项物权。没有土地承包经营权、建设用地使用权、宅基地使用权，就没有地役权。

区分主物权和从物权的意义在于两者转让的后果不同：主物权是可以独立被转让的；从物权不能被单独转让，主权利被转让时，该从物权也应一并转让。另外，一般而言，主权利归谁享有，从物权也应归谁享有。

（五）法定物权和约定物权

法定物权和约定物权是基于物权的设定方式不同所做的分类，基于法律的直接规定而发生的物权为法定物权；基于当事人的约定而发生的物权为约定物权，约定物权也称为意定物权。法定物权如留置权，《担保法》第84条直接规定了对在保管、运输、加工承揽合同中所发生的债权，当债务人不履行债务的，债权人有权行使留置权。约定物权是当事人在法律规定的前

提下自愿设定的一种物权，如建设用地使用权。

五、物权的效力

法律之所以区分物权和债权，是在于赋予两者以不同的法律效力。其实所谓物权的效力，并非其本来就有，而是一种人为拟制，是一种制度设计。综合而言，物权的效力一般包括如下几个方面。

（一）支配效力

支配效力即物权支配性的体现，物权人通过行使对物的支配权利，以实现物的效用。物权的支配效力分直接支配效力和间接支配效力。

（二）排他效力

物权的排他效力表现在两个方面，一是指物权人有权排除他人一切妨害其行使物权的行为。当物被他人不法侵害时，物权人有权要求侵权人返还原物、停止侵害、排除妨害、恢复原状。二是一物之上的物权具有排斥同种性质、同种效力的其他物权的效力。

（三）优先效力

物权的优先效力是指物权有优先实现的效力，当物权和债权同时存在时，物权优先于债权；当有几个物权同时存在时，某些物权有优先于其他物权实现的效力；具体包括以下三个方面：

1. 物权优先于债权的效力。具体是指就债权的特定标的物成立物权时，该物权可基于优先效力排除先成立的债权，使该债权不能获得实现。如买卖双方就一台机器达成买卖合同，在标的物交付之前，卖方又将标的物卖与善意第三人并进行了交付，这样，原买方就无权再要求卖方交付该标的物，而只能要求卖方承担违约责任，赔偿损失。因为该善意第三人已经取得了机器的所有权，而原买方只享有债权。

2. 担保物权优先受偿的效力。当几个债权人对一债务人同时享有债权时，如果其中一项债权有物的担保，那么这一债权有优先以该担保物变卖、折价所得价款获得偿还的效力。当有两个以上的抵押权时，先登记的抵押权有优先于后登记的抵押权实现的效力。

3. 物权人的优先购买权。《物权法》第101条规定，按份共有人在转让自己的份额时，其他共有人在同等条件下，有优先购买权。

（四）追及效力

所谓物权的追及效力是指当物权的标的物被他人不法转让之后，不论经过几次辗转、最终落入何人之手，物权人都有权向最后的占有人要求返还原物。物权的追及效力是对物权的一种特殊保护措施，是相对于债权而言的，因为债权不具有追及效力。物权的追及效力还表现在当抵押人擅自转让已办理登记的抵押物给第三人时，抵押权人有权要求确认该转让行为无效，并将标的物追回。

需注意的是物权的追及效力并非绝对，现代物权法为维护交易之安全和保护善意第三人的利益，对物权的追及效力做出了一些限制。

六、物权法

物权法是规范物权关系的法律规范的总称。我国于 2007 年制定了《物权法》，这是我国第一部专门的物权法。在此之前，虽然没有专门的物权法，但是我国已经在《民法通则》、《土地管理法》、《城市房地产管理法》等法律的基础上建立了物权法律制度。

（一）物权法的调整对象

根据《物权法》第 2 条的规定，物权法的调整对象为物的归属和利用关系。物的归属关系即物的所有关系。在物的归属关系中，占有人对物的占有为自主占有，即以所有的意思占有标的物，其物权对抗的义务人为除所有权人之外的任何人，物权人有权直接行使对物的占有、使用、收益及处分权。物的利用关系是指所有权人将其物交与他人使用收益时所形成的法律关系。

（二）物权法的特征

1. 物权法为私法。物权法为私法主要是因为：第一，物权本身为私权；第二，物权法的保护措施主要是私法手段。

2. 物权法为强行法。物权法的强行性主要表现为物权法定原则，指物权的种类及内容都应该由法律预先作出规定，当事人只能按照法定的方式设定物权及进行物权变动。

3. 物权法为固有法。所谓固有性是指物权法中保留了较多的国家、民族传统法律的特点。物权法的固有性并非对传统的物权制度因循守旧，墨守成规，而是在制定相关法律时，一方面要学习各国先进的制度；一方面要与我国的现实国情结合起来，而不能盲目照搬。

（三）物权法的基本原则

1. 坚持社会主义基本经济制度原则。"坚持公有制为主体、多种所有制经济共同发展的基本经济制度"是我国在社会主义初级阶段的基本经济制度，这一基本制度是当前社会主义生产关系在经济领域的具体体现。物权法作为规范经济关系的重要法律，必须全面准确地反映社会主义基本经济制度，体现我党十六大提出的"必须毫不动摇地巩固和发展公有制经济"、"必须毫不动摇地鼓励、支持和引导非公有制经济发展"的精神。

2. 平等保护原则。《物权法》第 4 条规定："国家、集体、私人的物权和其他权利人的物权受法律保护，任何单位和个人不得侵犯。"其含义是，不论是国家的、集体的财产，还是私人的财产，在市场竞争中，都应该平等地获得承认和保护，即"一体承认、平等保护"。

3. 物权法定原则。物权法定原则即物权的种类、物权的内容、物权变动的方式及效力等都应由法律预先作出规定，不允许当事人自由创设物权；当事人只能按照法律规定的物权变动方式进行物权变动，否则不发生物权变动的效力。

4. 物权公示原则。物权公示原则是指物权享有及物权变动都应该以法定的方式向社会公开展示。物权公示是由物权的性质决定的，因为物权为绝对权，其对抗的是不特定的多人，所以需要以法定的形式向社会进行宣示，以使他人知道物权的归属及物权发生了变动。

5. 遵守法律和社会公德原则。这一原则是对物权的限制，指物权的取得和行使应当遵守法律、尊重社会公德，不得损害公共利益和他人合法权益，不得有损于公序良俗。

第二节 物权变动

【案例】

张某与陈某于2002年签订房屋买卖协议，约定将张某位于石家庄市区的90平方米房屋一套卖给陈某，价款7万元，合同约定："买方付清房款之日即取得该房屋所有权。"由于该房屋为张某所购的房改房，其房产证正在办理之中，所以双方还约定等张某取得房产证后即为陈某办理过户手续。随后不久，陈某交付了房款，张某也交付了房屋。2006年底，张某取得了房屋所有权证，陈某要求张某为其办理过户，但是张某声称双方的房屋买卖协议无效，要求陈某返还房屋。据了解，到2006年底，该套房屋市场价为20万元。

一、物权变动

物权变动是指物权的取得、转让、变更和丧失的过程。究其实质，为当事人之间就物权的权利归属和利用所发生的法律关系。也只有在物权变动过程中，物的价值才得以实现，才能满足人们的生产生活需要。随着经济的发展，物的流转更加频繁，物权变动的形式及其效力就更需要法律作出明确的规定。

（一）物权的取得

物权的取得是指物权人基于何种方式取得物的所有权或者他物权。包括物权的原始取得和继受取得。

物权的原始取得是物权第一次产生或者不依赖于原物权人的物权而直接取得该物权，又称为物权的固有取得或权利的绝对发生。物权的第一次产生是基于物的第一次产生，物产生之后在该物之上就产生了所有权，所有权人依法取得该权利。不依赖于物权人的权利取得物权主要是依据法院的判决或行政命令，如因没收、征收、国有化等而取得所有权。另外，物权的原始取得方式还包括基于合法建造房屋等事实行为而取得。

物权的继受取得是指在原物权人物权的基础上取得物权，也称物权的传来取得或者物权的相对发生，如基于买卖、交换、赠与、继承等而取得物权。

（二）物权的转让

物权的转让是指物权人通过法定的方式将自己的物权转让给他人享有的过程。物权的转让与物权的取得相联系。依法律行为取得物权都是原物权人将自己的物权全部或部分转让给新物权人。物权转让人应是实际享有物权的人，物权转让应当按照法定的方式进行，否则不发生物权变动的效力，如建设用地使用权转让应当进行变更登记。

（三）物权的变更

物权的变更有广义和狭义之分，广义的物权变更是指物权的主体、客体、内容等所发生的变更。通常所说的物权变更是指物权的内容和客体发生变动,即狭义的变更。物权主体的变更为物权的转移。物权内容的变更也称为物权质的变更,如抵押权所担保的债权数量的增减。物权客体的变更也称为物权量的变更,如抵押物之价值的减损、所有物因添附而增加。

(四) 物权的丧失

物权的丧失是指物权因一定的原因而消灭,包括物权的绝对丧失和物权的相对丧失。物权的绝对丧失是指物权之标的物消灭,当物被毁损灭失或者被消费掉时,该物之物权也就不复存在。物权的相对丧失是指物权在主体之间发生了流转,对于原物权人而言,其物权消灭,但是他人却取得了该物权。

二、物权变动的原因及其公示形式

物权变动的原因可以分为法律行为和非法律行为两种,而非法律行为又包括公法行为和事实行为。

因法律行为发生的物权变动是指当事人之间基于意思表示一致而形成合意并经法定物权变动的形式所发生的物权变动。该物权变动是在原物权人物权的基础上,由新物权人通过一定的方式取得该物权。如基于买卖、交换、互易、赠与等方式发生的物权变动。在因法律行为发生的物权变动中,动产物权变动的公示形式为交付,不动产物权变动的公示形式为变更登记。

非基于法律行为发生的物权变动是法律直接规定某种非法律行为的法律事实所引起的物权变动。包括生产、继承、司法裁判、行政决定等所引起的物权变动。

三、物权变动与债权契约的关系

物权变动是指物权产生、消灭以及物权在当事人之间发生移转的过程,而物权变动的主要原因是法律行为,法律行为中最主要的是合同,即当事人之间的债权契约。在因合同导致的物权变动中,物权变动与债权契约之间存在着密切的联系。

(一) 债权契约与物权变动是两个独立的法律阶段

债权契约与物权变动是当事人进行民事活动的两个阶段,各有其生效条件。债权契约是当事人为进行物权变动而订立的协议,其生效要依据合同法的有效条件;而物权变动是当事人为履行协议实现物权变动而实施的行为,也可以说物权变动是当事人履行协议的一种具体方式,其发生效力要符合物权法有关物权变动生效的条件。当事人仅订立了有关物权变动的债权协议,还不能够导致物权在当事人之间发生移转,还需要实际履行该协议的行为,这一行为就是物权变动的具体体现。如当事人订立了买卖一幅字画的协议,该协议生效时字画的所有权并不转移,只有当卖方将字画交付给买方时,买方才取得字画的所有权。再如买卖房屋的协议生效并不导致房屋所有权转移,只有当事人办理了房屋过户手续时房屋所有权才发生转移。《物权法》第15条规定,当事人之间订立物权变动的合同,除法律另有规定或另有约定外,自合同成立时生效;未办理物权登记的,不影响合同的效力。物权变动有其法定的表现形式,不符合法定形式不发生物权变动的后果,如本节开始所举案例中当事人之间"买方付清房款之日即取得该房屋所有权"的约定属无效内容，因为该约定不符合法定的房屋所有权物权变动的公示形式。

（二）债权契约是物权变动的原因，物权变动是债权契约的后果

由于我国《物权法》没有采取物权行为理论，所以债权契约与物权变动为因果关系，只有在有效的债权契约基础上所进行的符合法定公示形式的物权变动方为有效；如果合同无效，即使进行了不动产的变更登记或动产的交付，该物权变动也属无效。在本节开始的案例中，由于双方签订的房屋买卖协议有效，买方就有权要求卖方履行双方签订的协议，为买方办理过户手续，卖方无权以合同无效来拒绝履行合同义务，也无权以房屋价值增加为由要求买方增加价款。

四、不动产登记

不动产登记指有关不动产物权设立、变更、转让和消灭，都应该依法在法定登记机关进行记载的过程。《物权法》第9条规定："不动产物权的设立、变更、转让和消灭，经依法登记，发生效力；未经登记，不发生效力，但法律另有规定的除外。"登记作为不动产物权变动的法定公示形式，是由不动产的性质决定的。因不动产一般价值重大，多涉及土地等自然资源，且不像动产那样可以直接进行交付，为合理开发和使用自然资源，实现资源的合理配置和可持续发展，确保不动产交易的安全与便捷，确保不动产物权人的权利，法律设计了登记制度。

（一）不动产登记的原则

1. 统一登记原则。由于历史原因，我国的不动产登记是由不同部门完成的，如土地部门主管土地登记，房屋主管部门管理房屋登记，林业部门负责林木的登记等，这种多头登记的做法造成了很大的混乱，不利于国家的管理和当事人权利的维护，为规范不动产登记，《物权法》规定了统一登记制度，由一个部门具体负责不动产登记。

2. 属地登记原则。不动产登记制度实行属地登记，即由不动产所在地的登记机关负责。

3. 申请原则。不动产登记由当事人申请引起，没有当事人的申请，登记机关无权自行登记。当事人申请登记时，应当提交相关材料，如房屋买卖合同、不动产权属证书等。

4. 程序审查和实质审查相结合原则。这一原则也称全面审查原则。登记机关对当事人的登记申请，要进行全面审查，不仅要查验当事人提供的相关资料，还有权向当事人询问，甚至进行实地查看。登记机关的审查不仅是程序性的，而且对登记的实质内容也要进行审查，以确保登记的准确公正。但是，登记机关不得以登记为借口要求对不动产进行评估或年检以收取费用。

（二）不动产登记的效力

登记作为不动产物权变动的公示形式，其具体表现为登记机关将不动产设立、转让、变更和消灭的内容记载于登记簿册，这一时间即为登记的时间，其他如申请登记的时间、颁发权属证书的时间等均不是登记的时间。根据《物权法》第12条的规定，只有将物权变动的内容记载于登记簿时，物权变动才发生效力，在此之前的任何阶段，物权变动都不发生。

不动产登记簿为记载不动产物权状况的法定档案，是不动产物权归属和内容的根据。不动产权属证书是权利人享有该不动产物权的证明，如房屋所有权证。当登记簿与权属证书记载内容不一致时，除有证据证明登记簿记载确有错误的以外，应以登记簿的记载为准。关于不动产登记簿的内容，权利人和利害关系人有权进行查询和复制，因所有权归属发生争议进行诉讼的当事人有权到登记机关调查取证。

（三）不动产更正登记、异议登记、预告登记

1. 更正登记

不动产更正登记是指登记机关根据权利人或利害关系人的申请，对登记记载错误的事项予以更正的过程。更正登记有两个条件，一是要有权利人或利害关系人的申请；二是申请人有证据证明登记记载确有错误或登记簿记载的权利人书面同意更正登记。这里证明登记确有错误的证据一般是指生效裁判等具有强制力的法律文书，一般的证据尚不能导致更正登记，如果权利人或利害关系人有相关证据证明自己的权利但是登记记载的权利人不同意更正的，权利人或利害关系人可以申请异议登记。如果权利人或利害关系人有证据证明登记错误而又不与他人发生争议的，经申请更正登记后，登记机关审查属实的，应当直接进行更正。

2. 异议登记

异议登记是权利人或利害关系人认为不动产登记记载错误而登记权利人不同意更正时，有权向登记机关申请将异议内容记载于登记簿册的过程。异议登记并非更正登记，而是将异议的内容记载于登记簿册。其实质作用在于阻却登记记载的公示公信效力，给予登记权利人进行不动产交易和物权变动的第三人以警示，如果事后的法院判决认定异议成立，则登记权利人与第三人进行的物权变动无效。由此可见，异议登记不能阻止登记权利人进行物权变动，但是可以使其效力降低，第三人不得以善意取得主张物权。为慎重起见，《房屋登记办法》第78条规定，异议登记期间，登记记载的权利人处分房屋申请登记的，登记机构暂缓登记。另外，如果权利人处分的是未被异议的权利，则第三人当然取得该权利。

异议登记应当符合以下条件：第一，有权申请异议登记的人是认为登记记载错误的不动产权利人或利害关系人；第二，登记权利人不同意更正错误的登记。

登记机关进行了异议登记并不能更正被异议的错误记载，《物权法》第19条规定，申请人还应当在15日内向法院提起诉讼，否则，异议登记失效。申请人的诉讼应以登记权利人为被告，其诉讼请求应与被异议的权利相关，以确认其物权为内容。如果其诉讼最终获胜，则根据生效判决可直接向登记机关申请更正；如果败诉，则无权申请更正登记，登记权利人因异议登记受到损失的，有权要求损害赔偿。

3. 预告登记

预告登记是指当事人在订立有关不动产物权变动的协议之后，为确保将来取得该物权，而根据约定向登记机关申请将该物权变动请求权予以登记记载的过程。当事人订立物权变动的合同并不能直接导致物权变动，而是产生了请求权，该请求权为债权属性，不能对抗第三人。为防止对方与第三人进行现实的物权变动（如一房二卖，卖方为第三人办理过户手续），买方就

有权要求将自己的请求权记载于登记簿册，以对抗第三人。

预告登记应当具备以下条件：第一，当事人签订了不动产物权变动的协议；第二，不动产物权变动将来发生。如果在订立协议时就同时进行物权变动，则无须进行预告登记；第三，当事人约定进行预告登记。《物权法》规定的预告登记并非强制登记，而是由当事人双方自愿进行。但是，这一规定不影响其他法律法规规定的强制登记，如《城市商品房预售管理办法》第10条规定的商品房预售登记。

预告登记的目的在于赋予债权请求权对抗第三人的物权效力。但是并非预告登记之后权利人就取得了物权，其权利还是债权，只是具有排他属性。预告登记后，未经登记权利人同意，处分该不动产的，不发生物权效力。可见，预告登记与异议登记一样，并不能阻止不动产原权利人处分该不动产物权，只是该物权变动行为无效。如，预告登记后，卖方仍然可以与买方以外的第三人办理过户手续，只是该第三人不能因过户而取得房屋所有权。

预告登记后，在能够进行不动产登记之日起3个月内，权利人应该申请正式登记，否则，该预告登记失效。另外，如果预告登记的债权消灭（如当事人解除了房屋买卖协议），该预告登记也失效。

五、动产交付

交付是因法律行为导致动产物权变动的法定公示形式，是指动产在当事人之间进行了占有的转移。《物权法》第23条规定："动产物权的设立和转让，自交付时发生效力，但法律另有规定的除外。"如甲、乙买卖一相机，自甲将相机交付给乙时乙取得标的物的所有权，交付之前的所有权归甲，交付之后的所有权归乙。在非基于法律行为发生的动产物权变动中，不以交付作为物权变动的公示形式，如在继承中，继承人自继承开始时取得动产物权；再如农民因生产而取得粮食的所有权。

（一）交付的类型

交付包括现实交付和观念交付，观念交付又包括简易交付、占有改定和指示交付。

1. 现实交付。现实交付是指动产物权的让与人将其对动产的现实占有转移给受让人。一般而言，将标的物直接交付给受让人掌握和控制，即完成物的交付，但是也有将物之标志交付给对方以完成物的交付的，如将自行车之钥匙交给对方以完成自行车的赠与。另外，现实交付也可以通过第三人的交付行为完成。

2. 观念交付。观念交付是指不实际转移物之占有，为考虑交易的便利而从观念上所完成的交付。具体包括简易交付、占有改定和指示交付。简易交付是指让与动产物权前，受让人已经占有该动产，则该动产物权在法律行为生效时发生转移。《物权法》第25条对此作了规定。占有改定是指动产物权转让后，让与人有必要继续占有该动产时，根据双方订立的协议，使受让人取得标的物的间接占有，以替代交付。《物权法》第27条规定："动产物权转让时，双方又约定由出让人继续占有该动产的，物权自该约定生效时发生效力。"指示交付是指动产物权设立和转让前，第三人依法占有该动产的，负有交付义务的人可以通过转让请求第三人返还原物的权利代替交付。这是《物权法》第26条的规定。

（二）特殊动产的交付与登记

根据现行法律的规定，机动车、船舶、航空器等特殊动产也需要办理登记手续，如汽车需要在车辆主管部门办理车辆权属登记并领取机动车辆所有权证书，买卖汽车也需要在登记部门办理过户手续。但是这些动产的登记是否为物权取得和变动的公示形式？对此《物权法》作了与不动产不同的规定，即登记不是物权取得和变动的公示形式，但登记是对抗第三人的法定形式。《物权法》第24条规定："船舶、航空器和机动车等物权的设立、变更、转让和消灭，未经登记，不得对抗善意第三人。"可见，交付仍然是这些动产物权变动的公示形式，只是没有登记的，对善意第三人不发生效力。如甲将自己的一辆汽车出卖给乙并完成了汽车的交付，后甲又将该汽车出卖给不知情的丙并为丙办理了过户手续，则丙就有权主张汽车的所有权而要求乙交付车辆，这样乙所取得的车辆所有权就被剥夺，乙只能要求甲赔偿其损失。

第三节 所　有　权

【案例】

张某为某事业单位职工，20世纪80年代单位将一套住房分给其居住，张某按规定交纳租金。90年代末期国家房改时由于该住房为危房，故单位没有将该房屋卖给张某。2002年，张某得重病，遂留遗嘱一份将该房屋留给与其同住的次子继承。张某死后，其长子与次子为继承该房屋发生纠纷。

一、所有权的概念和特征

关于所有权，《民法通则》第71条规定："财产所有权是指所有人依法对自己的财产享有占有、使用、收益和处分的权利。"《物权法》第39条规定："所有权人对自己的不动产或者动产，依法享有占有、使用、收益和处分的权利。"可见，立法采取的是列举式对所有权进行定义，但是，所有权并不是占有权、使用权、收益权及处分权的简单相加，占有、使用、收益、处分是所有权的积极权能，但所有权的权能还包括其消极权能。所有权具有如下特征：

（一）所有权为完全物权

所有权的这一特征是相对于限制物权而言的。所有权人有权对物享有占有、使用、收益和处分以及排除他人非法干预之权，其内容包含了人对物所享有权利的全部，因此其权利是最完整、最全面的。对于限制物权而言，如土地使用权等，其权利人所享有的权利只能是所有权权能之一部分，而绝非其全部。

（二）所有权具有整体性、唯一性

所有权的整体性，是指所有权为占有、使用、收益、处分等各项积极权能和消极权能的总和，而非仅指其中的某一项或几项权利，而是这些权利所构成的整体。对于所有权的整体性，

除法律特别规定外，不允许当事人约定做出特殊限制，如不允许当事人约定禁止买方处分标的物（例：甲、乙约定，甲将物卖与乙，但乙在取得该物所有权后不得将该物卖与丙）。

所有权的唯一性是指一个物上只能存在一个独立的所有权，即本书前面所讲的一物一权主义，不允许一项物上有两个以上的所有权。

（三）所有权具有恒久性

所有权的恒久性包含如下意思：第一，只要有物的存在，就有其所有权的存在。不会出现有物存在、而没有所有权的情况，即使是被抛弃的物，根据无主物归国家所有的规定，应当归国家所有。物被转让，只是所有权人发生变化，而物的所有权依然存在。第二，除法律特别规定外，所有权的存续没有时间限制。不允许当事人约定所有权的存续时间（如当事人约定，甲将一物卖与乙，期限一年，到期时乙必须将物再卖回给甲）。这里的法律特别规定为：第一，标的物灭失可以导致所有权绝对消灭；第二，转让、抛弃所有权可以导致所有权的相对消灭。

（四）所有权的权能具有可分离性（也称弹力性、归一性）

这一特征是指所有权人可以将其权利的部分内容让渡与他人来行使，如房屋所有人将房屋出租与他人使用，以收取租金。所有权权能的分离是现代社会发展的需要，它能够促进物尽其用，最大限度实现物之价值，满足双方的利益。当约定的期限届满或其他条件具备时，与所有权分离的权能又回归所有权人，恢复所有权的圆满状态。

二、所有权的权能

所有权的权能也称为所有权的内容。根据所有权的概念可以看出，所有权的权能包括积极权能和消极权能。其积极权能是指所有权人对物主动支配的权能；消极权能是指所有权人就物的支配排斥他人干涉的权能。

（一）所有权的积极权能

所有权的积极权能包括占有权、使用权、收益权和处分权四个方面。

1. 占有权能

占有权能为所有权人对标的物进行事实上的掌握和支配的权利，亦即管领权。现实生活中，一般而言，权利人行使对物的权利，须以对物的占有支配为前提。即使物被他人合法占有、行使用益物权，但对于所有权人来说，也是一种间接占有，且他人之占有毕竟是暂时状态，用益物权期满，物就应当恢复为所有权人占有。

关于占有，有如下几种分类：

（1）直接占有和间接占有，亦称所有权人占有和非所有权人占有。直接占有是指财产所有权人自己占有标的物，在事实上对物进行掌握和控制。间接占有是所有权人之外的人对标的物进行管领和支配。

（2）合法占有和非法占有，这是依是否非所有权人占有所做的分类。合法占有是依据法律的规定或者合法的合同而占有他人之物；非法占有是指没有合法的依据而占有他人之物。

（3）善意占有和恶意占有，这是依是否非法占有所做的分类。善意占有是指虽然没有合法的根据占有他人之物，但是占有人在主观上不知道或者不应知道其占有为非法，以及占有人虽知道无权占有但出于对权利人利益的维护而占有他人之物的情况；恶意占有是指占有人明知或应当知道其占有没有合法依据而占有他人之物。区分善意占有和恶意占有的意义有：

其一，在取得所有权和返还原物方面不同。如果出于恶意而占有他人之物，则绝对不能取得该标的物的所有权，所有权人均有权要求返还原物；如果是善意占有，则当符合一定条件时，占有人可以取得所有权，如民法的善意取得制度就是对善意占有人的一种保护，原所有权人无权要求占有人返还原物。

其二，在返还原物时的责任不同。如是善意占有，返还原物时只返还现存的利益，占有人对于标的物意外毁损的部分不负损害赔偿责任。如是恶意占有，则不仅要返还现存的利益，对于标的物的毁损灭失还要承担损害赔偿责任，另外对因非法占有给权利人造成的损害也应予以赔偿。

另外还须注意，如果被他人占有的是金钱或者无记名的有价证券，则无论占有人取得该物是善意、恶意或者有偿、无偿，所有权人一般无权要求返还原物，而只需要求返还同等价值的金钱或者有价证券即可。

2. 使用权能

使用权能为所有权人或其他物权人依法对物进行有效的利用，以满足生产生活的需要。物的价值主要体现在其使用价值上，如果一物没有使用价值，则其所有权也就没有意义。在现代社会，物的使用价值有超出其所有权价值的趋势，如人们在追求物的使用价值时不再必须以追求物的所有权为前提。

3. 收益权能

收益权能是指权利人在物的基础上获得新的利益的权利，亦即收取由原物产生的新增经济价值的权利。

物之收益，可以分为孳息和劳动所得。孳息是基于自然规律或者法律的规定在原物之上获得的利益。又包括天然孳息和法定孳息。劳动所得是人在原物之上通过自己的劳动而取得的劳动成果（如自己建造之房屋、生产的产品）。

收益权能包括所有权人的收益权和他物权人的收益权。收益权并非只是所有权人的权利，在法律规定和当事人有约定时，收益权也可以由他物权人来行使，如将自己之房屋出租于他人经商，他人通过对房屋的利用而获得经济利益。

4. 处分权能

处分权能是决定财产事实上或者法律上的命运的权能。

处分可以分为事实上的处分和法律上的处分。事实上的处分是指在生产或者生活中使物的物质形态发生变化或者消灭，如原料被加工成产品、食物被消费掉；法律上的处分指基于法律的规定，所有权人对标的物进行了物权变动，如转让标的物、设定担保物权等。

（二）所有权的消极权能

所有权的消极权能也称为所有权的隐性权能、排除他人干涉的权能，只有当所有权被他人不法侵害时，所有权人才有权要求排除侵害，以维护和实现物之完善状态。

所有权的消极权能包括排斥权和除去权。排斥权是指当所有权有受到他人不法侵害行为侵害的现实危险时，所有权人有权要求排除这种危险。这种权利也可以说是所有权消极权能中的积极防御权。除去权是指在发生了侵权行为之后，所有权人要求排除已经造成的现实危害，以恢复物之原来状态的权利。

三、所有权的取得和消灭

所有权的取得是指民事主体通过何种方式取得财产所有权。财产所有权必须通过合法方式取得，否则即使当事人取得了财产的占有，也不能取得财产的所有权。财产所有权的取得方式分为原始取得和继受取得两种。

（一）原始取得

财产所有权的原始取得是指财产所有权的第一次产生或者不依赖于原所有权人的权利而取得。原始取得包括以下几种情况：

1. 生产。生产包括工业生产和农业生产。如农民在承包集体的土地上生产的粮食归其所有；工厂生产的产品由工厂享有所有权。再如根据矿产资源法的规定，矿产归国家所有，但合法的开采者将矿产开采出来后就取得矿物的所有权。

2. 没收和征收。没收是指国家根据行政命令或司法裁判将非法财产或违法行为人的合法财产强制收归国家所有。这是国家取得所有权的一种方式。没收针对两种财产：一是非法财产，如赃物、走私物品、非法所得；二是对违法行为人的合法财产，如法院判决没收贪污犯的全部个人财产，即是对其合法财产的收归国有。征收是指国家出于国家利益或者社会公共利益的考虑，将属于集体或私人所有的合法财产强制收归国有。《物权法》第42条对征收的条件作了明确的规定，一是为了公共利益的需要，二是按法定权限和程序进行，三是征收对象为集体所有的土地和单位、个人的房屋及其他不动产，四是应给被征收人足额的补偿和安置。

3. 行政命令和司法裁判。行政机关根据职权通过命令的方式将某项财产授予单位或个人所有，单位和个人因此取得所有权。法院在审理和执行民事案件中，也可根据事实和法律，将属于甲之财产裁决给乙所有，乙即因此原始取得财产所有权。

4. 收取孳息。不论天然孳息还是法定孳息，一般而言，原物的所有权人有权获得孳息的所有权，法律有特别规定或者当事人有特殊约定时，孳息也可以由原物的合法占有人或其他人享有所有权。从该孳息产生（如利息）或者与原物分离独立存在（如果实）时，该孳息就作为一项独立的财产，产生了所有权。须注意的是，在"孳息"产生以后还没有与原物分离之前，并不属于真正意义上的孳息，应属原物的一部分。

5. 添附。添附是指不同所有权人的财产或劳动成果因某种法律事实结合在一起，如果恢复原状在事实上已经不可能或者经济上不合理，从而法律规定形成另一种新的财产所有状态。

添附包括三种情况：

（1）混合。混合是指不同所有人的动产相互掺合在一起，形成不能识别也不能分离的新财产的事实。如不同所有权人的两种化工原料混合以后化合成一种新的物质；再如两人的大米混合在一起。不动产不能混合。关于混合物的归属，应该按照当事人的约定或者由当事人协商确定；如果协商不成，且双方原财产价值相当，则可以由当事人共有；如果混合之前原财产价值明显差别很大，也可以将混合物的所有权归价值较大的一方，由其给对方适当补偿。

（2）附合。附合是指不同所有人的财产相互结合在一起形成新的财产，虽然各原所有人的物仍可以识别，但已不能再行恢复或者非经拆毁不能达到原来的状态。如甲之油漆被粉刷在乙的家具上。对于附合物的归属应首先从当事人的约定；没有约定的，应依据财产价值大小来确定，一般而言，动产附合到不动产之上的，应归不动产所有人所有，由不动产所有人给予动产所有人一定的补偿；都是动产的，应归属于财产价值高的一方所有；如果价值相当，也可以由双方共有。

（3）加工。加工指一方对他人财产进行加工改造成为价值更高的新财产。如将一块玉石加工成玉器。加工物的所有权归属，也应首先根据当事人的约定确定。一方未经对方允许而加工他人之物的，应为恶意，属侵权行为，应予恢复原状；但是加工之后又不能恢复原状的，不论其价值增加多少，所有权还应归原物所有权人，因为法律不能助长这种侵权行为的发生。

6. 无主物的归属。无主财产是指没有所有权人或者所有权人不明的财产。有关法律规定，所有权不明和无人认领的埋藏物、隐藏物、漂流物、失散的饲养动物、拾得的遗失物，归国家所有；无人继承又无人受遗赠的遗产，归国家所有，如果死者生前是集体所有制组织成员的，归所在集体所有制组织所有。

7. 先占。先占是指以所有的意思，占有无主之动产，从而取得动产所有权的法律事实。旧中国民法中规定了先占制度，至今在我国台湾地区仍然适用。我国现行法律中没有规定先占制度，但是现实生活中先占的情况却很多，如国家允许自然人进入国有的森林、荒滩、山地、水面进行砍柴、捕鱼、采摘野果、挖取药材，并取得果实所有权。

（二）继受取得

继受取得是指民事主体通过某种法律行为或继承从原所有权人那里承继取得物的所有权。继受取得不同于原始取得，它需要依赖于原所有权人的意志，以原所有权人转让标的物所有权为前提（继承除外）。具体包括以下几种方式：

1. 买卖。买卖是买方支付标的物的价款，卖方交付标的物而使买方取得标的物的所有权。
2. 互易。互易即交换，以物易物。
3. 赠与。赠与是一方无偿将标的物所有权转让给对方。
4. 继承。继承包括法定继承和遗嘱继承。继承人根据法律的规定或者有效遗嘱指定而取得遗产所有权。本节开头的案例中由于张某对该房屋不享有所有权，所以其所立遗嘱也无效，其子不能因继承取得房屋所有权。

所有权的消灭，包括两种方式：所有权的绝对消灭和相对消灭。所有权的绝对消灭是原物灭失，即所有权客体的消灭，如食物被消费掉，原材料被使用。所有权的相对消灭是原物并不灭失，而是物之所有权在不同的主体之间发生了转移，如基于买卖、交换、赠与、继承等所发生的所有权变动。

第四节 善意取得

【案例】

张甲与李乙为要好朋友，李乙一次外出，将自己的名贵手表交张甲保管。张甲遂将手表戴在手上，向其女朋友王丙炫耀，谎称是自己的手表，王丙非常喜欢该表，要求张甲将手表送给自己。张甲不得已将表送给王丙。后李乙得知情况，要求王丙返还自己的手表。王丙称已经善意取得了该表的所有权，拒不返还。

一、善意取得的概念

善意取得，亦称即时取得或瞬间取得，是指无权处分他人财产的占有人，在将财产不法转让给第三人以后，如果第三人在受让该财产时出于善意，就可以依法取得该财产的所有权。这样，受让人在取得该财产的占有或登记时就取得了财产的所有权，而不必向原所有权人返还原物，原所有权人也无权要求受让人予以返还。善意取得是所有权取得的一种方式，其目的在于保护善意受让人的利益，以维护交易的安全和市场秩序。在《物权法》之前的理论和司法实践中，一般认为善意取得只适用于动产，不动产不适用善意取得，但是《物权法》第106条明确规定，善意取得可以适用于动产和不动产。至此，建立了我国物权法上的不动产善意取得制度。

二、善意取得的适用条件

（一）善意取得的标的物为依法可以自由流通的动产或不动产

善意取得的标的物必须是可以依法自由流通的财产，如果是法律禁止流通的物或者限制流通物，则不适用善意取得。比如对于毒品、枪支弹药、爆炸物、淫秽物品、麻醉药品，法律不允许流转或者不允许一般当事人取得所有权，所以也就不能通过善意取得获得财产所有权。

货币和无记名有价证券也不适用于善意取得。因为它们是一种特殊的财产，一般谁持有谁就享有所有权，当被他人不法转让时，原权利人只能要求转让人给予相等数额的货币或有价证券，而不得要求返还原物。当然对于非法取得如抢劫、盗窃而来的货币、有价证券，持有人是不能取得所有权的。但善意取得保护的是善意第三人的利益，所以当盗贼用货币购买物品而卖方不知其货币来历的，卖方当然取得货币的所有权，而不用返还。对于记名有价证券，不适用于善意取得。因为记名有价证券是不允许自由流通的，该证券所记载的权利属于特定人，只有该人才有权予以转让，而买方也只能从该记名权利人处购得该证券并在证券登记机构进行了登记方可取得证券的所有权。

债权、知识产权等权利，因不属于物权性质，所以不适用于善意取得。

（二）让与人对该财产没有处分权

如果让与人对该财产有处分权，则受让人就可以依合同取得财产的所有权，没有必要适用善意取得制度。让与人没有该财产的处分权，是指其对该财产无权转让。让与人的无权转让具体包括两种情况：一是合法占有他人之物而非法转让，如借用人、承租人、保管人等出卖他人之物，再如所有权人已经将物的所有权转移给他人但仍然占有标的物而又出卖给第三人的；二是非法占有、非法转让，如将盗窃、抢劫、贪污而来的财产出卖。第一种情况一般可以适用善意取得，第二种情况不适用善意取得。

（三）受让人取得财产时须为善意

如果受让人在取得该财产时，明知让与人无处分权，则属于恶意，这样即使其取得了物的占有或办理了变更登记，也不应受法律的保护，因为法律保护的是善意受让人的利益。受让人的善意是指其在受让动产或不动产时，不知让与人无处分权，且无重大过失，误以为让与人享有处分权。由于善意和恶意是人的主观心态，外人很难看出，所以只能依据当时的实际情况来判断。具体应根据受让财产的性质、价格、交易环境、让与人的状况、受让人的经验等来判断。

根据《物权法》第106条第1款的规定，受让人的善意是指其受让标的物时的主观心态，至于其事后是善意还是恶意，在所不问，不影响其物权的取得。至于受让的具体时间是指订立物权转让协议的时间呢，还是动产交付或不动产变更登记的时间？我们认为应该是交付动产或办理不动产登记的时间，如果在签订协议后动产交付或不动产登记前知道让与人没有处分权而仍然要求交付或登记，则明显属于恶意，是明知要侵害真正权利人的利益而为之，这样，即使其完成了交付或登记也不应得到保护。

（四）受让人必须通过交换方式取得财产

善意取得制度保护的是交易的安全，如果受让人无偿取得该财产，则不属交易范畴，所以也就没有必要保护受让人的利益，法律设计在保护受让人和所有权人利益之间，选择了保护后者。

这里的交换方式主要是买卖、互易、清偿债务等，《物权法》规定的是"以合理价格转让"。如果受让人是通过继承、受赠、受遗赠等方式取得财产，不发生善意取得的效力，因为继承、受赠或受遗赠，只能取得被继承人、赠与人或遗赠人的合法财产，而不得通过这种方式取得被继承人、赠与人或遗赠人之外他人的财产。

另外，如果受让人与让与人之间实施的交易行为是无效的或者是被撤销了的民事行为，也不适用善意取得。因为无效或被撤销的民事行为的后果是返还财产，这样所有权人还可以要求让与人予以返还财产。

（五）转让的动产已经交付或不动产已经办理了变更登记

《物权法》第106条规定"转让的不动产或者动产依照法律规定应当登记的已经登记，

不需要登记的已经交付给受让人"。因为善意取得制度保护的是现存的财产状态，而非将来的财产状态。可见，如果仅是订立了转让物权的协议而没有交付或登记，则不能适用善意取得。

三、善意取得的后果

（一）善意取得人取得标的物的所有权或其他物权

善意取得的直接后果是受让人取得了标的物的所有权，而原所有权人就丧失了标的物的所有权。因此，原所有权人也就无权要求受让人返还原物。根据《物权法》的规定，善意取得不仅可以取得标的物的所有权，还可以取得其他物权，如建设用地使用权等。

（二）侵权之债的发生

因为无权处分人将他人之物转让给受让人，造成了对原所有权人财产权的侵害，所以，原所有权人依然有权要求不法的转让人予以赔偿损失。对于处分人转让该动产所得价款，原所有权人当然有权依不当得利要求偿还，但是不以该价款的数额为限，因为可能发生处分人低价处分的情况，所以，如果该价款数额不足以弥补原所有权人的损失时，原所有权人依然有权要求赔偿损失。

四、关于赃物、遗失物是否适用善意取得的问题

对于赃物，《物权法》没有直接规定可否适用善意取得，但是通说持否认观点。因为赃物属于法定禁止转让之物，即使出于善意而购买，也不应予以保护，但是善意受让人有权要求转让人赔偿损失。

根据《物权法》第107条之规定，遗失物是不适用于善意取得的。根据该条规定，所有权人或者其他权利人有权追回遗失物。当遗失物被他人以非转让的方式占有时，权利人有权要求占有人无偿返还。当遗失物被他人通过转让方式占有时，权利人有两种选择，一是向无处分权人请求损害赔偿；二是自知道或者应当知道受让人之日起2年内向受让人请求返还原物，但受让人通过拍卖或者向具有经营资格的经营者购得该遗失物的，权利人请求返还原物时应当支付受让人所付的费用。权利人向受让人支付所付费用后，有权向无处分权人追偿。

对于拾得遗失物的，法律规定应当返还权利人，不能返还的，应当送交有关部门，由有关部门通知权利人领取或发布招领公告。权利人领取遗失物时，应当向拾得人或者有关部门支付保管遗失物等支出的必要费用。遗失物自发布招领公告之日起6个月内无人认领的，归国家所有。如果权利人悬赏寻找遗失物的，领取遗失物时应当兑现其承诺，但是拾得人侵占遗失物的，无权要求权利人兑现承诺，也无权要求权利人支付保管遗失物的必要费用。

第五节 财产共有

一、财产共有概述

（一）财产共有的概念和特征

所谓财产共有，是指对一项财产，由两人以上共同拥有所有权。实际生活中财产共有的情况很多，如合伙当中的财产共有、家庭财产共有、夫妻财产共有等，这些共有中，都是两人以上对一项财产或者财产的集合共同享有一个所有权。一般而言，财产共有具有如下特征：

1. 财产共有的所有权人为两人以上。财产共有不同于一般财产所有之处在于其权利主体为两人以上。这里的所有权为一个独立的所有权，由共有人共同享有，而非几个主体分别享有所有权。

2. 共有权的客体为特定物。这里的特定物可以是独立的物，也可以是物之集合。如在继承中，几个继承人所取得的遗产往往包括多项财产。共有不同于分别所有，在共有关系存续期间，共有财产不能分割，也不能由各个共有人分别对其中的某项财产单独享有所有权，只有在分割之后，各共有人对自己分得的财产才单独享有所有权。

3. 共有人对共有物按照各自的份额或平等地享有权利和承担义务。每个共有人对共有物都享有占有、使用、收益、处分的权利，这些权利不受他人及其他共有人非法干涉；同时，每个共有人都应该对共有物依法承担义务，如支付共有物需要维修时的维修费用。共有人应按照各自享有的份额或者平等地享有权利和承担义务，按份额享有权利、承担义务的为按份共有，平等地享有权利和承担义务的为共同共有。

4. 共有关系是基于共有人的共同生产经营、共同生活而形成。共有关系主要包括家庭共有、夫妻共有以及因合伙、继承等形成的共有。其原因不外乎因家庭关系和共同生产经营两种情况。

（二）财产共有与财产公有

财产共有不同于财产公有。"公有"为所有制的一种，为公法上的概念。公有包含两层含义：一种是社会经济制度形态，即通常我们所说的公有制，如我国是以公有制为主体的社会主义国家；一种为财产所有权形态，如我国的公有制分为国家所有和集体所有，国家财产的所有权人为国家，集体财产的所有权人为集体经济组织。具体而言，"公有"和"共有"的区别主要如下：

1. 两者的主体不同。公有的主体只能是国家和集体经济组织，而共有的主体可以是国家、集体，也可以是个人、企事业单位及其他非法人组织。

2. 公有财产和共有财产的成员对财产的权利不同。公有财产为国家所有（全民所有）或集体所有，并不是由全体国家的公民或者集体经济组织的成员共同享有所有权，其成员无权要求分割该财产，也无权要求按照份额分享权利。而对于共有财产，共有人却有这些权利。

3. 成员的增加和减少对财产的影响不同。对于公有财产，不因成员的增加或减少而进行分割。如农村集体经济组织的财产不能因村民的迁出而进行分割。但是对于共有财产，共有人在退出共有关系时有权要求分割其财产份额。

二、按份共有

（一）按份共有的概念和特征

按份共有是指两个以上的共有人按照各自的份额分别对共有物享有权利和承担义务的一种财产共有关系。按份共有在日常生活中经常发生，如个人合伙、共同投资、共同生产、合伙购买等。按份共有有如下特征：

1. 按份共有人对共有财产共有一个所有权。几个按份共有人对共有财产是共同享有一个财产所有权，而不是各自独立享有财产所有权。

2. 按份共有人基于各自的份额对共有财产享有权利和承担义务。按份共有人之间的份额是按照出资比例或者共有人的约定来确定，如果共有人之间不能确定比例关系的，应该推定份额均等。共有人内部基于这一份额来对共有物享有权利或者承担义务，其份额的大小决定了其享有权利和承担义务的多少，这也符合风险和利益一致的原则，其获得的权利越大，则风险也越大。《民法通则》第78条第2款规定："按份共有人按照各自的份额，对共有财产分享权利，分担义务。"另外，《物权法》第103条规定，共有人没有约定为按份共有还是共同共有或约定不明的，除共有人具有家庭关系外，视为按份共有。按份共有人对共有的份额没有约定或者约定不明确的，按照出资额确定；不能确定出资额的，视为等额享有。

3. 按份共有人的权利和义务及于共有财产的全部。虽然在按份共有中共有人之间有份额关系，但并不是共有人分别对一部分财产享有权利和承担义务，而是共有人的权利和义务均涉及共有财产的全部，每个共有人都有权对全部的共有物进行使用。从所有权角度来看，在共有关系存续期间，共有人共同享有共有物的所有权，不是各个共有人分别对其中的一部分单独享有所有权。

4. 按份共有人对外承担连带责任。按份共有人之间的份额关系为他们的内部关系，当因共有财产需要对外承担责任时（如共有之牲畜给他人造成损失），共有人应该承担连带责任。共有人不能因为内部的份额关系而拒绝承担连带责任。但是如果其中一个共有人偿还了全部的债务后有权向其他共有人行使追偿权，要求其他共有人向其支付他们应该承担的份额。

（二）按份共有的效力

按份共有人除按照各自的份额对共有财产享有权利和承担义务之外，他们还有如下权利：

1. 分割共有财产请求权。如无特别约定或者法律的规定，各共有人都有权要求分割共有财产，如合伙人在散伙或者退伙时提出分割。分割共有财产是结束共有关系的一种形式。分割之后，各共有人对自己分得的部分财产就单独享有了所有权。

2. 优先购买权。各共有人在转让自己的共有份额时，在同等条件下，其他共有人有优先购买的权利。这里的同等条件一般指同等价格,但也不排除其他条件。这样,就要求共有人在转让自己的份额时应该把出售的价格及其他条件及时告诉其他共有人,以确定其他共有人是否购买。如果没有告知其他共有人而出卖给第三人,则愿意购买的其他共有人有权请求确认该出卖行为无效。

至于是否允许共有人之一出卖其共有份额,要看法律的规定和当事人的约定,法律没有特殊限制和当事人无不允许转让的特别约定时,共有人都有权转让,否则则相反。如在合伙协议中合伙人约定合伙期间不允许转让自己的份额给第三人的,合伙人就无权转让自己的份额给第三人。

3. 就自己的财产份额设定担保物权。按份共有人对自己的财产份额享有一定的处分权,包括将自己的财产份额抵押给他人,设置担保物权。但是如果对所有的共有财产设定抵押,须征得其他共有人的同意。

4. 物上请求权。当共有物被他人不法侵害时,各共有人都有权就共有财产之全部对侵权人行使物上请求权,如要求排除妨害、停止侵害、返还原物、恢复原状等。

三、共同共有

(一) 共同共有的概念和特征

共同共有是指两个以上的共有人不分份额地对共有财产享有权利和承担义务的共有关系。共同共有关系在日常生活中也很常见,主要是基于共同生活或者共同劳动而形成,如夫妻之间和家庭成员之间基于共同生活、劳动而形成夫妻共有财产和家庭共有财产关系。共同共有主要包括夫妻共有和家庭共有。当然也有一些其他原因形成的共同共有关系,如基于继承而形成的共有关系,在遗产分割之前,各继承人对遗产就是一种共同共有关系,而不是按份共有关系,因为继承人之间的继承份额不一定都是平等的。共同共有主要有如下特征:

1. 共有人对共有财产不分份额地享有权利和承担义务。与按份共有相反,共同共有人对共有财产享有权利和承担义务不分份额,没有明确的比例关系。各共有人平等地享有权利和承担义务。需注意的是当共有人在分割共有财产时,才需要确定分割的比例关系。

2. 共同共有关系以共同关系的存在为前提。共同关系主要是指共有人之间共同生活及共同劳动关系,如夫妻关系、家庭关系。共同共有因共同关系的存在而存在,因共同关系的消灭而消灭,当夫妻离婚或者家庭分家时,就需要分割共有财产。而在共同关系存续期间,单个共有人不得自由处分共有财产或者其中的一部分,也不得请求分割共有财产。

3. 共同共有关系中,共有人平等地享有权利和承担义务。意即,各共有人对全部共有财产平等地享有占有、使用、收益、处分的权利及承担义务。这种平等关系显示了共同共有人之间比按份共有人之间更为密切的利害关系。

(二) 共同共有的效力

1. 对外效力。共同共有人处分共有财产时,应由全体共有人形成合意方可进行。但是如果部分共有人未经其他共有人同意而转让共有财产给第三人,若该第三人出于善意,且是以合理价格买得，则可以取得所有权。但是其他共有人可以要求转让人赔偿损失。另外，共有人之间也可以通过推举代表人的方式由代表人来对共有财产进行处分，这样，代表人的行为对全体共有人有效。

2. 对内效力。在共有关系存续期间，共有人无权要求分割共有财产。但是在夫妻离婚、家庭分家以及遗产分割后，根据《民通意见（试行）》第92条的规定："共同共有财产分割后，一个或数个原共有人出卖自己分得的财产时，如果出卖的财产与其他原共有人分得的财产属于一个整体或者配套使用，其他原共有人主张优先购买权的，应该予以支持。"

（三）共同共有的种类

1. 夫妻财产共有。如无特别约定，夫妻双方在婚姻关系存续期间取得的财产为夫妻共有财产。根据《婚姻法》第17条规定："夫妻在婚姻关系存续期间所得的下列财产，归夫妻共同所有：（一）工资、奖金；（二）生产、经营的收益；（三）知识产权的收益；（四）继承或赠与所得的财产，但本法第十八条第三项规定的除外；（五）其他应当归共同所有的财产。"并且还规定，夫妻对共同所有的财产，有平等的处分权。因此，在婚姻关系存续期间，对于夫妻共有财产，双方都有平等的占有、使用、收益、处分权。一方出卖、赠与属于夫妻共有的财产，应取得对方的同意。一方明知对方处分共有财产而未做否认表示的，应视为同意。夫妻共同财产，在离婚或者一方死亡、遗产继承开始之前，一般不得进行分割。

根据《婚姻法》第18条规定："有下列情形之一的，为夫妻一方的财产：（一）一方的婚前财产；（二）一方因身体受到伤害获得的医疗费、残疾人生活补助费等费用；（三）遗嘱或赠与合同中确定只归夫或妻一方的财产；（四）一方专用的生活用品；（五）其他应当归一方的财产。"这些财产，即使在婚姻关系存续期间，也不能作为夫妻共有财产来对待。

另外还需注意，我国《婚姻法》允许夫妻双方可以约定婚姻关系存续期间所得的财产以及婚前财产归各自所有、共同所有或部分各自所有、部分共同所有。约定应当采用书面形式。没有约定或约定不明确的，按照《婚姻法》第17、18条的规定归夫妻共有或者个人所有。对于夫妻一方个人收入中未交给家庭共享的财产，如无特别约定，即使未交给对方，也属于夫妻共有财产。夫妻对婚姻关系存续期间所得的财产以及婚前财产的约定，对双方具有约束力。夫妻对婚姻关系存续期间所得的财产约定归各自所有的，夫或妻一方对外所负的债务，第三人知道该约定的，以夫或妻一方所有的财产清偿。

2. 家庭共有财产。家庭共有财产是指家庭成员在家庭关系存续期间，通过共同劳动、共同积累所取得的财产。包括家庭成员共同劳动所得、家庭成员将个人财产交给家庭的部分、家庭成员共同接受赠与所得的财产以及用家庭财产购置的财产和家庭财产所产生的孳息。家庭共有财产是家庭成员用于家庭生活、生产所必需的财产，每个家庭成员都享有平等地占有、使用、收益以及处分权。任何人不得单独据为己有。对于家庭共有财产的处分，应由家庭成员共同作出处分决定。家庭共有财产，只有在分家析产时才能进行分割。

家庭共有财产不同于家庭成员个人的财产。在家庭财产中，既有用于家庭成员共同生活所需的家庭共有财产，也有专属于家庭成员个人所有的财产。如个人的服装、生活用品等即属于个人所有。

区别家庭共有财产与家庭成员个人财产的意义在于：第一，对于家庭共同生活支出的费用，应该用家庭共有财产支付，而对于满足家庭成员个人需要而支出的费用，一般应由个人财产承担；第二，对于因生产经营而所负债务，如是家庭共同投资经营、收益归家庭成员共享的，应由家庭共有财产来偿还，如是个人经营、收益归个人的，由个人财产来承担；第三，在分家析产时，只能分割家庭共有财产，而不能对属于家庭成员个人所有的财产进行分割；第四，在家庭成员一人死亡发生继承时，只能对死者的个人财产以及家庭财产中死者应分得的那一份财产作为遗产来进行继承，而不能把全部家庭共有财产或者家庭成员中他人的个人财产作为遗产来继承。

四、共有财产的分割与处分

（一）共有财产分割的原则

不论按份共有还是共同共有，当共有关系结束时都需要进行共有财产的分割。《物权法》第 99 条规定，共有人约定不得分割共有财产以维持共有关系的，应当按照约定，但共有人有重大理由需要分割的，可以请求分割；没有约定或者约定不明确的，按份共有人可以随时请求分割，共同共有人在共有的基础丧失或者有重大理由需要分割时可以请求分割。因分割对其他共有人造成损害的，应当给予赔偿。

（二）共有财产的分割方法

在具体分割共有财产时，一般有如下三种分割方式：

1. 实物分割。在不影响物的价值的前提下，对于粮食、布匹、木料、钢材等财产，可以采取直接进行实物分割的方式。

2. 变价分割。对于那些不宜进行实物分割或者共有人都不愿意取得该物的，可以由共有人一起将共有物变卖后，再对所获得的金钱进行分割。但是需注意的是在变卖时应征得所有共有人的同意，或者由全体共有人委托他人来拍卖、变卖，部分共有人不得擅自进行处分。

3. 作价补偿。对于不可分割的共有物，如果共有人中有一人愿意取得共有物的，可以由其取得共有物，并对超出其应得份额的价值部分以金钱方式给其他共有人补偿。至于补偿的具体数额，应由全体共有人对共有物的价值进行协商确定，而不能由部分共有人擅自确定。

共有财产被分割后，各共有人对自己取得的部分共有财产享有单独的所有权，对他人取得的财产不再有任何权利。另外还须注意如下问题：第一，如果共有人在分割共有财产之前还有基于共有而未偿还的债务，则共有人之间对该债务还应该承担无限连带责任；第二，如果分割后属于某个人的财产由于分割前的原因而被第三人追夺或者发现有瑕疵的，原共有人还要承担责任，应按照原共有的份额来弥补该共有人因第三人追夺或者因该瑕疵所受损失。因为每个共有人都有义务担保各人分得的财产不受任何第三人的追夺、担保分得的财产无瑕疵。

（三）共有财产的处分

共有人有权处分共有财产。共有人处分共有财产或对共有财产作重大修缮的，应当经占份额 2/3 以上的按份共有人或者全体共同共有人同意，但共有人之间另有约定的除外。按份共有人可以转让其享有的共有财产份额。其他共有人在同等条件下享有优先购买的权利。

第六节 相邻关系

一、相邻关系的概念和特征

相邻关系是指两个以上相互邻近的不动产的所有权人、使用权人在行使对不动产的占有、使用、收益、处分权时所发生的权利义务关系。

相邻关系是当事人之间的一种权利义务关系。它表现在权利人在行使自己的不动产物权时与相邻不动产的物权人之间所产生的权利义务关系，是不动产物权人自己权利的延伸，也是对他人物权的一种限制。如两家相邻，甲家出入时必须经乙的门前通道，则乙无权将该通道堵死，必须允许甲家自由进出。再如南北两家相邻，南边一家欲盖高楼，但是不得影响北边一家的采光，所以其房屋高度应有所限制，并不能任意为之。由此可见，相邻关系表现为相邻一方基于不动产相邻的前提而享有对对方的一种权利，即相邻权；对方因此也承担一种义务。并且，相邻关系是相互的，双方当事人之间互相都享有一定的相邻权，也都有一定的义务，如各方都有义务不侵犯对方的通风采光、正常生活。

相邻关系的特征主要有：

1. 相邻关系的前提是两个以上不动产相邻。如果是动产之间相邻或者动产与不动产之间相邻，则不产生民法上的相邻关系。相邻关系是不动产之间因为邻近所发生的关系。如房屋相邻、土地相邻等。相邻一般指直接毗邻，但是民法上的相邻并不仅局限于直接邻近或接壤，有时候，不动产之间并不直接邻近，但是相互之间存在着某种共同的利益关系，则也认为相邻，如我国的陕西与山东两省并不直接接壤，但是由于黄河的流经，使他们在利用黄河水的问题上就发生了利害关系，所以也可以说是相邻关系。

2. 相邻关系的主体为相邻不动产的所有人或使用人。法律关系是人与人之间的关系，相邻关系也不例外，其主体为不动产的所有权人以及使用权人。不动产的所有人或者使用人在行使自己的不动产权利时往往要与对方发生权利义务关系。

3. 相邻关系是一种法定的权利义务关系。相邻关系表现为当事人之间的权利义务关系，这种权利义务关系的产生是基于法律的直接规定而产生，并不是当事人之间通过约定而产生，所以相邻权属于一种法定权利，无须当事人约定。这也是相邻权不同于地役权之处。

4. 相邻关系表现为一方权利的延伸和对对方权利的限制。本来不动产的权利人各自行使自己的权利，互不相干，但是因为相邻，彼此之间为了生产生活的方便安宁，就产生了一定的权利义务，互相之间应本着维护对方利益、维护正常的生产生活秩序而有必要互有利用、互相谦让、和睦共处。一旦违背这些原则，侵害对方利益，或给对方带来不便，对方就有权要求停止这种行为、防止危险发生等，这就是相邻权。相邻权主要表现为一种消极的权利，当这种权利没有被侵犯时，往往不被人注意，但是在该权利被侵犯时，当事人就可以向对方主张相邻权。

二、相邻关系的具体种类

（一）基于通行权所发生的相邻关系

所谓通行权是指相邻一方确有必要使用对方土地通行的，对方应该允许。《民通意见（试行）》第100条规定："一方必须在相邻一方使用的土地上通行的，应当予以准许，因此造成对方损失的，应当给予适当补偿。"第101条规定："对于一方所有的或者使用的建筑物范围内历史形成的必经通道，所有权人或者使用权人不得堵塞。因堵塞影响他人生产、生活，他人要求排除妨碍或者恢复原状的，应当予以支持。但有条件另开通道的，也可以另开通道。"

行使相邻通行权应具备如下条件：

一是确有必要使用对方土地通行。如果本来已有通道，或者还有其他通道，或者将自己的土地上原有的通道堵死而要求在他人土地上通行的，不应得到支持。实践中常有人在翻盖自己的房屋时将通道也扩建成房屋而向邻人主张相邻通行权，对方有权拒绝。但是实践中对于历史形成的通道，一般不得随意堵塞。如在农村，甲村出行必须经过乙村，乙村无权拒绝甲村村民正常的来往。再如在多家居住的四合院里，一般只有一个通街出路，即一个大门，而此大门往往属于一家所有，但是无论如何，此家也无权禁止其他人家的通行，也无权要求他人另开出路。

二是有通行权的人为相邻土地或建筑物的所有人、使用人。

三是给对方造成损失的应当支付必要的补偿。如果行使通行权没有给对方造成损失，就不必支付费用，比如对于历史形成的通道，对方也在该通道通行，邻人通行不会给其造成损失，对方无权要求支付补偿；但是如果该通道需要维修的，可以要求邻人支付部分费用。另外，对于通行确需支付的必要费用，如果对方不予支付，相邻权人一般也不得因之而堵塞通道，禁止对方通行，他可以以债务不履行而起诉。

四是应在必要范围内使用他人土地进行通行。使用他人土地进行通行应以能够正常通行、最大限度减少对对方造成的损失为原则，不得随意扩大通道范围；同时，对方也不得随意缩小通道的宽度，否则也属侵权。

在行使通行权时还需注意如下法律的限制：

其一，因土地或房屋的让与或分割，致使房屋、土地的一部分有不通公路者，不通公路的土地、房屋的所有人、使用人仅可使用原权利人通行的邻人的通道，或者使用其他分得人的通道进行通行，而不得向邻人主张另开通道，即使主张，邻人亦有权拒绝。当然，如果协商一致也无不可。

其二，土地原有与公路相通的通道，但是因为使用人的恶意行为致使通道不能正常通行的，不得向邻人另行主张通行权。

其三，土地之禁止侵入的例外。一般而言，对于他人的土地等不动产，非在正常、必须的通道通行外，一般不得侵入。但是也有例外，一是邻人搜寻物品或动物，确有必要进入时，应当允许，但仅限于在必要范围内进行寻找，因此造成损失的应予赔偿。邻人的这一权利不及于房屋。二是邻人的樵牧权。依当地习惯许可邻人进入未设围障的田地、牧场、山林，刈取杂草、采取枯枝、枯干或者采集野生植物、放牧牲畜的，应当允许，但狩猎的除外。对于他人已经设置围栏的，不得入内。

（二）基于用水排水而产生的相邻关系

1. 用水权。对于自然形成的流水，相邻各方都有用水的权利，任何一方不得擅自阻挡、改道，不得污染，如果因此给对方造成损失的，其他相邻人有权要求停止侵害、恢复原状、赔偿损失。

关于河流的宽度，如河流两岸的土地都属于一个土地所有人的，可以改变河流的宽度，但不得违背有关防洪的规定。如两岸分别属于不同的土地所有人，则未经对方同意，不得擅自变动河流的宽度和深度，以免给对方造成损失。

对于地下水，相邻各方都有采取地下水的权利。但是不得因为一方无限制地开采地下水导致邻人水位下降、水源枯竭，否则，邻人有权要求停止滥采地下水、赔偿损失。我国现在规定城市的地下水不允许私自开采，只能由规定的部门和经过批准的单位开采。对农村的地下水现在还没有规定，但是也应当合理开采。

2. 邻地余水利用权。实际生活中，如果邻地有余水，而自己又缺水或无水又无其他水源的，可以请求利用邻地的余水，他方不得拒绝，但是利用人应当支付必要的费用。

3. 用水权人的物上请求权。用水权人因他人的行为导致水源断绝、减少、被污染等损害的，有权要求停止侵害、排除污染、赔偿损失。这里不能简单地用赔偿损失的方法来解决，对于能够停止侵害、排除污染的，不能以赔偿损失代替。

4. 排水权。相邻各方中如果一方确有必要使用对方土地进行排水时，对方应当允许，但因此给对方造成损失的应当予以赔偿。

房屋相邻也会发生排水问题，一方在建造房屋时不得使自己的房屋之上的雨水排到邻人的房屋之上或者房屋的墙上，所以在建造房屋时就应与对方的房屋保持适当的距离。《民通意见（试行）》第102条规定："处理相邻房屋滴水纠纷时，对有过错的一方造成他方损害的，应责令其排除妨碍、赔偿损失。"

（三）因防险而发生的相邻关系

相邻一方在进行施工建设过程中应注意与邻人的建筑物保持必要的距离，以免造成他人建筑物的根基倾斜等危险。《民通意见（试行）》第103条规定："相邻一方在自己使用的土地上挖水沟、水池、地窖或者种植的竹木根部伸延，危及另一方建筑物的安全和正常使用的，应当分别情况，责令其消除危险，恢复原状，赔偿损失。"

（四）因环境污染发生的相邻关系

相邻一方在排放废水、废气、废渣等废弃物时，必须严格遵守环境保护的有关规定，不得因此给他人造成污染。如果因排放废物给他人造成损害的，应该承担停止侵权、排除妨害、赔偿损失等责任。在实践当中，环境污染不仅仅局限于上述三废的排放所造成的污染，随着社会的发展，噪声污染、光污染、辐射污染等污染现象逐渐引起了人们的重视。相邻一方给对方造成这些污染的，同样应承担法律责任。这里还须注意的就是环境污染给对方造成损害承担责任的前提不是以是否达标排放为标准的，即使是达标排放，但是如果给对方造成了损害，也应该承担责任。

与环境污染相关的相邻关系中还有一个问题是不可称量物的侵入。随着社会的发展，不可称量物侵入的案例也越来越多，如城市楼房的玻璃幕墙将太阳光反射到他人屋内造成屋内温度升高、明亮异常；再如有的楼房一层开饭馆导致二层持续高温、空气污浊。对于不可称量物的侵入，权利人有权禁止，学说称为不可称量物侵入的禁止权。英美法上对不可称量物的侵入称为"安居妨害"，法国法称为"近邻妨害"。对于明显轻微的不可称量物侵入，邻人应该容忍，即所谓"炊烟袅袅、歌韵悠悠"之类。对于风俗习惯中允许的一些暂时性的活动，如春节期间他人燃放烟花、婚丧嫁娶时鼓乐吹奏，他人应该予以忍受。但是对于长期的、持续的或者不可称量物侵入较重的，则构成侵权，权利人有权排除。

（五）因通风采光所发生的相邻关系

不动产所有人、使用人在建造房屋或者其他工作物时，应与相邻方的房屋或其他建筑物保持适当的距离和适当的高度，以免影响他人房屋等建筑物正常的通风采光。

对于采光权，实践中，一般是在南的建筑影响在北建筑的采光，但也会存在在北建筑影响在南建筑采光的问题。因为采光权并不仅指采取太阳直射光线的权利，对于其他自然光采取的影响也构成采光权的侵犯。

对于违章建筑有无采光权的问题，一般认为，违章建筑本身为非法，所以不可能在此基础上产生采光权。因违章建筑之间发生采光纠纷，或合法建筑影响违章建筑采光而起诉到法院的，法院应予驳回；因违章建筑影响合法建筑采光权的，应保护合法建筑之采光权。

关于通风权，一般是指建筑物或其他工作物的所有人、使用人有权进行自然通风，并排斥他人阻挡的权利。

一方在建造房屋或其他工作物有妨碍相邻房屋或其他工作物之通风采光的危险的，相邻方有权提出异议，并可请求采取避免阻风、遮光的措施。对于相邻方已经提出异议，但是拒不接受仍然进行建设的，对方有权请求拆除侵权建筑。对于明知他人的建设会影响自己的采光通风而不及时提出异议，待对方的建筑完成后要求拆除的，学理上还有争议，有人认为只要侵犯他人的通风采光就应该予以拆除，也有人认为应考虑建筑物的价值，如果拆除明显损失过大的，可以采取经济补偿的方式解决，而不予拆除。作者同意后一种观点。

对于后建建筑物的权利人起诉先建建筑物影响其采光权的，一般不应得到支持，除非能够证明在先建筑为非法建筑。

对于城镇商用建筑之间的采光通风问题，还应考虑建筑物的性质来处理。因为商业街道上，寸土寸金，店铺林立，房屋的商业价值已经明显高于其生活价值，所以一方要求相邻人建造房屋给自己留出足够的距离以避免影响通风采光的,一般不应支持,但是可以采取经济补偿的办法予以解决。

(六) 因利用邻地而发生的相邻关系

具体是指相邻一方因自己生产生活的需要确有必要使用他人土地的,他人应该允许,但是因此给对方造成损失的,应予赔偿。实践中,经常发生一方利用他人土地架设管线、铺设管道、修建通道或者建设过程中需要长期或临时占用他人土地的情况,如确有必要,则对方无权拒绝,应予允许。但是,使用他人土地,应最大限度地降低给他人可能造成的损失,临时占用后应及时恢复原状,并且应给予对方一定的经济赔偿。这里使用邻地的权利不同地役权,后者是指一方基于合同取得对方邻地的使用权,而前者是一种法定的权利。

相邻关系还包括因越界根枝而发生的越界根枝刈除权、因建筑物影响电信信号的正常传输所发生的电信妨害的改善请求权等,在此不再赘述。

三、处理相邻关系的原则

《民法通则》第83条规定:"不动产的相邻各方,应当按照有利生产、方便生活、团结互助、公平合理的精神,正确处理截水、排水、通行、通风、采光等方面的相邻关系。给相邻方造成妨碍或者损失的,应当停止侵害,排除妨碍,赔偿损失。"《物权法》第84条规定:"不动产的相邻权利人应当按照有利生产、方便生活、团结互助、公平合理的原则,正确处理相邻关系。"

第七节 建筑物区分所有权

【案例】

李款在某高档小区购买楼房一套。该小区环境幽雅,物业服务也很规范,李款非常满意。2007年夏,物业公司欲将临街的一片绿地改建为房屋对外出租,遭到包括李款在内的全体业主反对。物业公司称业主购房时并没有出资购买绿地,该绿地是开发商留给物业公司的,物业公司有权处分。物业公司拿出开发商与其签订的将绿地交其管理的协议。但是全体业主称对该协议不知情,认为该协议无效。

请思考该绿地的归属。

一、建筑物区分所有权的概念和特征

建筑物区分所有权制度是近现代民法的一项重要的不动产制度,它是随着现代高层复合式建筑物的出现而产生的。在以往社会,房屋多为独立式结构,一般隶属于一个所有权人,房屋之内一般不与他人发生权利义务关系。资本主义以后,由于工业的发展,大量的人口涌入城市,造成楼房的大量建设。在城市楼房之内,往往有多个不同的房屋所有权人或者使用权人,他们分别对各自独立的房间享有权利,而整个楼房却是一体的、不可分割的,所以,这些主体之间必然会基于这种关系而产生一定的权利义务,这就是所谓建筑物区分所有权关系。

建筑物区分所有权是指由区分所有建筑物的专有部分所有权、共有部分的共有权(也称共有部分持份权)以及因共同关系所产生的成员权共同构成的特别所有权。建筑物区分所有权具有如下特征:

1. 建筑物区分所有权的前提是区分所有的建筑物。如果是结构上非复合的、或者为复合结构但是所有权人为一人的,不发生建筑物区分所有权问题。区分所有建筑物是由分别隶属于不同主体所有的多个独立结构的单元共同构成的一个建筑物整体。这里首先是一栋建筑物,如果是两栋以上独立存在的建筑物,则它们相互之间无区分所有的关系,而是各自独立的所有权问题。其次,该建筑物内部分为多个独立的单元,这些单元之间被墙壁、地板、屋顶、大门等分割,相互之间是独立存在的,亦即在构造上具有独立性。这种结构也称为复合性结构。

区分所有建筑物的种类有横切式、纵切式、复合式等多种。横切式是指一栋建筑物的各层分别属于不同的所有权人;纵切式为建筑物的纵向分为不同的独立部分,分属不同的主体;复合式兼有前两者的分法,不仅不同各层属于不同的所有权人,而且同一层中又有多个独立的单元,分别属于不同的所有权人。

2. 建筑物区分所有权的权利主体为多人。对于一般的财产所有权,其所有权人多为一个;即使是多人,也是多人共同享有一个所有权。而区分所有的建筑物,其权利人就是各个独立的单元所有权人,也称区分所有权人或区分所有人,所以一栋建筑物的区分所有人为多人,他们分别对自己的区分所有建筑物享有所有权。依据《最高人民法院关于审理建筑物区分所有权纠纷案件具体应用法律若干问题的解释》,依法登记取得或者根据物权法第二章第三节规定取得建筑物专有部分所有权的人,应当认定为业主;基于与建设单位之间的商品房买卖民事法律行为,已经合法占有建筑物专有部分,但尚未依法办理所有权登记的人,可以认定为业主。

3. 建筑物区分所有权为多个权利的总和。一般认为,建筑物区分所有权包括专有部分所有权、共有部分共有权及成员权构成。这三部分权利缺一不可,共同构成建筑物区分所有权。在这三种权利中,其权利主体的身份也不相同,对专有部分,其为所有权人;对共有部分,其为共有权人或持份权人;对成员权而言,是其作为建筑物的区分所有人成员之一行使的管理权。

二、建筑物区分所有权的内容

(一)专有部分所有权

专有部分所有权,也称"专有权"或"特别所有权",是指区分所有人对建筑物中的各个独立部分所享有的所有权。区分所有权人对其区分所有的单元,享有独立的财产所有权,有权进行完全的占有、使用、收益、处分。该权利同其他财产所有权一样,是绝对权和对世权,是完全物权。

关于专有部分所有权的性质,通说认为是一种空间所有权,即权利人对区分建筑物的独立空间所享有占有、使用、收益及处分的权利。因为人们对房屋的购买、使用，不是仅仅为取得对房屋的墙壁、地板等财产的所有权，更重要的是为了取得该房屋之中的独立空间的占有、使用、收益及处分，如果没有了该独立空间，则该房屋的所有权将无任何意义。

专有部分所有权的客体为区分所有建筑物中独立存在的部分。一个区分所有的建筑物中，有多个独立存在的部分，分别属于不同的所有权人。依据《最高人民法院关于审理建筑物区分所有权纠纷案件具体应用法律若干问题的解释》，这些独立部分（或称独立单元）应具备如下三个条件：

1. 具有构造上的独立性，能够明确区分。这种独立性也被称为"物理上的独立性"，是指各个独立部分虽然同属于一个建筑物，但被墙壁、地板、屋顶、大门等分割为一个个独立的空间。

2. 具有利用上的独立性，可以排他使用。这些独立的空间可以被不同的主体所掌握、支配、利用，一方在行使自己的权利时不必借助他人的空间就可以实现。如在楼房当中，一户出入楼房不必经过他人的房间，而直接进入公用的楼道即可。如果该空间在使用上不具备独立性，则该部分就不是区分所有权之客体。

专有部分的独立性决定了其具有经济上的独立效用，区分所有人可以自由地对自己所有的房屋行使权利，包括进行处分，而与他人之间并无直接的利害冲突。如所有权人可以将自己的一套商品房出售，而不必征求该楼上其他房屋所有权人的同意，他人也无任何权利可言（如优先购买权）。

3. 能够登记成为特定业主所有权的客体。专有部分的独立性应当通过登记的方式实现法律上的公示，因为房屋属于不动产，其权利人的权利只有经过登记，才具有法律上的公示公信作用。各个区分所有权人应对自己所有的房屋进行登记，取得房屋所有权证书，证书上应详细记载该套房屋所在的位置、楼层、面积等资料。对整栋楼房，无须也不得再行进行登记。

业主对专有部分享有的所有权不同于一般所有权，其权利的行使受到一定程度限制。比如业主行使权利不得危及建筑物的安全，不得损害其他业主的合法权益。依据《物权法》第77条的规定，业主不得违反法律、法规以及管理规约，将住宅改变为经营性用房。业主将住宅改变为经营性用房的，除遵守法律、法规以及管理规约外，应当经有利害关系的业主同意。"有利害关系的业主"一般指本栋建筑物内的其他业主。

（二）共有部分共有权

具体是指区分所有人对各自专有部分之外的建筑物的其他部分所享有的共有权。因为区分所有人的房屋毕竟属于一栋建筑物之内，除各自独立享有权利的部分外，还有诸如楼道、走廊、外墙、地基、楼顶等设施，这些部分很难说是归哪个区分所有人所有，并且也不可能归某个区分所有人所有。法律规定这些部分为区分所有人共有。

共有部分的范围一般包括建筑物的地基、楼道、电梯、走廊、支柱、楼顶、消防设备、外墙以及建筑物的附属设施等。

关于共有部分共有权的性质为共同共有还是按份共有，要根据共有部分的实际情况来确定。一般认为，对于共同使用的楼道、电梯、走廊等设施，不论各区分所有人所有之房屋面积的大小，都要平等地进行利用，不能按照房屋面积的大小确定共有权及使用权的大小，这部分的所有权与利用权与房屋面积的大小无关，应确定为共同共有。对这些部分的修缮、维护费用就应该由区分所有人平等地承担。如一个楼道需要粉刷，其费用应由本楼道各户均摊。

对于需要按照区分所有人房屋面积大小而加以利用的共有部分，如外墙、楼顶、供暖设施等，可以确定为按份共有。如利用楼房的屋顶、外墙做广告所获得的收益，就应该按照各区分所有人在整栋楼房中所占的比例来进行分配。同时，对这些部分的修缮、维护费用也应该按照这一比例来承担。根据建设部《城市异产毗连房屋管理规定》第9条规定："异产毗连房屋发生自然损坏（因不可抗力造成的损坏，视同自然损坏），所需修缮费用依下列原则处理：（一）共有房屋主体结构中的基础、柱、梁、墙的修缮，由共有房屋所有人按份额比例分担。"

共有部分由区分所有人共同行使所有权及使用权，但是，每个区分所有人无权要求予以分割共有部分，如要求划分楼梯的所有权或使用权。同时，区分所有人在行使自己的权利时，不得侵害他人的权利，如在公共通道上堆放杂物，修建小房等，他人有权要求停止侵害，排除妨害。

关于小区内的道路、绿地、车库、车位的归属，《物权法》作了规定。建筑区划内的道路和绿地，属于业主共有，但属于城镇公共道路和绿地以及明示归个人的绿地除外。对于新建小区内的车库、车位归属，由当事人通过出售、附赠或者出租等方式约定。对于已建小区内占用业主共有的道路或者其他场地用于停放汽车的车位，属于业主共有；规划用于停放汽车的车位、车库应当首先满足业主的需要。

业主有权利用共有部分，建设单位或者其他行为人擅自占用、处分业主共有部分、改变其使用功能或者进行经营性活动，权利人有权请求排除妨害、恢复原状、确认处分行为无效或者赔偿损失。因此，本节开始的案例中，该小区临街的绿地应归包括李款在内的全体业主共有，物业公司无权擅自处分。

（三）成员权

成员权是指区分所有人基于其对区分所有建筑物的专有部分所有权和共有部分的共有权而作为成员之一享有的对共同事务进行管理的权利。一栋区分所有的建筑物上有多个区分所有人，但由于建筑物的一体性，必然会有一些共同事务需要区分所有人进行管理，如公用设施的维修、环境卫生的管理、共同收益的分配等事务。这样，各个区分所有人就作为一个成员，共同组成成员大会，对这些事项，应由全体成员按照民主集中制的原则进行决定，每个区分所有人都有表决权。当然，成员也可以委托代表来行使表决权。

一般来说，成员权是对一栋建筑物而言，其区分所有权人为成员权人。但是随着城市居住小区的建立，人们在购买商品房时不仅购买了某栋楼上的某套房屋，而且在其房款当中也多包含了对小区公共设施共有权以及使用权的购买。这样，这些业主不仅是其所在建筑物的成员权人，而且对于整个小区而言，他也是当然的成员权人，他有权参与并决定小区管理、服务等有关活动。对于小区公共设施的所有权，如果业主在购房时未与开发商明确约定归开发商的，这些公共设施归全体业主共有。本节案例中的绿地就应归全体业主共有。

成员权具有如下特征：

1. 成员权是建立在专有部分所有权基础之上的一项权利。只有当区分所有权人对整栋建筑物的一部分享有所有权时，他才有权作为成员之一行使对整栋建筑物公共事务的管理权。

2. 成员权基于区分所有人之间的共同关系而产生。

3. 成员权是一项永续性权利。只要成员权人作为区分所有建筑物的成员之一，他就当然享有成员权；只要有其区分所有权的存在，成员权就不得被剥夺。

4. 成员权是一项从属性权利，不得单独被转让。它从属于专有部分所有权，如果专有部分所有权（即房屋所有权）被转让，成员权和共有部分共有权一样，也当然地转让给新所有权人，原所有权人不得保留成员权和共有部分所有权。

成员权人（也称业主）作为区分所有人之一，享有参加公共管理的权利，有请求分割共有部分收益的权利，有遵守共同制定的规约的义务，有接受管理者正当管理的义务。

根据《物权法》的规定，下列事项由业主共同决定：（1）制定和修改业主大会议事规则；（2）制定和修改建筑物及其附属设施的管理规约；（3）选举业主委员会或者更换业主委员会成员；（4）选聘和解聘物业服务企业或者其他管理人；（5）筹集和使用建筑物及其附属设施的维修资金；（6）改建、重建建筑物及其附属设施；（7）有关共有和共同管理权利的其他重大事项。改变共有部分的用途、利用共有部分从事经营性活动、处分共有部分以及业主大会依法决定或者管理规约依法确定应由业主共同决定的事项，应当认定为本条的"有关共有和共同管理权利的其他重大事项"。决定以上第五、六项规定的事项，应当经专有部分占建筑物总面积 2/3 以上的业主且占总人数 2/3 以上的业主同意。决定其他事项，应当经专有部分占建筑物总面积过半数的业主且占总人数过半数的业主同意。可见，对于表决权，《物权法》实行的是人员多数和资本多数的双重标准。另外，依据《最高人民法院关于审理建筑物区分所有权纠纷案件具体应用法律若干问题的解释》第 12 条的规定，业主以业主大会或者业主委员会作出的决定侵害其合法权益或者违反了法律规定的程序为由，依据《物权法》第 78 条第 2 款的规定请求人民法院撤销该决定的，应当在知道或者应当知道业主大会或者业主委员会作出决定之日起 1 年内行使。

同时，业主还有法定义务。主要是：（1）遵守业主公约、业主大会议事规则；（2）遵守物业管理区域内物业共用部位和共用设施设备的使用、公共秩序和环境卫生的维护等方面的规章制度；（3）执行业主大会的决定和业主大会授权业主委员会作出的决定；（4）按照国家有关规定交纳专项维修资金；（5）按时交纳物业服务费用；（6）法律、法规规定的其他义务。

第八节　用　益　物　权

【案例】

村民刘二水于 1998 年承包了集体的荒山 30 亩，约定承包期 40 年，每年每亩给集体缴纳承包费 100 元。承包之后，刘二水一家常年吃住在山上，精心改造荒山，种植了多种果树，并且每年都按时交纳承包费。到2006年,全家的辛勤劳动终于有了收获,当年的林果收入达到每亩2 000元。2007年秋,村委会认为该承包合同显失公平,严重损害了集体的利益,要求解除承包合同。刘二水坚决不同意。在村委会的鼓动下,部分村民上山哄抢果实,砍伐果树,造成巨大的经济损失。

请思考本案当中刘二水有何权利。

一、用益物权的概念和特征

用益物权是指非所有权人对他人所有的物,在一定范围内占有、使用、收益以及处分的权利。用益物权与担保物权共同构成物权当中的他物权。一般认为,用益物权具有如下特征:

(一) 用益物权的权利人为非所有权人

所有权人对自己的物所享有的权利为财产所有权。只有权利人为对他人财产进行使用、收益,而在他人之物上所设定的权利,才是用益物权。

(二) 用益物权是在占有他人之物的前提下,以实现对物的使用、收益为目的

用益物权人要实现对物的使用、收益,必须建立在对物有效占有的前提下,否则,他也无法进行有效的利用。对于动产,其占有表现为对物进行实际的掌握;对于不动产,其占有表现为对物能够有效地加以支配,而不损害他人之合法权益。

(三) 用益物权为定限物权

用益物权是他物权的一种,所以,其权利的内容不像所有权那样完整,而只是所有权权能的一部分。一般而言,用益物权人可以基于合同或者法律的规定对他人之物进行占有、使用,以实现其经济目的,但其只能在法律规定和合同约定的范围内占有和使用,无权越权使用。

用益物权为定限物权还表现在其权利的期限性上。用益物权不同于所有权,所有权是没有期限限制的,是一种永续性的权利。而用益物权都有一定的期限,超过了期限,该项权利即告消灭。如相关法律规定了耕地的承包期限为30年,住宅建设用地使用权为70年。

(四) 用益物权的标的主要是不动产

用益物权的标的物多为不动产,但是也并不是说动产就没有用益物权,只是因为,在实践当中,动产价值较低,且动产物权以占有为公示方式,所以动产之间的法律关系较为简单,即使需要使用他人之物,也可以通过租赁、借用等债的方式进行。而对于不动产,其价值往往较高,且不动产物权的公示方式为登记,因为不动产物权较为重要,所以法律也做了较多的规定。

二、用益物权的种类

根据《物权法》的规定,用益物权主要是建设用地使用权、地役权、土地承包经营权、国有企业经营权、国有自然资源使用权、采矿权等。下面简要介绍国有企业经营权、国有自然资源使用权、采矿权。

（一）国有企业经营权

国有企业经营权是指国有企业（全民所有制企业）对国家授权其经营管理的国有资产享有占有、使用、收益和依法处分的权利。我国传统理论认为国有企业经营权属用益物权，因为这些国有资产的所有者和使用者并不统一，国家作为国有资产的所有者，并不直接进行经营管理；而企业经国家授权，对国有资产进行有效利用，以实现营利的目的。需说明的是，这一制度已经不适应现代企业制度。现在，我国正在对国有企业进行改造，其中很重要的方式就是将国有企业改造成股份公司或者有限公司。不论改造成哪种公司，国家都会作为出资人，根据公司法的规定享受股东的权利，承担股东的义务。《物权法》第55条对此作了规定。

（二）国有自然资源使用权

国有自然资源使用权，是指企事业单位、社会团体以及公民个人依法取得国有自然资源的占有、使用、收益的权利。我国《宪法》规定："矿藏、水流、山岭、森林、草原、荒地、滩涂等自然资源，都属于国家所有，即全民所有；由法律规定属于集体所有的森林和山岭、草原、荒地、滩涂除外。"对于国家所有的这些自然资源，企事业单位、社会团体以及公民个人可以通过法定程序，取得使用权，通过对这些国有自然资源的使用，充分发挥国有自然资源的效益，增加社会财富。使用国有自然资源，必须依法使用，不得滥用资源，造成资源枯竭，否则，国家有权收回使用权。

（三）采矿权

根据《矿产资源法实施细则》第6条规定：采矿权是指在依法取得的采矿许可证规定的范围内，开采矿产资源和获得所开采的矿产品的权利。取得采矿许可证的单位或个人称为采矿权人。我国《宪法》和《矿产资源法》规定，矿产资源属于国家所有，由国务院行使国家对矿产资源的所有权。地表或者地下的矿产资源的国家所有权，不因其所依附的土地的所有权或者使用权的不同而改变。对于矿产，有关单位和个人可以依法取得开采权。

三、建设用地使用权

（一）建设用地使用权的概念和特征

建设用地使用权，是指为在他人所有的土地上建造并拥有建筑物或其他附着物而使用他人土地的权利。建设用地使用权具有如下特征：

1. 建设用地使用权是建立在他人所有的土地之上的用益物权。建设用地使用权是以他人所有的土地为标的物，属于不动产用益物权的一种。根据我国现在法律的规定，建设用地使用权是建立在国家所有或者集体所有的土地（主要是国有土地）之上，国家和农村集体使用属于自己所有的土地不构成用益物权，但是如果国家授权国家机关、企事业以及个人使用国有土地或者集体授权个人使用集体土地进行建设的，则这些使用权人取得的就是建设用地使用权。需注意的是，根据《土地管理法》第63条的规定，农民集体所有的土地的使用权不得出让、转让或者出租用于非农业建设；但是，农村集体经济组织可以使用乡（镇）土地利用总体规划确定的建设用地兴办企业或者与其他单位、个人以土地使用权入股、联营等形式共同举办企业而使用集体土地，但应该按有关规定办理审批手续。

2. 建设用地使用权是在他人土地之上保有建筑物或其他工作物为目的的用益物权。这里的建筑物包括房屋、桥梁、隧道、公路等，同时建筑物既包括地上的建筑物，也包括地下建筑物，并且随着现在高层建筑物的增加，空间的重要性也逐渐显现出来，所以空间使用权也重要起来，《物权法》把空间使用权也纳入到建设用地使用权当中来，第136条规定建设用地使用权可以按地表、地上、地下分别设立。

3. 建设用地使用权属于定限物权。虽然建设用地使用权属物权性质，但是建设用地使用权人使用他人土地有一定的限制。他只能依据法律的规定和合同的约定来利用土地，如合理使用土地、按约定用途使用土地。如果按规定或约定使用人应该交纳使用费的，还应该及时交纳，否则土地所有权人有权收回土地使用权。

（二）建设用地使用权的取得

根据相关法律规定，建设用地使用权取得有两种方式：出让和划拨。另外，取得建设用地使用权的人还有权通过法定方式将建设用地使用权流转，从而使他人取得建设用地使用权。

1. 出让。建设用地使用权的出让，是指国家以国有土地所有权人的身份将土地使用权授权给使用者在一定期限内进行使用并交纳土地使用金的行为。这是国有土地使用权由土地所有权人第一次转让给使用权人。土地使用者应与国家土地主管部门签订土地出让合同。该合同订立要坚持自愿、平等、有偿的原则。在具体出让过程中，为了充分发挥国有土地的价值，不仅可以采取协议方式来进行，而且可以采取招标、拍卖等方式，这样，更有利于合理确定土地使用权的价值。国有土地使用权的期限，一般由双方协商确定，但不得超过法律规定的最高年限，具体为：居住用地70年，工业用地50年，教育、科技、文化、卫生、体育用地50年，商业、旅游、娱乐用地40年，综合或者其他用地50年。

2. 划拨。划拨是指国家直接授权有关单位使用国有土地。通过划拨方式取得土地使用权的，一般是出于公益目的使用土地，使用权人多是国家机关或国有事业单位，其取得土地使用权一般是无偿的，但并不绝对。对于商业目的使用土地的，一般应通过公开招投标方式进行。

3. 流转。根据相关法律规定，建设用地使用权人有权将建设用地使用权转让、互换、出资、赠与或者抵押，但法律另有规定的除外。通过这些方式流转的，当事人应当采取书面形式订立转让合同。使用期限由当事人约定，但不得超过建设用地使用权的剩余期限。同时，还应向登记机构申请变更登记，其物权变动自登记时发生效力。

（三）建设用地使用权的消灭

1. 放弃。建设用地使用权人可以通过放弃的方式消灭建设用地使用权，但是应当办理注销登记。

2. 收回。根据《土地管理法》第58条的规定，在下列情形发生时，国家有权按法定程序收回建设用地使用权：为公共利益需要使用土地的；为实施城市规划进行旧城区改建，需要调整使用土地的；土地出让等有偿使用合同约定的使用期限届满，土地使用者未申请续期或者申请续期未获批准的；因单位撤销、迁移等原因，停止使用原划拨的国有土地的；公路、铁路、机场、矿场等经核准报废的。《物权法》第148条规定，因公共利益需要提前收回该土地的，应当依照征收的规定给予补偿，并退还相应的出让金。另外，还须注意的是，住宅建设用地使用权期间届满的，自动续期。

3. 土地灭失。因自然灾害等原因导致土地灭失的，该建设用地使用权归于消灭。

（四）建设用地使用权人的权利和义务

其权利主要包括：使用土地的权利；通过法定方式流转建设用地使用权的权利，但是通过划拨方式取得土地使用权的，其流转法律有严格限制；到期申请续期的权利。

其义务主要有：及时支付土地使用费的义务，合理使用土地的义务，到期返还土地的义务。

四、土地承包经营权

（一）土地承包经营权的概念和特征

土地承包经营权，是指公民或有关组织，依照法定程序取得国家或者集体所有的耕地、山林、草原、滩涂、水面等土地的使用权。土地承包经营权具有如下特征：

1. 土地承包经营权人为取得土地承包经营权而从事农业生产的人。根据我国《农村土地承包法》的规定，农村集体经济组织成员有权依法承包由本集体经济组织发包的农村土地。任何组织和个人不得剥夺和非法限制农村集体经济组织成员承包土地的权利。一般而言，集体的土地应该承包给本集体经济组织的成员。但是也可以依法承包给非本集体经济组织的成员，我国《土地管理法》第15条规定，农民集体所有的土地由本集体经济组织以外的单位或者个人承包经营的，必须经村民会议2/3以上成员或者2/3以上村民代表的同意，并报乡（镇）人民政府批准。根据《农村土地承包法》第44条和第47条的规定，不宜采取家庭承包方式的荒山、荒沟、荒丘、荒滩等农村土地，可以采取招标、拍卖、公开协商等其他方式承包，以其他方式承包农村土地，在同等条件下，本集体经济组织成员享有优先承包权。承包的方式，可以采取家庭承包，也可以个人承包。但承包人都应与集体经济组织签订土地承包合同。

2. 土地承包经营权的客体为属于集体或国家所有的耕地、山岭、草原、荒滩、荒地、水面等自然资源。这里土地承包经营权的客体为农业生产用地，而非其他自然资源或其他不动产。

3. 土地承包经营权人依法对土地享有占有、使用、收益以及一定的处分权。土地承包经营权人取得土地使用权后，有权在土地上从事农业生产，其正当的经营活动，任何人包括发包方都无权进行干涉；其经营所取得的收益，除按照约定交纳承包费外，全部归其所有。对于处分权，《农村土地承包法》第32条的规定，通过家庭承包取得的土地承包经营权可以依法采取转包、出租、互换、转让或者其他方式流转。《物权法》第128条规定土地承包经营权人有权将土地承包经营权采取转包、互换、转让等方式流转。

4. 土地承包经营权为定限物权。使用权人承包土地之后，只能按照合同约定的方式进行农业生产，而不得做其他使用，也不得随意撂荒土地，否则发包方有权收回土地使用权。并且，使用权人取得土地使用权是有期限的，根据《农村土地承包法》第20条的规定，耕地的承包期为30年；草地的承包期为30年至50年；林地的承包期为30年至70年；特殊林木的林地承包期，经国务院林业行政主管部门批准可以延长。《物权法》作了同样的规定。

（二）土地承包经营权人的权利和义务

1. 土地承包经营权人的权利

（1）依法占有所承包的土地资源并进行农业生产经营。

（2）独立进行生产经营，不受非法干涉。

（3）收取承包土地上所取得的收益，除按约定向发包方交纳一定的实物成果外，收益全部归土地使用权人。

（4）依法采取转包、出租、互换、转让或者其他方式流转土地使用权。土地承包经营权采取转包、出租、互换、转让或者其他方式流转，当事人双方应当签订书面合同。采取转让方式流转的，应当经发包方同意；采取转包、出租、互换或者其他方式流转的，应当报发包方备案。

另外，我国有关法律还对妇女在承包期内户口迁出的承包户的权利做了特殊规定。农村土地承包，妇女与男子享有平等的权利。承包中应当保护妇女的合法权益，任何组织和个人不得剥夺、侵害妇女应当享有的土地承包经营权。承包期内，妇女结婚，在新居住地未取得承包地的，发包方不得收回其原承包地；妇女离婚或者丧偶，仍在原居住地生活或者不在原居住地生活但在新居住地未取得承包地的，发包方不得收回其原承包地。

对于在承包期内，承包方全家迁入小城镇落户的，应当按照承包方的意愿，保留其土地承包经营权或者允许其依法进行土地承包经营权流转。对在承包期内，承包方全家迁入设区的市，转为非农业户口的，应当将承包的耕地和草地交回发包方。承包方不交回的，发包方可以收回承包的耕地和草地。承包期内，承包方交回承包地或者发包方依法收回承包地时，承包方对其在承包地上投入而提高土地生产能力的，有权获得相应的补偿。

2. 土地承包经营权人的义务

（1）合理利用土地的义务。土地承包经营权人不得在土地上修建房屋，从事非农经营；不得进行掠夺性经营，损害土地的肥力和可持续发展。如有些地方的承包户将承包地上的土卖与他人，即属违法。相反，使用权人应当按照合同的约定方式合理利用土地，还要不断改造土地，提高地力。

（2）依合同约定交纳承包费。承包费是交给发包方的，承包人应该按时交纳，对于经催告还不交纳承包费的，发包方有权要求解除承包合同。

（3）土地承包经营权人独立承担经营风险。在承包期间，除按照合同约定对于发生不可抗力造成减产、绝收而减免承包费的外，生产过程中的各种经营风险都由承包人自己承担。

（4）接受发包方的合法监督。发包方有权对承包人违反合同的行为及时提出意见，要求纠正，承包人应予接受。对违约严重、拒不改正的，发包方有权解除合同。如承包人连续两年弃耕抛荒的，发包方有权终止合同，收回承包地。

（三）发包方的权利义务

发包方的权利义务主要与农地使用人的权利义务相对应。在此简述之。

1. 监督承包人的生产经营活动，对违反合同的行为及时纠正。
2. 收取承包费的权利。
3. 维护合同效力的义务，不得随意解除或要求变更合同，如增加承包费、变更承包期等。本节案例中村委会的行为即属随意解除合同行为。
4. 不干涉承包人正常生产经营活动的义务。

（四）土地承包经营权的取得和消灭

1. 土地承包经营权的取得

土地承包经营权的取得方式主要有以下两种：

（1）依土地承包合同而取得。农村集体经济组织成员，有权依法承包本集体经济组织的土地资源。他也可以承包其他集体经济组织或者国家所有的土地。但是，都应当订立土地承包合同。土地承包合同，经双方当事人签订后生效，承包方自承包合同生效时取得土地承包经营权。《农村土地承包法》第23条规定，县级以上地方人民政府应当向承包方颁发土地承包经营权证或者林权证等证书，并登记造册，确认土地承包经营权。但是，承包经营权不是以登记作为权利取得和公示的法定方式，《物权法》第127条规定土地承包经营权自承包合同生效时设立。

（2）依继承而取得土地承包经营权。《农村土地承包法》第31条规定："承包人应得的承包收益，依照继承法的规定继承。林地承包的承包人死亡，其继承人可以在承包期内继续承包。"《继承法》第4条规定："个人承包应得的个人收益，依照本法规定继承。个人承包，依照法律允许由继承人继续承包的，按照承包合同办理。"可见法律允许林地在承包期内由继承人继承，但是对其他土地，法律没有规定，应理解为不允许继承，因为林地的经营收益期限较长，如果不允许继承，则不利于发挥承包人的积极性。另外还须注意，对于家庭承包的，发包方不能因为家庭成员之一尤其是户主的死亡而要求解除合同。其他家庭成员不是依继承而取得土地使用权，而是作为家庭成员，本来就有土地承包经营权。

2. 土地承包经营权的消灭

土地承包经营权的消灭方式主要有：

（1）土地承包合同到期，又没有续订合同的。
（2）有严重违反合同的行为，经法定程序解除承包合同的。
（3）在承包期内，自愿将承包地交回发包方的。
（4）承包期内，承包方全家迁入设区的市，转为非农业户口的，应当将承包的耕地和草地交回发包方。对于林地的承包权，还有权继续行使。

五、宅基地使用权

宅基地使用权是指农村集体经济组织成员依法取得一定面积的土地用于建造房屋的权利。

农村村民取得宅基地使用权，应该由村民向村委会提出申请，村委会同意后，经乡（镇）人民政府审核，由县级人民政府批准；城镇居民取得土地使用权，应向所在地的土地主管部门提出申请，经批准后才可以取得土地使用权。根据我国《土地管理法》第62条的规定，农村村民一户只能拥有一处宅基地，其宅基地的面积不得超过省、自治区、直辖市规定的标准。如果取得宅基地使用权新建房屋的，在房屋建成后应将原宅基地使用权交还集体。农村村民建住宅，应当符合乡（镇）土地利用总体规划，并尽量使用原有的宅基地和村内空闲地。农村村民出卖、出租住房后，再申请宅基地的，不予批准。《物权法》没有规定城镇居民是否可以在农村购买宅基地，但是其他法律法规有明确的禁止性规定。

六、地役权

（一）地役权的概念和特征

地役权，是指土地所有人、建设用地使用权人或土地承包经营权人为使用其土地的方便与利益而利用他人土地的权利。地役权当中有双方当事人，提供土地供他人使用的一方为供役地权利人（简称供役地人），其提供给对方使用的土地为供役地；需要使用供役地人土地的人为地役权人，其自己的土地为需役地。

地役权不同于相邻关系当中的相邻权，主要区别是：第一，地役权是依合同取得的权利；而相邻权是直接依据法律规定而产生，如一方确需通过对方土地通行的，对方必须容忍，无权禁止，当事人之间不必订立合同。第二，地役权的地役权人应该向对方支付一定的使用费，即租金，而相邻权的权利人不一定都要支付租金，如依习惯不必支付的可以不予支付。第三，地役权是有期限的，因为它是依合同而取得对方土地使用权，合同应当约定使用的期限，到期该权利即消灭，但是相邻权却没有期限限制。

地役权主要有如下特征：

1. 地役权是土地的权利人为了使用自己土地的便利而对他人的土地所享有的一定权利。其使用方式一般是指在供用地上进行通行、取水、排水、通风、采光、眺望以及架设管线、埋设管道等。地役权的范围不仅局限于地面之上，也包括地下或者地上的空间。

2. 地役权为限制物权。地役权人应该在合同约定的期限内按照约定的使用方式使用对方的土地，而不得随意扩大使用范围及改变使用方式。

3. 地役权是对供役地人权利的限制。地役权设立之后，供役地人必须容忍对方使用自己的土地。

4. 地役权为从属性物权。地役权从属于地役权人的土地所有权、建设用地使用权或土地承包经营权，不得与这些权利相分离而单独转移。当需役地上的建设用地使用权或土地承包经营权转移时，地役权应当一并转移。

（二）地役权的内容

1. 地役权人的权利。主要包括：一是按照合同约定的用途和方式使用供役地的权利；二是为附属行为的权利，如果为了使用土地的便宜，需要在土地上开辟道路、修建设施以及对这些设施进行维修保护的行为，对方应予容忍。

2. 地役权人的义务，即合理使用供役地的义务。主要是：地役权人应选择给对方造成损害最小的地点和方式来使用对方土地；及时交纳租金；在合同到期时恢复原状。当地役权消灭时，地役权人应该及时清理在对方土地上建造的设施，恢复土地原状。但是对方需要使用这些设施的除外。

（三）地役权的取得和消灭

1. 地役权的取得

地役权的取得方式主要有两种：合同和继承。

合同是取得地役权最主要的方式，双方应当采取书面形式订立地役权合同，合同中约定双方当事人的名称、地址、需役地与供役地的位置、对供役地的使用目的、方式、使用期限、租金及支付方式等内容。《物权法》第158条规定，地役权自地役权合同生效时设立。当事人要求登记的，可以向登记机构申请地役权登记；未经登记，不得对抗善意第三人。

因合同取得地役权还包括通过转让方式取得地役权。因为地役权属于从权利，当地役权人将自己的建设用地使用权、土地承包经营权等权利转让给受让人时，他所取得的地役权也随之转让，受让人取得该地役权。

因继承而取得地役权是指在地役权人死亡后，其继承人在继承其土地权利时对其地役权也一并继承。

2. 地役权的消灭

地役权的消灭方式主要有：

其一，土地的灭失。无论供役地还是需役地的灭失都可导致地役权的消灭。

其二，设定地役权的目的已经实现或不能实现的。如为了建造房屋而需使用他人土地通行的，在房屋建成后，地役权就消灭。再如利用他人土地是为了引进水流，如果水源已经枯竭，则再没有利用邻地之必要，地役权即消灭。

其三，合同到期或者约定解除合同的条件发生。合同到期，如没有续订合同，则地役权消灭。如果合同当中约定地役权人违约，供役地人有权解除合同的，当约定条件发生，供役地人可以依法定程序解除合同导致地役权的消灭。

其四，抛弃。地役权人可以将地役权抛弃，但是如果合同约定支付租金的，地役权人不得因其抛弃权利而拒绝支付剩余的租金。

第九节　担保物权

【案例1】

甲向乙借款20万元，将自己的汽车作价15万抵押给乙，未约定担保数额，并依法进行了抵押登记。因一次意外事故使汽车报废，保险公司赔偿18万。

甲、乙之间的抵押关系是否还存在？

【案例 2】
2006 年 10 月 5 日甲向乙借款 2 000 元，同时签订了一份质押合同，约定甲于同年 10 月 8 日将一头牛作为质物交付给乙，甲如期交付质物。
质权何时产生？

【案例 3】
王某开车为李某运旧家具，约定到达目的地后支付运费 150 元。运到目的地后，李某拒付运费，但提出可以旧家具抵价，王某认为旧家具不值钱，把李某家的电视搬走了，要王某尽快付清运费，否则电视归他。
这种行为属于行使留置权吗？

一、担保物权概述

担保物权，是指为了确保债权人债权的实现，而以债务人或者第三人的特定物或权利为标的提供担保，当债务人不履行到期债务或者发生当事人约定的实现担保物权的情形时，债权人有权就该担保物通过法定变价并优先受偿的权利。从理论上讲，债务人对于自己的债务，应以自己的全部财产来承担担保责任，但是如果债务人自己的财产不足以承担债务，或者债务人对多名债权人负有债务时，就有必要要求债务人提供担保。债务人以自己或第三人的财产提供担保的，债权人实现债权的可能性就得到了提高。

担保物权的目的之一在于确保债权人债权的实现，另外，通过这种方式，使债务人获得贷款或其他交易的机会，以实现营利的目的，进而促进经济的发展。

根据我国《担保法》的规定，担保的方式包括保证、抵押、质押、留置、定金五种。在这五种担保方式当中，保证和定金属于债权担保方式（本书放在债权部分），另外三种属于物权担保方式，即以物权来担保债权的实现。

担保物权的特征

作为一类非常重要的物权，担保物权除具有物权的一般特征外，还具有如下特征：

1. 担保物权以担保债权的实现为目的。在担保人的特定物上设定担保，就是使债权人在债务人不能偿还债务时有权就该物变价获得优先受偿。

2. 担保物权是在债务人或者第三人的特定物及其他财产权利上所设定的物权。提供担保的物或权利，可以是债务人自己的，也可以是第三人的。担保的物，可以是动产，也可是不动产，还可以是不动产物权，如土地使用权抵押，就是以权利提供担保的，但必须是提供担保的人有权处分的财产或者财产权利。

3. 担保物权是以支配担保物的价值为内容的定限物权。担保的前提就是担保物具有一定的经济价值，担保权人才可能与担保人订立担保合同。担保物权成立后，担保权人就取得了对标的物一定的支配权，当债务人到期不履行债务或发生当事人约定的情形时，担保权人就有权行使该支配权，以满足自己债权的实现。

4. 担保物权具有从属性和不可分性。担保物权存在的前提是主债权的存在，其成立以债权的成立为前提，因债权的转移而转移，因债权的消灭而消灭。《物权法》第172条规定："设立担保物权，应当依照本法和其他法律的规定订立担保合同。担保合同是主债权债务合同的从合同。主债权债务合同无效，担保合同无效，但法律另有规定的除外。"这实际上是对担保物权从属性的规定。

担保物权的不可分性，是指被担保的债权在未受全部清偿前担保物权人有权就担保物的全部行使权利。当债权部分实现时，债权人仍然有权就担保物的全部对剩余债权享有担保权，而不因债权的部分实现而减少对担保物所享有权利的份额；当担保物因意外原因部分毁损灭失时，剩余部分的担保物仍然担保全部的债权，债权人无权要求担保人重新或补充提供担保。

5. 担保物权具有物上代位性。物上代位性，是指担保物因灭失、毁损而获得金钱或其他物的赔偿或补偿时，该赔偿或补偿成为担保物的代替物，担保物权存在于代替物上，债权人有权就该代替物行使担保物权。《物权法》第174条明确规定，担保期间，担保财产毁损、灭失或者被征收等，担保物权人可以就获得的保险金、赔偿金或者补偿金等优先受偿。被担保债权的履行期未届满的，也可以提存该保险金、赔偿金或者补偿金等。依据该条，担保财产的代位物主要是三种：保险金、赔偿金和补偿金。本节案例即涉及担保期间担保物毁损、灭失的情况，案例1中乙的抵押权并不因抵押物的消灭而灭失，由于甲得到保险公司18万元的赔偿，所以该保险赔偿金应成为该汽车的替代物，继续作为甲对乙的担保。

二、抵押权

（一）抵押权的概念和特征

抵押权是指为确保债权人债权的实现，债权人对债务人或者第三人不移转占有而提供担保的财产，在债务人不履行到期债务或发生当事人约定的实现抵押权的情形时，依法享有的就该财产变价并优先受偿的权利。提供担保财产的债务人或者第三人为抵押人，债权人为抵押权人，提供担保的财产为抵押物。

抵押权与其他担保物权比较，具有如下特征：

1. 抵押权是就债务人或者第三人的特定财产所设定的担保物权。可以抵押的财产不仅包括一般动产，还包括不动产以及一些财产权利，用第三人的财产抵押的，必须征得第三人的同意。

2. 抵押权是不转移财产占有的物权。在抵押权成立后，抵押人不必将抵押物转移给债权人占有，而是由债务人继续占有并使用，以充分发挥抵押物的价值。不转移财产的占有也是抵押和质押的主要区别。

（二）抵押财产

抵押物是抵押人用于担保债权实现的财产。作为抵押物必须具备下列条件：其一，抵押的物或者财产权利应该特定；其二，抵押物为具有一定经济价值的流通物，否则难以通过变价方式实现抵押权。

1. 允许抵押的财产

我国《物权法》第180条第1款第1至6项规定了可以抵押的财产的具体种类，第1款第

7项作出了一个兜底性规定，即除前六项财产之外，其他财产只要是法律、行政法规没有禁止抵押的，都可以作为抵押财产。允许抵押的财产大致可以分为：不动产、不动产他物权、动产与其他财产四类。

（1）不动产。包括：建筑物和其他土地附着物；正在建造的建筑物，如预售商品房抵押，即购房人在支付首期规定的房价款后，由贷款银行代其支付其余的购房款，将所购预售商品房抵押给贷款银行作为偿还贷款的担保。

（2）不动产他物权。包括建设用地使用权；以招标、拍卖、公开协商等方式取得的荒地等土地承包经营权。

（3）动产。包括：生产设备、原材料、半成品、产品；交通运输工具；正在建造的船舶、航空器。

（4）法律、行政法规未禁止抵押的其他财产。

2. 禁止抵押的财产

依据《物权法》第184条，以下财产禁止抵押：

（1）土地所有权。

（2）耕地、宅基地、自留地、自留山等集体所有的土地使用权，但法律规定可以抵押的除外。法律规定可以抵押的土地使用权包括两类：其一是第180条第1款第3项规定的"以招标、拍卖、公开协商等方式取得的荒地等土地承包经营权"；其二是第183条第1款规定的以乡镇、村企业的厂房等建筑物抵押的，其占用范围内的建设用地使用权一并抵押的情形。

（3）学校、幼儿园、医院等以公益为目的的事业单位、社会团体的教育设施、医疗卫生设施和其他社会公益设施。

（4）所有权、使用权不明或者有争议的财产。

（5）依法被查封、扣押、监管的财产。

（6）法律、行政法规规定不得抵押的其他财产。

（三）抵押权的设定

理论上有法定抵押权和约定抵押权之说。法定抵押权是指基于法律的直接规定不需要当事人之间订立合同而产生的抵押权。约定抵押权是指当事人之间通过订立合同的方式来设定的抵押权。我国现在法律当中还没有直接规定法定抵押权，所以一般的抵押权都是约定抵押权，需要当事人订立抵押合同。

1. 抵押合同的形式

依据《物权法》第185条第1款，当事人必须采用书面形式订立抵押合同。所谓书面形式既可以是单独订立的合同书、具有担保性质的信件和数据电文，如传真、电子数据交换、电子邮件，也可以是主合同中的担保条款。抵押合同的当事人就是抵押人和抵押权人。

抵押合同自当事人双方意思表示一致、订立合同时成立并生效。

2. 抵押合同的内容

根据《物权法》第185条第2款，抵押合同一般包括下列条款：

（1）被担保债权的种类和数额；
（2）债务人履行债务的期限；
（3）抵押财产的名称、数量、质量、状况、所在地、所有权归属或者使用权归属；
（4）担保的范围。

3. 禁止流押契约

所谓流押契约（流抵押），是指抵押人与抵押权人在订立抵押合同时约定，债务人届期不履行债务时，抵押权人有权直接取得抵押物的所有权。

我国法律明确禁止流押契约。《担保法》第40条规定："订立抵押合同时，抵押权人和抵押人在合同中不得约定在债务履行期届满抵押权人未受清偿时，抵押物的所有权转移为债权人所有。"《物权法》第186条也规定"抵押权人在债务履行期届满前，不得与抵押人约定债务人不履行到期债务时抵押财产归债权人所有"。法律之所以这样规定，一方面是因为抵押权属于物权，根据物权法定原则，抵押权的实现方式应由法律做出明确规定；另一方面是因为抵押物的价值在实现抵押权时可能会增加，也可能会降低，如果允许当事人在合同中做出上述约定，可能会损害一方当事人的利益。但是法律允许当事人在实现抵押权时协议以抵押物折价或者以拍卖、变卖该抵押物所得的价款受偿。

4. 抵押权登记

抵押权登记，是指依据财产权利人的申请，登记机关将与在该财产上设定抵押权相关的事项记载于登记簿册上。我国《物权法》与《担保法》对于抵押权登记原则上采取登记生效要件主义，例外采取登记对抗要件主义。

（1）不动产和某些不动产物权设定的抵押权采取登记生效要件主义

依据《物权法》第187条的规定，以建筑物和其他土地附着物，建设用地使用权，以招标、拍卖、公开协商等方式取得的荒地等土地承包经营权，正在建造的建筑物抵押的，应当办理抵押登记，抵押权自登记时设立。没有登记，抵押权不产生，但是未办理抵押权登记不影响当事人之间订立的抵押合同的效力。

（2）动产抵押权和动产浮动抵押权采取登记对抗要件主义

依据《物权法》第188条的规定，以生产设备、原材料、半成品、产品；交通运输工具或者正在建造的船舶、航空器抵押的，抵押权自抵押合同生效时设立；未经登记，不得对抗善意第三人。第189条规定：企业、个体工商户、农业生产经营者以本法第181条规定的动产抵押的，应当向抵押人住所地的工商行政管理部门办理登记。抵押权自抵押合同生效时设立；未经登记，不得对抗善意第三人。

以上述这些动产抵押的，抵押权自抵押合同生效时设立，只是未经登记的抵押权不能对抗善意第三人。不得对抗善意第三人是指未经登记的抵押权不得对抗已经登记的抵押权；当抵押物被转让后，抵押权人不得要求善意的第三人以该抵押物承担担保责任。

根据《担保法》第41、42条规定，以下列财产抵押的，应当到相应的部门登记：以无地上定着物的土地使用权抵押的，由核发土地使用权证书的土地管理部门登记；以城市房地产或者乡（镇）、村企业的厂房等建筑物抵押的，由县级以上地方人民政府规定的部门登记；以林木抵押的，由县级以上林木主管部门登记；以航空器、船舶、车辆抵押的，由运输工具的登记部门登记；以企业的设备和其他动产抵押的，由财产所在地的工商行政管理部门登记。根据《担保法》第43条规定，当事人以上述财产范围以外的财产抵押的，可以自愿办理抵押物登记，登记部门为抵押人所在地的公证部门。需注意的是，《物权法》规定了不动产统一登记制度，就意味着不动产抵押也应在一个部门进行登记，但是在统一登记制度建立之前，《担保法》的规定应当继续有效。

（四）抵押权人和抵押人的权利和义务

1. 抵押权人的权利和义务

（1）保全抵押权的权利。抵押权人并不直接占有抵押物，如果抵押人实行的某种行为足以使抵押财产价值减少的，抵押权人有权要求抵押人停止其行为。《物权法》第193条规定：抵押人的行为足以使抵押财产价值减少的，抵押权人有权要求抵押人停止其行为。抵押财产价值减少的，抵押权人有权要求恢复抵押财产的价值，或者提供与减少的价值相应的担保。抵押人不恢复抵押财产的价值也不提供担保的，抵押权人有权要求债务人提前清偿债务。

（2）转让抵押权的权利。抵押权作为物权，抵押权人有权将该权利连同主债权一起转让给他人，而无须征得抵押人的同意，但应该及时告知抵押人及债务人。但抵押合同约定不得转让抵押权的除外。

（3）实现抵押权的权利。

（4）不得干涉抵押人对抵押物正常使用的义务。

（5）依法定方式和程序实现抵押权的义务。

2. 抵押人的权利和义务

（1）继续占有抵押物并正常使用、收益的权利。虽然抵押之后，抵押物上设定了担保物权，但是抵押物的所有权仍然归抵押人所有，他有权继续占有标的物并使用，以充分发挥抵押物的价值。在使用期间所获得的收益也应归抵押人所有，抵押权人无权要求分得。但是当债务人不履行到期债务或者发生当事人约定的实现抵押权的情形，致使抵押物被人民法院扣押的，自扣押之日起抵押权人有权收取该抵押财产的天然孳息或者法定孳息，但抵押权人应将扣押抵押物的事实及时通知应当清偿法定孳息的义务人，否则，抵押权的效力不及于该孳息。

（2）对抵押物行使一定的处分权。由于抵押物已经担保了债权，所以抵押之后，抵押人一般不得对抵押物为事实上的处分，如销毁等，因为事实上的处分会影响到抵押物的价值。但是他仍然可以为法律上的处分，因他毕竟还是财产的所有人。只是他的处分权受到一定的限制。具体而言，他有如下处分权：

转让抵押物的权利。在抵押期间，抵押人仍旧是抵押物的所有权人，有权转让已办理登记的抵押物，为了避免抵押权人或者第三人的利益受损，《物权法》第191条规定：抵押期间，抵押人经抵押权人同意转让抵押财产的，应当将转让所得的价款向抵押权人提前清偿债务或者提存。转让的价款超过债权数额的部分归抵押人所有，不足部分由债务人清偿。抵押期间，抵押人未经抵押权人同意，不得转让抵押财产，但受让人代为清偿债务消灭抵押权的除外。

就抵押物再设定抵押的权利。财产抵押之后可以再次抵押，如果一项财产之上，存在有两个以上的抵押权，则这些抵押权之间必然会产生顺位问题。《物权法》第199条规定，同一财产向两个以上债权人抵押的，拍卖、变卖抵押财产所得的价款依照下列规定清偿：第一，抵押权已登记的，按照登记的先后顺序清偿；顺序相同的，按照债权比例清偿；第二，抵押权已登记的先于未登记的受偿；第三，抵押权均未登记的，按照债权比例清偿。

出租抵押物的权利。抵押权设定后，由于抵押人仍然是该财产的所有权人，他仍然有权将该物出租以获得收益。订立抵押合同前抵押财产已出租的，原租赁关系不受该抵押权的影响。抵押权设立后抵押财产出租的，该租赁关系不得对抗已登记的抵押权。即如果抵押权办理了登记，因实现抵押权而导致抵押物被拍卖、变卖时，租赁关系不得对抗已经登记的抵押权，不适用"买卖不破租赁"的规则，但租赁权人可以依据租赁合同，追究出租人即抵押人的违约责任。

（3）妥善保管抵押物的义务。财产抵押之后，该项财产上就产生了抵押权人的担保物权，为维护抵押权人的权利，抵押人应当妥善保管抵押物，合理使用，不使抵押物价值降低。如果因抵押人的过错导致抵押物价值降低的，抵押权人有权要求抵押人就抵押物价值降低部分重新提供担保。

（五）抵押权的实现

抵押权的实现是指当债务人到期不履行债务或者发生当事人约定的实现抵押权的情形时，债权人通过行使抵押权，以抵押物的价值优先受偿，达到实现债权的目的。根据《物权法》第195条的规定，抵押权人可以与抵押人协议以抵押财产折价或者以拍卖、变卖该抵押财产所得的价款优先受偿。协议损害其他债权人利益的，其他债权人可以在知道或者应当知道撤销事由之日起1年内请求人民法院撤销该协议。抵押权人与抵押人未就抵押权实现方式达成协议的，抵押权人可以请求人民法院拍卖、变卖抵押财产。

（六）抵押权的终止

抵押权终止的原因主要有如下几种：

1. 主债权消灭。

2. 抵押物灭失，又没有替代物。当抵押物灭失时，抵押权人在该物上所享有的优先受偿权就消灭，但是如果抵押物灭失后有替代物的，则该抵押权就转移到替代物上。如果抵押物灭失后又没有替代物的，则该抵押权就最终消灭。

3. 抵押权已经实现。

（七）特殊抵押

特殊抵押包括动产浮动抵押、最高额抵押、共同抵押三种。

1. 动产浮动抵押

《物权法》第181条规定："经当事人书面协议，企业、个体工商户、农业生产经营者可以将现有的以及将有的生产设备、原材料、半成品、产品抵押，债务人不履行到期债务或者发生当事人约定的实现抵押权的情形，债权人有权就实现抵押权时的动产优先受偿。"这就是我国《物权法》确立的一类新型抵押权——动产浮动抵押权。

与普通抵押不同，浮动抵押有以下几个特点：

（1）抵押人的特殊性。设定普通抵押权的人可以是自然人、法人或者其他组织，而设定浮动抵押的只能是企业、个体工商户和农业生产经营者；所谓企业，包括具有法人资格的企业，也包括非法人企业。

（2）抵押客体不同。普通抵押权仅以现存的各类财产，如动产、不动产以及某些权利为客体；而浮动抵押权的客体仅限于抵押人的动产，不仅包括现有的动产，还包括抵押人将来所有的动产。

（3）抵押权的效力不同。在普通抵押中，抵押人于抵押期间未经抵押权人的同意，不得转让抵押财产，除非抵押人代为清偿债务而消灭抵押权。但是，在浮动抵押中，抵押期间，抵押人用于抵押的财产是可以流入也可以流出的，一旦发生法律规定（《物权法》第197条）的情形时，该抵押财产才被特定化，此时，抵押人未经抵押权人同意就不得再随意处置抵押财产了。

动产浮动抵押权采取登记对抗要件主义。根据《物权法》第189条第1款的规定，动产浮动抵押中，抵押权自抵押合同生效时设立，只是未经登记不得对抗善意第三人。第2款规定，动产浮动抵押权即便已经登记的，也不得对抗正常经营活动中已支付合理价款并取得抵押财产的买受人。这一规定的理由是：抵押人为债权人设定动产浮动抵押权后，其正常的经营活动不受影响，抵押人依然可以处分作为抵押物的动产，买受人取得所有权，即使该抵押已经过登记。反之，如果在买受人支付了合理的价款并获得了对抵押财产的占有之后，还赋予办理了抵押登记的抵押权对抗第三人的权利，即抵押权人有权将抵押财产拍卖、变卖的话，则买受人势必将承担巨大的风险，或者为避免风险的发生而不与抵押人交易，则设立浮动抵押权的立法目的之一——有利于提供浮动抵押的民事主体从事正常的经营管理活动——也将落空。

在抵押期间，浮动抵押的客体不是确定的，而是处于变动状态，这对于维持抵押人的正常经营活动具有极大的益处。但是，一旦发生债务人不履行到期债务的情形，抵押权人要实现抵押权时就必须确定浮动抵押中的财产，浮动抵押权因抵押财产的确定而成为固定抵押权（即一般抵押权），抵押人处置抵押财产的权利终止，抵押权人有权就抵押财产变价所得价款优先受偿。《物权法》第196条规定了浮动抵押中抵押财产的确定事由：（1）债务履行期届满，债权未实现；（2）抵押人被宣告破产或者被撤销；（3）当事人约定的实现抵押权的情形；（4）严重影响债权实现的其他情形。

2. 最高额抵押

最高额抵押是指抵押人与抵押权人协议，在最高债权额限度内，以抵押物为将来一定期间内连续发生的债权提供的担保，当债务人不履行到期债务或发生当事人约定的实现抵押权的情形，抵押权人有权在最高债权额限度内就该担保财产优先受偿。最高额抵押主要适用于连续交易关系、劳务关系以及连续借款关系当中。

最高额抵押不同于一般的抵押。主要表现在：

（1）一般的抵押所担保的债权是现在就成立或即将成立的债权，而最高额抵押所担保的债权却是将来一定时期内成立的债权。

（2）一般抵押所担保的债权数额在设定担保时是明确的，但是最高额抵押所担保的债权数额在订立抵押合同时还不明确，只是有最高数额的限制。

（3）一般抵押所担保的债权一般为一个单独发生的债权，而最高额抵押所担保的债权为多个债权，并且在订立合同时往往还不确定。

（4）一般担保的债权可以被转让，转让主债权不影响担保物权的效力，但是最高额抵押的主债权不能被转让，如果主债权被转让，又没征得抵押人的同意，则该担保物权消灭，抵押人有权拒绝承担担保责任。因为主债权的转让可能导致主债权数额的增加，因此就会增加抵押人承担担保责任的范围。

最高额抵押合同自双方当事人订立合同时生效，如果根据法律规定抵押需要办理登记手续的，当事人应当办理登记手续。

最高额抵押所担保的债权，只有在决算期届满时才可以确定，如果此时债权数额已经超过最高限额，则抵押物就担保该最高限额的债权；对于超过最高限额部分的债权，只能作为一般债权来受偿，不具有优先受偿权。如果决算时债权数额没有超过最高限额，就按实际发生的债权以抵押物承担担保责任。

3. 共同抵押

共同抵押是指为担保同一项债权而在数项不动产、动产或权利上设定的抵押权。这数项财产可以属于同一个人，也可以分别属于不同的人。从《物权法》第180条第2款以及《担保法》第34条第2款的规定来看，我国法律是承认共同抵押的。共同抵押适用法律关于一般抵押的基本规定，只是有如下区别：如果当事人约定了共同抵押的抵押物中的不同抵押物分别担保债权的一部分的，则债权人在实现抵押权时只能以该抵押物所担保的数额来主张优先受偿权，抵押物价值超过该数额的部分，抵押权人不得主张优先受偿权。如果没有上述约定，则抵押权人有权就抵押物的任何财产主张优先受偿权。

三、质权

（一）质权的概念和特征

质权，是指为担保债权的实现，债务人或者第三人将其动产或权利凭证交给债权人占有，以此作为债权的担保，当债务人到期不履行债务或者发生当事人约定的实现质权的情形时，债权人有权就该动产或者权利优先获得偿还。质权也被称为质押权，债权人称为质权人，提供质物的债务人或者第三人是质押人、出质人，质押的物或者权利被称为质物。质权与抵押权都属于担保物权，都具有担保物权的一般特征，但两者有明显的区别，比较而言，质权具有如下特征：

1. 质权为动产担保物权。与抵押权不同，质权的标的只能是动产和财产权利，不动产不能作为质权的客体，只能作为抵押权的客体。

2. 质押须转移对动产或者权利凭证的占有。抵押当中，抵押人不必转移抵押物给抵押权人占有，但是设立动产质权必须转移标的物的占有，即由质权人占有该标的物。至于权利质权的设定，则需要交付权利凭证或者进行登记。法律之所以这样规定，是因为抵押的标的物一般为不动产，抵押生效需办理登记手续，登记之后，抵押人就难以再行转让该不动产；而质押的标的为动产或者权利，如果不转移质物的占有，则难以避免质押人在质押后将质物转让给他人，从而使质权难以获得实现。

3. 质权的内容与抵押权有所不同。质权人因占有质押物，法律规定质押人有权收取质押期间质物所产生的孳息，而抵押当中抵押权人无此权利；质权人占有质押物的同时还负有保管质押物的义务，如果因为保管不善造成质物毁损灭失的，质权人应予赔偿，抵押权人无此义务。

根据有关质押的法律规定，质权包括动产质权和权利质权两种。

（二）动产质权

1. 动产质权的概念

动产质权是质押人将动产提交给债权人占有，以该动产作为债权的担保，债权人于债务人不履行到期债务或发生当事人约定的实现质权的情形时，有权就该动产优先受偿的权利。可以做动产质押标的物的财产很多，如汽车、机器设备、货物、金银首饰等。该动产可以是债务人自己的财产，也可以是第三人的财产，但是用第三人的财产提供质押的，必须征得该第三人的同意。

2. 动产质权的设定

根据我国《担保法》和《物权法》的规定，设立质权，当事人应当采取书面形式订立质权合同。质权自出质人将质物移交于质权人时设立。如果仅是订立了质押合同，没有实际交付质押物的，质权不产生。如本节的案例2中，甲、乙之间的合同是10月5日签订的，但质物即母牛是10月8日交付给乙的，质权从10月8日产生。

3. 动产质权的内容

动产质押合同应当包括以下内容：

（1）被担保的主债权种类、数额；

（2）债务人履行债务的期限；

（3）质物的名称、数量、质量、状况；

（4）质押担保的范围。没有约定的，担保的范围包括主债权及利息、违约金、损害赔偿金、质物保管费用和实现质权的费用；

（5）质物移交的时间；

（6）当事人认为需要约定的其他事项。

根据《担保法》第66条的规定："出质人和质权人在合同中不得约定在债务履行期届满质权人未受清偿时，质物的所有权转移为质权人所有。"与抵押权中流抵押的禁止一样，法律也明确禁止流质押。

4. 动产质押中当事人的权利义务

（1）质权人的权利

质权人除享有占有质物的权利和优先受偿权以外，还有如下权利：

收取质物孳息的权利。在质押期间，质权人有权收取质物的孳息，质押合同另有约定的，按照约定。收取的孳息应当先充抵收取孳息的费用。

保全质权的权利。当质物因不能归责于质权人的事由而损坏或价值明显减少的可能，足以危害质权人权利的，质权人有权要求出质人提供相应的担保。出质人不提供的，质权人可以拍卖或变卖质物，并与出质人协商，将拍卖或变卖所得价款提前清偿债务或者向与出质人约定的第三人提存。

转质权。转质，是指质权人为了担保自己的或者他人的债务，将质物向第三人再度设定新的质权。《物权法》第217条规定，质权人在质权存续期间，未经出质人同意转质，造成质押财产毁损、灭失的，应当向出质人承担赔偿责任。

(2) 质权人的义务

质权人在享有权利的同时还负有如下义务：

保管质押财产的义务。由于动产质权存续期间，质权人占有质押财产，因此质权人负有妥善保管质押财产的义务，因保管不善致使质押财产毁损、灭失的，应当承担赔偿责任。

不得擅自使用、处分质押财产的义务。《物权法》第214条规定："质权人在质权存续期间，未经出质人同意，擅自使用、处分质押财产，给出质人造成损害的，应当承担赔偿责任。"但是，如果质权人为了履行妥善保管质押财产的义务而对该财产加以必要的使用，应为法律允许。

返还质物的义务。债务人履行债务或者出质人提前清偿所担保的债权的，质权人应当返还质押财产。

(3) 出质人的权利

质物的处分权。出质人虽然将质物移交债权人占有，但出质人并不丧失对质物的处分权，不过此种处分仅指法律上的处分而非事实上的处分，因为出质人在丧失对质物的占有后已无法对质物进行事实上的处分，况且此种处分也将有害于质权人的利益。

保全质物的权利。《物权法》第215条第2款规定，质权人的行为可能使质押财产毁损、灭失的，出质人可以要求质权人将质押财产提存，或者要求提前清偿债务并返还质押财产。由此产生的提存费用应由质权人负担；如果出质人提前清偿债务的，则应当扣除未到期部分的利息。

追偿权。当出质人是债务人以外的第三人时，该第三人代为清偿债务或者因质权的实现而丧失质物所有权的，出质人有权向债务人追偿。

(4) 出质人的义务

因质物存在隐蔽的瑕疵而致质权人遭受损害时，依据《担保法司法解释》第90条，应由出质人承担赔偿责任。

(三) 权利质权

1. 权利质权的概念

所谓权利质权，是指以所有权以外的财产权为标的物而设定的质权。权利质权的标的物为财产权利，是债务人或第三人有权处分的财产权，且必须是依法可以转让的财产权利，如果是不能转让的财产权，则不得设定质权，比如养老金债权。

权利质权是建立在财产权利的基础之上的一种担保物权，它不同于一般的物权，一般的物权是建立在物的基础之上。法律之所以把权利质押当做担保物权来对待，是为了确保债权人权利的实现，而以法律的形式赋予其物权效力。

2. 权利质权的设定

权利质押也应由质押人和质权人订立书面的质押合同。质权的设立不同于动产质押，要根据具体情况来判断质权设立的时间。具体包括：

（1）以汇票、支票、本票、债券、存款单、仓单、提单出质的，质权自权利凭证交付质权人时设立，没有权利凭证的，质权自有关部门办理出质登记时设立。

（2）以基金份额、证券登记结算机构登记的股权出质的，质权自证券登记结算机构办理出质登记时设立；以其他股权出质的，质权自工商行政管理部门办理出质登记时设立。

（3）以依法可以转让的商标专用权，专利权、著作权中的财产权出质的，质权自有关主管部门办理出质登记时设立。

（4）以应收账款出质的，质权自信贷征信机构办理出质登记时设立。

3. 权利质押当事人的权利义务

权利质押当中，质权人和出质人的权利义务基本与动产质押中当事人的权利义务相同。法律还有一些特殊的规定，简单介绍如下：

（1）以载明兑现或者提货日期的汇票、支票、本票、债券、存款单、仓单、提单出质的，汇票、支票、本票、债券、存款单、仓单、提单的兑现或者提货日期先于主债权到期的，质权人可以在债务履行期届满前兑现或者提货，并与出质人协议将兑现的价款或者提取的货物用于提前清偿所担保的债权或者向与出质人约定的第三人提存。

（2）以基金份额、股权出质的，出质后不得转让，但经出质人与质权人协商同意的可以转让。出质人转让基金份额、股权所得的价款应当向质权人提前清偿债务或者提存。

（3）以商标专用权、专利权、著作权中的财产权出质的，出质人不得转让或者许可他人使用，但经出质人与质权人协商同意的除外。出质人所得的转让费、许可费应当向质权人提前清偿所担保的债权或者向与质权人约定的第三人提存。

四、留置权

（一）留置权的概念和特征

留置权是指债权人合法占有债务人的动产，当债务人到期不履行债务时，债权人依法享有的留置该财产，以该财产折价或者以拍卖、变卖所得价款优先受偿的权利。债权人即留置权人，被留置的动产为留置物。留置权有如下特征：

1. 留置权属于法定担保物权。它根据法律的规定，符合法定条件时，权利人就可以直接行使该权利，不需要当事人提前在合同中约定。

2. 留置权是以动产为标的物的担保物权。留置权只适用于动产,对于不动产不能适用。留置权人须是基于合法的合同关系占有对方的动产,才可以行使该权利,并且行使留置权所担保的债权应该与该财产有一定的牵连,如果是基于两个合同关系一方占有对方财产,而对方负有债务,则不得行使留置权。

3. 留置权为具有二次效力的担保物权。当债务人到期不履行债务时,债权人有权直接对其占有对方的动产进行留置,以督促对方及时履行债务,这是留置权的第一次效力。如果债务人经催告后还是不履行债务,则债权人有权通过法定方式将留置物折价、拍卖、或者变卖,以所得价款优先受偿,这是留置权的第二次效力。

4. 留置权具有从属性、不可分性、物上代位性。留置权的从属性不同于抵押权、质权,在抵押权、质权中,被担保的债权可以是将来发生的债权,但是留置权却只能用于担保履行期限已经届满的债权;留置权的不可分性是指,债权人于其债权未受全部清偿前,得就留置物之全部行使留置权,然而,过分严格强调留置权的不可分性可能会对债务人不公平,也不利于对留置物的充分利用,因此,《物权法》第233条对留置权的不可分性作了一定限制,即留置财产为可分物的,留置财产的价值应当相当于债务的金额。另外,依据《物权法》第174条的规定,留置权还具有物上代位性。

(二) 留置权的成立

留置权成立,即留置权的发生,是指留置权行使的条件已经具备。一般而言,留置权行使应具备如下条件:

1. 债权人合法占有了债务人的动产。《物权法》颁布之前,依据《担保法》和《合同法》,只有在因保管合同、运输合同、加工承揽合同、仓储合同、行纪合同中发生的债权,债务人不履行债务的,债权人才有权享有留置权,除此之外,其他的债权关系中债权人都不享有留置权。《物权法》第230条第1款规定,债务人不履行到期债务,债权人可以留置已经合法占有的债务人的动产,并有权就该动产优先受偿。即不仅债权人依据合同关系而合法占有的债务人的动产可以被留置,而且债权人基于其他法律关系合法占有的债务人的动产也可以被留置,如基于无因管理之债占有的他人的动产,当受益人不偿付管理人由此而支付的必要费用时,管理人也有权留置该动产。

2. 债权人占有的债务人的动产与债权一般属于同一法律关系。《物权法》第231条规定:"债权人留置的动产,应当与债权属于同一法律关系,但企业之间留置的除外。"所谓同一法律关系也被称为有牵连关系,即是基于同一个双务合同关系留置权人占有对方财产,对方承担义务,此种留置被称为普通留置,而企业之间的留置被称为商业留置。企业之间留置对方财产不受同一法律关系限制。本节的案例3中,王某在李某拒付运费时如果扣留所运输的旧家具即构成普通留置,其行为是合法的;但是王某将李某家的电视搬走,电视机与该运输合同并没有关系。因此,王某扣留李某家的电视机行为不构成留置,属于违法行为。

3. 债务人不履行到期债务。在债务履行期限到来之前,债权人无权行使留置权,只有到期之后,债务人没有履行债务的,债权人才可以拒绝交付标的物给对方,行使留置权。如果合同没有约定履行债务的期限,则债权人应在合理的期限内催告对方履行,并给对方一个适当的期限,对方在此期限内还是没有履行的,债权人才可以行使留置权。

以上是留置权产生的积极条件,《物权法》第 232 条规定:"法律规定或者当事人约定不得留置的动产,不得留置。"这一条是对留置权产生的消极条件的规定。留置权是法定担保物权,但是法律允许当事人通过约定的方式排除其适用,如当事人约定一方不得留置对方动产的,该约定有效。另外,法律、行政法规禁止转让的动产不得出质。行使留置权也不得与社会公序良俗相违背,如不得留置对方的身份证、护照。

(三) 留置权人的权利义务

1. 留置权人的权利

(1) 占有留置物的权利。行使留置权后,留置权人有权占有留置物,但是,如果留置物为可分物,对于超出债权价值部分的财产不得留置,应及时返还给债务人,因为留置权的目的在于担保债权的实现,留置权人应在能够担保其债权的范围内留置对方的财产;如果财产为不可分物,则可以留置全部的财产。

(2) 收取留置物孳息的权利。留置权人有权收取留置财产的孳息,收取的孳息应当先充抵收取孳息的费用。

(3) 保管费用求偿权。留置权人占有留置物期间应对留置物进行妥善保管,为保管留置物所支付的必要费用,有权要求留置物所有权人承担。

(4) 优先受偿权。

2. 留置权人的义务

(1) 妥善保管留置物的义务。《物权法》第 234 条规定:"留置权人负有妥善保管留置财产的义务;因保管不善致使留置财产毁损、灭失的,应当承担赔偿责任。"另外,依据《担保法解释》第 93、114 条的规定,留置权人在留置权存续期间,未经留置物所有人同意,擅自使用、出租、处分留置物,因此给留置物所有人造成损失的,留置权人应当承担赔偿责任。

(2) 返还留置物的义务。如果债务人履行了债务,或者债务人另行提供担保并被债权人接受而消灭留置权时,留置权人负有将留置物返还给债务人的义务。

(四) 留置权的行使

1. 留置权担保的范围

留置担保的范围包括主债权及利息、违约金、损害赔偿金、留置物保管费用和实现留置权的费用。当然,虽然留置权属于法定担保物权,不需要当事人提前约定,但是如果当事人在合同中约定了留置权,并约定了具体担保的范围,则该约定有效。

2. 留置权行使的方式

当债务履行期限届满,债务人不履行或者履行债务不完全的,债权人就可以行使留置权。但是,债权人留置对方财产后,应及时催告债务人,通知其履行债务,并且应当给债务人不少于两个月的期限。《担保法》第 87 条规定:"债权人与债务人应当在合同中约定,债权人留置财产后,债务人应当在不少于两个月的期限内履行债务。债权人与债务人在合同中未约定的,债权人留置债务人财产后,应当确定两个月以上的期限,通知债务人在该期限内履行债务。债务人逾期仍不履行的,债权人可以与债务人协议以留置物折价,也可以依法拍卖、变卖留置物。"《物权法》第236条也作出了同样的规定,但留置鲜活易腐等不易保管的动产的,留置权人给债务人履行债务的期间不受两个月的限制。

留置权实现的具体方式,包括两种:第一,协议以留置物折价偿还;第二,拍卖、变卖留置物,就拍卖、变卖留置财产所得价款优先受偿。

(五)留置权的消灭

留置权消灭的原因主要有:主债权消灭,留置权实现,留置权人丧失对标的物的占有,留置物灭失以及债务人另行提供担保并经债权人同意的。其中主债权的消灭包括债务人履行、债权人债务人之间抵销、混同等。

思 考 题

1. 请列表比较物权与债权的区别。
2. 试论述物权变动与债权契约的关系。
3. 试比较更正登记、异议登记与预告登记三者的适用条件。
4. 试比较地役权与相邻关系中当事人权利之间的差异。
5. 试比较住宅建设用地使用权与宅基地使用权之间的差异。

综 合 训 练

1. 2007年3月,在《物权法》制定的前后,重庆发生了一起震惊中外的"最牛的钉子户"事件,一张极具震撼力的照片被各大媒体报道,在这张照片上,一位中年男子站在四周被挖空的二层小楼上,以挥舞国旗的方式维护自己的房屋所有权。该男子叫杨武,该房屋为杨家私有房屋。2004年,某开发商取得了该房所在区域的拆迁许可,开始对该区域进行拆迁,到2006年10月,除杨武未与开发商达成拆迁协议外,其他居民全部搬迁。于是开发商对杨武的楼房断水断电,并将周围挖空。开发商经与杨武多次协商未果,向区房管局申请强制拆迁,2007年1月8日,区房管局召开拆迁行政裁决听证会,杨武未参加。随后区房管局做出强制拆迁的行政决定。2月1日,区房管局向区法院申请强制拆迁。3月19日,法庭当庭裁定支持房管局的决定,限令杨武于3天内自行搬迁。3月22日,杨武没有自行搬迁,法院也没有强制执行。当地政府有关部门负责人公开表示,强制拆迁符合法律规定。后经有关部门协调,双方最终达成协议,对杨武异地安置。随后该房屋被拆除。在房屋被拆之后,有关部门负责人表示,开发商前期断水断电确有不妥之处。

问:
(1)在本案当中,开发商有无权利对杨武的房屋进行强制拆迁?
(2)杨武对自己的房屋有什么权利?
(3)在商业拆迁中,被拆迁人应该享有哪些权利?

(4) 政府和法院在拆迁过程中应扮演什么角色？

(5) 本案双方未达成拆迁协议时，开发商的断水断电、挖空房屋周围的行为是何种性质的行为？

要点提示： 对于商业拆迁，不适用《物权法》关于征收的规定，应由双方在平等自愿的原则下协商解决，开发商未与对方达成协议，无权断水断电，无权危及对方房屋安全，更无权强制拆迁。

2. 张康在公共汽车上丢失价值2 000元的手机一部，一个月后他发现自己的朋友李良在使用自己的手机，经询问得知是李良的女朋友所送，而其女朋友是从马路边上以500元从陌生人手中购得。

问：

张康是否有权要求李良返还其手机？如果需要返还手机，李良之女朋友的损失应该由谁承担？

要点提示： 对于被盗之赃物，权利人任何时候都有权予以追回，这是物权追及效力的体现。

3. 某开发商将自己开发的楼盘中的一套房屋分别与张三、李四、王五订立买卖合同并都收取了房款，但是只为张三办理了商品房预售登记，张三、李四、王五互不知情。房屋建成后，开发商以建房成本提高为由要求三人补交30%的房款，如不同意则解除合同，退还所收房款。此时，三人得知购买的是同一套房屋。张三拒不补交房款并要求开发商为自己办理产权登记，李四愿意补交房款并要求开发商为自己办理产权登记，王五不同意补交房款但要求开发商为自己办理产权登记。

问：

(1) 在本案中三个买卖合同是否有效？

(2) 最终谁有权得到房屋的所有权，没有得到房屋所有权的人有何权利？

要点提示： 有关不动产物权的交易，如果当事人办理了预告登记，买方就取得了将来取得不动产物权的法律保障。

4. 2002年7月，画家李玉兰购买了农民马海涛位于北京市通州区宋庄镇辛店村的房屋8间及院落。协议签订后，李玉兰支付了购房款4.5万元，并到村委会办理了房产转让登记。在购买了这处房屋后，她不仅对原有房屋进行了翻新及装修，还在院落内新建了3间新房，并安装了上下水、暖气等生活设施，共花费了十几万元。2006年12月，马海涛向通州法院提起诉讼，要求确认与李玉兰签署的买卖协议无效。2007年7月，一审法院认定双方买卖合同无效，判令李玉兰向马海涛返还房屋，马海涛向李玉兰支付原房及添附部分的折价补偿9.3万余元。判决后李玉兰提出上诉。同年12月北京市二中院作出终审判决，维持原判。但二中院同时认定，造成合同无效的主要责任在于马海涛，李玉兰可另行主张赔偿。随后，李玉兰提起诉讼，要求马海涛赔偿48万元经济损失。

问：

请结合本案查阅相关资料，分析我国宅基地法律制度。

要点提示：现行法律禁止城镇居民购买农村宅基地或房屋。

5. 甲向乙借款 20 万元，由丙提供价值 15 万元的房屋作抵押，并订立了抵押合同。甲因办理登记手续费过高，经乙同意未办理登记手续。甲又以自己的一辆价值 6 万元的汽车质押给乙，双方订立了质押合同。乙认为将车放在自家附近不安全，决定仍放在甲处。1 年后，甲因亏损无力还债，乙诉至法院要求行使抵押权、质权。

问：

抵押、质押的效力如何？

要点提示：动产抵押权自抵押合同生效时设定，不动产抵押自办理抵押登记时设定。

第十章

债 权

学习目标

知识目标
- 了解债的概念、特征、分类及发生根据、合同的概念等;
- 熟悉合同订立的程序、合同的主要条款;
- 掌握代位权和撤销权的行使条件、债的移转的情形及条件、保证方式及保证期限、债的消灭情形、不当得利和无因管理的构成要件。

能力目标
- 能够运用所学知识起草一般的合同;
- 会结合案例正确行使代位权和撤销权;
- 具备分析判断合同效力的能力。

第一节 债的概述

一、债的概念、特征及要素

(一) 债的概念

法律上的债,是指特定当事人之间得请求为特定行为的法律关系。《民法通则》第84条规定:"债是按照合同的约定或者依照法律的规定,在当事人之间产生的特定的权利和义务关系。享有权利的人是债权人,负有义务的人是债务人。"债权人有权请求债务人按照合同的约定或者法律的规定履行其义务;债务人有义务按照合同的约定或者法律的规定为特定的行为,以满足债权人的请求。

（二）债的特征

债作为一种法律关系，是民法调整财产关系的结果。但债的关系与同样是财产关系的物权关系相比较，具有如下特征：

1. 债反映的是财产流转关系。财产关系以其形态分为财产的归属利用关系和财产流转关系。物权关系反映的是财产的归属利用关系，称为静态的财产关系，其目的是保护财产的静态安全；债权关系则是财产利益从一个民事主体流向另一个民事主体的财产流转关系，其目的是保护财产的动态安全。

2. 债的主体双方只能是特定的。债是特定当事人之间的民事法律关系，因此，债的主体，无论是权利主体还是义务主体都是特定的，债权人只能向特定的债务人主张权利，债务人也只能向特定的债权人履行义务。而物权关系中只有权利主体是特定的，义务主体则是不特定的多数人。也就是说权利主体得向一切人主张权利。

3. 债的客体为债务人的特定行为。债的客体是给付，即债务人应为的特定行为。而给付又是与物、智力成果以及劳务等相联系的，也就是说物、智力成果、劳务等都是给付的客体。而物权关系的客体原则上为物。

4. 债须通过债务人的特定行为才能实现其目的。债的目的是一方从另一方取得某种财产利益，而这一目的的实现，只能通过债务人的给付才能达到，如果没有债务人的特定行为，债权人的权利就无法实现。而物权关系的权利人可以通过自己的行为实现其权利以达目的，而无须借助于义务人的行为。

5. 债的发生具有任意性、多样性。债的发生原因多种多样，既有合法行为，如合同；也有违法行为，如侵权。对于合同行为设立的债权，当事人可依法自行任意设定。如合同行为的当事人可在法律许可的范围内以自己的意愿决定合同的种类、内容。而物权关系只能依合法的行为取得，并且其种类、内容具有法定性。

6. 债具有平等性和相容性。债的关系具有相容性和平等性，在同一标的物上不仅可以成立数个内容相同的债，并且债与债之间的相互关系是平等的。而物权具有优先性和不相容性，在同一物上有数个物权关系时，其效力有先后之分。

（三）债的要素

债作为一种法律关系，其构成要素包括债的主体、债的客体、债的内容。

1. 债的主体

债的主体包括债权人和债务人。在债的关系中，享有权利的人是债权人，负有义务的人是债务人。每一方当事人都既可以是一人，也可以是数人。在某些债中，债的一方当事人仅享有权利，另一方当事人仅负有义务，而在另一些债中，当事人双方互相享有权利和负有义务。例如，在买卖关系中，从标的物的交付与所有权移转上说，买受人是债权人，出卖人为债务人；而从价款支付上说，出卖人为债权人，买受人为债务人。

2. 债的客体

债的客体是指债权债务所共同指向的对象。没有债的客体，债的关系就无法成立。通说认为债的客体是给付,即债务人应为的特定行为。

3. 债的内容

债的内容就是债的主体间的权利和义务,即债权人享有的权利与债务人负担的义务。

债权是债权人享有的请求债务人为特定行为的权利。债权是请求权、相对权,具有任意性、平等性的特点。债务是债务人有义务按照约定或者法律的规定应为特定行为的义务。

二、债的发生根据

任何法律关系的发生、变更和终止都是以一定的法律事实为根据的,所以债的发生根据是指引起债的关系产生的法律事实。可发生债的法律事实主要有合同、不当得利、无因管理、侵权行为、其他法律事实等。

(一) 合同

合同是平等主体的自然人、法人或其他组织之间设立、变更、终止民事权利义务关系的协议。合同依法成立后即在当事人之间产生债权、债务关系。因此合同是债的发生根据。基于合同所产生的债称为合同之债。合同是最常见、最重要的债的发生根据。

(二) 不当得利

不当得利是指没有合法根据获得利益而使他人利益受到损害的事实。因为这种利益的获得没有合法根据,所以根据法律规定,不当得利人应将不当利益返还给利益受到损害的人。利益受到损害的人也有权要求不当得利人返还不当得利。因此,不当得利成为债的发生根据,基于不当得利产生的债称为不当得利之债。

不当得利之债不同于合同之债。合同之债的发生是基于合同当事人的合意。而不当得利之债的发生是基于法律的直接规定,不以当事人的意志为转移。

(三) 无因管理

无因管理,是指没有约定的或法定的义务,为避免他人利益受到损失而对他人的事务进行管理或者为他人服务的行为。根据法律的规定,无因管理一经成立,管理人有权要求本人偿还管理所支出的必要费用,本人亦有义务偿还。因此,无因管理成为债的发生的又一根据。因无因管理产生的债权债务关系称为无因管理之债。

无因管理之债与合同之债、不当得利之债均有不同之处。合同之债是因合法行为而产生,不当得利之债可因事件或其他原因而产生,而无因管理是一种事实行为。

(四) 侵权行为

侵权行为,是指不法侵害他人的合法权益,应负民事责任的行为。任何民事主体的合法权益均受法律保护,侵害人实施了不法行为,给受害人造成损害,侵害人就应承担相应的民事责任。因此,侵权行为使侵害人和受害人之间产生债权债务关系。因侵权行为产生的债称为侵权行为之债。

侵权行为之债是因违法行为而产生的,这一点与合同之债、不当得利之债、无因管理之债均不相同。

（五）其他法律事实

合同、不当得利、无因管理、侵权行为是债发生的主要原因，除此之外，其他法律事实也会引起债的发生。例如，拾得遗失物会在拾得人与遗失物的所有权人之间产生债权债务关系；因缔约过失会在缔约当事人之间产生债权债务关系；因遗赠而使受遗赠人与财产占有人之间产生交付财产之债。

三、债的分类

（一）单一之债与多数人之债

单一之债，是指债的双方主体仅为一人的债。多数人之债，是指债的一方或双方主体为两人以上的债。

区分单一之债与多数人之债的意义在于：因单一之债的主体双方都只有一人，当事人之间的权利、义务明了；而多数人之债当事人之间的关系比较复杂，不仅有债权人和债务人之间的权利、义务关系，而且还有多数债权人之间或多数债务人之间的权利、义务关系。因此，正确区分单一之债与多数人之债，有利于准确地确定债的当事人之间的权利、义务关系。

（二）按份之债和连带之债

对于多数人之债，根据多数人一方当事人相互之间的权利、义务关系可分为按份之债和连带之债。

按份之债是指债的一方当事人为多数，且多数人之间按照确定的份额分享权利或分担义务的债。按份之债包括按份债权和按份债务。按份债权是指债权由两人以上按照确定的份额分享，即按份债权的各个债权人只能就自己享有的份额请求债务人给付和接受给付，无权请求和接受债务人的全部给付。按份债务是指债务由两人以上按照确定的份额分担，即按份债务的各个债务人只对自己分担的债务份额负清偿责任，债权人无权请求某一债务人清偿全部债务。

连带之债，《民法通则》第87条规定："债权人或者债务人一方人数为二人以上的，依照法律的规定或者当事人的约定，享有连带权利的每个债权人，都有权要求债务人履行义务；负有连带义务的每个债务人，都负有清偿全部债务的义务。履行了义务的人，有权要求其他负有连带义务的人偿付他应承担的份额。"此规定即是连带之债。连带之债既可因法律的直接规定而发生，也可因当事人的约定而发生。债务人负连带债务的，有利于债权人实现债权，但也加重了债务人的负担。因此，除法律有明确规定或者当事人有特别约定外，当事人不负连带责任。

区分按份之债和连带之债的法律意义在于：按份之债的多数债权人的债权或多数债务人的债务各自是独立的，任何一个债权人接受了其应受份额的权利或任何一个债务人履行了自己应负担份额的义务后，与其他债权人或债务人均不发生任何权利义务关系；而连带之债的连带债权人或连带债务人的权利义务是连带的，连带债权人中的任何一人接受了全部义务的履行，或者连带债务人的任何一人清偿了全部债务时，虽然原债归于消灭，但连带债权人或连带债务人之间则会产生新的按份之债。

（三）特定物之债和种类物之债

根据债的标的物属性的不同，债可分为特定物之债和种类物之债。

特定物之债是指以特定物为标的物的债；种类物之债是指以种类物为标的物的债。前者在债发生时，其标的物即已存在并被特定化；后者在债发生时，其标的物尚未被特定化，甚至尚不存在，但当事人之间可就债的标的物的种类、数量、质量、规格或型号等内容达成协议。

这种分类的法律意义在于：其一，特定物之债的履行，债务人只能以给付特定的标的物为履行义务。原则上，当事人不能以其他标的物代替约定的标的物给付，在特定的标的物灭失时，发生债的履行不能。而种类物之债的标的物，具有可替代性，在约定的标的物发生毁损灭失时，一般不发生履行不能。其二，特定物之债的履行中，当事人可以约定标的物所有权的转移时间和风险转移时间；在法律没有另外规定或当事人无另外约定时，种类物之债的标的物所有权自交付时起转移，其意外灭失的风险也将自交付之时转移。

（四）简单之债与选择之债

根据债的标的有无选择性，债可分为简单之债与选择之债。

简单之债是指债的标的是单一的，当事人只能就该种标的履行，没有选择的余地，又称为不可选择之债。选择之债是指债的标的是两种以上，当事人可以从中选择其一来履行的债。例如，对商品实行"三包"制度，在出售的商品出现质量问题时，是修理，还是更换、退货，当事人可以选择，这就是一种选择之债。

这种分类的法律意义在于：第一，简单之债的标的是特定的一种；而选择之债的标的是两种以上，只有在有选择权的一方行使选择权，标的特定以后，才能履行。第二，简单之债的标的无法履行时，发生债的履行不能，而选择之债的某种可供选择的标的无法履行时，不发生债的履行不能，当事人可在其余的标的中选择其一履行，只有在诸标的都无法履行时，才发生债的履行不能。

（五）主债与从债

根据两个债之间的关系，债可分为主债和从债。

主债，是指能够独立存在，不以他债的存在为前提的债。从债，是不能独立存在，而必须以主债的存在为前提的债。主债与从债是相互对应的，没有主债不发生从债，没有从债也无所谓主债。

区分主债与从债的法律意义在于：从债对主债起着担保作用，从债的效力决定于主债的效力，从债随主债的存在而存在。

（六）财物之债与劳务之债

根据债务人的义务是交付财物还是提供劳务，债可区分为财物之债和劳务之债。

财物之债，是指债务人须交付财物的债，即债的标的是财物。劳务之债是指债务人须提供劳务的债，即债的标的是劳务。

区分财物之债和劳务之债的法律意义在于：第一，财物债务在一般情况下可由第三人代为履行；而劳务债务除法律另有规定或当事人另有约定外，一般不能由第三人代为履行。第二，当债务人不履行债务时,财物债务可强制履行;而劳务债务则不宜强制履行。

第二节 债的保全和担保

【案例1】

甲公司向乙商业银行借款10万元,借款期限为1年。借款合同期满后,甲公司因经营不善,无力偿还借款本息。同时丙公司欠甲公司到期货款20万元,而甲公司不积极向丙公司主张。为此,乙商业银行以自己的名义起诉丙公司,要求以丙公司的财产偿还甲公司的借款。

法院是否应支持乙商业银行的请求?若乙商业银行花费了3 000元诉讼费用,此费用应由谁承担?

【案例2】

2000年6月13日,李某在县农行借款10万元,约定了利息及还款期限。借款到期后,李某仅归还了本金3万元及利息,余款7万元及利息没有归还。后县农行向李某催收借款,李某以经济困难为由没有偿还。2003年6月25日,李某将其一栋上下两层建筑面积为111.44平方米的楼房赠与其女儿,并于同日办理了过户手续。2003年9月15日县农行作为原告向被告李某主张债权,法院判决李某偿付原告7万元及逾期利息,该判决书已生效。后原告得知李某于2003年6月25日已将其房产无偿转让,而李某又无其他有价值的财产。原告遂于2004年4月27日向法院提起诉讼,要求撤销李某的赠与行为,确认赠与行为无效。

被告李某将楼房赠与其女儿的行为是否有效?县农行是否享有撤销权?

【案例3】

张三于2004年3月1日向工商银行借款2万元,借期3个月。李四对张三的上述借款提供保证,双方约定保证期间自2004年6月1日到2004年11月1日。但并未约定保证方式。

李四的保证方式是哪种?如果工商银行与张三擅自协商将该借款中的1.5万元更改为由王五负责清偿,对此,李四是否还承担保证责任?如贷款到期后,张三无力偿还,工商银行直到2004年12月1日才请求李四承担保证责任,对此,李四可以拒绝吗?

一、债的保全的概念

债的保全是债权人为防止债务人的财产不当减少而危及其债权时,对债的关系以外的第三人所采取的保护债权的法律措施。

当债的关系依法确立之后,债务人是以其全部财产担保债务的履行,只有债务人履行了债务,债权人的债权才能得以实现。因此,债务人财产的减少,关系到债权人的权利能否实现,为保障债权的实现,法律赋予了债权人对第三人行使保全的权利,突破了债的相对性原理。债权人保全债权的权利分为代位权和撤销权两种。

二、债权人的代位权

（一）债权人代位权的概念

债权人代位权，是指债权人为了保全其债权，而于债务人怠于行使自己的权利而害及债权人的债权实现时，得以自己的名义向债务人的债务人即次债务人主张权利的权利。简言之，债权人的代位权就是债权人以自己的名义代债务人之位行使债务人债权的权利。为了更好地保障债权人权利的实现，代位权制度赋予了债权人能够向次债务人直接追诉的权利，使债权具备了一定的追及效力，它对于解决我国经济生活中广泛出现的三角债，具有特别的意义。

（二）债权人代位权的成立要件

1. 债务人享有对第三人的权利。债权人对债务人享有到期、有效的债权是代位权行使的前提条件。债务人对第三人享有债权，更是债权人代位权成立的必要条件，因为债务人对于第三人享有的权利是债权人代位权的标的。关于债务人对于第三人权利的范围，《合同法》及其司法解释仅限于到期、有效的债权，且必须具有金钱给付内容，未到期、非财产权均不能为代位权的标的。所以专属于债务人本身的权利不能成为债权人代位权的标的，如人身损害赔偿金、退休金、养老金、抚恤金、安置费、人身保险赔偿金等。

2. 债务人怠于行使其权利。债务人虽对第三人享有财产权利，但其积极行使权利时，债权人的代位权不能成立。只有在债务人有权利能行使而怠于行使时，债权人的代位权才能成立。按照司法解释的规定，债务人没有以诉讼或仲裁的方式向次债务人主张权利，即构成怠于行使权利。

3. 债务人已陷于迟延。在债务迟延履行以前，债权人的债权能否实现，难以预料，若在这种情况下允许债权人行使代位权，则对于债务人的干预实属过分。反之，若债务人已陷于迟延，而怠于行使其权利，且又无资力清偿其债务，则债权人的债权已经有不能实现的现实危险，此时已发生保全债权的必要。所以，代位权应以债务人陷于迟延为成立要件。

4. 有保全债权的必要。所谓有保全债权的必要，是指债务人怠于行使权利害及债权，使债权人的债权有不能实现的危险。反之，未对债权人造成损害，就无保全的必要。例如，债务人怠于行使对第三人的权利，但债务人有足够的财产清偿债务，债务人不为清偿时，债权人请求法院强制执行，可保障债权的实现。此情形下债权人无保全债权的必要，也就不成立债权人的代位权。

（三）债权人代位权的行使

债务人的各个债权人在符合法律规定的条件下均可行使代位权，各个债权人在同一时间向同一法院行使代位权的，可作为共同原告。但若某一债权人已行使了代位权，其他债权人不得就债务人的同一权利提起代位权诉讼；若提起，人民法院予以驳回。不过，其他债权人可以起诉债务人，请求债务人履行债务。

债权人的代位权必须通过诉讼程序行使，以便于维护债权人、债务人、次债务人及债务人的其他债权人的合法利益，在代位权之诉中，应由债权人以自己的名义行使，即债权人为原告，次债务人为被告，债务人为第三人，原告未列债务人的，法院可追加。

债权人代位权行使的范围，应以保全债权人债权的必要为限度，即以债权人的债权为限。债权人行使代位权的请求数额超过债务人所欠债务额或者次债务人所负债务额的，对超出部分人民法院不予支持。

（四）债权人代位权行使的效力

1. 对于债权人、债务人的效力

依据最高人民法院的司法解释，债权人向次债务人提起的代位权诉讼经人民法院审理后依法认定的，由次债务人向债权人履行清偿的义务，债权人与债务人、债务人与次债务人之间的相应的债权债务关系归于消灭。

债权人行使代位权的必要费用，依据《合同法》第73条第2款规定由债务人负担。同时最高人民法院司法解释规定，代位权诉讼中，债权人胜诉的，诉讼费用由次债务人负担，从实现的债权中优先支付。

2. 对于次债务人的效力

债务人对于次债务人的权利，无论是自己行使还是由债权人代位行使，对于次债务人的法律地位及其利益均无影响。因此，次债务人对抗债务人的一切抗辩权，均得以对抗债权人。

本节案例1中，法院应支持乙商业银行的请求。甲公司怠于行使对丙公司的债权，损害了债权人乙商业银行的利益，因此，乙商业银行有权行使代位权，乙商业银行是债权人，为原告；丙是次债务人，为被告；甲公司是债务人，为第三人，丙在债权范围内向乙商业银行进行清偿，甲乙丙之间的债权债务相应消灭。花费的3 000元诉讼费用应由次债务人丙公司承担，从实现的债权中优先支付。

三、债权人的撤销权

（一）债权人撤销权的概念

债权人的撤销权，是指当债务人所为的减少其财产的行为危害债权实现时，债权人为保全债权得请求法院予以撤销该行为的权利。

（二）债权人撤销权的成立要件

1. 债权人对债务人存在有效债权。债权人对债务人存在有效债权，才能发生债的效力，也才能将债的效力扩张至第三人。无效的债权、已被消灭的债权、超过诉讼时效的债权，自然不能发生撤销权。

撤销权的效果，直接归属于债务人，债权人对债务人的债权是否到期，不影响撤销权的成立。

2. 债务人实施了减少财产的处分行为。债权人的撤销权，是针对债务人法律上生效的处分行为，且处分行为在债权人债权发生之后，无效或未生效的处分行为无须撤销。债务人的行为必须以财产为标的，非以财产为标的的不得撤销，如婚姻、收养等行为；或者虽以财产为标的，但并非使其财产减少的行为（如放弃遗赠），不得撤销。

3. 债务人的行为有害债权。对债权有害，是指债务人的行为足以减少其财产，而危及债权的实现。如果债务人的行为并未减少债务人的财产，或虽然使其财产减少，但不影响其对债权的清偿，债权人就无权干涉债务人的行为，也不得撤销该行为。

4. 债务人有偿转让财产时，第三人须有过错。债务人向第三人有偿低价转让财产时与第三人成立了交易关系，为保证交易关系的稳定，第三人需有过错，债权人才能行使撤销权。第三人的过错是故意，不包括过失。

（三）可行使撤销权的几种情形

根据《合同法》第 74 条的规定，债务人的处分行为包括：

第一，放弃到期债权，对债权人造成损害。放弃到期债权，可能是债务人与第三人达成免除的协议，也可能是债务人单方通知次债务人免除其债务。只要危害了债权人的债权，债权人就可以行使撤销权。

第二，无偿转让财产，对债权人造成损害。

第三，以明显不合理的低价转让财产，对债权人造成损害，并且受让人知道该情形。受让人知道该情形，说明受让人有过错。受让人没有过错的，不得撤销。知道该情形，一是知道价格是不合理的低价，二是知道不合理的低价损害了债权人的利益。

（四）债权人撤销权的行使

债权人的撤销权，应由债权人以自己的名义通过诉讼的方式行使，由人民法院审查并作出最终裁决。债权人为数人时，可以共同行使此权利。

债权人通过诉讼的方式行使撤销权，债权人为原告，债务人为被告，受益人或者受让人为诉讼上的第三人。如果债权人提起撤销权诉讼，未将受益人或受让人列为第三人的，人民法院可以追加该受益人或受让人为第三人。

债权人行使撤销权的范围，以债权人的债权额为限。

债权人行使撤销权，应自债权人知道或应当知道撤销事由之日起 1 年内行使。自债务人的行为发生之日起 5 年内没有行使撤销权的，该撤销权消灭。

（五）债权人行使撤销权的效力

债权人行使撤销权的效力依人民法院的判决的确定而产生，其效力及于债务人、第三人和债权人。

1. 对于债务人的效力。债务人的行为一经撤销，视为自始无效。

2. 对于第三人的效力。第三人已受领债务人的财产的，应予返还。原物不能返还的，应折价返还其利益。第三人已向债务人支付对价的，得向债务人要求返还不当得利。

3. 对于债权人的效力。行使撤销权的债权人可请求第三人将所得利益返还给债务人。债权人行使撤销权所支付的必要费用，由债务人负担；第三人有过错的，应适当分担。

本节案例 2 中，被告李某将其所有的楼房赠与其女儿，并于同日办理了过户，赠与合同应为有效。但是李某是在明知自身负有到期债务未履行的情况下进行赠与，其行为降低了自己的偿还能力，严重损害了债权人的债权，符合撤销权的构成要件。作为债权人的县农行有权在法定期限内行使撤销权，请求人民法院撤销李某的赠与合同。

四、债的担保

（一）债的担保的概念

债的担保，是指法律为保证特定债权人利益的实现而特别规定的，以第三人的信用或以特定财产保障债务人履行义务，使债权人实现债权的制度。

债的保全是赋予了债权人对债务人不正当的财产减少予以干涉的权利，但对债务人正当的财产减少却无能为力。因此，为确保特定债权人债权的实现，打破所有债权人平等的原则，法律上确立了债的担保制度。

（二）债的担保的种类

1. 人的担保。人的担保是指在债务人的全部财产以外，又附加了第三人的一般财产作为债权实现的总担保。其主要形式为保证。

2. 物的担保。物的担保是指以债务人或第三人的特定财产作为清偿债权的标的，当债务人不履行其债务或发生当事人约定的情形时，债权人可以就该财产的利益优先受偿的担保制度。物的担保形式主要有抵押、质押和留置。

3. 金钱担保。金钱担保是指在债务以外又交付一定数额的金钱，该金钱的得失与债务履行与否联系在一起，使当事人双方产生心理压力，从而促使其积极地履行债务，以保障债权实现的担保形式。定金即为金钱担保。

4. 反担保。反担保是指在商品贸易、工程承包和资金借贷等经济往来中，为了换取担保人提供保证、抵押或质押等担保，由债务人或第三人向该担保人新设担保，该新设担保相对于原担保而言被称为反担保。

（三）债的担保的法律性质

1. 债的担保具有从属性。债的担保从属于主债，以主债的存在或将来存在为前提，随着主债的消灭而消灭，一般也随着主债的变更而变更。

2. 债的担保具有补充性。债的担保一经成立，就在主债关系的基础上补充了某种权利义务关系。当主债务人不履行义务时，补充的权利义务才发挥作用。

3. 债的担保具有保障债权实现性。由于债的担保是在第三人的一般财产或特定的财产上设定的担保，这样债权人债权的实现就不受或少受债务人财产状况的限制，即使债务人的一般财产不足以清偿数个并存的债权，被担保的债权一般也能实现。

根据我国《担保法》的规定，债的担保方式包括抵押、质押、留置、保证和定金。因抵押、质押和留置在物权部分已作阐述，故本节只阐述保证和定金两种担保方式。

五、保证

（一）保证的概念

保证，是指债务人以外的第三人作为保证人担保债务人履行债务的担保方式。我国《担保法》第 6 条规定："本法所称的保证，是指保证人和债权人约定，当债务人不履行债务时，保证人按照约定履行债务或者承担责任的行为。"依此规定，保证具有以下含义：

1. 保证是一种双方民事法律行为。保证须由保证人和债权人约定，只有保证人和债权人意思表示一致才能成立。因此，保证是一种约定担保方式。

2. 保证是由第三人以其信用担保债务人履行债务的行为。保证人只能是债务人以外的第三人，以保证人的信用而不是特定的财产对债务的担保。

3. 保证是当债务人不履行义务时，由保证人承担保证责任的行为。保证债务是于债务人不履行债务时才能生效，在债务人履行了债务时，保证债务就不能生效。

（二）保证合同

保证合同是保证人和债权人订立的，当债务人不履行债务时，由保证人承担保证责任的协议。

1. 保证合同的当事人。保证合同的当事人包括保证人和债权人。保证人的范围，根据《担保法》的规定，具有代为清偿能力的法人、其他组织或者公民，可以作保证人。同时规定了不能作保证人的有：（1）国家机关原则上不能作保证人，但经国务院批准为使用国际经济组织贷款进行转贷的除外。（2）学校、幼儿园、医院等以公益为目的的事业单位、社会团体不得作保证人。（3）企业法人的分支机构、职能部门不得作保证人，企业法人的分支机构有法人书面授权的，可以在授权的范围内提供担保。

2. 保证合同的内容。保证合同应当包括以下内容：（1）被保证的主债权的种类、数额；（2）债务人履行债务的期限；（3）保证的方式；（4）保证担保的范围；（5）保证的期间；（6）双方认为需要约定的其他事项。

3. 保证合同的形式。保证合同应当采用书面形式。保证人可以与债权人就单个主合同分别订立保证合同，也可以协议在最高债权额度内就一定期间连续发生的借款或某项商品交易订立一个保证合同。保证人还可以单方以书面形式向债权人出具担保书，债权人接受且未提出异议的，保证合同成立。主合同中虽然没有保证条款，但是，保证人在主合同上以保证人的身份签字或盖章的，保证合同也成立。

（三）保证的方式

保证的方式有一般保证和连带责任保证两种方式。一般保证，是指保证人仅对债务人不履行债务负补充责任的保证方式。连带责任保证，是指保证人在债务人不履行债务时与债务人负连带责任的保证方式。一般保证和连带责任保证的最主要的区别是保证人是否享有先诉抗辩权。先诉抗辩权，是指保证人于债权人就主债务人的财产强制执行而无效果之前，对于债权人得拒绝清偿保证债务的权利。一般保证的保证人享有先诉抗辩权，而连带保证的保证人不享有先诉抗辩权。根据《担保法》第 19 条的规定："当事人对保证方式没有约定或者约定不明确的，按照连带责任保证承担保证责任。"由此可知，本节案例 3 中，张三和李四的保证方式约定不明，故李四的保证方式是连带责任保证。

（四）保证范围

保证范围是保证所确保履行的主债务的范围。同时也是保证人承担义务的范围。当事人可在不超过主债务的范围内自由约定保证范围，既可约定主债务的全部，也可约定主债务的部分。当事人没有约定就按法定保证范围。根据我国担保法的规定，法定保证范围包括：（1）主债权；（2）利息；（3）违约金；（4）损害赔偿金；（5）实现债权的费用。

（五）保证期间

保证期间是保证人承担保证责任的时间范围。保证人与债权人有约定的，依其约定；没有约定保证期间的，不论一般保证还是连带责任保证，都是6个月，自主合同债务履行期限届满之日起计算，但是在一般保证中，是要求债权人在该6个月内向债务人行使权利，而连带责任保证中，是要求债权人在6个月内向保证人主张权利。另外，债权人与保证人约定保证人承担保证责任直至主债权本息还清为止等类似内容的，视为约定不明，保证期间为主债务履行期届满之日起2年。本节案例3中，当事人约定了保证期间，而保证期间是保证责任的存续期间，如果债权人没有在保证期间内向保证人主张权利，则保证人免除保证责任。因而，在2004年12月1日工商银行已无权请求李四承担保证责任。

（六）共同保证

共同保证，是指数人共同担保同一债务人的同一债务履行而为的保证。共同保证分为按份保证和连带保证。

共同保证的每个保证人与债权人约定保证份额的，是按份保证。按份保证的每个保证人仅就其约定的份额向债权人承担保证责任。保证人承担保证责任后，也只能就其清偿的债务份额向主债务人追偿。

共同保证的保证人未与债权人约定保证份额或约定不明确的，每个保证人都有义务承担全部保证责任，在保证债务未全部清偿前，各保证人都不能免除保证责任。连带保证的各保证人虽向债权人负连带保证责任，但在保证人内部仍以一定的份额分担责任。所以，每个连带保证人向债权人承担保证责任后，可以向主债务人追偿，也可以要求其他保证人清偿其应当承担的份额。各保证人应当承担的份额，依共同保证人之间的约定而定，未作约定或约定不明确的，视为各保证人平均分担保证责任。

（七）保证责任的免除或消灭

根据相关法律规定，保证责任的免除或消灭主要有如下情况：

1. 主合同当事人双方串通，骗取保证人提供保证的，保证人不承担保证责任；
2. 主合同债权人采取欺诈、胁迫等手段使保证人在违背真实意思的情况下提供保证的，保证人不承担保证责任；
3. 保证期间届满而债权人未作请求时，保证责任免除；
4. 债权人放弃物的担保，保证人在放弃权利的范围内免除保证责任，但保证人承诺仍然承担保证责任的除外；
5. 主债务转让，未经保证人书面同意的，保证人的保证责任免除；

6. 主债务消灭，保证债务也消灭；

7. 保证合同解除或终止时，保证人的保证责任消灭。

本节案例 3 中，如果银行与张三协商将借款中的 1.5 万元转由王五承担，但是并未经过保证人李四的书面同意，则李四对于转移的 1.5 万元不再承担保证责任，他只对未转移的 5 000 元承担保证责任。

六、定金

（一）定金的概念

定金是指当事人约定的，为确保合同的履行，在合同订立时或订立后，合同履行前，由一方当事人预先给付另一方当事人一定的金钱或其他替代物。

（二）定金合同的成立

定金合同成立除应具备合同成立的一般要件外，还应具备以下条件：

1. 定金合同必须以主合同的有效存在为前提。定金合同是从合同，定金所担保的合同是主合同，从合同的效力决定于主合同，当主合同无效或被撤销时，定金合同也就不能发生效力。

2. 定金合同自定金交付之后生效。我国《担保法》第 90 条规定："定金合同自交付定金之日起生效。"说明定金合同是实践性合同，如果只有当事人的约定，并未实际交付定金的，定金合同不生效。

3. 定金的数额须符合法律的规定。定金的数额，应由当事人约定，但不能超过法律规定的最高限额。我国《担保法》第 91 条规定："定金的数额由当事人约定，但不得超过主合同标的额的百分之二十。"当事人约定的定金数额超过主合同标的额的 20% 的，超过部分，不适用定金罚则。

（三）定金的效力

1. 证约效力。因为定金是为主合同的履行而设定的担保，因此，交付和收受定金的，表明主合同已经成立。

2. 预先给付和抵销的效力。定金于合同履行后，应当返还或抵作价款。从抵作价款的效力上说，定金具有预先给付和抵销的效力。

3. 担保的效力。这是定金的最主要和最基本的效力。定金的担保效力表现在定金罚则上，即交付定金的一方不履行合同时，丧失定金；收受定金的一方不履行合同时，应当双倍返还定金。

第三节 债的移转

【案例】

甲公司欠乙公司货款 300 万元，现丙公司兼并了甲公司。那么，应当由谁对乙公司的这笔债务承担清偿责任？

一、债的移转的概念

债的移转，是指在债的内容与客体保持不变的情形下，债的主体发生变更。

债的移转属于债的变更的范畴。债的变更有广义和狭义之分。广义的债的变更，指债的三要素，即债的主体、债的客体、债的内容中的任何一个要素的变更。狭义的债的变更，仅指债的内容与客体的变更。现代民法所指的债的变更通常只指狭义的债的变更，而将债的主体的变更称为债的移转。债的主体的变更包括债权人的变更和债务人的变更，即债权让与和债务承担。如果将债权和债务一并移转给新的债的主体，则称为债的概括承受。

二、债权让与

（一）债权让与的概念

债权让与即债权移转，也就是债权主体的变更，是指不改变债的关系的内容，债权人将其债权移转于第三人享有的行为。其中的债权人称为让与人，第三人称为受让人。

债权让与可分为全部让与和部分让与。债权的全部让与是指债权人将其债权全部转让给第三人，于转让生效后，原债权人退出债的关系，受让人成为债权人。债权的部分让与是指债权人将其债权的一部分转让给第三人，于转让生效后，原债权人并不退出债的关系，而是与受让第三人共同成为债权人。如果转让协议中规定了转让的债权份额，则原债权人与受让第三人按照份额享有债权，成立按份债权；如果没有规定转让的债权份额，则原债权人与受让第三人连带享有债权，成立连带债权。

（二）债权让与的条件

债权让与一般应具备以下条件：

1. 须存在有效债权。有效债权是指该债权真实存在且并未消失。债权让与的目的是转让债权，因此，有效债权的存在成为债权让与的前提。

2. 被让与的债权须具有可让与性。债权是财产权，一般情况下债权人可将其债权让与他人，但是并非所有的债权都具有可转让性。根据《合同法》第79条的规定，下列三类债权不具有可让与性，债权人不得让与：

（1）根据合同性质不得转让的合同债权。这类债权包括以特定身份为基础的债权；基于个人信任而发生的债权；属于从权利的债权。如亲属间的抚养请求权；抚恤金请求权；雇佣、委托关系中的债权等。

（2）按照当事人的约定不得转让的债权。

（3）依照法律规定不得转让的债权。

3. 须当事人之间达成合意。债权让与时，让与人与受让人应订立债权让与合同。债权让与合同应具备合同成立的有效要件。

4. 须通知债务人。债权让与合同为让与人与受让人之间意思表示一致的协议，债务人不是债权让与合同的当事人，债务人的意思也不能影响债权让与合同的效力。但因债权让与后，债务人须向受让人履行债务,因此,债权人应将转让权利的事实通知债务人,未经通知的,该转让对债务人不发生效力。

(三)债权让与的效力

债权让与的效力是指债权让与所发生的法律效果,其效力可分为内部效力和外部效力两方面。

1. 债权让与的内部效力。债权让与的内部效力,是指债权让与在让与人和受让人之间发生的法律效果。其效力为:

(1)债权及其从权利转让于受让人。

(2)让与人应使受让人能够完全行使债权。

(3)让与人对其让与的债权负瑕疵担保责任。

2. 债权让与的对外效力。债权让与的对外效力,是指债权让与对债务人的效力。其效力为:

(1)债务人应向受让人履行债务。

(2)债务人对原债权人的抗辩权得向受让人为之。例如,甲方卖给乙方价值10万元的电器,乙方收货后,发现该批货物没有安全认证标志,即以甲方违反国家强制性规定为由拒绝付款,并准备退货,而甲方已将债权转让给丙方。在这种情况下,乙方对甲方的抗辩权,可以向丙方主张。

(3)债务人得主张以其债权与让与的债权抵销。例如,甲方卖给乙方100万元的茶叶,乙方应于2000年10月1日付款。甲方曾欠乙方50万元蔬菜款,应于2000年9月1日付款。至2000年9月20日,甲方将100万元的债权转让给丙方,丙方受让该债权后要求乙方偿付,乙方以甲方尚欠50万元蔬菜款为由主张抵销权,只付给丙方50万元。

三、债务承担

(一)债务承担的概念

债务承担即债务的移转,是指在不改变债的内容的前提下,将债务全部或部分的移转给第三人承担的行为。如甲欠乙3万元货款,经乙同意,甲将债务转移给丙,丙为乙的债务人,负担清偿债务的责任。

债务承担,按照承担后原债务人是否免责为标准,可分为免责的债务承担和并存的债务承担。免责的债务承担,是指由第三人代替债务人承担全部债务,原债务人脱离债的关系的债务承担方式。并存的债务承担,是指债务人并不脱离债的关系,而由第三人加入到债的关系当中,与债务人共同承担债务的债务承担方式。

(二)债务承担的条件

1. 须存在有效的债务。债务的有效存在是债务承担的前提条件。债务自始无效或已消灭的,债务承担合同不发生效力。

2. 所移转的债务须具有可移转性。性质上不能移转的债务、当事人特别约定不能移转的债务和法律规定不能移转的债务均不得移转。

3. 债务人和第三人就债务的移转达成合意。债务承担要求债务人与第三人订立债务承担协议，该协议的订立及效力应适用《合同法》关于合同订立的规定和民法关于意思表示的规定。

4. 债务承担须经债权人同意。因为债的关系建立在债权人对债务人履行能力的了解和信任基础上，债务人的履行能力对于债权人债权的实现至关重要。因此，为保护债权人的利益不受债务人与第三人之间债务承担合同的影响，我国《合同法》第84条规定："债务人将合同的义务全部或者部分转移给第三人的，应当经债权人同意。"

（三）债务承担的效力

1. 第三人作为债务人法律地位的产生。免责的债务承担有效成立以后，第三人取代原债务人成为新的债务人，原债务人脱离债的关系，由第三人直接向债权人承担债务。并存的债务承担有效成立以后，第三人加入到债的关系中来，成为新的债务人，和原债务人一起对债权人连带承担债务，但当事人约定按份承担债务的除外。

2. 抗辩权随之移转。《合同法》第85条规定："债务人转移义务的，新债务人可以主张原债务人对债权人的抗辩。"例如，甲乙双方订立承揽合同，约定甲方4月1日交付工作成果，乙方同意5月5日付款7万元。甲方履行义务后，乙方经甲方同意在4月2日将债务转让给丙方，乙方在4月3日又将检验结果通知丙方，说明接受的工作成果不符合要求，丙方可以向甲方行使履行抗辩权，在甲方修理或重作之前，拒绝支付7万元。

3. 从债务一并随之移转。《合同法》第86条规定："债务人转移义务的，新债务人应当承担与主债务有关的从债务，但该从债务专属于原债务人自身的除外。"例如，乙方是著名画家。甲乙双方约定，甲方借给乙方100万元人民币，乙方除到期返还100万元本金外，还要给甲画一幅画充抵利息。当100万元本金债务转移时，乙方给甲画一幅画的从债不发生转移。

四、债的概括承受

债的概括承受，是指债权债务一并移转给第三人。债的概括承受包括合同承受和企业合并。

1. 合同承受。是指合同当事人一方与第三人订立合同，将其在合同中的权利义务全部移转于第三人，由第三人承受其在合同中的地位，享受合同权利，承担合同义务。根据合同法有关规定，合同承受必须经对方当事人同意才能生效。因为合同承受不仅包括合同权利的移转，还包括合同义务的移转，因此，必须取得对方当事人的同意。

2. 企业合并。企业合并指一个企业并入另一企业，或两个以上的企业合并成一个新的企业。为了保证原企业权利义务相对人的利益和合并企业的利益，根据《民法通则》和《合同法》的有关规定，企业合并之前的债权债务由合并后的企业承担。因企业合并导致的债权债务移转，属于法律的直接规定，所以无须征得相对人同意，依通知或公告而发生效力。

本节案例中，丙公司兼并甲公司属于企业合并后的债权债务概括承受。因此，甲公司的债务由丙公司承担。

第四节 债的消灭

【案例】
甲地一果农与乙地一公司签订买卖柑橘的农产品购销合同，总价款100万元，双方约定履行地点是江边。而恰巧果农在江的南边，公司在江的北边。后来交货的时候双方对合同的履行地点发生争议。
本案如何处理？

一、债的消灭的概念

债的消灭，又称债的终止，是指当事人双方间的权利义务不复存在。
债的关系多种多样，引起债消灭的原因也有多种，主要有清偿（债的履行）、抵销、提存、免除和混同等。

二、清偿（债的履行）

（一）清偿（债的履行）的概念

清偿，是指债务人按照法律的规定或者合同的约定，向债权人履行义务的行为。清偿与债的履行的意义相同，只不过债的履行是从债的效力、债的动态方面讲的，而清偿则是从债的消灭的角度讲的。债务人清偿了债务，债权人的权利实现，债的目的达到，债也就消灭了。清偿是债的消灭的最常见的原因。
《民法通则》第84条规定："债权人有权要求债务人按照合同的约定或者依照法律的规定履行义务。"可见，债的履行是债的最主要的效力，因为只有债务人履行了自己的义务，债权人的债权才能实现，债权人的利益才能得到满足。所以，债的履行从债权人方面来说是债权的实现。

（二）债的履行原则

债的履行原则，是当事人在履行债务时所应遵循的基本准则。

1. 正确履行原则

正确履行原则，是指当事人按照债规定的主体、标的以及标的的质量、数量、履行期限、履行地点、履行方式等，全面、适当地履行所负债务的原则。
履行主体正确，一般情况下，债是由当事人亲自履行的。但在某些情况下，也可由第三人代为履行，第三人既可代替债务人履行债务，也可以代替债权人接受履行。由第三人代为履行的，第三人是履行主体，但不是债的当事人。按照合同的约定或者法律的规定，或以债的性质，须由当事人亲自履行的，第三人不得代为履行，否则即为债的不适当履行。
履行标的正确，是指债务人应为履行的内容。如交付财物、转移财产权利、提供劳务、完成工作等。债务人应当按照债的标的履行，不得随意以其他标的代替，此外，与标的相关的质量、数量等方面的内容，也应符合当事人的约定或法律的规定。

履行时间正确，就是要求当事人在履行债务时，应按照约定的时间进行，不得提前履行或延迟履行。债权人可以拒绝债务人提前履行债务，债务人提前履行债务给债权人增加的费用，由债务人负担，但提前履行不损害债权人利益的除外。

履行地点正确，是要求当事人按照合同约定的地点履行合同义务。

履行方式正确，就是要求当事人按照合同约定的方式履行债务。如约定一次履行的，债务人不得分期履行。

2. 协作履行原则

协作履行原则，是指不仅要求债务人适当履行自己的债务，而且基于诚实信用的原则，还要求债权人协助其履行债务的履行原则。

债的履行，只有债务人的给付行为，没有债权人受领行为，债的内容仍难以实现。因此，只有双方当事人在债的履行过程中相互配合，债才能得到正确的履行。

3. 经济合理原则

经济合理原则要求履行债时讲求经济效益，以最小的成本，获取最大的利益。

4. 情势变更原则

情势变更原则，是指合同依法成立以后，因不可归责于双方当事人的原因发生了不可预见的事件，致使合同的基础动摇或者丧失，若继续维持合同原有的效力显失公平，则允许变更或解除合同的原则。

我国现行合同法未明确规定情势变更原则，但依据诚实信用和公平原则，情势变更原则有其存在的合理性。

（三）条款约定不明的履行规则

合同条款应当明确、具体，以便合同的履行，这是各国合同法的普遍要求。但合同条款欠缺或条款约定不明的现象是不可避免的。为了保证这类合同的顺利履行，我国合同法规定了一系列补救性规则。

首要的补救方法就是明确化。明确化的步骤：一是由当事人补充，就是由当事人通过协商的形式，就内容不明的条款或欠缺的条款订补充协议；二是由当事人确定，是指在不能达成补充协议的情况下，由当事人按照合同的有关条款或交易习惯来确定约定不明或欠缺的合同条款。在当事人自由补救仍不奏效的情况下，适用法律补救。其内容包括：

1. 质量不明条款的履行

对于合同中有关标的质量约定不明的，《民法通则》第88条规定："质量要求不明确的，按照国家质量标准履行，没有国家质量标准的，按照通常标准履行"，《合同法》第62条规定按照国家标准、行业标准执行；没有国家标准、行业标准的，按照通常标准或者符合合同目的的特定标准执行。所谓通常标准，指的是该标的物在通常流通中所适用的标准。对于标的物的质量，可以分为高级、中级和低级，通常标准应是中级的标准。

2. 地点不明条款的履行

根据合同法的有关规定，履行地点不明确的，给付货币的，在接受货币一方所在地履行；交付不动产的，在不动产所在地履行；其他标的，在履行义务一方所在地履行。

本节案例中，当条款约定不明的情况下，根据上下条款推定，仍无法确定的，看有没有交易惯例，经后来查证，像这种农副产品收购通常都是到果农所在地，而果农的果场、果园正好在江边，则可以推定双方的交货地点是在果农所在的江边。若没有这个交易惯例，谁履行义务，其所在方就是履行地。就交货而言，果农是供货方，果农所在的江边是履行地。

3. 期限不明条款的履行

履行期限不明确的，债务人可以随时向债权人履行义务，债权人也可以随时要求债务人履行义务，但应给对方当事人必要的准备时间。

4. 价格不明条款的履行

对于价格条款约定不明的，合同法规定，按照订立合同时履行地的市场价格履行，依法应当执行政府定价或者政府指导价的，按照规定履行。

5. 方式不明条款的履行

合同法规定，履行方式不明确，按照有利于实现合同目的的方式履行。

6. 费用不明条款的履行

履行费用约定不明确的，如运费、技术鉴定费、产品包装费等，合同法规定，由债务人承担。

三、抵销

（一）抵销的概念

抵销，是指两人互负债务时，各以其债权作为债务与对方清偿，使其债务与对方的债务在对等额内相互消灭的行为。

抵销依其产生的依据不同，可分为法定抵销和合意抵销。法定抵销由法律规定其构成要件，当要件具备时，依一方当事人的意思表示即可发生抵销的效力。合意抵销是指按照双方当事人的合意所为的抵销行为，它是当事人意思自由的反映，并不受法定构成要件的限制。

（二）法定抵销的要件

1. 必须是双方当事人互负债务、互享债权。抵销是在对等额内使双方债权消灭，因此，抵销必须以当事人双方互负债务、互享债权为前提。若当事人一方仅享债权或仅负债务，就不能发生债的抵销。当事人双方存在的两个债权债务还必须合法有效才能抵销。任何一个债权或债务不成立或无效时，其债权不能有效存在，故不能抵销。

超过诉讼时效期间的债权，不得作为主动债权而主张抵销。如果被动债权已过诉讼时效期间，可以抵销，此时，可认为债务人抛弃了时效利益。

2. 双方互负的债务必须是种类、品质相同的标的物。抵销的债务以是同一种类的给付为必要。只有给付的种类、品质相同时，才能进行比较和计算进而抵销。标的物的种类、品质相同的，无须当事人协商，一方即可将自己的债务与对方的债务抵销。标的物的种类、品质不相同的，须经双方当事人协商一致，才可以抵销。

3. 须双方的债务均到清偿期。因为抵销具有清偿的效力，所以只有已到清偿期的债务才可抵销。若债权人请求以自己未到期的债权与对方的到期债权相抵销，就是请求对方提前履行义务，显然不能实现。如果请求以自己的到期债权与对方未到期的债权抵销，则一般应当允许，因为这样就等于请求抵销的一方自愿提前履行义务，但是如果因此可能给对方造成损失的除外。

4. 须双方的债务均为可抵销的债务。对于法律规定或者因债务的性质不得抵销的债务，不能抵销；双方约定不得抵销的债务，也不能抵销。

（三）抵销的方法及效力

当具备法定抵销的要件时，享有抵销权的当事人一方将抵销的意思表示通知对方即发生效力。《合同法》第99条第2款规定："当事人主张抵销的，应当通知对方，通知自到达对方时生效。抵销不得附条件或者附期限。"如需协商才能抵销的债权债务，当事人意思表示一致时发生抵销的效力。双方的债权债务在对等额内因抵销而予以消灭。

四、提存

（一）提存的概念

提存，是指债务已届履行期限，但因某种原因无法交付时，债权人将标的物交由提存机关，以消灭债务的行为。

债务人履行债务需要债权人的协助，如果债权人不予协助，债务人就不能清偿其债务。在此情况下，为使债务人能够以某种形式履行其债务，避免因不能履行债务给其带来损失，法律设立了提存制度。通过提存，债务人将其无法交付的标的物交给提存机关，以代替向债权人的给付，从而免除自己的清偿责任。提存后，债务人的债务得以消灭。因此，提存也是债的消灭原因。

（二）提存的原因

根据《合同法》第101条的规定，有下列情形之一，债务人难以履行债务的，债务人可以将标的物提存：

1. 债权人无正当理由拒绝受领。债权人无正当理由拒绝受领，使债务人无法履行债务，为保护其合法利益，所以允许债务人提存。但债权人有正当理由拒绝受领的，债务人不得提存。

2. 债权人下落不明。债权人下落不明包括债权人不明确、地址不详、债权人失踪且无财产代管人等情况。债权人下落不明，使债务人无法履行债务，允许债务人提存。

3. 债权人死亡未确定继承人或者债权人丧失民事行为能力未确定监护人。债权人死亡未确定继承人或债权人丧失民事行为能力未确定监护人，同样是因债权人的原因使债务不能履行，为保护债务人的利益，同样赋予了债务人提存权。

4. 法律规定的其他情形。法律规定的因债权人的其他原因不能履行债务的,债务人也可以因提存而消灭债务关系。

(三) 提存的程序

提存作为债的消灭原因之一,须符合法定程序。首先由提存人向提存部门提出申请,经提存部门审查同意,提存人将提存标的物交提存部门,最后由提存部门制作提存证书,并交给提存人。提存证书具有与受领证书同等的法律效力。

提存部门是指法律规定的有权接受提存物并为保管的部门。根据《提存公证规则》规定,债务履行地的公证处为法定提存部门。提存地无提存部门的,当事人可向当地基层人民法院提存。

(四) 提存的效力

提存后,债因提存而消灭,债务人不再负清偿的责任。提存物的所有权转移于债权人,标的物毁损灭失的风险也一并转移。标的物的孳息归债权人所有,提存费用由债权人负担。债权人可以随时领取提存物,但自提存之日起5年内不行使权利的,该权利消灭,提存物扣除提存费用后归国家所有。

五、免除

免除,是指债权人免除债务人的债务,使债务消灭的意思表示。

债务免除实质是债权人对其债权的抛弃。债务全部免除的,债即全部消灭;债务部分免除的,债在免除的范围内消灭。主债务因免除而消灭的,从债务也随之消灭。

六、混同

混同,是指债权与债务同归于一人,而使债的关系消灭的事实。

混同的原因有两种:一是概括承受,如企业合并,债权人继承债务人的财产,债务人继承债权人的财产。二是特定承受,如因债权让与或债务移转,而使债权债务同归于一人。

第五节 合同概述

【案例1】

一公司刊登广告,声称:为纪念本公司成立50周年,推出优惠价黄金项链,项链为24K金,重10克,每条售价1 000元。欲购者请汇款至本公司,本公司将在一周内将项链寄出,广告3个月内有效。广告详细介绍了项链的特点,并有彩色图形作辅助说明。李某寄钱购买,却被告知已售完,无货可供。故双方发生纠纷。

【案例2】

张三和李四签订了一份苹果买卖合同,双方约定:张三卖给李四3 000千克苹果,单价为每千克3元，履行顺序双方未作约定。张三向李四供应500千克苹果后，向李四提出付款请求。

这时，李四可不可以抗辩？

【案例3】

甲超市与乙食品厂签订了一份合同。合同中约定：乙食品厂应当在农历正月十五前两周向甲超市交付各种速冻元宵200千克。乙食品厂的生产设备严重老化，无法按时交货，需要推迟一个月履行合同。

甲超市是否有权解除合同？

一、合同的概念、特征及分类

（一）合同的概念

合同有广义与狭义之分。广义的合同泛指一切确定权利义务的协议，包括行政法上的合同、劳动法上的合同、民法上的合同等。狭义的合同仅指民法上的合同。《合同法》规定的合同是狭义的合同，即"合同是平等主体的自然人、法人、其他组织之间设立、变更、终止民事权利义务关系的协议"。而基于有关身份关系的协议具有独有的特性和规律，因此"婚姻、收养、监护等有关身份关系的协议，适用其他法律的规定"。

（二）合同的特征

合同具有如下法律特征：

其一，合同是一种民事法律行为。依法签订的合同受法律保护。合同以意思表示为要素，并且按意思表示的内容赋予法律效果，故为民事法律行为，而非事实行为。

其二，合同是双方（或多方）民事法律行为。合同的成立必须有两方以上的当事人，他们相互为意思表示，并且意思表示相一致，故为双方（或多方）民事法律行为，而非单方民事法律行为。

其三，合同是当事人各方在平等自愿基础上实施的民事法律行为。在民法中，当事人各方在订立合同时的法律地位应当是平等的，其作出意思表示应当是自主自愿的。

其四，合同是以设立、变更和终止民事权利义务关系为目的的民事法律行为。人的行为一般都有目的性，合同的目的在于设立、变更和终止民事权利义务关系。

（三）合同的分类

科学的分类有助于我们把握合同的规律性，有助于民事主体更好地安排合同事务，有助于人民法院或仲裁机构准确适用法律，正确处理合同纠纷。我国合同法学理论上对合同作出如下分类。

1. 有名合同与无名合同

以法律是否设有规范并赋予一个特定名称为标准，合同分为有名合同和无名合同。

有名合同，是指法律设有规范并赋予特定名称的合同。《合同法》和其他民事法律规定的合同都是有名合同，如买卖合同、租赁合同、借款合同等。

无名合同，是指法律尚未特别规定，亦未赋予一定名称的合同。根据合同自由原则，只要不违背法律、行政法规的强制性规定和社会公共利益，允许当事人根据实际需要订立无名合同。

区分有名合同和无名合同的法律意义在于：处理合同纠纷时运用的规则不同。有名合同纠纷应按照有关该合同的规定处理，无名合同纠纷则适用合同法总则规定和与该合同类似的有名合同的法律规定处理。

2. 双务合同与单务合同

以当事人是否互负对待给付义务为标准，合同分为双务合同和单务合同。

双务合同，是指双方当事人互负对待给付义务的合同，即双方当事人均负给付义务，且任何一方当事人之所以负给付义务，旨在取得对方当事人的对待给付。买卖、租赁、承揽等合同均为双务合同。

单务合同，是指仅一方当事人负给付义务的合同。赠与、借用、自然人之间的借款等合同为单务合同。

区分双务合同与单务合同的法律意义在于：其一，双务合同适用同时履行抗辩规则，而单务合同不能。其二，双务合同因不可归责于双方当事人的原因而不能履行时，发生风险负担问题。而在单务合同中，因不可归责于双方当事人的原因致合同不能履行时风险由债务人承担。其三，在双务合同中，因当事人一方违约而致合同解除并溯及既往时，若另一方已履行合同义务，有权请求违约方返还受领的给付。而单务合同不发生这种返还后果。

3. 有偿合同与无偿合同

参阅本书第六章第二节对有偿民事法律行为与无偿民事法律行为的论述。

4. 诺成合同与实践合同

参阅本书第六章第二节对诺成性民事法律行为与实践性民事法律行为的论述。

5. 要式合同与不要式合同

参阅本书第六章第二节对要式民事法律行为与不要式民事法律行为的论述。

6. 主合同与从合同

参阅本书第六章第二节对主民事法律行为与从民事法律行为的论述。

二、合同的订立

（一）合同订立概述

合同的订立，是指缔约人为意思表示并达成合意的过程。这一过程涵盖了缔约各方自接触、洽商直至达成合意的动态行为和最终达成静态协议两个阶段、两种状态。其中，静态协议的达成标志着合同的成立。合同订立的目的在于合同最终的成立。一般情况下，后者是前者的组成部分；有些情况下，有合同订立的动态行为，但却未必出现合同成立的静态结果。

合同的订立也不同于合同生效。合同的订立是当事人意思表示一致的结果，是否发生法律效力取决于法律的评价，若法律认可这种合意，合同就生效，否则合同无效、可撤销或效力未定。

（二）合同订立的一般程序

1. 要约

（1）要约的概念

要约，根据《合同法》第 14 条规定："要约是希望和他人订立合同的意思表示。"可见，要约是指一方当事人以缔结合同为目的，向对方当事人所作出的意思表示。其中，发出要约的人称为要约人，接受要约的人称为受要约人、相对人或承诺人。

（2）要约的构成要件

① 要约是由具有缔约能力的特定人作出的意思表示。要约的发出旨在与他人订立合同，并唤起相对人的承诺，所以要约人必须是订立合同的一方当事人。例如订立买卖合同，发出要约的人既可以是买受人也可以是出卖人，但必须是准备订立买卖合同的当事人。《合同法》第 9 条规定："当事人订立合同，应当具有相应的民事权利能力和民事行为能力"。因此，要约人应当具有订立合同的行为能力，无行为能力人或依法不能独立实施某种行为的限制行为能力人发出欲订立合同的要约，不应产生行为人预期的效果。

② 要约必须向要约人希望与其缔结合同的受要约人发出。要约只有向要约人希望与之缔结合同的受要约人发出，才能唤起受要约人的承诺。要约原则上应向特定人作出。但某些特定情况下承认向不特定人发出的缔约提议具有要约的效力。如对悬赏广告明确规定为要约。还有要约人愿意向不特定多数人发出要约，并自愿承担由此产生的后果，也可以是要约。

③ 要约必须具有订立合同的意图。《合同法》第 14 条规定，要约是希望和他人订立合同的意思表示，要约中必须表明经受要约人承诺，要约人即受该意思表示的约束。例如，甲对乙声称"我正在考虑卖掉家中祖传的一套家具，价值 10 万元"，显然甲并没有决定订立合同，但是如甲向乙提出"我愿意卖掉家中祖传的一套家具，价值 10 万元"，则表明甲已经决定订立合同，且在该意思表示中已表明如果乙同意购买，则甲要受到拘束。

④ 要约的内容必须具体确定。《合同法》第 14 条规定，要约的内容必须具体确定。"具体"是指要约应当包含依合同性质应当具备的必要条件。"确定"是指要约的内容必须明确，而不能含糊不清或自相矛盾，使受要约人不能通过要约了解要约人的真实意图而无法承诺。

只有完全具备上述四个要件，才能构成要约。

（3）要约邀请

要约邀请，又称要约引诱，是一方向他方发出的希望他方向自己发出要约的提议。《合同法》第 15 条规定："寄送的价目表、拍卖公告、招标公告、招股说明书、商业广告等为要约邀请。但商业广告的内容符合要约规定的，视为要约。"要约与要约邀请的区别主要表现在以下几方面：要约以订立合同为直接目的。而要约邀请只是唤起他人向自己发出要约表示，它只是订立合同的预备行为；要约的内容必须明确具体，能够决定合同的主要内容，即必须包含能使合同得以成立的必要条款。要约邀请一般比较笼统，只是对自己的产品质量、服务态度及业务能力等进行宣传；要约原则上要向特定人发出，只在法律规定的特殊情况下才能向不特定人发出。要约邀请的对象一般是不特定的大众；要约多采取对话和信函方式。要约邀请往往借助电视、广播、报刊等媒介传播，一般双方并没有实际接触；要约对要约人具有约束力，一旦要约送达受要约人，要约人就不能随意撤回或撤消，只能在符合法定的条件下才可撤回或撤销要约。要约邀请人不会承受要约人那样的约束力，当事人可以任意撤回，要约邀请不存在撤销问题。

（4）要约的法律效力

① 要约生效。要约到达受要约人时生效。所谓到达，是指要约到达受要约人能够控制的地方。《合同法》第16条规定：采用数据电文形式订立合同，收件人指定特定系统接收数据电文的，该数据电文进入该特定系统的时间，视为到达时间；未指定特定系统的，该数据电文进入收件人的任何系统的首次时间，视为到达时间。

② 要约的约束力。要约对要约人的约束力，是指要约一经发出，要约人即受到要约的约束，不得随意撤回、撤销或变更要约；要约对受要约人的约束力，是指要约一经生效，受要约人即取得承诺的权利和资格。

③ 要约的存续期间。要约的存续期间，即要约的有效期间，在存续期间内承诺人可以为有效承诺，因此存续期间又称承诺期间。它分为定有存续期间和未定存续期间两种情形：要约中定有存续期间的，受要约人须在此期间承诺才为有效承诺；要约未定存续期间的，在对话缔约人间，只有受要约人立即承诺才为有效承诺；在非对话缔约人间，只有受要约人在合理期间作出承诺并到达要约人才为有效承诺。合理期间包括受要约人考虑是否承诺所需的时间、承诺发出并到达要约人所需的时间。

④ 要约的撤回和撤销。要约的撤回，是指要约发出后生效之前，要约人发出撤回要约的通知使要约不发生法律效力的行为。撤回要约的通知须先于或同时于要约到达受要约人，才会产生撤回的效力。要约的撤销，是指要约生效之后，要约人发出撤销的通知使该要约的效力归于消灭的行为。撤销要约的通知必须于受要约人发出承诺通知前到达受要约人，才会产生撤销的效力。但以下情况下，要约不可撤销：一是要约人确定了承诺期限或者以其他形式明示要约不可撤销；二是受要约人有理由认为要约是不可撤销的，并已经为履行合同作了准备工作的。

⑤ 要约的失效。要约的失效，是指要约的法律效力归于消灭，要约人和受要约人不再受其约束。要约在下列情况下失效：一是要约存续期间届满受要约人未作出承诺；二是要约人依法撤销要约；三是受要约人对要约的内容作出实质性变更；四是受要约人拒绝要约。

2. 承诺

（1）承诺的概念

承诺，是受要约人作出的同意接受要约中的条件以成立合同的意思表示。在商业活动中，承诺又称接盘。

（2）承诺的构成要件

① 承诺必须由受要约人向要约人作出。受要约人是要约人选定的缔约对象，只有受要约人有承诺的资格，因此承诺必须由受要约人作出。同时承诺既然是对要约人发出的要约所作的答复，因此，只有向要约人作出承诺，才能导致合同成立。受要约人以外的第三人对要约作出

同意的表示或向要约人以外的其他人作出的承诺,只能视为发出了新的要约,不产生承诺的效力。

② 承诺的内容必须与要约的内容一致。只有承诺的内容与要约的内容一致,即缔约双方达成合意,合同才能成立。承诺的内容与要约的内容一致是指受要约人必须同意要约的实质内容,而未对要约的内容作出任何实质性的扩张、限制或变更,否则便不构成承诺,而应视为对要约的拒绝而构成反要约。按《合同法》第30条的规定,有关合同标的、数量、质量、价款或者报酬、履行期限、履行地点和方式、违约责任和解决争议的方法等的变更,是对要约内容的实质性变更。承诺对要约的内容作出非实质性变更,不影响承诺的效力,但要约人及时表示反对或者要约表明承诺不得对要约的内容作出任何变更的除外,即该承诺无效。

③ 承诺必须在要约的存续期间内作出并到达要约人。要约的存续期间,是指要约人确定的要约有效期间或在特定情况下根据交易惯例确定的要约的合理有效期间。承诺必须在要约的存续期间内作出并到达要约人。超过这一期间,要约消灭,受要约人不能再为承诺,其作出的同意表示也只能视为向要约人发出的新要约。

承诺未在要约的存续期间内作出并到达要约人的为承诺迟到,承诺迟到有两种后果:一种是因受要约人的原因导致承诺迟到,即受要约人超过承诺期限发出承诺或虽在承诺期限内发出承诺但未留足在途时间,承诺到达时已超过承诺期限的,除要约人及时通知受要约人该承诺有效的以外,为新要约;另一种是受要约人在承诺期限内发出承诺,按照通常情形能够及时到达要约人,但因其他原因到达要约人时超过承诺期限的,除要约人及时通知受要约人因承诺超过期限不接受该承诺的以外,该承诺有效。

④ 承诺的方式必须符合要约的要求。根据《合同法》第22条规定,承诺原则上应采取通知方式,但根据交易习惯或要约表明可以通过行为承诺的除外。例如,某体委向某自行车厂去函,订购50辆某种型号的自行车,要求在一个月内给予答复。自行车厂没有回函,但却于10天后向某体委发送了该型号的自行车。我们认为,如果交易惯例可以以发送车辆作出答复,或者从要约中不能看出要约禁止以行为作出承诺,则自行车厂通过发货的方式作出承诺,应该是有效的。

(3) 承诺的效力

① 承诺生效与合同成立。承诺通知到达要约人时生效。承诺不需要通知的,根据交易习惯或者要约的要求作出承诺的行为时生效。承诺生效时合同成立,但法律有特别规定或者当事人有特别约定的除外。

② 承诺的撤回。承诺的撤回,是指承诺发出后生效前,受要约人阻止承诺发生法律效力的行为。撤回承诺的通知必须先于或同时于承诺到达要约人。

(4) 合同成立的时间和地点

承诺生效时合同成立。但如果为要式合同,缔约人履行完法定或约定手续的时间为合同成立的时间。例如,当事人采用合同书形式订立合同的,自双方当事人签字或者盖章时合同成立。当事人采用信件、数据电文等形式订立合同,要求签订确认书的,签订确认书时合同成立。但法律、行政法规规定或者当事人约定采用书面形式订立合同，当事人未采用书面形式或虽采用书面形式但尚未签字盖章之前，一方已经履行主要义务，对方接受的，该合同成立，接收履行时为合同成立的时间。

承诺生效的地点为合同成立的地点。采用数据电文形式订立合同的，收件人的主营业地为合同成立的地点；没有主营业地的，其经常居住地为合同成立的地点。当事人另有约定的，按照其约定。当事人采用合同书形式订立合同的，双方当事人签字或者盖章的地点为合同成立的地点。

综上所述，案例1中该公司的广告符合要约的要件已构成了要约。其送达后（发布后）即产生效力，相对人（广告受众）即获得了承诺权。相对人承诺（汇款）后，合同成立，该公司须履行义务，否则应承担违约责任。

（三）合同的条款

《合同法》第12条规定了合同的示范性条款，这些条款有：

1. 当事人的名称或者姓名和住所。当事人是合同权利义务和合同责任的承受者，合同当事人应是客观存在和特定化的人，因此要求在订立合同时通过明示当事人的名称或者姓名和住所，将当事人特定化、明确化。

2. 标的。标的是合同权利义务指向的对象。标的是一切合同的主要条款，合同必须清楚地写明合同的标的，以使标的特定化，能够界定权利义务的基本指向。

3. 质量和数量。标的的质量和数量是确定合同标的的具体条件。标的的质量指明标的应是什么样的，包括标的的技术指标、规格、型号等。标的的数量指明标的的多少，应选择双方认可的计量方法。标的的质量和数量要订得具体明确。

4. 价款或酬金。价款是取得标的物所应支付的代价，酬金是获得服务所支付的代价。价款或酬金应约定明确。除此之外、对合同履行中需要支出的费用如运费、保险费、装卸费、保管费、报关费等应由谁支付也应约定明确。

5. 履行期限、地点和方式。履行期限是当事人履行合同义务的时间，可以是即时履行、定时履行、定期履行等；履行地点是当事人履行合同义务的场所，可以是债务人住所地、债权人住所地等，履行地点关系到费用由谁负担，风险由谁承受等重大利益问题，还是确定诉讼管辖的依据之一；履行方式是当事人履行合同义务的方法，事关当事人的合同目的能否实现，是一次履行还是分次履行，是交付实物还是交付标的物的所有权凭证等，合同应写明。

履行期限、地点和方式没有约定或约定不明时，可以适用合同法的有关规定填补漏洞，不会影响合同的成立。

6. 违约责任。违约责任是指违反法定的或约定的合同义务应当承担的民事责任。违约责任可以由当事人进行约定，例如，约定免责条款、违约责任方式、赔偿范围等，以明确责任，促使当事人履行债务，并为违约时解决问题提供依据。当然，违约责任是法定责任，即便合同中没有约定，违约方仍应承担。

7. 解决争议的方法。解决争议的方法，是发生合同纠纷时采用何种方式来解决纠纷。当事人可以约定采用诉讼或仲裁方式，还可就如何选择适用的法律、如何选择管辖的法院做出决定。这一条款具有独立性，即使合同被宣布无效或被撤销，该条款仍然有效，当事人仍可依据该条款解决纠纷。

三、双务合同履行中的抗辩权

（一）双务合同履行中的抗辩权的概念

双务合同履行中的抗辩权，是指在双务合同的履行中符合法定条件时，当事人一方对抗对方当事人的履行请求权，暂时拒绝履行其债务的权利。抗辩权的行使，只是行使抗辩权的一方在一定期限内暂时中止履行义务，并不消灭债的效力。产生抗辩权的原因消失后，该方仍应履行债务。所以，双务合同中的抗辩权为一时的抗辩权、延缓的抗辩权。它包括同时履行抗辩权、不安抗辩权和先履行抗辩权。

双务合同履行中的抗辩权，是抗辩权人保护自己的一种手段，一方面，通过行使抗辩权，暂时中止履行，可以免去自己履行义务后得不到对方履行的风险，使对方当事人产生得不到履行、提供担保等压力，督促对方及时履行，所以抗辩权制度是非常行之有效的债权保障制度之一；另一方面，当事人行使双务合同中的抗辩权，暂时中止履行合同义务，不是违约，而是合法行使权利，权利人不会因此承担违约责任。

（二）同时履行抗辩权

同时履行抗辩权，是指双务合同的当事人在无先后履行顺序时，一方在对方未为对待给付以前，可拒绝履行自己债务的权利。

同时履行抗辩权须具备以下构成要件：

（1）须因同一双务合同互负债务。首先，须由同一双务合同产生债务，即指双方当事人之间的债务是根据同一合同产生的。如果双方的债务基于两个甚至多个合同产生，即使双方在事实上具有密切联系，也不产生同时履行抗辩权。如甲先向乙购买自行车，然后又出售画册一本给乙，甲不能以乙未交付画册的价款为由，拒绝交付自行车。其次，须双方当事人互负相互牵连的债务。双方所负的债务是相互依存，而不是相互独立的。

（2）须双方互负的债务均已届履行期。合同义务未届履行期之前，当事人尚享有期限利益，此时不能行使同时履行抗辩权。只有双方债务都已届履行期时，才能行使同时履行抗辩权。

（3）须对方未履行债务或未适当履行债务。合同一方向对方行使同时履行抗辩权，必须是对方未履行债务或者虽提出履行但明显无履行合同的诚意，或者是对方虽为履行但履行不适当。在对方履行不适当情况下，能否行使同时履行抗辩权，应视具体情形而定，若行使同时履行抗辩权有违诚实信用原则时，不得主张同时履行抗辩权。

（4）须对方的对待给付是可能履行的。同时履行抗辩权旨在促使双方当事人同时履行其债务。若对方当事人的对待给付已不可能时，因同时履行的目的已不可能达到，行使同时履行抗辩权没有任何意义，此时应通过合同解除制度寻求问题的解决。

同时履行抗辩权适用于双务合同,如买卖、互易、租赁、承揽等合同,在单务合同中无适用余地。

案例2涉及双务合同的同时履行抗辩权。合同的一方当事人提出部分履行时,对方当事人有权拒绝受领。若受领了部分给付,可以提出相应部分的对待给付;对未给付的部分,可以主张同时履行抗辩权。即李四时已给付的500千克苹果不得主张同时履行抗辩权,就未给付的部分则可以。

(三) 不安抗辩权

不安抗辩权,是指在异时履行的合同中,应当先履行的一方有确切的证据证明对方在履行期限到来后,将不能或不会履行债务,则在对方没有履行或提供担保以前,有权暂时中止履行债务的权利。

不安抗辩权须具备以下构成要件:

(1) 须因同一双务合同互负债务。不安抗辩权为双务合同的效力表现,其成立须双方当事人因同一双务合同互负债务,在单务合同中是不能适用的。

(2) 须一方当事人先履行债务。履行是在不同时间作出的,因此,先履行一方只有在对方有可能难以作出对待履行时,才有权拒绝。从根本上说,不安抗辩权是法律赋予先履行的一方在符合法律规定的条件下方可享有的权利。

(3) 后给付义务人有不能为对待给付的现实危险。《合同法》第68条列举了后给付义务人有不能为对待给付的现实危险的三种情形:其一,经营状况严重恶化。如在借贷合同订立后,银行发现借款人因经营管理不善导致资不抵债,可能导致到期无力还贷,银行有权行使不安抗辩权,中止贷款。其二,转移财产、抽逃资金,以逃避债务。这些行为表明债务人信用不佳,存在着极大的违约危险,可能到期不会履行合同。其三,丧失商业信誉。如欺诈他人或经常欠钱不还等。其四,有丧失或可能丧失履行债务能力的其他情形。如某演员在演出前几天已患重病而卧床不起,或某项特定物已遭受毁损。先履行一方在对方出现上述事实后,有权行使不安抗辩权。

为了在保护先给付义务人利益的同时,兼顾后给付义务人的利益,《合同法》第68、69条对不安抗辩权的行使条件和程序做了严格规定。先履行义务一方行使不安抗辩权,应遵循以下程序:

(1) 先给付义务一方于中止履行时负有举证及通知义务。先给付义务一方在认为后给付义务人有上述不能为对待给付的现实危险发生的情形时,可以中止自己应为的履行,同时应将中止履行的原因及要求对方提供担保的合理期限通知对方,并负有举证证明后给付义务人有不能为对待给付的现实危险的具体情形的义务,以便后给付义务人一方进行抗辩或者提供担保。如果先给付义务人一方未履行上述义务,应承担违约责任。

(2) 先给付义务人于后给付义务人及时恢复履行能力或者提供适当担保时,行使不安抗辩权的原因消失,先给付义务人应当恢复履行,否则即为违约。

(3) 先给付义务人于后给付义务人未于合理期限内恢复履行能力或者提供适当担保即构

成预期违约时，不仅可以解除合同，还可以请求对方承担违约责任。后给付义务人有异议时，可以请求人民法院或者仲裁机构确认合同解除的效力。

（四）先履行抗辩权

先履行抗辩权，是指当事人互负债务，有先后顺序的，先履行一方未履行的，后履行一方有权拒绝其履行请求。先履行一方履行债务不符合约定的，后履行一方有权拒绝其相应的履行要求的权利。

先履行抗辩权的行使须具备以下构成要件：

（1）须因同一双务合同互负债务。与同时履行抗辩权不同的是，先履行抗辩权履行义务有先后顺序；与不安抗辩权不同的是，后履行合同一方享有先履行抗辩权。

（2）须后履行义务一方的债务已届履行期。后履行义务一方的债务未届履行期之前，尚享有期限利益，此时无需行使先履行抗辩权，只需行使债务未届期的抗辩权。只有后履行义务一方债务已届履行期时，才需要行使先履行抗辩权，来对抗先履行义务一方的履行请求。

（3）须先履行义务一方未履行债务或未适当履行债务。在先履行义务一方未履行债务或未适当履行债务的情况下，后履行一方才可行使先履行抗辩权对抗先履行义务一方的履行请求。但在先履行义务一方未适当履行债务的情况下，后履行一方能否行使先履行抗辩权，应视具体情形而定，若行使先履行抗辩权有违诚实信用原则时，则不得行使先履行抗辩权。

（4）须先履行义务一方的给付是可能履行的。先履行抗辩权旨在促使先履行一方履行其债务，若其履行已不可能时，因先履行抗辩权的目的不可能达到，行使先履行抗辩权没有任何意义，此时也应通过合同解除制度来寻求问题的解决。

先履行义务一方不履行义务或不适当履行合同义务，向后履行义务一方提出履行请求时，后履行义务一方行使先履行抗辩权，中止履行债务，一般需要明确表示。在先履行一方采取了补救措施，能够实现合同目的时，先履行抗辩权的原因消失，后履行一方应恢复履行；在先履行义务一方未采取补救措施或虽采取了补救措施，仍不能实现合同目的时，后履行一方可以解除合同。先履行一方有异议时，可以请求人民法院或者仲裁机构确认合同解除的效力。

四、合同的变更和解除

（一）合同的变更

1. 合同变更的概念

合同的变更有广义与狭义之分。广义的合同变更，包括合同主体的变更和合同内容的变更。前者是指合同的内容不变，仅合同主体改变的现象，其实是合同权利义务的转让。后者是指合同的主体不变，仅合同的权利义务改变的现象，此为狭义的合同变更，也就是本节所说的合同变更。

合同的变更，按其变更内容的不同，可分为合同的要素变更和非要素变更。所谓合同的要素变更，是指合同内容发生重要部分的变更。这种变更会导致合同关系失去同一性，即原合同关系消灭，产生新的合同。比如买卖房屋改为租赁房屋、承揽甲工程改为承揽乙工程等。合同的非要素变更,是指合同内容发生非实质部分的变更,这种变更只是对原合同关系作某些修改和补充,不改变合同的同一性。例如标的数量的增减、履行地点的改变、履行期限的改变等均属于合同的非要素变更。合同的变更一般是指合同内容的非要素变更。

2. 合同变更的条件

(1) 原已存在合同关系。合同的变更必须具备原已存在合同关系这一条件。合同无效、被撤销、未被追认的情况下,没有合同关系自然不可能有合同的变更。

(2) 合同内容发生明确变化。不论如何变更,当事人变更后的合同必须为有效合同,当事人对合同变更内容的约定必须明确,约定不明确的,推定为未变更(《合同法》第78条)。

(3) 合同的变更须有合法的依据。合同的变更须依据一定的形式。依法院裁决程序而变更合同,包括订立合同时有重大误解的可撤销合同以及订立合同后发生情事变更的合同;依法律的直接规定而变更合同,如债务人不能履行合同债务而变更为损害赔偿债务;依形成权人的意思表示而变更合同,如合同约定当事人某种条件下有变更权,条件成就时,变更权人行使变更权,使合同变更。上述合同也可由当事人协商一致变更。

除此以外的合同变更必须由当事人双方协商一致,才能发生合同变更的效力。

(4) 须遵守法律要求的方式。法律、行政法规规定变更合同应当办理批准、登记手续的,依照规定办理相应手续后才能产生合同变更的效力。当事人约定变更合同须采用特定形式的,一般须采用该形式才能产生合同变更的效力。

3. 合同变更的效力

合同变更原则上仅向将来发生效力,不溯及既往,当事人已按原合同履行的部分并不因合同的变更而失去法律根据。但在合同发生变更以后,当事人应当按照变更后的合同内容履行合同。

合同变更仅对已经变更的部分发生效力,未变更部分的合同关系继续存在。合同变更原则上不影响当事人要求赔偿损失的权利,但法律依据情势变更原则变更合同和当事人另有约定的除外。

(二) 合同的解除

1. 合同解除的概念和特征

合同的解除,是指在合同有效成立以后,当事人双方协商一致或在解除的条件具备时因当事人一方的意思表示,使合同关系自始或仅向将来消灭的行为。包括双方协议解除和单方行使解除权解除两种情况。

合同解除具有如下法律特征:

(1) 合同解除以有效成立的合同为标的。合同的解除制度解决的是特定条件下有效成立的合同提前消灭的问题。

(2) 合同解除必须具备解除的条件。合同解除的条件可以是法定的,也可以是约定的。所谓法定解除条件就是由法律规定在何种情况下合同当事人享有解除合同的权利。所谓约定解除条件就是指当事人在合同中约定,如果出现了某种约定的情况,当事人一方或双方享有解除权。

(3) 合同解除原则上必须有解除行为。解除条件仅为合同解除提供了前提，合同并不因解除条件的成就而当然地发生解除的后果，欲使合同解除，还必须要有解除行为，可以是双方当事人达成解除协议，也可以是解除权人向对方发出解除的单方意思表示。

(4) 解除的效果是使合同关系消灭。在当事人有约定的情况下，只要这种约定没有损害国家利益和社会公共利益，就应尊重当事人的约定；当事人若没有特别约定，那么合同解除的效力应依据合同法相关规定而具体确定。有些解除将发生溯及既往的效力，有些解除将不产生溯及既往的效力。

2. 合同解除的类型

(1) 协议解除和单方解除

协议解除是当事人协商一致将合同解除的行为。其实质是双方通过协商一致成立一个新合同，内容是将原来的合同废除，使基于原合同发生的债权债务归于消灭。

单方解除是解除权人行使解除权将合同解除的行为。它不必经过对方当事人的同意，只要在法定或约定的解除条件成就时，解除权人将解除合同的意思通知对方，合同自通知到达对方时解除。对方有异议的，可以请求人民法院或者仲裁机构确认解除合同的效力。

(2) 法定解除和约定解除

单方解除按其解除条件产生依据之不同又可分为法定解除和约定解除。

法定解除是合同解除的条件由法律直接加以规定的解除。在法定解除条件中，有适用于所有合同的一般法定解除条件和仅适用于特定合同的特别法定解除条件。

约定解除是合同解除的条件由当事人事先在合同中约定的解除。合同中有关当事人一方或双方在某种情况下享有解除权的条款称之为解约条款。因为约定解除是根据当事人的合意产生的，其本身具有较大的灵活性，它可以更好地适应当事人的需要，对合同事务预先做出安排。

3. 合同解除的条件

协议解除是指当事人达成协议将合同解除，既然是达成协议，就需要遵循合同的订立程序，一般要经过要约和承诺这个过程，同时该协议必须是有效的，才能产生解除合同的效果，因此要求该协议还必须符合合同的有效条件，即当事人有相应的行为能力，意思表示真实，不违反强行性规范和社会公共利益。

约定解除的条件由当事人事先在合同中约定。只要不违反强行性规范和社会公共利益，当事人可以自由约定任何产生解除权的条件。

法定解除的条件是由法律基于一定的利益平衡和价值选择的需要预先在法律规范中确定的。我国《合同法》第 94 条规定了法定解除的条件：

(1) 因不可抗力致使不能实现合同目的

不可抗力发生以后，对合同的影响程度是不一样的，有些只是暂时阻碍合同的履行，有些只是影响到合同的部分内容的履行。因此，只有因不可抗力致使当事人订立合同所追求的目标和基本利益不能实现时才能解除合同。发生不可抗力不能履行合同义务的一方当事人可以免去履行及损害赔偿的责任,但迟延履行后发生不可抗力而致合同目的不能实现的,不能免除该方损害赔偿的责任。

(2) 在履行期限届满之前,当事人一方明确表示或以自己的行为表明不履行主要债务

此种情况属于预期违约的两种类型,即明示毁约和默示毁约。在预期违约的情况下,表明毁约当事人根本不愿意受合同约束,也表明了该当事人具有完全不愿受合同约束的故意,合同对该当事人形同虚设。在此情况下,另一方当事人应有权在要求其继续履行和解除合同之间作出选择。当非违约方选择了合同的解除时,才能尽快从合同关系中解脱出来,避免遭受不必要的损失。

(3) 当事人一方迟延履行主要债务,经催告后在合理期限内仍未履行

具体而言,包括:第一,必须是债务人在履行期限到来后未履行主要债务,而不是次要债务。第二,必须经过债权人的催告履行,如未催告则不能随意解除。第三,在催告后,债权人要给予债务人一段合理的宽限期,使债务人继续准备履行。在合理的宽限期期满后,如果债务人仍不履行,则债权人有权解除合同。第四,经催告后在合理期限内仍未履行。

(4) 当事人一方迟延履行债务或者有其他违约行为致使不能实现合同目的

包括两种情况:第一,迟延履行影响到合同目的实现的,不需要经过催告程序,便可以解除合同。例如,对于季节性和时间性很强的货物,如月饼、圣诞物品等,若迟延交货,将影响商业销售,债权人有权解除合同。本节案例3中元宵是应时性食品,乙食品厂无法按时交货,需要推迟一个月履行合同,会严重损害甲超市的利益,不能实现合同目的,则甲超市有权解除合同。第二,其他违约行为致使不能实现合同目的,是指当非违约方在违约方已构成根本违约的情况下,享有解除合同的权利。

4. 合同解除的程序

合同解除的程序有两种,即协议解除的程序和行使解除权的程序。

(1) 协议解除的程序

协议解除的程序,是当事人协商一致,即一方发出解除合同的要约,另一方发出同意该要约的承诺并到达要约人一方,从而成立解除合同的合同。在合同符合有效条件情况下该解除即时生效或于双方约定的解除之日生效。在合同解除须经有关部门批准情况下,有关部门批准解除的日期即为合同解除的日期。

(2) 行使解除权的程序

行使解除权的程序以当事人享有法定的或约定的解除权为前提,另外,还要有行使解除权的行为。解除权行使须以通知的方式进行,通知到达对方时发生合同解除的效力。对方有异议的,可以请求人民法院或仲裁机构确认该解除的效力。法律、行政法规规定合同解除应当办理批准、登记等手续的,依照其规定。如以不动产、机动车辆、船舶为标的物的买卖合同的解除,应到原过户部门办理注销手续,否则不发生解除的效力。

行使解除权解除合同须注意行使期限和方式。法律规定或者当事人约定解除权行使期限的,期限届满不行使解除权的,该权利消灭;无此期限的,经对方催告后在合理期限内不行使

的该权利消灭。

5. 合同解除的效力

合同解除导致合同效力确定地向将来消灭，但是否溯及既往，应视合同性质及当事人意思表示等具体情况而定。《合同法》第 97 条规定："合同解除后，尚未履行的，终止履行；已经履行的，根据履行情况和合同性质，当事人可以要求恢复原状、采取其他补救措施。"学界认为继续性合同的解除原则上无溯及力，非继续性合同原则上有溯及力，但当事人另有约定的除外。

合同解除不影响合同中结算和清理条款的效力，不影响当事人请求损害赔偿的权利。

第六节 合同分则

【案例1】

李某向某商场以分期付款方式购买价值两万元的家用电器。双方约定，货物交付时首付两千元，以后每月一日付款 1 500 元，12 个月付清。该商场提供的格式合同规定：若买方未支付的价金达到两期，则卖方有权解除合同，取回货物。李某在支付共计 14 000 元后，因母病，家中经济出现困难，两个月未交价金，商场以李某违约为由，取回电器，解除合同。

该商场有权解除分期付款买卖合同吗？李某已支付的价金如何处理？

【案例2】

2000 年 3 月，某市佳美超市因资金周转困难，向所在地的某信托投资公司贷款。双方在借款合同中约定：信托投资公司贷款 500 万元给佳美超市，贷款期限为 3 年；年利息为 10%，利息预先在本金中扣除。合同签订后，信托投资公司按照约定向佳美超市提供贷款 350 万元。3 年后，借款合同到期，佳美超市在还款时，在本金和利息的计算方法上却与信托投资公司发生了分歧，佳美超市认为，当时，他们仅从信托投资公司拿到了 350 万元，因此，合同到期后，贷款本金应按 350 万元计算，并应依此计算利息为 105 万元，本息共计 455 万元。而信托投资公司则坚持，佳美超市还款的计算方法违反了借款合同，应该返还 500 万元贷款。

信托投资公司与佳美超市的计算方法哪个符合法律规定？

一、买卖合同

（一）买卖合同的概念和特征

买卖合同，是出卖人交付标的物并转移标的物的所有权于买受人，买受人支付价款的合同。其中，标的物应当是法律、行政法规允许流通的物，出卖人应当是标的物的所有权人或其他有处分权人。

买卖合同具有双务、有偿、诺成、不要式等特征。

(二) 买卖合同当事人的权利和义务

1. 出卖人的义务

(1) 交付标的物。买卖合同生效后,出卖人应将买卖合同的标的物交付给买受人。交付是指将自己占有的物或所有权凭证移转给他人占有的行为。交付又分为现实交付和观念交付。

出卖人应当按照约定的质量、数量、期限、地点、方式交付标的物。合同中未约定或者约定不明确的,当事人可以协议补充;不能达成补充协议的,按照合同有关条款或者交易习惯确定;仍不能确定的,适用《合同法》第61条的规定。适用《合同法》第61条的规定仍不能确定的,适用《合同法》第141条的规定:① 标的物需要运输的,出卖人应当将标的物交付给第一承运人以运交给买受人;② 标的物不需要运输的,出卖人和买受人订立合同时知道标的物在某一地点的,出卖人应当在该地点交付标的物;不知道标的物在某一地点的,应当在出卖人订立合同时的营业地交付标的物。在观念交付中,出卖人可以交付提取标的物的单证的方式履行交付标的物的义务,如交付仓单、提单等。

标的物有从物的,按照"从随主"的原则,除当事人另有约定外,出卖人于交付标的物主物时应一并交付从物。出卖人应按照约定或者交易习惯向买受人交付提取标的物单证以外的有关单证和资料,如产品合格证、使用说明书、质量保证书等。

(2) 移转标的物的所有权。买受人以取得标的物的所有权为主要目的,因此,将标的物的所有权转移给买受人,是出卖人的一项主要义务。

《合同法》第133条规定,标的物的所有权自标的物交付时起转移,但法律另有规定或者当事人另有约定的除外。依此规定,移转标的物的所有权有如下情形:① 一般情形下,移转标的物的占有即可移转标的物的所有权,即所有权移转原则上采交付主义。在此情形下,交付标的物与移转所有权的行为合二为一,不需出卖人在交付标的物之外另有移转所有权的行为。② 法律有特别规定情形下,移转标的物的占有并不能使所有权移转,两者是分离的,移转所有权需另有行为。例如,法律规定不动产的所有权移转必须办理过户登记等手续。③ 当事人有特别约定情形下,移转标的物的占有与转移所有权也可以是分离的。例如,当事人可以约定出卖人先交付标的物于买受人使用,在买受人未履行约定合同义务之前,标的物的所有权仍归出卖人所有,以担保买受人合同义务的履行,这就是所有权保留制度。在分期付款买卖中常常采用所有权保留来担保出卖人债权的实现。

2. 买受人的义务

(1) 支付价款。价款是买受人取得标的物的所有权应支付的对价,支付价款是买受人的主要义务。买受人应当按照约定的数额、地点、时间交付价款。合同没有约定或约定不明确的,买受人应当按照法律的有关规定支付价款。

(2) 受领标的物。买受人有依照合同约定或者交易习惯受领出卖人交付的符合合同本旨的标的物的义务。对于出卖人不按合同约定条件交付的标的物,例如多交付、迟延交付、交付标的物有瑕疵等,买受人有权拒绝接受。

(3) 检验及通知义务。买受人收到标的物后,有及时检验及通知出卖人的义务。当事人约定检验期间的，买受人应当在检验期间内将标的物的数量或者质量不符合约定的情形通知出卖人。买受人怠于通知的，视为标的物的数量或者质量符合约定。当事人没有约定检验期间的，买受人应当在发现或者应当发现标的物的数量或者质量不符合约定的合理期间内通知出卖人。买受人在合理期间内未通知或者自标的物收到之日起两年内未通知出卖人的，视为标的物的数量或者质量符合约定，但对标的物有质量保证期的，适用质量保证期，不适用该两年的规定。出卖人知道或者应当知道提供的标的物不符合约定的，买受人不受上述规定的通知时间的限制。

（三）标的物意外毁损灭失的风险负担和利益承受

1. 标的物意外毁损灭失的风险负担

标的物意外毁损灭失的风险负担，是指在合同订立后，标的物因不可归责于任何一方的事由而发生的毁损、灭失的损失由何方负担。

《合同法》第142条规定，标的物毁损、灭失的风险，在标的物交付之前由出卖人负担，交付之后由买受人负担，但法律另有规定或者当事人另有约定的除外。依此规定并结合《合同法》第132、148条的规定，风险负担有如下情形：（1）一般情形下，标的物毁损灭失的风险随标的物的交付而转移，在交付之前由出卖人负担，交付之后由买受人负担，即风险负担原则上采交付主义。例如，2007年6月2日杜某将自己家的耕牛借给邻居刘某使用。6月8日刘某向杜某提出将耕牛卖给自己，杜某表示同意。双方商定了价格，并约定3天后交付价款。但6月10日，该头耕牛失足坠崖摔死。对于该耕牛死亡的财产损失，应由刘某承担，因为刘某借用占有耕牛在先，此后又于6月8日买下耕牛，买卖双方已于6月8日完成了耕牛的简易交付。（2）因买受人的原因致使标的物不能按照约定的期限交付的，自约定交付之日起标的物毁损灭失的风险转移给买受人承担。（3）出卖人出卖交由承运人运输的在途标的物的，标的物毁损、灭失的风险自合同成立时起转移给买受人承担。例如，甲、乙订立一运输合同，委托乙将一批货物从大连港运往广州黄埔港。乙于8月1日启运。8月3日，甲、丙订立该批货物的买卖合同。8月4日，乙船行至广东海域遭强暴风袭击而沉，货物全损，此时，货物损失的风险应由丙承担。（4）当事人未约定交付地点或约定不明确，标的物需要运输的，自出卖人将标的物交付给第一承运人起，标的物毁损、灭失的风险由买受人承担。（5）出卖人按照约定或规定将标的物置于交付地点，买受人违反约定没有收取的，自买受人违反约定之日起标的物毁损、灭失的风险转移给买受人。（6）因标的物质量不符合要求致使不能实现合同目的，买受人拒绝接受标的物或者解除合同的，标的物毁损、灭失的风险由出卖人承担。但当事人对风险负担另有约定的，按照约定确定风险转移的时间。

出卖人未按照约定和交易习惯交付提取标的物单证以外的有关单证和资料的，不影响标的物毁损、灭失风险的转移。标的物毁损、灭失的风险由买受人承担的，不影响因出卖人履行债务不符合约定，买受人要求其承担违约责任的权利。

2. 标的物的利益承受

标的物的利益承受，是指买卖合同订立后标的物所产生的孳息的归属。这里的孳息包括天然孳息和法定孳息。利益承受一般应与风险负担相一致，因此除当事人另有约定和法律另有规定外，利益承受也应采交付主义作为一般原则，即标的物在交付之前产生的孳息归出卖人所有，交付之后产生的孳息，归买受人所有。

（四）特种买卖合同

我国合同法规定特种买卖包括分期付款买卖、样品买卖、试用买卖、招标投标买卖和拍卖。

1. 分期付款买卖合同

分期付款买卖合同是指买受人将其应付的总价款按照一定期限分期向出卖人支付的买卖。本节案例1中李某和某商场订立的合同就是一个典型的分期付款买卖合同。一般情况下，分期付款买卖的总价款略高于一次性付款买卖的价款，但买受人仅支付部分价款即可取得标的物的占有和使用权；出卖人卖出标的物的总价款略高于一次性付款的价款，但出卖人有到期收不回价款的风险。因此出卖人多在分期付款买卖合同中做出有利于自己的约定来避免这种风险，买受人在这种买卖中常处于弱势地位，为平衡保护出卖人和买受人双方的利益，法律对分期付款买卖的合同条款予以一定限制。主要包括以下两项：

（1）对剥夺期限利益和解除合同条款的限制

分期付款买卖的买受人以支付较高的代价取得了分期付款的期限利益，出卖人不得随意剥夺买受人的这种期限利益，即一般情况下出卖人不能要求买受人提前支付未到期款项，但是出卖人面临买受人的严重违约行为，有不能按期回收价款的巨大风险时，应允许出卖人提前要求买受人支付未到期款项或解除合同。《合同法》第167条第1款规定，买受人未支付到期价款的金额达到全部价款的1/5时，出卖人才可以要求买受人支付全部价款或解除合同。这一条款是对出卖人剥夺买受人分期付款的期限利益和解除合同条款的限制，出卖人不得突破这一限制在合同中规定对买受人更为不利的条款，否则该条款无效，应按本规定执行，但出卖人与买受人可以在合同中约定比此规定对买受人更为有利的条款，该约定有效，此时有约定时从约定。依据该规定，出卖人行使请求买受人支付全部价金的权利或解除合同的权利必须符合一个条件：即买方未支付的到期的金额已达合同总价金的1/5。这一标准是强制性的，是卖方行使解除权或者请求支付全部价金的最低要求。若买卖双方在合同中约定的条件低于本条规定的，如案例1所述，李某未支付两个月应付款，数额为3 000元，未达到总价金的1/5，商场无权解除合同。假若李某未能支付三个月款项，即4 500元，达到法定的1/5标准，则商场可以催促李某将剩余各期的价金即6 000元一并支付，或解除合同，收回电器。

（2）对解除合同时损失赔偿金额条款的限制

出卖人为保护自己的利益，在分期付款买卖合同中经常有关出卖人因买受人的原因而解除合同时，出卖人得扣留买受人已支付的价款或请求买受人支付一定金额的约定，这种约定过于苛刻则对买受人不利。为了平衡双方的利益，必须对这种条款予以限制。《合同法》第167条第2款规定，出卖人解除合同的，可以向买受人要求支付该标的物的使用费。也就是说因买受人一方的原因导致出卖人解除合同时，出卖人向买受人请求支付或扣留的金额，不得超过相当于该标的物的通常使用费的金额。如标的物有毁损灭失时,则应再加上相当的损失赔偿金额,如当事人约定的出卖人于解除合同时得扣留的价款或请求支付的金额超过上述限度,则其超过部分的约定无效。依《合同法》第 167 条之规定,案例 1 中,假如商场在李某未能支付的款项达到法定的 1/5 标准时,选择解除合同收回电器,那么李某已支付的 14 000 元应予返还,但李某已使用该电器达 10 个月,应向商场支付相应的使用费。至于使用费的计算应采取何种标准,法律并无明文规定。从操作的可行性角度看,可以比照租金来确定,由出卖方在买方已交付的价金中折抵,若使用费高于已支付价金的,可以请求买方补足。

2. 试用买卖合同

试用买卖,又称试验买卖,是指由买受人于约定期限内试用标的物,并以买受人经试用后对标的物的认可为买卖合同生效条件的买卖。试用买卖分两种,一种是试用期间即将标的物交付给试用人占有;另一种是试用期间并不将标的物交付给试用人占有,而仍由出卖人占有。试用买卖合同的当事人可以约定标的物的试用期限,对试用期限没有约定或者约定不明确,依照《合同法》第 61 条的规定仍不能确定的,由出卖人确定。买受人在试用期限内可以购买标的物,也可以拒绝购买。法律规定,试用期间届满,买受人对是否购买标的物未作表示的,视为购买。但于上述第二种试用买卖,买受人于试用期间届满后未作表示的,实践中视为买受人拒绝购买。

须注意的是试用买卖合同中标的物的风险负担,于第一种试用买卖合同,试用期间的风险,归出卖人负担;试用买卖生效后,包括试用人作出同意购买的意思表示或者届期表示沉默的,此即发生了简易交付,风险转归买受人负担。于第二种试用买卖合同,标的物风险自标的物实际交付时转移给买受人,此前均由出卖人负担。

二、赠与合同

(一) 赠与合同的概念和特征

赠与合同是指赠与人将自己的财产无偿给予受赠人,受赠人表示接受该赠与的合同。无偿给予财产的一方为赠与人,接受财产的一方为受赠人。

赠与合同具有以下特征:

(1) 赠与合同为诺成合同。根据《合同法》的规定,只要赠与人表示愿意赠与,受赠人表示接受该赠与,双方意思表示一致,赠与合同即成立,不以赠与人将赠与物交付给受赠人为成立条件,因此赠与合同为诺成合同而非实践合同。

(2) 赠与合同为单务、无偿合同。在赠与合同中,仅赠与人负有将赠与财产交付给受赠人的义务,而受赠人并无对待给付义务。因此,赠与合同为单务合同。

赠与人将其财产无偿转移给受赠人,尽管可能有各种各样的原因和理由,或给受赠人附加了一些条件,但并不以从受赠人处取得任何财产为代价,受赠人取得赠与物无需偿付任何代价,所以赠与合同是无偿合同。这是赠与合同与买卖合同的根本区别。

（二）赠与合同的效力

赠与合同为单务合同，仅赠与人一方负担合同义务。赠与人的义务主要有以下几项：

1. 交付赠与物并移转赠与物的所有权于受赠人的义务。赠与合同生效后，赠与人应当按照合同的约定将赠与物交付给受赠人并将赠与物的所有权移转于受赠人。赠与财产依法需要办理登记等手续的，应当办理有关手续。

赠与合同为无偿合同，因此，赠与人只有因故意和重大过失致使赠与财产毁损、灭失的，赠与人才承担不能移转标的物的违约损害赔偿责任。例如，甲生病，乙将其送医院并付费用，甲为答谢承诺将手机赠与乙，乙表示接受。在交付之前手机被盗，因为不是由于甲的故意和重大过失造成手机灭失，乙不可以要求甲赔偿。

2. 瑕疵担保义务。由于赠与合同为无偿合同，因此一般情况下赠与人不承担瑕疵担保责任。赠与人的瑕疵担保责任为过错责任，按照《合同法》第191条的规定，只有赠与人故意不告知瑕疵或保证无瑕疵，造成受赠人损失的，才应当承担损害赔偿责任。但在附义务的赠与中，赠与的财产有瑕疵的，赠与人在附义务的限度内承担与出卖人相同的瑕疵担保责任，即无过错的瑕疵担保责任。

（三）赠与合同的撤销

1. 赠与合同的任意撤销

赠与合同的任意撤销是指在赠与财产的权利转移之前，赠与人可以依其意思撤销赠与合同。赠与人在赠与财产的权利转移之前撤销赠与，使得赠与合同溯及既往地发生消灭的效果，赠与人未交付赠与物的，受赠人不能要求赠与人交付，赠与人已交付赠与物的，受赠人应将赠与物返还给赠与人。

但有些赠与合同不适用任意撤销。《合同法》第186、188条规定，具有救灾、扶贫等社会公益、道德义务性质的赠与合同或者经过公证的合同，不适用任意撤销，赠与人不交付赠与财产的，受赠人可以要求交付。

2. 赠与合同的法定撤销

赠与合同中，赠与财产权利转移之后，赠与人即丧失了任意撤销赠与合同的权利，但在以下条件具备时，赠与人仍可享有撤销赠与合同的法定权利，此为赠与合同的法定撤销。法定撤销除不受时间限制外，也不受赠与合同性质的限制，同样适用于具有救灾、扶贫等社会公益、道德义务性质的赠与合同或者经过公证的赠与合同。

根据《合同法》第192条的规定，受赠人有下列情况之一的，赠与人可以撤销赠与：

（1）受赠人严重侵害赠与人或者赠与人的近亲属的。

（2）受赠人对赠与人有抚养义务而不履行的。

（3）受赠人不履行赠与合同约定的义务的。

赠与人的撤销权，自知道或者应当知道撤销原因之日起1年内行使。因受赠人的违法行为致使赠与人死亡或者丧失民事行为能力的，赠与人的继承人或者法定代理人可以撤销赠与。赠与人的继承人或者法定代理人的撤销权，自知道或者应当知道撤销原因之日起6个月内行使。

3. 赠与合同的法定解除

根据《合同法》第195条的规定,赠与合同订立后,赠与人未履行赠与义务之前,赠与人的经济状况显著恶化,严重影响其生产经营或者家庭生活的,赠与人可以解除赠与合同,不再履行赠与义务。该合同解除不发生溯及既往的法律效力,赠与人就原已履行的赠与,无权要求受赠人返还。

三、借款合同

(一) 借款合同的概念和特征

借款合同是借款人向贷款人借款,到期返还借款并支付利息的合同。其中,借出钱款的一方为贷款人,借入钱款的一方为借款人。

借款合同依据合同主体可分为以金融机构为贷款人的商业借款合同和以自然人为贷款人的民间借款合同。我国《合同法》采民商合一的立法体例,对这两类借款合同均加以规范。

借款合同具有以下特征:

1. **商业借款合同为有偿合同,而自然人之间的借款合同原则上为无偿合同。** 金融机构是经批准依法可办理贷款等业务的营业组织,金融机构发放贷款,目的在于获取一定的营业利润即利息,利息是借款人使用金融机构贷款所应支付的对价,所以金融机构借款合同均为有偿合同。而自然人之间的借款合同与此不同,《合同法》第211条规定,自然人之间的借款合同对支付利息没有约定或者约定不明确的,视为不支付利息。只有明确约定利息的情况下,自然人之间的借款合同才为有偿合同。

2. **商业借款合同为诺成性合同,而自然人之间的借款合同为实践性合同。** 在传统民法上,借款合同为实践性合同,仅有当事人双方的合意,还不能使合同成立,只有贷款人将款项交付给借款人,合同才能成立。将借款合同一概作为实践性合同,不利于保护双方的利益,使借款人的资金运营计划随时被打乱,使借款人不能根据借款合同所可取得的款项组织生产,已远不能适应现代社会的要求。因此,现代社会中以银行等金融机构为贷款人出借贷币的借款合同已成为诺成性的合同。而自然人之间的借款合同为实践性合同,《合同法》第210条明确规定,自然人之间的借款合同自贷款人提供贷款时生效。

3. **商业借款合同为双务合同,而自然人之间的借款合同为单务合同。** 商业借款合同,自双方达成合意时合同即成立生效。贷款人负有按合同约定向借款人交付款项的义务,借款人负有按期偿还借款和利息的对待给付义务。因此,商业借款合同为双务合同。而自然人之间的借款合同为实践性合同,只有贷款人将借款交付给借款人时,合同才成立生效,在此之后贷款人不再负担义务,而仅有借款人一方负担返还借款的义务,在有明确约定时,借款人还负有支付利息的义务。所以,自然人之间的借款合同为单务合同。

4. **商业借款合同为要式合同,而自然人之间的借款合同为不要式合同。** 商业借款合同一般借款数额较大,周期较长,采用书面形式有利于明确权利义务,减少纠纷,也使得纠纷发生后易于解决,因此采用书面形式。而自然人之间的借款合同一般数额较小,周期较短且多发生在亲友之间，因此不应该要求必须采用书面形式，可由当事人自由选择合同的形式。《合同法》第 197 条规定，借款合同采用书面形式，但自然人之间另有约定的除外。

（二）借款合同当事人的权利和义务

1. 贷款人的合同义务

贷款人是否负有义务，依借款合同为商业借款合同还是自然人间借款合同而定。由于自然人间的借款合同为实践合同、单务合同，在借款合同成立后借款交付前，贷款人并不负担任何义务。而商业借款合同为诺成合同、双务合同，在合同生效后，贷款人就负担义务。商业借款合同贷款人负有如下合同义务：

（1）按期足额提供借款。该项义务系贷款人的主要合同义务。贷款人应当按照合同约定的日期提供借款，未按照约定日期提供借款，造成借款人损失的，应当赔偿损失。贷款人还应当按照合同约定的数额足额提供借款。借款的利息不得预先在本金中扣除，利息预先在本金中扣除的，借款人有权按照实际借款数额返还借款并计算利息。在案例 2 中，信托投资公司要求佳美超市在本金中预先扣除利息的做法本身已违反法律规定，其要求佳美超市返还 500 万元本金的要求也没有法律依据。佳美超市针对信托投资公司预先扣息的贷款，还款时返还 350 万元实际借款本金数额和按此计算的 105 万元利息的做法符合法律规定。合同法还规定，由于贷款人未足额提供贷款，给借款人造成损失的，应赔偿损失。

（2）保密义务。贷款人对于其在合同订立和履行阶段所掌握的借款人的商业秘密有保密义务，不得泄露或不正当使用，否则应对由此造成的损失承担赔偿责任，该项义务系贷款人的附随义务。

2. 借款人的合同义务

（1）按照约定的用途使用借款。借款人应当按照约定的借款用途使用借款，借款人未按照约定的用途使用借款的，贷款人可以停止发放借款、提前收回借款或者解除合同。

（2）容忍义务。在贷款人按照合同约定检查、监督借款的使用情况时，借款人应当按照约定向贷款人定期提供有关财务报表等资料。

（3）按期返还借款及支付利息的义务。借款人应当按期返还借款。借款合同明确约定还款期限的，借款人应当按照约定的期限返还借款。借款期限没有约定或者约定不明确，依照《合同法》第 61 条的规定仍不能确定的，借款人可以随时返还；贷款人可以催告借款人在合理期限内返还。借款人未按照约定期限或未在贷款人催告的合理期限内返还借款的，应当按照约定或者国家有关规定支付逾期利息。借款人不得逾期返还借款，如确有需要，借款人可以在还款期限届满之前向贷款人申请展期。贷款人同意的，可以展期。借款人一般可以提前返还借款。借款人提前返还借款的，除非当事人另有约定，应当按照实际借款的期间计算利息。

借款人应当按期支付利息。借款合同明确约定支付利息的期限的，借款人应当按照约定的期限支付利息。支付利息期限没有约定或者约定不明确，依照《合同法》第 61 条的规定仍不能确定的，借款期间不满 1 年的，应当在返还借款时一并支付，借款期限 1 年以上的，应当在届满 1 年时支付，剩余期间不满 1 年的，应当在返还借款时一并支付。关于贷款的利率，商业借款应当按照中国人民银行规定的贷款利率的上下限确定，自然人之间的借款，对支付利息没有约定或者约定不明确的，视为不支付利息。对支付利息约定明确的按约定支付，但不得违反国家有关限制自然人之间借款利率的规定，否则超过部分应当无效。

四、租赁合同

（一）租赁合同的概念和特征

租赁合同是出租人将租赁物交付给承租人使用、收益，承租人支付租金的合同。其中交付租赁物给对方使用、收益的一方称为出租人，使用租赁物并支付租金的一方称为承租人。

租赁合同具有以下特征：

1. 租赁合同是出租人转移财产使用权于承租人，承租人支付租金的合同。租赁合同以承租人在一定期限内取得对租赁物的使用收益为目的，而并不以承租人取得租赁物的所有权为目的。这是租赁合同与以转移物的所有权为目的的买卖合同的根本区别。由于租赁合同转移的仅是租赁物的使用权，因而承租人并不享有对租赁物的处分权，同时承租人仅需向出租人支付租赁物的使用费即租金，而不是支付相当于标的物本身价值的价金。承租人须支付租金，这一特征是租赁合同与借用合同的根本区别。

2. 租赁合同为诺成、双务、有偿合同。租赁合同自双方意思表示一致时即成立生效，而不以租赁物的实际交付作为合同的成立生效条件，因此为诺成性合同。租赁合同生效后，当事人双方都互享权利、互负义务，因此为双务合同。租赁合同的任何一方取得利益，均需向对方支付代价，因此为有偿合同。

3. 租赁合同具有临时性。租赁合同只是出租人将其财产的使用收益权于一定期限内转让给承租人，因此，租赁合同具有临时性或期限性的特征，租赁合同不适用于财产的永久性使用。我国《合同法》第214条规定，租赁合同不得超过20年。超过20年的，超过部分无效。租赁期间届满，当事人可以续订租赁合同，但约定的租赁期限自续订之日起不得超过20年。

（二）租赁合同的分类

1. 动产租赁与不动产租赁。以租赁合同的标的物为标准，可将租赁合同分为动产租赁合同与不动产租赁合同。以动产为标的的租赁合同，为动产租赁合同，包括一般的动产租赁、船舶租赁、汽车租赁等；以不动产为标的的租赁合同，为不动产租赁合同，包括房屋租赁、土地使用权租赁、承包经营权租赁等。这种区分的法律意义在于，法律一般对不动产租赁有特殊要求，如需采用法律规定的特别形式，例如登记等；而动产租赁一般没有这些特别要求。

2. 定期租赁与非定期租赁。以租赁合同是否有固定期限为标准，可将租赁合同分为定期租赁合同和不定期租赁合同。定期租赁合同指明确约定租赁期限的租赁合同。不定期租赁合同有三种情况：一是当事人在租赁合同中没有约定租赁期限或约定不明确；二是当事人在租赁合同中将租赁期限约定为6个月以上，但未采用书面形式，视为不定期租赁，由此可见，租赁期限在6个月以上的定期租赁合同为要式合同，应当采用书面形式；三是定期租赁合同期间届满，承租人继续使用租赁物，出租人没有提出异议的，原租赁合同继续有效，但租赁期限改为不定期。

这种区分的法律意义在于,在定期租赁中,于租赁期间内当事人不得擅自变更、解除合同;而在不定期租赁中,当事人可随时解除合同,但出租人解除合同的,应当在合理期限之前通知承租人。

(三) 租赁合同当事人的权利和义务

1. 出租人的义务

(1) 交付租赁物的义务。承租人实现对租赁物使用收益的目的,一般是以对租赁物的占有为前提的,因此出租人应履行向承租人交付租赁物的义务,出租人交付的租赁物应符合合同中约定的名称、数量、质量,并按合同中约定的交付时间、地点、方式交付。

(2) 维修并使租赁物于租赁期间合于使用收益状态的义务。《合同法》第 220 条规定,出租人应当履行租赁物的维修义务,但当事人另有约定的除外。因此,出租人不但应于交付租赁物时使租赁物符合使用收益的状态,而且应于整个租赁期间内使租赁物符合使用收益的状态,在当事人没有特别约定的情况下,由出租人承担对租赁物进行维护和修理的义务。此维修义务需具备租赁物有维修的必要和可能、承租人已为维修的通知等条件。承租人在租赁物需要维修时可以要求出租人在合理期限内维修。出租人未履行维修义务的,承租人可以自行维修,维修费用由出租人负担。因维修租赁物影响承租人使用的,应当相应减少租金或延长租期。

(3) 瑕疵担保责任。租赁合同中,出租人应承担瑕疵担保责任,包括物的瑕疵担保责任和权利瑕疵担保责任。

关于出租人对物的瑕疵担保责任,是指如果租赁物有使承租人不能为正常使用收益的瑕疵的,出租人应承担责任。但承租人在订立合同时已知道租赁物存在瑕疵的,不得就该瑕疵要求承租人承担违约责任,但如果租赁物危及承租人的安全或者健康的,即使承租人订立合同时明知该租赁物质量不合格,承租人仍然可以随时解除合同。

关于出租人的权利瑕疵担保,是指出租人应担保不因第三人对承租人主张权利而使承租人不能按照约定使用收益的,出租人应承担责任。因第三人主张权利,致使承租人不能对租赁物使用、收益的,承租人可以要求减少租金或不支付租金。第三人主张权利的,承租人应当及时通知出租人。

(4) 费用返还义务。出租人对于承租人为租赁物支出的费用有偿还的义务。出租人应当偿还的费用包括必要费用和有益费用。

所谓必要费用,是指为维持租赁物处于正常的使用、收益状态而不能不支出的费用。例如,租赁物的保管费、机器的养护费用,等等。关于必要费用的负担,在当事人有约定时,则应依当事人的约定负担。如当事人没有约定或约定不明时,可以根据当事人对维修义务的约定来确定,一般说来,由哪方负维修义务,由此而产生必要费用就应由哪方承担,如果当事人对维修义务和必要费用的负担都无约定,一般应由出租人承担。

所谓有益费用,是指对租赁物进行改善或在租赁物上增设他物以使租赁物价值增加而支出的费用。例如,房屋的装修费用、机器的升级换代费用等。承租人支出有益费用,须经出租人同意，才涉及租赁合同终止时的有益费用返还问题，出租人返还的有益费用的范围仅限于租赁合同终止时租赁物增加的价值额，而不能以承租人支出的数额为准。如未经出租人同意，承租人不但不能享有请求出租人返还费用的权利，而且根据《合同法》第223条第2款规定，出租人可以要求承租人恢复原状或者赔偿损失。

2. 承租人的义务

（1）按照合同约定的方法或租赁物的性质使用租赁物的义务。《合同法》第217条规定，承租人应当按照约定的方法使用租赁物，对租赁物的使用方法没有约定或者约定不明确，依照本法第61条的规定，仍不能确定的，应当按照租赁物的性质使用。承租人按照约定的方法或者租赁物的性质使用租赁物，致使租赁物受到的损耗为正常损耗，承租人对此不承担损害赔偿责任。承租人如果未按照约定的方法或者租赁物的性质使用租赁物，致使租赁物受到的损耗为非正常损耗，出租人可以要求承租人停止损害，消除危险，还可以解除合同并要求赔偿损失。

（2）妥善保管租赁物的义务。所谓妥善保管，是指承租人应尽善良管理人的注意保管租赁物。具体地说，合同中约定保管方法的，应当依照约定的方法保管；合同中没有约定保管方法的，应当按照租赁物的性质采取适当的保管方法。《合同法》第222条规定，承租人应当妥善保管租赁物，因保管不善造成租赁物毁损、灭失的，应当承担损害赔偿责任。

如需出租人具体实施保存行为的，在出租人不知情的情况下，承租人应负及时通知的义务，例如租赁物有修缮的必要，合同约定出租人负修缮义务，或第三人主张权利等。同时，承租人对出租人的保存行为给自己使用租赁物带来的不便有容忍义务，但因出租人维修租赁物等影响承租人使用的，承租人可以要求相应减少租金或延长租期。

（3）支付租金的义务。支付租金是承租人的主要义务。承租人应当依照约定的期限支付租金。对支付期限没有约定或者约定不明确，可以协议补充，不能达成补充协议的，按照合同有关条款或者交易习惯确定。仍不能确定的，租赁期间不满1年的，应当在租赁期间届满时一并支付。租赁期间在1年以上的，应当在每届满1年时支付，剩余期间不满1年的，应当在租赁期间届满时一并支付。承租人逾期不支付的，出租人可以解除合同。

（4）不作为义务。租赁合同中，承租人仅有对租赁物为正常使用收益的权利，而并无擅自处分租赁物的权利，因此，承租人应负下列不作为义务：① 不得随意对租赁物进行改善或在租赁物上增设他物；② 不得随意转租。转租是指承租人不退出租赁合同关系，而将租赁物租赁给次承租人使用收益；③ 不得随意转让租赁权。租赁权的转让是指承租人将其在租赁合同中享有的租赁权转给其他人享有。与转租不同的是，租赁权的转让已发生合同主体的变更。承租人对租赁物进行改善或在租赁物上增设他物，或将租赁物转租给他人，或将租赁权转让给他人时，应取得出租人的同意，否则应承担恢复原状、赔偿损失等违约责任。

（5）返还租赁物的义务。租赁期间届满，承租人应当返还租赁物于出租人。定期租赁合同应于租赁期间届满时为之；不定期租赁合同，应于通知终止租赁合同时为之。承租人逾期返还租赁物的，应当支付逾期期间的租金并承担违约金责任或赔偿损失。按照《合同法》第235

条规定，承租人返还的租赁物应当符合按照约定或者租赁物的性质使用后的状态。在租赁物发生非正常的毁损、灭失时，若因承租人以及承租人的同居人或承租人允许对租赁物使用收益的第三人保管使用不当引起，承租人应负赔偿责任。

3. 租赁合同的特别效力

（1）租赁合同的风险负担与利益承受。当由于不可归责于合同当事人任何一方的事由，致使租赁物部分或全部毁损灭失时，就产生了租赁合同中的风险负担问题。《合同法》第231条规定，因不可归责于承租人的事由，致使租赁物部分或者全部毁损、灭失的，承租人可以要求减少租金或者不支付租金；因租赁物部分或者全部毁损、灭失，致使不能实现合同目的的，承租人可以解除合同。由此可见，租赁合同中采所有权人主义作为风险负担的原则，即租赁物的所有权人应负担租赁物毁损灭失的风险。也有学者认为，承租人应承担租赁物逾期返还期间意外灭失的风险。

在租赁期间因占有、使用租赁物获得的收益，归承租人所有，但当事人另有约定的除外。也就是说，在租赁物的利益承受上，采交付主义原则，交付之前租赁物的利益由出租人享有，交付之后租赁物的利益由承租人享有，但允许当事人有另外的约定。

（2）租赁权的物权化。租赁本为一种债权债务关系，在早期民法上，基于债权相对性原则，承租人只能向出租人本人主张对租赁物的使用、收益，租赁权不能对抗第三人。这种权利配置反映了重视所有权，相对轻视使用、收益权的观念。随着社会经济的发展，为保护承租人的利益，法律强化租赁权的效力，从而使其有物权化的趋势。具体表现在：其一，对抗效力。在一般债权关系中，债权人不得以其债权对抗对标的物享有物权的人。但在租赁关系中，承租人在租赁关系存续期间，可以以其租赁权对抗取得租赁物所有权或其他物权的人，而对租赁物使用、收益，这种情况称为租赁权的对抗效力。典型的表现就是法律逐渐承认在房屋等财产的租赁关系中，租赁物所有权在租赁期间内的转移，并不影响承租人的权利，原租赁合同对受让租赁物的第三人仍然有效，该第三人不得解除租赁合同。此即"买卖不破租赁"原则。其二，对侵害租赁权的第三人的效力。即承租人得基于其租赁权对第三人的侵害行使损害赔偿请求权及妨害排除请求权。

（3）承租人的优先购买权。承租人的优先购买权是指在租赁合同存续期间，出租人要出卖租赁物时，承租人在同等条件下享有优先购买的权利。我国《合同法》第230条确定了房屋租赁合同中承租人的优先购买权，规定出租人出卖租赁房屋的，应当在出卖之前的合理期限内通知承租人，承租人享有以同等条件优先购买的权利。根据《合同法》第239条规定，承租人在房屋租赁期间死亡的，与其生前共同居住的人可以按照原租赁合同租赁该房屋，并享有此项优先购买权。法律赋予承租人优先购买权是为了简化法律关系，实现物尽其用。

五、运输合同

(一) 运输合同的概念和特征

运输合同是指承运人将旅客或者货物从起运地点运输到约定地点,旅客、托运人或者收货人支付票款或者运输费用的合同。依此,运输合同包括客运合同和货运合同两大类。

运输合同具有以下特征:

1. 运输合同以运送旅客或者货物的行为为标的。运输合同的标的不是承运人运送的旅客或者货物,而是承运人运送旅客或者货物的行为,承运人收取的价款或运费仅为履行运送行为的对价。

2. 运输合同多采格式合同形式。运输合同多为由承运人提供且为了重复使用而预先拟订的格式合同,在订立合同时旅客或者托运人一般不得与承运人协商,当然,并不排除有的运输合同不采用格式合同的形式,而是由双方协商订立。

(二) 客运合同的效力

客运合同,即旅客运输合同,是承运人将旅客安全运送到目的地,旅客支付票价的合同。客运合同的效力主要体现为:

1. 承运人的义务

(1) 按照客票运输的义务。客票是旅客运输合同的书面凭证。《合同法》第293条规定,客运合同自承运人向旅客交付客票时成立,但当事人另有约定或者另有交易习惯的除外。例如,在长途公交运输中,常存在先乘车后买票的情况,在买票之前如果乘客受到人身伤害或财产损失,公交公司经常以乘客未买票运输合同尚未缔结为由拒绝承担民事责任,这种做法是错误的。依照交易习惯,这类客运合同自旅客登上交通运输工具时成立,公交公司应该承担民事责任。

承运人应当按照客票载明的时间、班次以及运输工具提供运输服务。承运人迟延运输的,应当根据旅客的要求安排改乘其他班次或者退票。承运人擅自变更运输工具而降低服务标准的,应当根据旅客的要求退票或者减收票款;提高服务标准的,不应当加收票款。

(2) 救助和告知义务。承运人在运输过程中,应当尽力救助患有急病、分娩、遇险的乘客。承运人对于运输中出现的不能正常进行运输的异常情况,以及有关运输安全应当注意的事项,应当向旅客及时告知。承运人不履行上述义务造成旅客的人身或者财产损害的,承运人应当负赔偿责任。

(3) 对旅客人身损害承担无过错责任。《合同法》第302条规定,承运人应当对运输过程中旅客的伤亡承担损害赔偿责任,但伤亡是旅客自身健康原因造成的或者承运人证明伤亡是旅客故意、重大过失造成的除外。据此规定,承运人对旅客人身损害承担无过错责任,其免责事由仅有两种情况:一是伤亡是由旅客自身健康原因造成的,如在客车正常行驶过程中突发心脏病死亡;二是伤亡是由旅客的故意或者重大过失造成的,如一失恋旅客在行车途中吞服过量安眠药致死。除此之外,诸如不可抗力、承运人无过错、旅客的一般过失、第三人的行为等都不能成为承运人的免责事由。这一规定也适用于按照规定免票、持优待票或者经承运人许可搭乘的无票旅客。例如,李某与某运输公司的售票员曾某是朋友,2004年9月21日,李某搭乘该运输公司的客车外出办事。上车后,经售票员曾某同意,李某未买车票。运行途中,客车发生翻车事故,致李某受伤,并造成压缩性骨折,经住院治疗后鉴定构成8级伤残。为此,李某在多次要求该运输公司赔偿无果后,一纸诉状将该运输公司告上法庭,要求被告赔偿各种损失。运输公司以李某未买车票为由拒绝赔偿。法院查清李某是经承运人同意无票乘车的情况后,判决被告运输公司赔偿受害人李某各种损失。

(4) 对旅客随身携带的行李损失承担过错责任。《合同法》第303条规定,在运输过程中旅客自带物品毁损、灭失,承运人有过错的,应当承担损害赔偿责任。据此规定,承运人只有在有过错的情况下,对旅客随身携带的行李的损失承担赔偿责任,无过错则不承担责任,原因是该行李虽然在运输工具上,但为旅客随身携带,主要应由旅客自己控制和管理。例如,甲乘坐公交车途中发现钱包被扒手窃走,就不能要求公交公司赔偿,除非是公交公司对此有过错,比如在收到甲的求助信息后,不采取必要的救助措施。对于旅客交由承运人运输的托运行李,因其在承运人的控制和管理下,则应当按照货物运输的有关规定,由承运人就该行李的毁损灭失承担无过错责任。

2. 旅客的义务

(1) 支付票款的义务。支付票款是旅客接受承运人运送服务应当支付的对价,是承运人的基本义务,同时,一般只有在支付票款后,旅客才能取得客票作为可以要求承运人履行运送义务的权利凭证。《合同法》第294条规定,旅客应当持有效客票乘运。旅客无票乘运、超程乘运、越级乘运或者持失效客票乘运的,应当补交票款,承运人可以按照规定加收票款。旅客不交付票款的,承运人可以拒绝运输。

(2) 按照约定和有关规定乘运的义务。旅客应当按照客票记载的时间乘坐运输工具。旅客因自己的原因,不能按照客票记载的时间乘坐的,应当在约定的时间内办理退票或者变更手续。逾期办理的,承运人可以不退票款,并不再承担运输义务。

旅客在运输中应当按照约定的限量携带行李。超过限量携带行李的,应当办理托运手续。旅客不得随身携带或者在行李中夹带易燃、易爆、有毒、有腐蚀性、有放射性以及有可能危及运输工具上人身和财产安全的危险物品或者其他违禁物品。违反规定的,承运人可以将违禁物品卸下、销毁或者送交有关部门。旅客坚持携带或者夹带违禁物品的,承运人应当拒绝。

(三) 货运合同的效力

货运合同即货物运输合同,是承运人将托运人托运的货物运送到约定地点,托运人或收货人支付运费的合同。货运合同的效力主要体现为:

1. 承运人的义务

(1) 按照合同约定运输的义务。承运人接受承运人交付的承运货物的,应当按照规定向托运人填发提单或者其他运输单证,并应当按照合同约定的时间、车次、运输工具提供运输服务。在承运人将货物交付收货人之前,托运人可以要求承运人中止运输、返还货物、变更到达地或者将货物交给其他收货人，但应当赔偿承运人因此受到的损失。

（2）对货物的损失承担无过错责任。承运人应依合同约定，采取各种措施妥善保管运输的货物，以确保将货物安全运输到约定地点并交付收货人。《合同法》第311条规定，承运人对运输过程中货物的毁损、灭失承担损害赔偿责任，但承运人证明货物的毁损、灭失是因不可抗力、货物本身的自然性质或者合理损耗以及托运人、收货人的过错造成的，不承担损害赔偿责任。据此规定，承运人对货物的损失承担无过错责任，其免责事由只有三种情况：一是损失是由不可抗力造成的；二是损失是由货物本身的自然性质或者合理损耗造成的；三是损失是由托运人、收货人的过错造成。除此之外，诸如承运人无过错、第三人的行为等均不能成为承运人的免责事由。

（3）通知托运人或收货人并交付货物。在货运合同中，订约当事人为承运人与托运人。托运人可以自己为收货人，也可以第三人为收货人。货物运输到达后，承运人知道收货人的，应当及时通知收货人，以便收货人及时提货。在收货人提出提单或者其他提货凭证时，承运人应当将货物交付给收货人。收货人不明或者收货人无正当理由拒绝受领货物的，承运人可以提存货物。收货人逾期提货的，应当向承运人支付保管费等费用。托运人或者收货人不支付运费、保管费以及其他运输费用的，承运人对相应的货物享有留置权，但当事人另有约定的除外。

2. 托运人的义务

（1）如实申报以及按规定提交审批、检验文件的义务。托运人应按照承运人的要求申报与货物运输有关的事项，以便承运人准确、安全地进行运输。因托运人申报不实或者遗漏重要情况，造成承运人损失的，托运人应当承担损害赔偿责任。

根据规定需要得到有关部门批准或者通过有关机关检验方可进行运输的货物，托运人应将办结有关手续的文件提交承运人，否则承运人有权拒绝运输。

（2）妥善包装的义务。托运人应当按照约定的方式包装货物。对包装方式没有约定或者约定不明确的，应当按照通用的方式包装，没有通用方式的，应当采取足以保护标的物的方式包装，否则承运人可以拒绝运输。

托运人托运易燃、易爆、有毒、有腐蚀性、有放射性等危险物品的，应当按照国家有关危险物品运输的规定对危险物品妥善包装，作出危险物标志和标签，并将有关危险物品的名称、性质和防范措施的书面材料提交承运人，否则承运人可以拒绝运输，也可以采取相应措施以避免损害的发生，因此产生的费用由托运人负担。

（3）支付运费以及其他相关费用的义务。托运人或者收货人应当按照约定及时向承运人支付运费、保管费以及其他有关费用。托运人或者收货人不支付运费、保管费以及其他有关费用的，除当事人有禁止留置的约定外，承运人对相应的运输货物享有留置权。

货物在运输过程中因不可抗力灭失，未收取运费的，承运人不得要求支付运费；已收取运费的，托运人可以要求返还。这一规定体现了在双方当事人均无过错的情况下合理分担风险的公平原则。

3. 收货人的义务

（1）及时提货、支付运费以及相关费用的义务。收货人应当按照货运合同的约定及时提货并支付托运人未付或者少付的运费以及其他费用。收货人逾期提货的，应当向承运人支付保管费等费用。在收货人不支付运费以及相关费用情况下，承运人可留置相关货物以担保应收取费用；在收货人逾期提货、收货人无正当理由拒绝收货或者收货人不明无法交付情况下，承运人可在留置相关货物以担保应收取费用外，将货物向有关部门提存。

（2）收货人有在一定期限内检验货物的义务。收货人提货时应当按照约定的期限检验货物。对检验货物的期限没有约定或者约定不明确，当事人可以协议补充，不能达成补充协议的，按照合同有关条款或者交易习惯确定。仍不能确定的，应当在合理期限内检验货物。收货人在约定的期限或者合理的期限内对货物的数量、毁损等未提出异议，视为承运人已经按照运输单证的记载交付的初步证据。

第七节 侵权行为

一、侵权行为的概念和特征

《民法通则》第106条第2款规定："公民、法人由于过错侵害国家的、集体的财产，侵害他人财产、人身的，应当承担民事责任。"第3款规定："没有过错，但法律规定应当承担民事责任的，应当承担民事责任。"据此我们可以将侵权行为定义为：因不法侵害他人合法权益，依照法律规定应承担民事责任的行为。侵权行为既包括行为人由于过错侵害他人的财产、人身权益依法应当承担民事责任的不法行为，也包括依照法律特别规定应当承担民事责任的其他侵害行为。

根据上述定义，侵权行为的法律特征包括以下方面：

1. 侵权行为是侵害他人合法权益的行为。侵权行为的客体不仅包括民事权利也包括法律所保护的各种利益。例如，受害人既可因健康权、名誉权等具体人格权受到侵害为由请求损害赔偿，也可因法律保护的隐私等其他人格利益受到侵害提出损害赔偿请求。

2. 侵权行为具有不法性。侵权行为的不法性应从广义理解，既包括行为人违反法律禁止性规定，也包括行为人违反善良风俗的不当行为。侵权行为的成立一般以违法为原则，但特殊情况下，某些从事高危作业的行为、符合排污指标的排污行为等因法律的特殊规定而承担侵权责任时，行为本身不必然具有违法性。

3. 侵权行为是依法应当承担民事责任的行为。侵权责任法的功能在于对民事权益的损害进行救济。对于民事权益的损害，法律提供了恢复原状、返还财产、停止侵害、消除影响、恢复名誉和赔礼道歉、赔偿损失等各种救济方式，其中以赔偿损失为主要责任方式。

二、侵权行为的分类

依据不同的标准可将侵权行为划分为不同的类型：

（一）一般侵权行为与特殊侵权行为

一般侵权行为与特殊侵权行为的区别主要在于判断侵权行为成立的法律依据不同。凡依据侵权行为的一般条款承担侵权责任的行为为一般侵权行为，即依据《民法通则》第106条第2款规定，行为人基于过错侵害他人财产、人身权益应承担民事责任的行为。特殊侵权行为相对于一般侵权行为而言，是指依照法律的特别规定承担侵权责任的侵权行为。如依据《民法通则》第121条至第127条的规定承担特殊侵权责任的侵权行为。

（二）积极侵权行为和消极侵权行为

这是根据侵权行为的不同形态所作的分类。积极侵权行为，又称作为的侵权行为，是指行为人违反法定义务以一定作为方式致人损害的行为。消极侵权行为，又称不作为的侵权行为，是指对他人负有作为义务却因其不作为而致人损害的行为。一般来说，消极侵权行为的成立以负有某种特定的法定义务为前提。

（三）单独侵权行为与共同侵权行为

这是根据侵权行为人的人数不同所作的分类。单独侵权行为是指行为人独自实施的侵权行为。它是最常见、最普通的侵权行为。共同侵权行为是指两人以上共同侵权致人损害，依法承担连带责任的行为。广义的共同侵权行为包括狭义的共同侵权行为（共同加害行为）、共同危险行为（准共同侵权行为）及教唆帮助的共同侵权行为。

狭义的共同侵权行为是指两人以上共同故意或者共同过失致人损害，或者虽无共同故意、共同过失，但其侵害行为直接结合发生同一损害后果，由行为人承担连带责任的侵权行为。如甲乙两人合谋，故意殴打丙致伤即为狭义的共同侵权行为，甲乙两人应对丙的损害承担连带责任。

共同危险行为，是指两人以上共同实施危及他人人身安全的行为并造成损害后果，但不能确定实际侵害行为人而依法承担连带责任的行为。共同危险行为人能够证明损害后果不是由其行为造成的，不承担赔偿责任。如甲乙丙三人在某建筑工地各拾起砖块向楼底扔去，不巧其中一块正砸中路过此地的丁，致丁头部重伤。甲乙丙三人中不知是谁扔的砖块砸中了丁。此时，甲乙丙三人的行为可认定为共同危险行为，三人承担连带责任。

教唆、帮助他人实施侵权行为的人，为共同侵权人，应当承担连带民事责任。教唆、帮助无民事行为能力人实施侵权行为的人，为侵权人，应当承担民事责任。教唆、帮助限制民事行为能力人实施侵权行为的人，为共同侵权人，应当承担主要民事责任。

第八节 不当得利

【案例】
张某去银行取款,银行工作人员由于疏忽多给张某500元,张某回家之后才发现。后银行工作人员找到张某家中要求返还,张某声称自己没错,拒不返还。

一、不当得利概述

(一)不当得利的概念

不当得利作为债的发生原因,最早起源于罗马法的请求返还之诉,而经各个国家和地区私法的发展变化,现已构成民法上的基本制度。不当得利制度,使无法律上原因受益而致他人损害者,负返还其利益的义务,以纠正有悖于利益所有人意志的财产让渡,平衡主体之间的利益。

所谓不当得利,是指无法律上的原因而获得利益,致使他人受损失的事实。其中取得利益一方,称为受益人或得利人,受到损失的一方,称为受害人或受损人。由于不当得利的受害人对受益人有返还利益的请求权,故不当得利为债的发生原因,称为不当得利之债。

(二)不当得利的性质

不当得利之债是依据法律规定直接发生,其损益变动的原因虽然有属于事件也有属于行为的(如甲家池塘的鱼跳入乙家池塘或基于合同占有另一方当事人财产,而该合同被宣告无效或被撤销),但就债的发生而言,不论当事人的主观意志如何,只要有不当得利的事实存在,债即发生,所以不当得利本质上属于事件。

(三)不当得利的基本类型

依据不当得利是否基于给付行为而产生,可将其划分为给付不当得利与非给付不当得利:

1. 给付不当得利

给付不当得利,是指基于给付而发生的不当得利。给付应以一定的目的而为之,或是为清偿债务,或是为直接设立一种债的关系。欠缺给付目的而增加他人的财产,他人即构成不当得利。以欠缺的目的为标准,给付不当得利可分为自始欠缺给付目的、给付目的嗣后消灭、给付目的不达的不当得利。

给付不当得利在于使给付者能向受领者请求返还给付的利益,以救济交易失败。但在下列情形中,受损人不得行使不当得利请求权:第一,因履行道德上的义务而为给付,如养子女赡养其生父母;第二,清偿未到期债务。债务尚未到期,债权人没有请求清偿的权利,债务人也没有清偿的义务,但若债务人主动提前清偿,债权人取得利益,债务人不得主张不当得利请求权;第三,不法目的而为给付;第四,明知无债务而交付财产。一方明知自己无给付义务而向他人交付财产,对方接受该财产的可视为赠与,不成立不当得利。

2. 非给付不当得利

非给付不当得利，是指不当得利基于给付以外的事由产生。包括以下几种情况：

（1）基于人的行为。基于人的行为发生不当得利主要是受损人或第三人的行为发生，如本节的案例。

（2）基于事件。即由于自然事件产生一方受损，一方受益的现象。如甲池塘的鱼被暴雨冲入乙的池塘，就是基于事件发生的不当得利。

二、不当得利的构成要件

我国《民法通则》第92条对不当得利作出了明确的规定："没有合法根据，取得不当利益，造成他人损失的，应当将取得的不当利益返还受损失的人。"根据此规定，不当得利应具备以下四个要件：

（一）一方受有利益

一方受有利益，是指因一定事实获取了财产或利益。判断受益人是否受有财产利益，一般以其现有的财产或利益与如果没有与他人发生利益变动所应有的财产或利益的总额比较决定。凡是现在财产状况或利益较以前增加或者应减少而未减少，为受有利益；既有得又有失的，损益抵销后剩有利益的也为受有利益。

具体而言，取得财产利益主要表现为财产的积极增加和财产的消极增加。财产的积极增加，即积极受有利益，是指财产或权利范围的扩大。如财产权利的取得、占有的取得、财产权的扩张及效力的增强、财产权限制的消灭等。财产的消极增加，即消极受有利益，是指财产本应减少而因一定事实未减少。如本应支出的费用而没有支出，本应负担的债务而后来不再负担或少负担等。

（二）一方遭受损失

仅一方受有财产上的利益，未给他人带来任何损失，不成立不当得利。这里所谓的损失，是指因一定的事实使财产利益的总额减少，包括积极损失和消极损失。积极损失，又称直接损失，是指现有财产利益的减少。消极损失，又称间接损失，是指财产应增加而未增加，即应得财产利益的损失。"应增加"的判定不以"必然增加"为必要，只要在通常情况下受损人的利益能增加即为"应增加"。

（三）一方取得利益与对方所受损失间有因果关系

民法通则规定"取得不当利益，造成他人损失"，是指损害与利益之间，须有因果关系。即一方所得利益就是对方所受损失。例如，本节案例中张某得到的500元就是银行的损失。但受损人的损失与受益人的受益范围不必相同，并且损失和利益的表现形式是否一致、损失和利益是否同时发生也在所不问。

（四）获得利益没有合法根据

获利而没有合法根据是不当得利构成的实质性条件。在社会交易中，任何利益的取得都须有合法根据，或直接依据法律，或依据民事法律行为。如果一方获得利益和他方受到损失有法律上的根据，当事人之间的关系就受到法律的认可和保护，不构成不当得利。应当注意的是，不当得利既包括自始无合法根据，也包括取得利益时有合法根据，但之后其根据丧失的情形。

三、不当得利的法律效力

不当得利作为债的发生根据之一，在受益人与受损人之间发生不当得利返还的债权债务关系。不当得利的法律效力在于赋予受损人不当得利返还请求权。该项请求权目的不在于填补受损人所受的损害，而是以受益人返还其所受利益为目的。如果受益超过受损者的损失，受益人只在损失的限度内负返还义务。如果受益小于损失，受益人也只于受益的限度以内负返还义务。受益人返还承担责任的范围因其得利之后的主观心态不同而有所不同。

受益人得利之后若为善意（如知道得利事实之后积极返还），其返还利益的范围以现存利益为限，对因意外原因减损的利益则不负返还义务。现存利益，是指受益人受到返还请求时享有的利益，其并不以原物的固有形态为限，原物的形态改变但价值仍在或可以他物代偿的，仍应作为现存利益返还。

受益人得利之后若为恶意（如拒不返还所得利益），其返还的范围应为原得利益全部，即使该利益现已不存在，也应负责偿还。同时，对因其拒不返还给受损人造成的其他损失还要负赔偿责任，如对方的诉讼费用、为追讨利益而支出的必要的差旅费用、交通费用、误工费用等。

第九节 无因管理

【案例】

某日，甲发现乙的孩子丙咳嗽发烧，而乙却不知去向。甲担心孩子病情加重，便叫了一辆出租车将其送往医院治疗。乙返回家中后，甲即告知孩子病情并要求乙偿还出租车费20元和垫付的各种医药费300元。而乙认为丙病情不重，用不着小题大做，再说自己也没有委托甲照顾丙，因此拒绝支付上述费用。

一、无因管理概述

无因管理，是指没有法定或约定义务，为避免他人利益受损而管理他人事务或为他人提供服务的行为。其中管理他人事务的人为管理人，他人为本人。

一般而言，若没有法律规定或特别授权委托，对他人事务予以干预，是对他人自由管理其事务的侵犯，应属侵权行为。但基于社会生活的连带关系，为鼓励社会成员互帮互助以增进利益，民法特规定无因管理制度，赋予无因管理行为以阻却违法性的效力，并使管理人与本人形成相应的债权债务关系。

无因管理能引起债的发生，是一种民事法律事实。无因管理中，管理人管理他人事务的意思不同于民事法律行为中的意思表示,该意思无须表示于外为他人知晓,也不包含效果意思。无因管理的效力由法律直接规定,不以当事人的效果意思为必要。所以无因管理从性质上看,是一种事实行为。管理人为管理时应有意思能力,但无须具备完全民事行为能力,可以是限制行为能力人或无民事行为能力人。

二、无因管理的构成要件

我国《民法通则》第93条规定:"没有法定的或者约定的义务,为避免他人利益受损失进行管理或者服务的,有权要求受益人偿付由此而支付的必要费用"。依此规定,无因管理的成立应包括以下要件:

(一) 管理他人事务

管理他人事务,就是为他人进行管理或者服务,这是成立无因管理的客观条件。管理他人事务的范围相当广泛,原则上包括一切可以满足人们生活并适合于为债的客体的事项。它可以是财产性事项,也可以是非财产事项;可以是事实行为,也可以是法律行为;保存行为、改良行为、利用行为、处分行为和服务行为等也包括在内。但违法事务不在其列,如为他人隐匿赃物。下列事务一般也被排除:单纯的不作为;本人专属的事务,如结婚、离婚;非经本人授权不得办理的事务,如公司股东表决权的行使;不能发生债的关系的事项,例如纯粹宗教的、道德的和公益性质的事项等。

所谓管理,是指对事务进行处理以实现事务内容的行为。管理的事务必须是他人的事务,对自己的事务进行管理,或误把自己事务作为他人事务进行管理都不能成立无因原理。管理人所管理的事务是否为他人的事务,应依事务的性质和管理人的证明来确定。一般而言,如果事务在性质上与他人具有当然的结合关系,事务的内容属于他人利益的范畴,就事务的性质从外部形式上即可断定为管理他人事务的,无需管理人证明。例如,修理他人的家具、救助溺水的人等。但如果事务从外部形式不能断定是否为他人事务的,若管理人主张无因管理,则由管理人证明该事务为他人事务。如果管理人欠缺证据则应当推定该事务属于管理人自己的事务,其管理不能构成无因原理。例如,购买书籍、承租房屋等。

(二) 为他人利益的意思

为他人利益的意思,又称管理意思,是指管理人认识到他所管理的事务为他人事务,并欲使管理事务所生之利益归于本人,即通过自己的管理行为增加本人利益或避免本人发生损失的主观意思。

为他人利益的意思,是无因管理成立的主观要件,也是无因管理阻却违法性的根本原因。正是该要件,使无因管理与不当得利、侵权行为区分开来。一般而言,无因管理是为他人利益,但也不排除管理人主观上既为他人又为自己的目的,客观上自己也同时受益的情形。如果管理人纯粹为自己的利益管理他人事务,即使本人从其管理中受有利益,也不能构成无因管理。

由于管理的意思为事实上的意思,而非效果意思,故无须表示。管理人是否为了他人利益而为管理,只有由管理人举证证明。管理人应从自己的主观愿望、事务的性质、管理的必要性以及管理的后果诸方面来证明自己的管理是为他人利益。

(三) 无法律上的原因

无法律上的原因,是指没有法律规定或当事人约定的义务。下列情况不成立无因管理:

1. 管理人负有法定义务。法定义务是法律直接规定的义务。如民法上规定父母对未成年子女负有抚养义务、成年子女对父母有赡养的义务,负有法定义务的人的管理行为不构成无因管理;在公法上,如消防人员救火的行为,警察的救助行为,因属公法上义务的内容,故也不构成无因管理。

2. 管理人负有约定的义务。约定义务是基于合同当事人的约定而产生的义务。例如雇佣合同、委托合同等都可以发生管理他人事务的义务。在这种合同关系下,义务人不得对他人主张无因管理。

须指出的是,管理人虽负有法定或约定义务,但其超过义务范围处理事务并且该事务不属于诚实信用原则的当然要求时,就其超过的部分,仍属于无义务,可成立无因管理。

管理人是否有法定或约定义务,应以开始管理事务时的状态确定。如果起初有义务,而后义务消灭的,自该义务消灭起可构成无因管理;反之起初无义务而为管理,嗣后发生义务的,义务发生前的管理为无因管理。

管理人是否存在义务,应以客观标准来确定,而不以管理人的主观认识为标准。如果负有义务而管理人误认为没有义务,其管理行为不构成无因管理;如果本无义务而管理人误认为有义务,其管理行为可构成无因管理。

三、无因管理的法律效力

无因管理的效力,表现在无因管理一经成立,管理人与本人之间即产生债的关系。管理人有要求本人偿付因管理而支付的必要费用和补偿因管理而遭受的相应损失的权利。但是,与不当得利不同之处在于无因管理之债中管理人不仅是债权人也是债务人。

(一) 管理人的义务

1. 适当管理义务。这是管理人的主义务,管理人自管理承担时起,就应依本人明示或可推知的意思,以利于本人的方法管理。这一义务表现在两个方面:第一,管理人不应违背本人的管理意思;本人就事务管理的意思曾作出明确表示的,不论该明示是否向管理人作出,也不论以何种方式作出,只要管理人知悉,就应依本人意思进行管理。但若本人明示的意思违反社会公益或善良风俗的,管理人出于维护公共利益目的,违反本人意思所为管理,仍为适当管理。第二,管理人应以有利于本人的方法进行管理。所谓有利于本人的方法,应就具体情况确定,而不以管理人或本人的主观意思为标准。管理人主观上认为其管理方法有利于本人,但客观上并不利于本人,甚至反而会使本人的利益受损,则认定其管理是不适当的。反之,本人主观上认为管理人的管理方法不利于自己,但从当时的情况看,管理人的管理是有利于本人利益的,则应认定管理是适当的。

对于适当管理义务的履行，管理人应以善良管理人的注意义务为之。管理人是否尽到善良管理人应尽的注意义务，应结合管理人的管理能力或水平、管理事务的性质以及社会通常管理常识综合判断。如果管理人未尽到善良管理人的注意义务违反了适当管理义务，造成了本人的损害，管理人应承担债务不履行的损害赔偿责任。

2. 通知义务。管理人在管理开始时，应将开始管理的事实通知本人。管理人的通知义务以能够通知为限。如果管理人无法通知，如不知本人为何人或找不到本人，则不负通知义务。本人已知悉管理人的管理时，管理人也可免除此项义务。

3. 报告与计算义务。管理人于开始管理后应及时将管理的有关情况报告给本人，该报告义务也以管理人能够报告为限。管理关系终止时，管理人应向本人报告事务管理始末，并将管理事务所得转归于本人。管理人为自己的利益使用了应交付本人的金钱或财物的，应自使用之时起计付利息。

（二）管理人的权利

管理人的权利也就是本人应承担的义务。管理人的权利主要是可以请求本人偿付因管理事务支出的必要费用。管理人的这一权利，又称为求偿请求权。根据我国《民法通则》的规定和最高人民法院的司法解释，这一费用应包括：

其一，管理人为管理本人事务所支出的必要费用及利息。

其二，管理人为本人负担的必要债务。

其三，管理人因管理事务而遭受的损失。

管理人享有上述三种请求权不以本人因管理人的管理行为所受利益范围为限。管理人管理义务的结果，即便对本人无任何利益，本人仍对管理人负有以上义务，即管理人不担保管理的结果。管理事务不利于本人，或违反本人明示、可推知的意思时，本人有权根据自己的意愿主张享有无因管理所得之利益。于此情形，本人也应在受益范围内对管理人承担相关义务。

根据上述内容分析本节案例可以看出，甲没有法定义务也没有约定的义务，但主观上为避免他人的利益受损失，客观上实施了管理行为，甲的行为符合无因管理的成立要件。甲有权依法请求乙偿付其为管理事务支出的必要费用，包括出租车费和各种医药费。乙不得以未委托为由拒绝支付。

思 考 题

1. 一般保证与连带保证存在哪些区别？
2. 要约与要约邀请的区别是什么？
3. 买卖合同中标的物的交付与标的物的所有权转移、风险负担以及利益承受之间各自存在什么样的联系？
4. 为什么说赠与合同是诺成合同而非实践合同？将赠与合同规定为诺成合同有何现实意义？
5. 如何理解不当得利之债中因受益人主观心态不同而致返还受益范围的差异？

综 合 训 练

1. 乙欠甲10万元,到期未还。丙欠乙11万元货款也到期,乙一直未向丙主张,但乙拥有汽车一辆,价值在20万元左右。

问:

(1) 甲可不可以向丙行使代位权?

(2) 如乙将汽车赠与丁,丁不知甲、乙之间的情况。这时甲可否行使撤销权?

要点提示:

(1) 甲不可以向丙行使代位权。因乙拥有一辆汽车,还没有危及甲的债权。

(2) 甲可以行使撤销权。其符合撤销权成立的条件。

2. 2002年5月6日上午10点40分,天津南开区甲公司的周经理以公司名义给贵阳乙公司以电子邮件方式发出一份协议,要求购买一批贵阳当地的特产。协议中规定乙公司应当在10天内答复。乙公司经理在5月16日下午以乙公司的名义发出了邮件,表示完全接受协议。邮件5点49分发送成功。甲公司的上下班时间是8时至18时。周经理出差到西藏拉萨,于5月17日上午10点30分查阅了这份协议。6月1日乙公司按照协议的要求向天津发货,并电话通知天津的甲公司,甲公司要求停止发货,理由是合同没有成立。

问:

(1) 合同是否成立?为什么?如果成立何时、何地成立?

(2) 如果6月1日交货前,乙公司得知甲公司负债累累,偿债能力明显下降,并且有确切的材料证明甲公司根本不能按时支付货款。那乙公司可否暂时不向甲公司交货?为什么?

(3) 如果乙公司在6月1日后迟延交货,经催告后,在合理期限内仍未履行,则甲公司可否单方解除合同?

要点提示:

(1) 合同成立。2002年5月6日上午10点40分,甲公司发出要约,要约中规定乙公司在10天内答复,乙公司于5月16日下午5点49分发出电子邮件,表示接受要约,没有超过承诺期限,构成承诺,合同成立。合同于承诺送达时(下午5点49分)成立。合同于要约人的营业地(天津南开区)成立。

(2) 乙公司可以不向甲公司交货。因乙公司可行使不安抗辩权。

(3) 可以。符合法定解除的条件。

3. 1月6日,仲某与孙某签订一房屋租赁合同,约定仲某将房屋租给孙某居住,租期两年,一次性交付租金2万元。合同订立后,孙某搬入该房居住,并付清了全部租金。6月5日,仲某采用分6月5日、6月15日两期付款的方式把此套房屋卖给吴某,订立合同时,仲某已将房屋的租赁情况通知吴某,吴某未表示异议。6月15日双方办理了房屋过户登记手续。次年4月,吴某通知孙某于1个月内搬离该套房屋。孙某不同意,声称他是付了租金的,房屋的租期尚未届满,他仍有权继续居住。吴某则认为他并未收取租金,孙某向谁付了租金便向谁说理去，房子现在归他所有，他可以任意处置，双方由此发生争执。

问：

（1）仲某与吴某的买卖合同何时生效？吴某何时取得该套房屋的所有权？

（2）若6月10日因附近商场起火延烧导致该套房屋部分毁损，吴某可否据此要求减少房屋价款？

（3）为使被毁损房屋能够继续使用而花费的修复费用应由谁承担？

（4）吴某是否有权让孙某于1个月内搬出该套房屋？为什么？

要点提示：

（1）6月5日仲某与吴某的买卖合同生效。双方办理过户登记手续之日房屋的所有权转移。

（2）吴某不可以要求减少房屋价款。标的物意外毁损灭失的风险负担由吴某承担。

（3）由吴某承担。吴某拥有了房屋的所有权即成为出租人。

（4）吴某无权让孙某于1个月内搬出该套房屋。因为租期未满，买卖不破租赁。

4. 徐梅从北京某著名大学毕业后，经过申请获得美国哈佛大学的录取通知书，但没有得到全额奖学金。正在她为学费发愁之际，早年移居美国的伯父徐强通过电子邮件表示：如果徐梅能够顺利完成学业，取得硕士学位，他将向徐梅提供所有的学习生活费用。徐梅表示同意，于是赴美读书。不久其伯父去世，遗产由其女徐丽莎继承。临终前，徐强吩咐其女按时用自己在中国合资企业中的收益支付徐梅在美期间的学习生活费用。但徐丽莎拒绝支付。徐梅向中国法院起诉，要求徐丽莎按时支付有关费用。

问：

（1）徐梅与其伯父之间的赠与合同从何时起生效？

（2）徐梅要求徐丽莎履行赠与合同能否得到法院的支持？

（3）如果徐梅在美学习期间依赖伯父赠与的学费生活奢华、荒废学业，徐丽莎是否有权撤销赠与？如果有，在撤销的期限上有何限制？

要点提示：

（1）从徐梅与其伯父之间达成一致时，赠与合同生效。

（2）可以。

（3）徐丽莎有权撤销赠与。自知道或者应当知道撤销原因之日起6个月内行使。

5. 张某在一风景区旅游，爬到山顶后，见一女子孤身站在山顶悬崖边上，目光异样，即心生疑惑。该女子见有人来，便向悬崖跳去，张某情急之中拉住女子衣服，将女子救上来。张某救人过程中，随身携带的价值2 000元的照相机被碰坏，手臂被擦伤。张某将女子送到山下医院，为其支付各种费用500元，并为包扎自己的伤口用去20元。

问：

（1）张某与轻生女子之间存在何种民事法律关系？

（2）张某的照相机被损坏以及治疗自己伤口的费用女子应否偿付？为什么？

（3）张某为女子支付的医疗费等费用能否请求女子偿付？为什么？

要点提示：分析无因管理的构成要件，结合《民法通则》第93条的具体规定判断。

第十一章

继 承 权

学习目标

知识目标
- 了解继承法的基本原则、遗嘱的形式和有效条件、遗赠和遗嘱继承的异同、遗赠扶养协议与遗赠的区别;
- 掌握法定继承人的范围和顺序、代位继承与转继承的区别、丧失继承权的法定情形及被继承人债务的清偿原则。

能力目标
- 能运用继承法的基本知识处理继承遗产的纠纷。

第一节 继承制度概述

【案例】

甲的妻子和父母均已去世,甲有3个儿子,都已成家。老大有钱,但不孝顺;老二孝顺,但在外地工作,无法照料甲;老三长期与甲共同生活。甲死后,留有遗产18万元。

应如何分割?

一、继承和继承法

继承是指自然人死亡后遗留的个人合法财产依法转移给他人所有的一种法律制度。在继承中,遗留财产的死者,称为被继承人;死者遗留的财产称为遗产;有权继承遗产的人称为继承人。继承人是法定继承人范围以内的能够接受死者遗产的自然人,包括法定继承人和遗嘱继承人。

继承法是调整遗产继承关系的法律规范的总和。继承法有形式意义继承法和实质意义继承法之分。形式意义继承法仅指以"继承法"命名的法律,如《继承法》。实质意义继承法泛指一切调整继承关系的法律、法规、最高人民法院的司法解释等规范性文件,既包括《继承法》,也包括《婚姻法》中有关财产继承问题的规定,《民事诉讼法》中关于财产继承问题的规定,等等。

二、继承法的基本原则

继承法的基本原则,是处理财产继承必须遵循的法律准则,反映了继承法立法的基本指导思想,也是研究、解释和贯彻执行继承法的依据和出发点。

(一)保护公民私有财产继承权原则

保护公民私有财产继承权是我国继承法的最首要的基本原则,是我国继承法的立法宗旨,也是继承法的目的和任务。这一原则主要表现在以下方面:

1. 凡是自然人死亡时遗留的个人合法财产均为遗产,继承人都可以依法继承。

2. 继承人的继承权不得被非法剥夺。除有《继承法》规定的法定事由外,继承人的继承权不因任何事由而丧失,继承开始后,继承人没有明确表示放弃继承权的,视为接受继承,而不能作为放弃继承处理。

3. 继承人享有继承权不受有无民事行为能力的限制。依《继承法》第6条的规定,无民事行为能力人的继承权、受遗赠权,由其法定代理人代为行使;限制民事行为能力人的继承权、受遗赠权,由其法定代理人代为行使,或者征得法定代理人同意后行使。

4. 继承人的继承权受到他人的非法侵害时,有权在法定期间内通过诉讼程序请求人民法院依法给予保护。《继承法》第8条专门规定了继承权保护的诉讼时效,规定"继承权纠纷提起诉讼的期限为二年,自继承人知道或应当知道其权利被侵犯之日起算"。

(二)继承权平等原则

平等原则是民法的一项基本原则,也是继承法的基本原则,这一原则主要体现在以下方面:

1. 继承权男女平等。我国《继承法》第9条规定:"继承权男女平等。"继承权男女平等原则在继承法上的具体表现,主要包括以下几点:

第一,在法定继承人的范围、继承顺序和遗产分配中,女子同男子有平等的继承遗产的权利。

第二,女子无论已婚或未婚,均有与男子同等的继承权。

第三,夫妻都有相互继承遗产的权利。

第四,遗嘱继承男女平等。男子或女子都可立遗嘱处分自己的合法财产。

2. 非婚生子女与婚生子女、养子女与亲生子女继承权平等。

3. 同一顺序继承人继承遗产的权利平等。我国《继承法》第13条规定:"同一顺序继承人继承遗产的份额,一般应当均等。"继承份额的多寡不能因性别不同而有所区别,只能因所尽义务的多少而有所不同。

（三）权利义务相一致原则

权利和义务相一致是我国继承法的一个重要原则。这项原则在继承法中有自己的特定含义。具体表现在以下几个方面：

其一，在法定继承份额上，对被继承人尽了主要扶养义务或者与被继承人共同生活的继承人，分配遗产时，可以多分；有扶养能力和扶养条件的继承人，不尽扶养义务的，分配遗产时，应当不分或者少分。本节案例中甲的遗产由三个儿子协商如何分割，协商不成的根据权利义务相一致的原则，三儿子长期照料甲，可以多分遗产，大儿子不孝顺，应当不分或少分遗产。

其二，在订有遗赠扶养协议的情形下，扶养人按照协议尽了扶养义务的，有受遗赠的权利；不尽扶养义务的，不能享有受遗赠的权利。

其三，继承人继承被继承人遗产的，也应当偿还被继承人生前所欠的债务。

其四，遗嘱继承或者遗赠附有义务的，继承人或者受遗赠人应当履行所附义务；没有正当理由不履行义务的，人民法院可以取消其接受遗产的权利。

（四）养老育幼原则

养老育幼，即赡养老人、抚育未成年子女及照顾病残者。我国继承法始终贯彻这一基本精神，它要求在继承关系中切实保护老人和儿童的合法权益，对缺乏劳动能力又没有生活来源的继承人给予特别照顾。具体体现在以下几个方面：

1. 遗产的分配有利于养老育幼。对生活有特殊困难的缺乏劳动能力的继承人，应当予以照顾；对于继承人以外的依靠被继承人扶养的缺乏劳动能力又没有生活来源的人，可以分给他们适当的遗产。

2. 在遗嘱继承和遗赠中保护老、幼、残疾人的利益。依《继承法》的规定，被继承人以遗嘱处分其财产时，遗嘱中应当为缺乏劳动能力又无生活来源的继承人保留必要的遗产份额，以保障他们的基本生活需要。

3. 遗产分割不能侵害未出生人的利益。遗产分割时，应当保留胎儿的继承份额，以保护被继承人死亡后出生子女的利益。被继承人在遗嘱中取消其死亡后出生的人应取得的遗产份额的，其处分行为无效。

（五）互谅互让、和睦团结的原则

《继承法》第15条明确规定："继承人应当本着互谅互让，和睦团结的精神，协商处理继承问题。"这一原则主要体现在遗产的分割中，遗产分割的时间、方法和份额，由继承人协商确定。

三、遗产

遗产是指被继承人死亡时遗留的个人合法财产和依法可以继承的财产权利。

（一）遗产的范围

根据《继承法》第3条的规定，遗产包括：

（1）自然人的收入。自然人的收入，既包括工资、奖金、从事承包经营等的劳动收入，也包括接受继承、赠与等其他合法收入。

（2）自然人的房屋、储蓄和生活用品。

（3）自然人的林木、牲畜和家禽。

（4）自然人的文物、图书资料。

（5）法律允许自然人所有的生产资料。

（6）自然人的著作权、专利权中的财产权利。虽然继承法当时只规定了著作、专利权中的财产权利，但是从其立法精神来看，应包括各种知识产权中的财产权。知识产权主要包括著作权、专利权、商标权、发明权、发现权以及其他科技成果权。知识产权既包括人身权利，也包括财产权利。其中的人身权利，因其与人身不可分离，所以不可转移、让与他人，而是随自然人死亡而消灭，不发生继承。而其中的财产权利则可以被继承，属于遗产范围。

（7）公民的其他合法财产。如有价证券，主要包括票据、股票和提货单等；另外，履行标的为财物的债权也为遗产。

（二）认定遗产应注意的问题

1. 被继承人的遗产与公有财产的区分。自然人生前承包的小型企业、土地、山林、牧场、草原、鱼塘、果园等，其所有权属于国家或集体组织，承包人只有经营管理权，没有所有权，因此，对该承包经营财产不发生继承问题。但是，自然人生前依承包合同所取得的个人收益，是自然人的合法收入，可以依法继承。如果承包人死亡时尚未取得承包收益，可把死者生前承包所投入的资金和付出的劳动及其增值的孳息，由发包人或接续承包人合理折价、补偿，其价额作为遗产。

2. 被继承人的遗产与共有财产的区分。共有财产包括夫妻共有、家庭共有、合伙共有等财产。当被继承人为共有财产的权利人之一时，其死亡后，应该把死者享有的份额从共有财产中分出。我国《继承法》第26条规定："夫妻在婚姻关系存续期间所得的共同所有的财产，除有约定的以外，如果分割遗产，应当先将共同所有的财产的一半分出为配偶所有，其余的为被继承人的遗产。"

3. 被继承人的遗产与保险金的区分。保险金分为人身保险金和财产保险金两种。人身保险金能否列入被保险人的遗产，取决于被保险人是否指定了受益人。指定了受益人的，被保险人死亡后，其人身保险金应付给受益人；未指定受益人的，被保险人死亡后，其人身保险金应作为遗产处理。财产保险不存在指定受益人的问题，因此，财产保险金属于被保险人的遗产。

4. 被继承人的遗产与抚恤金的区分。抚恤金分为两类：一是因工伤残抚恤费和革命残疾军人抚恤费，归因工伤残者和革命残疾军人个人所有。死亡后，被继承人生前已经领取的抚恤费的剩余部分可以作为遗产继承。二是职工因公死亡、革命军人牺牲或病故，国家或死者生前所在单位等给予死者家属的精神关怀和物质帮助，不是死者生前的个人财产，不能作为遗产。

第二节 法定继承

【案例】
张某（男）与刘某（女）于2002年结婚，2003年生育一子张小强，2004年夫妻二人购买价值30万元住房一套，登记户主为张某。2005年张某遇车祸死亡，其死亡时夫妻共有存款5万元。张某死后，刘某欲再婚，张某的父母反对未果后遂要求继承该套房屋。

张某的遗产如何继承？

一、法定继承的概念和特征

法定继承是指根据法律直接规定继承人范围、继承顺序、继承遗产份额及遗产分配原则的一种继承方式。

我国古代没有成文民法典，也没有法定继承一词，但存在以宗祧继承为前提的财产继承制度。1930年中华民国时期的民法典继承编，虽然废除了宗祧继承制度，确立了以法定继承为主的财产继承制度，但仍保留了宗祧继承的残迹。因此，在我国真正确立以法定继承为主的财产继承制度，是在《继承法》中得到实现的。

法定继承具有以下特征：

（一）法定继承是遗嘱继承的补充

法定继承虽是与遗嘱继承并行的继承方式，在我国还是一种主要的继承方式，但是在效力上，它低于遗嘱继承，只有在不适用遗嘱继承时才适用法定继承。

（二）法定继承以一定的人身关系为基础

在法定继承中，法定继承人是由法律直接规定，法律规定继承人的依据就是继承人与被继承人之间的婚姻关系、血缘关系和抚养关系等人身关系的存在。而亲属关系的远近又是确定法定继承顺序先后的根据。

（三）法定继承具有法定性、强制性

法定继承人的范围、继承顺序、继承份额和遗产分配原则都由法律明确加以规定，属于强制性的法律规范，除被继承人依法订立遗嘱或订立遗赠扶养协议的方式改变外，任何组织和个人均无权予以改变。

二、法定继承的适用范围

法定继承的适用范围，是指法定继承在什么情形下适用。《继承法》第5条规定："继承开始后，按照法定继承办理；有遗嘱的，按照遗嘱继承或者遗赠办理；有遗赠扶养协议的，按照协议办理。"一般来说，法定继承的适用范围包括：

（1）被继承人生前未与他人订立遗赠扶养协议或已订立的遗赠扶养协议无效，也未立遗

嘱处分遗产的。

（2）遗嘱继承人放弃遗嘱继承或受遗赠人放弃受遗赠的，放弃的部分适用法定继承。

（3）遗嘱继承人丧失继承权的，遗嘱中指定由其继承的部分，适用法定继承。

（4）遗嘱继承人、受遗赠人先于遗嘱人死亡的，遗嘱对其尚未发生效力，因而，遗嘱中指定由其继承、受赠的财产部分适用法定继承。

（5）遗嘱未处分以及遗嘱无效部分所涉及的遗产适用法定继承。

三、法定继承人的范围

法定继承人是指由法律直接规定取得继承权的人。法定继承人的范围是指哪些人可以作为法定继承人。我国继承法是以婚姻关系和血缘关系为基础确定法定继承人的范围，同时将抚养关系作为确定法定继承人的重要依据。根据《继承法》第10、11、12条的规定，法定继承人包括：

（一）配偶

我国《婚姻法》和《继承法》规定，夫妻有相互继承遗产的权利，因此，配偶是法定继承人。作为继承人的配偶必须是被继承人死亡时与被继承人有合法婚姻关系的人，已经终止婚姻关系的人不是配偶。是否有合法婚姻关系应以双方是否办理结婚登记手续领取结婚证书为标准，凡未办理结婚登记手续而以夫妻名义共同生活的男女，在一方死亡时，除依法可以承认的事实婚姻外，另一方不能以配偶身份对死亡一方的遗产主张继承权。

另外，虽已办理结婚登记手续领取结婚证书，但如果被认定为无效婚姻或可撤销婚姻被撤销的，当事人自始不具有夫妻的权利和义务，一方死亡的，另一方当然也不能以配偶身份主张继承权。

（二）子女

子女是被继承人最近的直系晚辈亲属。根据我国《继承法》第10条的规定，作为法定继承人的子女包括婚生子女、非婚生子女、养子女和有抚养关系的继子女。

1. 婚生子女。婚生子女是指有合法婚姻关系的男女所生育的子女。婚生子女不论随父姓还是随母姓，不论已婚未婚，都有权继承父母的遗产。无论该婚生子女父母的婚姻关系是否存续或是因父母离婚而由一方抚养的子女，对其生父、生母的遗产都享有继承权。

2. 非婚生子女。非婚生子女是指没有合法婚姻关系的男女所生育的子女。尽管非婚生子女的父母之间的两性关系是非法的，但是非婚生子女本身是无辜的，他们享有与婚生子女同等的权利，当然也享有同等的继承权。

3. 养子女。养子女是因收养关系的成立而与养父母形成父母子女关系的，养父母和养子女间的权利和义务，适用父母子女关系的有关规定。养子女与生父母及其他近亲属的权利义务，因收养关系的成立而消除。因此，养子女只有权继承养父母的遗产，而无权继承生父母的遗产。但在现实生活中，养子女对养父母尽了赡养义务，同时又对生父母扶养较多的，除依法继承养父母的遗产外，还可以依《继承法》第14条的规定适当分得生父母的遗产。

养父母子女关系是一种拟制血亲关系,可以依法成立,也可依法解除。收养关系解除后,养子女与养父母间的权利义务关系同时终止,养子女不能再继承养父母的遗产。收养关系解除后,被收养人是未成年人的,与生父母的权利义务关系自然恢复,当然可以继承生父母的遗产;但成年养子女与生父母间的权利义务关系并不自然恢复,如果双方协商一致恢复父母子女关系的,相互间有继承权,但不能协商一致恢复父母子女关系的,不能继承生父母的遗产。

在现实生活中,还有一种养孙子女的情况。因为收养人和被收养人年龄相差悬殊,相互间不以父母子女相称,民间习惯以祖父母和孙子女相称,实际上,这是一种特殊的养父母子女关系。对此,最高人民法院司法解释规定,养祖父母与养孙子女的关系,视为养父母和养子女关系的,可互为第一顺序继承人。

4. 有扶养关系的继子女。继子女是配偶一方对另一方与前妻或前夫所生子女而言的。继子女与继父母之间没有血缘关系,所以继子女可以继承其生父母的遗产,但能否继承继父母的遗产,取决于继子女和继父母之间是否形成扶养关系。有扶养关系的继子女有权继承继父母的遗产;相反,没有形成扶养关系的,继子女不是继父母的法定继承人。

(三) 父母

父母是被继承人最近的直系长辈亲属。根据我国《继承法》第10条的规定,作为法定继承人的父母包括生父母、养父母和形成扶养关系的继父母。

生父母有权继承亲生子女的遗产,但子女被他人收养的,父母子女的权利义务关系消灭,父母对其被他人收养的子女无遗产继承权。养父母有权继承养子女的遗产,但收养关系解除后,养父母不再享有继承养子女遗产的权利。

继父母和继子女之间已经形成抚养关系的,继父母有双重继承权,既可以继承继子女的遗产,同时对其亲生子女的遗产也有继承权;未形成扶养关系的,继父母无权继承继子女的遗产,仍有权继承亲生子女的遗产。

(四) 兄弟姐妹

兄弟姐妹包括同父母的兄弟姐妹、同父异母或同母异父的兄弟姐妹、养兄弟姐妹、有扶养关系的继兄弟姐妹。

需要注意的是,养兄弟姐妹包括养子女与生子女之间、养子女与养子女之间的兄弟姐妹关系,他们互为继承人。被收养人与亲兄弟姐妹之间的权利义务关系,因收养关系的成立而消除,不能互为继承人。

继兄弟姐妹是异父异母的兄弟姐妹,他们之间无血缘关系,因此继兄弟姐妹之间并不当然有继承权。根据最高人民法院的司法解释,继兄弟姐妹之间的继承权,因继兄弟姐妹之间的扶养关系而发生。没有扶养关系的继兄弟姐妹,不能互为继承人。继兄弟姐妹之间相互继承了遗产的,不影响其继承亲兄弟姐妹的遗产。

(五) 祖父母、外祖父母

祖父母、外祖父母是孙子女、外孙子女的法定继承人。

（六）对公、婆尽了主要赡养义务的丧偶儿媳，对岳父、岳母尽了主要赡养义务的丧偶女婿

儿媳与公婆、女婿与岳父母之间是姻亲关系，没有血缘联系，相互之间本没有继承权。基于权利义务相一致的原则，并且为了提倡中华民族尊老、养老、爱老的风尚，《继承法》第12条明确规定："丧偶儿媳对公、婆，丧偶女婿对岳父、岳母，尽了主要赡养义务的，作为第一顺序继承人。"

认定是否"尽了主要赡养义务"，一般可以从以下几方面综合考虑：或对被继承人生活提供了主要经济来源，或在劳务等方面给予了主要扶助的。儿媳对公婆、女婿对岳父母的这种赡养义务具有长期性、经常性。以上条件具备的，不论他们是否再婚，均为第一顺序继承人。

四、法定继承人的继承顺序

法定继承人的继承顺序是法律直接规定的法定继承人继承遗产的先后顺序。继承开始后，并非所有法定继承人都同时参加继承，而是按照法律规定的先后顺序参加继承。在有第一顺序的继承人参加继承的情况下，第二顺序的法定继承人无权请求继承遗产，只有在没有第一顺序继承人或第一顺序的继承人全部放弃继承权或者丧失继承权的情况下，第二顺序的继承人才有权参加继承。我国继承法确定的法定继承人的继承顺序是：

第一顺序：配偶、子女、父母、对公婆尽了主要赡养义务的丧偶儿媳和对岳父、岳母尽了主要赡养义务的丧偶女婿。

第二顺序：兄弟姐妹、祖父母、外祖父母。

五、代位继承

代位继承，又称间接继承、代袭继承或承祖继承，是指在法定继承中，被继承人的子女先于被继承人死亡时，由被继承人子女的晚辈直系血亲代位继承其应继份额的法律制度。在代位继承中，先于被继承人死亡的子女，称为被代位继承人或被代位人；代替被代位继承人继承遗产的晚辈直系血亲，称为代位继承人或代位人；代位继承人代替被代位继承人继承遗产的权利，称为代位继承权。在代位继承中，代位继承人代替被代位继承人所固有的继承地位、按被代位继承人的继承顺序和应继份额继承遗产。

（一）代位继承应具备的条件

1. 被代位继承人是被继承人的子女，并且在继承开始前先于被继承人死亡。被代位继承人于继承开始前死亡，包括自然死亡和宣告死亡。

2. 被代位继承人未丧失继承权。被代位继承人丧失继承权的，其晚辈直系血亲不得代位继承。

3. 代位继承人是被代位继承人的晚辈直系血亲。被代位继承人的其他亲属无权代位继承。被代位继承人的晚辈直系血亲不仅包括被代位继承人的亲生子女，最高人民法院《关于贯彻执行〈中华人民共和国继承法〉若干问题的意见》（以下简称《继承法意见》）第26条

中规定："被继承人的养子女、已形成扶养关系的继子女的生子女可代位继承；被继承人亲生子女的养子女可代位继承；被继承人养子女的养子女可代位继承；与被继承人已形成扶养关系的继子女的养子女也可以代位继承。"

该意见第 25 条中还规定："被继承人的孙子女、外孙子女、曾孙子女、外曾孙子女都可以代位继承，代位继承人不受辈数的限制。"

4. 代位继承只适用于法定继承。在遗嘱继承中，因为遗嘱只有在遗嘱人死亡时发生法律效力，遗嘱中指定的遗嘱继承人才实际享有继承遗产的权利。如果遗嘱继承人于遗嘱生效前死亡，此时尚未取得继承权，没有这一前提，自然不会发生晚辈直系血亲代位继承的问题，所以遗嘱继承中不适用代位继承。

（二）代位继承时的遗产分割

在具备代位继承的条件时，即发生代位继承，代位继承人取代被代位继承人的继承地位参与遗产继承。

1. 代位继承人的继承顺序。依照我国继承法的规定，被继承人的子女为第一顺序的法定继承人，因此代位继承人代位继承时，是作为被继承人的第一顺序的法定继承人参加继承的。而且丧偶儿媳、丧偶女婿作为第一顺序的继承人参加法定继承时，不影响其子女的代位继承。

2. 代位继承人的应继份额。代位继承人一般只能继承被代位继承人有权继承的遗产份额。因此，当代位继承人有数人时，不能与其他第一顺序的法定继承人按人均分配遗产，而只能共同继承被代位继承人有权继承的份额。比如：被继承人有一子一女，儿子先于被继承人死亡，儿媳另嫁再无来往，其子有一子一女两个孩子。在这种情况下，不能由被继承人的女儿、孙子、孙女三人均分遗产；而是将遗产分为两份，被继承人的女儿继承一份，孙子、孙女共同继承一份。

六、转继承

转继承又称连续继承、再继承、第二次继承，是指继承人在继承开始后，遗产分割前死亡，其应继承的遗产转归其合法继承人继承的法律制度。该合法继承人称为转继承人。

继承从被继承人死亡时开始，凡是在被继承人死亡时生存的有继承资格的继承人都可以继承被继承人的遗产。但继承人并非在继承开始时就分配遗产，如果继承人在遗产分割前死亡，便不能实际接受遗产，这种情形下就会发生继承人应继份额该由何人承受的问题。这样就发生转继承。

（一）适用转继承应具备的条件：

1. 继承人在继承开始后，遗产分割前死亡。如果继承人在继承开始前死亡，只会发生代位继承问题。如果继承人在遗产分割后死亡，因其已经实际取得遗产的所有权，在这种情形下，死亡的继承人便会成为新的继承关系中的被继承人，引发其自身遗产的一般继承问题，其继承人将直接继承其遗产，而不是发生转继承。

2. 继承人既未放弃继承权也未丧失继承权。

（二）转继承和代位继承的区别

转继承和代位继承具有一定的相似之处，都是由原有继承权的继承人的继承人取得被继承人的遗产，但两者是完全不同的法律制度，有着明显的区别。主要表现在以下三个方面：

1. 发生条件不同。转继承是基于继承人在继承开始后遗产分割前死亡的法律事实引发的；而代位继承是基于被代位继承人先于被继承人死亡，即在继承开始前死亡引发的。而且被代位继承人只限于被继承人的子女，并非所有继承人。

2. 继承人范围不同。转继承人是死亡继承人的所有合法继承人，并没有晚辈直系血亲的限制。而代位继承人只能是被代位继承人的晚辈直系血亲。

3. 适用的范围不同。转继承可以发生在法定继承中，也可以发生在遗嘱继承中。法定继承中，继承人在继承开始后遗产分割前死亡，其应继承的法定遗产份额转由其合法继承人继承；在遗嘱继承中，继承人在继承开始后未表示放弃继承并在遗产分割前死亡，其依有效遗嘱应继承的遗产同样转由其继承人继承。而代位继承只发生在法定继承中，不适用于遗嘱继承。

七、法定继承中的遗产分配

（一）法定继承的遗产分配原则

在法定继承中，若继承人为多人时，就涉及如何确定各继承人的应继份额，这就是遗产的分配原则。依据《继承法》第13条的规定，法定继承的遗产分配按照以下原则确定：

同一顺序继承人继承遗产的份额，在没有法律规定的特别情形下，一般应当均等。但是，在下列特殊情况下，继承人的继承份额可以不均等：

（1）对生活有特殊困难的缺乏劳动能力的继承人，分配遗产时，应当予以照顾。

（2）对被继承人尽了主要扶养义务或者与被继承人共同生活的继承人，分配遗产时，可以多分。尽了主要扶养义务是指对被继承人提供了主要经济来源，或在劳务等方面给予了主要扶助的。

与被继承人共同生活的继承人并非都可以多分遗产，有扶养能力和扶养条件的继承人虽然与被继承人共同生活，但对需要扶养的被继承人不尽扶养义务，根据最高人民法院《继承法意见》第34条的规定，可以少分或不分。

应当注意的是，继承人有扶养能力和扶养条件，愿意尽扶养义务的，但被继承人因有固定收入和劳动能力，明确表示不要求扶养的，分配遗产时，一般不应因此而影响其应继承份额。

（3）继承人协商同意的，也可以不均等。

（二）法定继承人以外的人酌情分配遗产问题

根据《继承法》第14条的规定，可以酌情分配遗产的人应是以下两种情况之一：

（1）继承人以外的依靠被继承人扶养的缺乏劳动能力又没有生活来源的人；

（2）继承人以外的对被继承人扶养较多的人。

法律赋予继承人以外的人酌情分得遗产的权利，是基于他们与被继承人之间存在特别的扶养关系，为了保障需要扶养的人的生活需求和体现权利义务相一致的原则。酌情分得遗产的人，有权要求分得适当的遗产，根据他们的具体情况，分配遗产时，可以多于或少于继承人。

本节的案例中，一套价值 30 万元的房屋与 5 万元存款是夫妻共同财产，有一半是妻子刘某的，另外的一半作为张某的遗产，在其没有立遗嘱的情况下，由妻子刘某、父亲、母亲、儿子平均分配。

第三节 遗嘱继承、遗赠、遗赠抚养协议

【案例1】

李某有一子一女，李某去世后留下的遗产有一套房屋和 10 万元存款，李某的遗嘱写明将房屋给儿子继承。

李某的遗产如何处理？

【案例2】

王某有一儿一女，妻子早逝，王某退休后与儿子一起生活。2002 年 2 月，王某自书遗嘱，决定在其去世后，全部存款和一套房屋由儿子继承。但是后来因儿媳不孝顺，王某搬到女儿家里居住。2004 年 5 月，王某又立一份遗嘱，全部存款归女儿，一套房屋由儿子继承，并作了公证。2006 年 12 月，王某病重住院，女儿细心照顾，可是儿子很少去探望。王某在弥留之际，当着三个医生的面立下口头遗嘱，将其全部存款和一套房屋都留给女儿继承。王某去世后，一儿一女在继承遗产时发生纠纷。

王某生前立过三份遗嘱，这些遗嘱是否都有效，按哪一份遗嘱处分遗产？

【案例3】

周某生前与村委会签订了遗赠扶养协议，约定"村委会负责周某的生养死葬，死后其所有房屋四间、生活用品归村委会所有"。但其后周某又自书遗嘱"房屋两间给自己的长子继承，存款 1 000 元给孙女"，周某去世后，周某之子与村委会关于遗产分割问题发生纠纷。

周某的遗产该如何处理？

一、遗嘱继承概述

遗嘱继承又称"指定继承"，是指继承开始后，继承人按照被继承人的合法有效的遗嘱继承被继承人遗产的法律制度。在遗嘱继承中，生前立有遗嘱的人称为遗嘱人或立遗嘱人，依照遗嘱的指定享有遗产继承权的人为遗嘱继承人。

遗嘱继承是按照被继承人的遗嘱来继承遗产的。继承法确认和保护遗嘱继承，公民生前可以按自己的意愿对其死后财产的处分作出安排，这样可以减少遗产继承中的纠纷。另外，为了防止公民滥用法律赋予的遗嘱处分权，我国继承法对遗嘱的自由也加以必要的限制。

（一）遗嘱继承的法律特征

遗嘱继承与法定继承相比，具有以下特征：

1. 遗嘱继承的发生须有合法有效的遗嘱存在。引起遗嘱继承发生的法律事实有两个，即被继承人死亡和被继承人立有合法的遗嘱。

2. 遗嘱继承人和法定继承人的范围相同，但遗嘱继承不受法定继承顺序和应继份额的限制。

3. 遗嘱继承是对法定继承的一种排斥。遗嘱继承效力优于法定继承，在继承开始后，有遗嘱的，先要按照遗嘱进行继承。上述案例1中，李某的遗产首先按遗嘱将房屋给儿子继承，10万元存款在遗嘱中未提及，则存款按法定继承由子女平分。

（二）遗嘱继承的适用条件

依据我国《继承法》的规定，在被继承人死亡后，只有具备以下条件时，才能按照遗嘱继承办理：

1. 没有遗赠扶养协议。遗嘱继承的效力虽然优于法定继承的效力，但遗嘱继承不能对抗遗赠扶养协议，只有在没有遗赠扶养协议的情况下，被继承人的遗产才可按照遗嘱办理。

2. 被继承人立有遗嘱且遗嘱合法有效。

3. 指定继承人未丧失继承权和未放弃继承权。

遗嘱继承同法定继承一样，继承人可以接受继承，也可以放弃继承。但其放弃继承的意思表示须以明示的方式作出。在继承人明确表示放弃继承时，对指定继承人放弃继承的遗产，不适用遗嘱继承，而应按法定继承办理。

二、遗嘱的形式和有效条件

（一）遗嘱的概念和特征

遗嘱是公民生前按照法律的规定处分自己的财产及安排与此相关的事务并于死亡后发生效力的单方民事行为。遗嘱具有以下法律特征：

1. 遗嘱是于遗嘱人死后才发生法律效力的民事行为。遗嘱是否合乎法律规定的条件，能否有效，均以遗嘱人死亡时为准。因此，立遗嘱人可随时变更或撤销遗嘱。

2. 遗嘱是一种单方、要式民事行为。遗嘱是一种单方民事行为，遗嘱继承人是否接受继承、受遗赠人是否接受遗赠并不影响遗嘱的成立和效力；遗嘱应当采取法律规定的形式。

3. 遗嘱的内容必须不违反法律规定。

（二）遗嘱的形式

1. 遗嘱形式的种类

遗嘱的形式，是指立遗嘱人表达自己处分其财产的形式。遗嘱的形式是否合法，决定着遗嘱是否有效，遗嘱继承人能否取得遗产。我国《继承法》第17条规定，遗嘱的形式包括以下五种：

（1）公证遗嘱。公证遗嘱是经公证机关公证证明的遗嘱。公证遗嘱是方式最为严格的遗嘱，较之其他的遗嘱方式更能保障遗嘱人意思表示的真实性。因此，在当事人发生继承纠纷时，公证遗嘱是证明遗嘱人处分财产的意思表示的最有力和最可靠的证据。

公民设立公证遗嘱，应亲自带身份证件到公证机关提出办理遗嘱公证的申请，并于公证员面前亲自书写遗嘱，在遗嘱上签名和盖章、注明年月日；无书写能力或由于其他原因不能亲笔书写的，可向公证员口授遗嘱内容，由公证员二人在场并作出记录，由遗嘱人确认无误后，公证人员和遗嘱人要在记录上签名，并注明设立遗嘱的时间和地点。公证人员对遗嘱的真实性、合法性予以审查，经审查认为合法有效的，予以公证，出具《遗嘱公证证明书》。该公证书一式两份，由公证机关和遗嘱人分别保存，遗嘱人也可以委托公证机关代为保存，公证人员在遗嘱开启前有为遗嘱人保守遗嘱秘密的义务。

（2）自书遗嘱。自书遗嘱是指由遗嘱人亲笔书写的遗嘱。自书遗嘱应当由遗嘱人亲笔写下遗嘱的全部内容，既不能由他人代笔，也不能打印。遗嘱人应当在遗嘱上注明书写的时间、地点，并应亲笔签名，不得以私人印章、手印或其他符号来代替签名。如有增删或改动，应在增删、改动内容的旁边注明字数并签名，还应写明时间、地点。

另外，最高人民法院《继承法意见》第40条规定："公民在遗书中涉及死后个人财产处分的内容，确为死者真实意思的表示，有本人签名并注明了年、月、日，又无相反证据的，可按自书遗嘱对待。"可见，遗书符合书面遗嘱的形式要求的，具有遗嘱的法律效力。

（3）代书遗嘱。遗嘱人在无书写能力或因故不能亲自书写遗嘱的情况下，可请他人代笔书写，代书遗嘱的要件是：必须要由遗嘱人口述遗嘱内容；必须要由两个以上的见证人（代书人也可为见证人）在场见证；代书人写好了的遗嘱必须经遗嘱人认可；代书遗嘱的时间、地点必须记明；代书人、其他见证人和遗嘱人在遗嘱上签名，并注明年、月、日。

（4）录音遗嘱。录音遗嘱是遗嘱人通过录音、录像方式记载遗嘱内容的遗嘱。录音遗嘱由遗嘱人亲自叙述遗嘱的全部内容，并说明制作录音遗嘱的具体时间、地点；须有两个以上的见证人见证，见证人的见证证明应录制在录制遗嘱的音像介质上。制作完毕后要将其封存，并在封面上由遗嘱人、见证人签名，注明年、月、日；然后，由遗嘱人或由遗嘱人交给见证人保管。录音遗嘱必须在制作遗嘱的见证人和继承人到场的情况下，当众启封。

（5）口头遗嘱。口头遗嘱是指由遗嘱人口头表述的而不以任何方式记载的遗嘱。由于这种形式的遗嘱，容易被人篡改、伪造，容易失真，因此，采用口头遗嘱受到严格限制。根据《继承法》第17条第5款的规定，口头遗嘱须具备以下两个条件：一是遗嘱人处于危急情况下，不能以其他方式设立遗嘱。所谓的危急情况，一般是指遗嘱人生命垂危、在战争中或者发生意外灾害，随时都有生命危险，而来不及或无条件设立其他形式遗嘱的情况。在危急情况解除后，遗嘱人能够用书面或者录音形式立遗嘱的，所立的口头遗嘱无效；二是应当有两个以上的见证人在场见证。遗嘱人于危急情况下设立口头遗嘱的，也至少有两个以上见证人在场见证。见证人应将遗嘱人口授的遗嘱记录下来，并由记录人、其他见证人签名，注明年、月、日；见证人无法当场记录的，应于事后追记、补记遗嘱人口授的遗嘱内容，并于记录上共同签名，并注明年、月、日，以保证见证内容的真实、可靠。一旦危急情况解除，遗嘱人能够采用其他方式订立遗嘱时，不论遗嘱人是否另立遗嘱，口头遗嘱都失去效力。

2. 遗嘱见证人

依《继承法》第17条的规定，代书遗嘱、录音遗嘱、口头遗嘱必须有两个以上的见证人在场见证。遗嘱见证人是证明遗嘱真实性的第三人。一般说来，见证人应当具备两个条件：一是有完全行为能力；二是与继承人、遗嘱人无利害关系。依《继承法》第18条规定，下列人员不能作为遗嘱见证人：一是无民事行为能力人、限制民事行为能力人；二是继承人、受遗赠人；三是与继承人、受遗赠人有利害关系的人。根据最高人民法院《继承法意见》第36条的规定，继承人、受遗赠人的债权人、债务人，共同经营的合伙人，都是与继承人、受遗赠人有利害关系的人，不能作为遗嘱见证人。

(三) 遗嘱的有效条件

根据我国继承法的有关规定，合法有效的遗嘱除了符合法定的形式要件外，还必须同时符合下列三个实质要件：

1. 遗嘱人必须具有遗嘱能力。《继承法》第22条第1款规定："无行为能力人或者限制行为能力人所立的遗嘱无效。"因而，只有具有完全民事行为能力的人才有遗嘱能力。遗嘱人是否具有遗嘱能力，应以其立遗嘱时为标准。如果遗嘱人立遗嘱时有完全的行为能力，后来丧失了行为能力，不影响遗嘱的效力。

2. 遗嘱必须是遗嘱人的真实意思表示。《继承法》第22条明确规定："遗嘱必须表示遗嘱人的真实意思，受胁迫、欺骗所立的遗嘱无效。伪造的遗嘱无效。遗嘱被篡改的，篡改的内容无效。"

3. 遗嘱的内容须合法。遗嘱内容必须合法，才能发生法律效力。遗嘱的内容是否合法，应以被继承人死亡时为准。如遗嘱人在遗嘱中指定继承人继承某物，在立遗嘱时该物并不为遗嘱人所有，遗嘱人处分了他人的财产当然是不合法的，但是若其后于被继承人死亡前被继承人取得了该物的所有权，于继承开始时，遗嘱人所立的遗嘱就为合法的。

立遗嘱时，必须为缺乏劳动能力又没有生活来源的继承人保留必要的遗产份额。而法定继承人是否为缺乏劳动能力又没有生活来源的人，应以继承开始时为准，不能以遗嘱人立遗嘱时继承人的状况为准。遗嘱中未为缺乏劳动能力又没有生活来源的继承人保留必要的遗产份额时，遗嘱并非全部无效，而仅是涉及处分应保留份额遗产的遗嘱内容无效，其余内容仍可有效。最高人民法院《继承法意见》第37条规定："遗嘱未保留缺乏劳动能力又没有生活来源的继承人的遗产份额，遗产处理时，应当为该继承人留下必要的遗产，所剩余的部分，才可参照遗嘱确定的分配原则处理。"

(四) 遗嘱的变更和撤销

遗嘱是遗嘱人死亡时才发生法律效力的遗嘱人单方的意思表示，因此，在遗嘱发生效力前，遗嘱人可随时变更或撤销所立的遗嘱。

遗嘱的变更是指遗嘱人依法改变原先所立遗嘱的部分内容。遗嘱的撤销是指遗嘱人取消原来所立的遗嘱。遗嘱人变更和撤销遗嘱主要通过以下几种途径完成：

1. 遗嘱人重新订立遗嘱，并在新的遗嘱中明确声明变更或撤销原来所立的遗嘱。但是，如果原来所立的遗嘱是公证遗嘱，遗嘱人在变更或撤销原遗嘱时，则必须重新订立公证遗嘱。

其他形式的遗嘱不得变更或撤销公证遗嘱。

2. 遗嘱人立有数份遗嘱，内容相抵触的，以最后遗嘱为准；但是，最后的遗嘱不是公证遗嘱的，是不能变更或撤销前面的公证遗嘱的。如本节的案例2，王某虽然立下三份遗嘱，由于第二份遗嘱是经过公证的，即使其后来又立一份口头遗嘱来改变第二份遗嘱的内容，但由于未作公证，所以应以公证过的第二份遗嘱为准。

3. 遗嘱人可以通过实施与遗嘱内容相抵触的行为，变更或撤销遗嘱。最高人民法院《继承法意见》第39条规定："遗嘱人生前的行为与遗嘱的意思表示相反，而使遗嘱处分的财产在继承开始前灭失、部分灭失或所有权转移、部分转移的，遗嘱视为被撤销或部分被撤销。"

4. 涂改、损毁遗嘱。遗嘱人涂改、故意损毁遗嘱的，推定遗嘱人撤销原遗嘱。

三、遗赠

遗赠是指公民以遗嘱的方式将其个人财产赠与国家、集体或者法定继承人以外的人，而于其死亡后发生法律效力的民事法律行为。立遗嘱的公民为遗赠人，遗嘱中指定赠与的财产为遗赠财产或遗赠物。

（一）遗赠的法律特征

1. 遗赠是要式、单方民事行为。遗赠必须以遗嘱的方式进行，而遗嘱是一种单方民事行为，因而遗赠也就是一种单方民事行为。

2. 受遗赠人是法定继承人以外的人，也可以是国家、集体经济组织等。

3. 遗赠是遗赠人无偿给受赠人财产利益的行为。遗赠有单纯遗赠和附负担遗赠之分，附负担遗赠是遗赠人就遗赠附加某种义务或条件的遗赠，但遗赠中所附的负担并不是受遗赠人接受遗赠的对价。

4. 遗赠的生效必须以遗赠人死亡和受遗赠人生存为条件。首先，遗赠的生效必须在遗赠人死亡后，否则遗赠人可以随时随地变更或撤销遗赠。其次，受遗赠人必须在遗赠人死亡后尚生存。受遗赠人在继承开始时已经死亡、与遗赠人同时死亡或被推定为同时死亡，遗赠都不发生法律效力，原遗赠财产只能由遗赠人的法定继承人按法定继承方式继承。如果受遗赠人在继承开始后表示接受遗赠，并于遗产分割前死亡的，根据最高人民法院《继承法意见》第53条的规定，该接受遗赠人接受遗赠的权利转移给他的继承人。

（二）遗赠与遗嘱继承的区别

遗赠与遗嘱继承都是公民通过立遗嘱处分自己财产的单方民事法律行为，都是在遗嘱人死亡时转移遗产所有权的方式。但是，遗赠与遗嘱继承毕竟是两种取得遗产的方式，两者的区别主要体现在以下几点：

1. 受遗赠人与遗嘱继承人的范围不同。受遗赠人可以是法定继承人以外的任何自然人，也可以是国家和集体，但不能是法定继承人范围之内的人；遗嘱继承人则只能是法定继承人范围之内的人。

2. 受遗赠权和遗嘱继承权的客体范围不同。受遗赠权的客体只是遗产中的财产权利，不包括财产义务。受遗赠人接受遗赠时只承受遗产中的权利而不承受遗产中的债务。如果遗赠人将其全部遗产遗赠给国家、集体或某公民，而他生前又有债务时，则受遗赠人只能接受清偿债务后剩余的财产，受遗赠人本身并不承受被继承人的债务。而遗嘱继承权的客体是遗产，既包括被继承人生前的财产权利，也包括被继承人生前的财产义务。遗嘱继承人对遗产的继承包括承受权利和义务。

3. 受遗赠权和遗嘱继承权的行使方式不同。受遗赠人接受遗赠的，应于法定期间内作出接受遗赠的明示的意思表示。《继承法》第 25 条第 2 款规定："受遗赠人应当在知道受遗赠后两个月内，作出接受或者放弃受遗赠的表示。到期没有表示的，视为放弃受遗赠。"而遗嘱继承人自继承开始至遗产分割前未明确表示放弃继承的，即视为接受继承，放弃继承权必须于此期间内作出明确的意思表示。

（三）遗赠与赠与的区别

遗赠与赠与都是无偿地将自己的财产给予他人的民事法律行为，但两者有着原则性的区别，主要表现在以下几点：

其一，遗赠是单方民事行为，而赠与是一种双方民事行为。

其二，遗赠在遗嘱人死亡后才发生法律效力，而赠与是赠与人活着的时候发生法律效力。

其三，遗赠采取遗嘱的形式，由继承法调整；而赠与采取合同方式，由合同法调整。

四、遗赠扶养协议

遗赠扶养协议是指公民与扶养人或集体所有制组织订立的有关扶养人或集体所有制组织承担该公民生养死葬的义务，享有受遗赠权利的协议。继承法中确立的遗赠扶养协议制度是在我国农村"五保"制度的基础上形成和发展起来的一种制度，这一制度的确立，能够有助于发扬尊老爱幼、互助互爱的优良传统，有利于减轻国家和社会的负担，也明确了农村"五保户"遗产的归属，根据《继承法》第 31 条规定，农村中享受"五保"（即保吃、保穿、保住、保医、保葬）待遇的公民可以与集体生产组织订立"五保"供养协议，其生前的生活费用和日常生活照料由集体组织负责，死后由集体组织负责埋葬，其遗产归集体所有。

（一）遗赠扶养协议的特征

1. 遗赠扶养协议是一种双方、诺成性的要式法律行为。在遗赠扶养协议中的遗赠人只能是公民，而另一方可以是公民，也可以是集体所有制组织。但不能是法定继承人范围内的人，因为法定继承人与被继承人之间本来就有法定的扶养权利义务关系。

2. 遗赠扶养协议是双务、有偿的法律行为。遗赠扶养协议一经签订，遗赠人就有受到扶养人扶养的权利，同时还必须对协议中明确的遗赠财产负有妥善保管、使用的义务，不得损毁，不得再将该财产赠与或出卖给他人，扶养人在完成扶养义务之后，有权取得协议约定的遗产。由于扶养人获得遗赠人的遗产是以尽扶养义务为前提的，从这个角度上说，遗赠扶养协议又是有偿的民事法律行为。

3. 遗赠扶养协议优先于法定继承、遗嘱继承适用。在继承开始时，如果有遗嘱继承的情况，则法定继承不能适用，这是遗嘱继承优先于法定继承的体现。但是，如果被继承人生前订有遗赠扶养协议，同时又立有遗嘱，应如何处理？根据最高人民法院《继承法意见》第5条的规定，如果遗赠扶养协议与遗嘱没有抵触，遗产分别按协议和遗嘱处理；如果有抵触，按协议处理，与协议抵触的遗嘱内容全部或部分无效。由此可见，遗赠扶养协议的效力优于遗嘱继承，因而它也优先于法定继承而适用。

本节的案例3，周某与村委会签订的遗赠扶养协议与遗嘱的内容相抵触的部分，以遗赠扶养协议为准，即房屋不能归儿子，但不相抵触的内容，即存款1 000元给孙女。

（二）遗赠扶养协议与遗赠的区别

遗赠扶养协议与遗赠都是遗赠人将自己的财产于死后转移给法定继承人以外的其他公民或集体组织的法律行为，但是，遗赠扶养协议与遗赠有如下区别：

（1）遗赠扶养协议为双方的法律行为，遗赠为单方的法律行为。

（2）遗赠扶养协议为有偿的财产让与，遗赠为无偿的财产让与。

（3）遗赠扶养协议自签订时起生效，而遗赠则于遗赠人死亡时生效。

（4）遗赠扶养协议中的扶养人必须是具有完全民事行为能力的成年人或集体组织，而遗赠中的受遗赠人则不受此限。

（5）遗赠扶养协议中的扶养人无须在遗赠人死亡后作出接受遗赠的意思表示，便可以直接依协议取得遗产，而遗赠中的受遗赠人必须在法定期限内作出接受遗赠的明确的意思表示，否则，视为放弃受遗赠权。

第四节 遗产的处理

【案例1】

王某与妻李某带8岁的儿子王丁和68岁的母亲于某在国庆节驾车外出游玩，与一卡车相撞，无一生还，无法确定他们死亡的先后顺序。

若他们都有继承人，则如何推定他们死亡的先后顺序？

【案例2】

2006年，刘某因盗窃被法院判刑，其父知道后，一气之下得了重病，于2006年底去世，刘某之母早已去世，刘某的哥哥以其父被刘某气死为由，不让刘某继承遗产。

刘某能否继承父亲的遗产？

【案例3】

王某的遗产已经分割，甲根据王某的遗嘱继承了4万元现款，乙根据王某的遗赠分得价值2万元的电脑一台，丙依法定继承分得价值10万元的公寓一套。王某生前尚欠丁某债务13万元。

丁某的债权应如何实现？

一、继承开始的时间

我国《继承法》规定:"继承从被继承人死亡时开始。"根据这一法律规定,被继承人死亡的时间就是继承开始的时间。被继承人死亡包括自然死亡和宣告死亡。

对于相互有继承关系的几个人在同一事件中死亡,不能确定死亡先后时间的,应按最高人民法院《继承法意见》第2条的规定处理,即首先应推定没有继承人的人先死亡;死亡人各自都有继承人的,如几个死亡人的辈分不同,推定长辈先死;几个死亡人辈分相同的,推定同时死亡,彼此不发生继承,由他们各自的继承人分别继承。本节的案例1,不同辈分的四个人在同一事故中死亡,首先推定长辈即王某的母亲于某先死亡,其遗产可以由儿子王某继承,然后是王某与李某夫妻二人由于是同一辈分,推定同时死亡,彼此不继承遗产,各自由自己的继承人继承,最后死亡的人为孩子王丁,其可以继承其父和其母的遗产。

确定继承开始的时间具有十分重要的法律意义,以被继承人死亡的时间确定继承人的范围,凡在继承开始时已经死亡或丧失继承权的人,都不能参加继承;遗产范围的确定只能以继承开始为准,只有在继承开始时属于被继承人的财产,才能确定为遗产;从被继承人死亡时遗产的所有权才转移给继承人;遗嘱和遗赠都是从被继承人死亡后产生法律效力;另外,20年最长时效的起算点也是从继承开始之日起计算,根据《继承法》第8条的规定,继承权受到侵害,继承人向人民法院请求保护的时间,从其知道权利被侵害时起为2年,不知道权利被侵害的,从继承开始之日起为20年,超过20年,继承人丧失该权利,人民法院不予保护。

二、继承权的放弃和丧失

(一)继承权的放弃

继承权的放弃即继承的放弃,是指继承人于继承开始后作出的放弃其继承被继承人遗产的权利的意思表示。

1. 继承权放弃的时间。依《继承法》第25条的规定,"继承开始后,继承人放弃继承的,应当在遗产处理前,作出放弃继承的表示。没有表示的,视为接受继承。"如果遗产分割后,继承人作出不接受遗产的意思表示,属于放弃财产所有权,而不是继承权。最高人民法院《继承法意见》第52条规定:"继承开始后,继承人没有表示放弃继承,并于遗产分割前死亡的,其继承遗产的权利转移给他的合法继承人。"

继承人虽然可以放弃继承权,但放弃继承权也不是不受任何限制的。如果继承人放弃继承权会损害第三人的利益,则继承人不得放弃继承权。依我国最高人民法院《继承法意见》第46条的规定:"继承人因放弃继承权,致其不能履行法定义务的,放弃继承权的行为无效。"如继承人不得以放弃自己对已故配偶的遗产的继承为由,规避对双方子女的抚养义务。

另外,放弃继承也不得附条件,如果继承人在放弃继承权时附有条件,则可能给他人的权利造成侵害。如继承人以不赡养其母亲为条件放弃对其父亲遗产的继承,显然与法相违背。

2. 放弃的方式。继承人放弃继承应当以书面形式向其他继承人表示。用口头方式表示放弃继承的，必须本人承认或有其他充分证据证明的，方可认定其有效。

3. 继承权放弃的效力。继承人放弃继承权的效力，溯及继承开始时。只要继承人自愿依法放弃继承，都视为自被继承人死亡时起就与遗产中的权利义务无关，不仅不承受被继承人生前的债务，也不得继承被继承人生前的财产权利。根据最高人民法院《继承法意见》第50条规定，"遗产处理前或在诉讼进行中，继承人对放弃继承翻悔的，由人民法院根据其提出的具体理由，决定是否承认。遗产处理后，继承人对放弃继承翻悔的，不予承认"。一般来说，只有在放弃继承权的意思表示有瑕疵的情况下（如有重大误解），才可允许其撤销放弃继承的意思表示。

（二）继承权的丧失

继承权的丧失是指依照法律规定在发生法定事由时取消继承人继承被继承人遗产的资格，又称为继承权的剥夺。继承权的丧失不同于继承权的放弃。对于继承人来说，丧失继承权是因罪行、过错而导致的来自外界的惩罚，处于被动的受强制的地位；而放弃继承权是本人对继承权的一种处分，是自愿的。

我国《继承法》第7条规定，继承人有下列四种行为之一的，丧失继承权。

1. 故意杀害被继承人。继承人故意杀害被继承人是一种严重的犯罪行为，不论其是否受到刑事责任的追究，都丧失继承权。构成故意杀害被继承人的行为，须具备以下两个条件：

（1）继承人实施了杀害被继承人的行为。不论出于何种动机，采取何种手段杀害，也不论其是直接还是间接杀害，是既遂还是未遂，都可构成杀害被继承人的行为。不论其是否受到刑事制裁，均将无可挽回地丧失继承权；即使被继承人以遗嘱将遗产指定由其继承，该项遗嘱也应被确认无效。

（2）继承人主观上有杀害的故意。如果继承人是由于过失而致被继承人死亡的则不丧失继承权。因实施正当防卫而杀害被继承人的，由于其行为不具有不法性，继承人不丧失继承权。

本节案例2中，刘某因为盗窃被法院判刑致其父被气死，父亲之死并非是刘某故意杀害造成的，故刘某并不因此丧失对父亲遗产的继承权。

2. 为争夺遗产而杀害其他继承人。这一规定包括主、客观两个方面的要件。从主观要件看，只要是继承人为了争夺遗产而杀害其他继承人，不论行为既遂还是未遂，均丧失继承权。从客观要件看，其杀害对象须是其他继承人，即被继承人的其他法定继承人，不问被害人处于什么继承顺序。

3. 遗弃被继承人的，或者虐待被继承人情节严重的。遗弃被继承人，是指有扶养能力的继承人对于没有独立生活能力的被继承人拒不履行扶养义务。虐待被继承人是指继承人以各种手段对被继承人进行肉体摧残或精神折磨。按我国的继承法规定，遗弃被继承人的应剥夺其继承权；而虐待被继承人，只有情节严重的才丧失继承权。继承人虐待被继承人情节是否严重，可以从实施虐待行为的时间、手段、后果和社会影响等方面确定。只要继承人虐待被继承人情节严重，不论其行为是否构成犯罪，其是否被追究刑事责任，均丧失继承权。

继承人因遗弃被继承人或虐待被继承人情节严重而丧失继承权的，属于继承权的相对丧失。继承人实施了虐待或遗弃被继承人的行为，如以后确有悔改表现，而且被虐待人、被遗弃人生前又表示宽恕的，不丧失继承权。

4. 伪造、篡改或者销毁遗嘱，情节严重的。伪造、篡改、销毁遗嘱，都是对被继承人合法权利的侵害，按照最高人民法院《继承法意见》第14条规定，"继承人伪造、篡改或者销毁遗嘱，侵害了缺乏劳动能力又无生活来源的继承人的利益，并造成其生活困难的，应认定其行为情节严重"。此种情况下丧失继承权。

公民被确认丧失继承权的，只是对于特定的被继承人而言，效力并不及于其他被继承人，不妨碍他对于其他被继承人的遗产享有的继承权；但是，继承人丧失继承权的，其晚辈直系血亲不得代位继承。

三、遗产的分割

遗产的分割是指在共同继承人之间，按照各继承人的应继份额分配遗产的行为。

（一）遗产分割的时间

应当将遗产分割的时间与继承开始的时间区别开，继承开始的时间是法定的，它只能是被继承人死亡的时间；而遗产分割的时间是约定的，它可以是继承开始后的任何时间，其具体时间是经过继承人协商或其他方式确定的。

（二）遗产分割的原则

根据《继承法》规定的精神，遗产分割的原则可以概括为以下四项：

1. 遗产分割自由原则。遗产分割自由原则是指共同继承人得随时要求分割遗产，即继承人得随时行使遗产分割请求权，任何人不得拒绝分割。

2. 保留胎儿继承份额原则。在分割遗产时，如果有胎儿的，应当保留胎儿的继承份额。《继承法》第28条规定："遗产分割时，应当保留胎儿的继承份额。胎儿出生时是死体的，保留的份额按法定继承办理。"最高人民法院《继承法意见》第45条指出："应当为胎儿保留的遗产份额没有保留的，应从继承人所继承的遗产中扣回。为胎儿保留的遗产份额，如胎儿出生后死亡的，由其继承人继承；如胎儿出生时就是死体的，由被继承人的继承人继承。"根据这些规定，在遗产分割时应注意以下三点：（1）无论是适用法定继承，还是适用遗嘱继承，在分割遗产时，继承人都应当为胎儿保留继承份额，该份额应按法定继承的遗产分配原则确定。在多胞胎的情况下，如果只保留了一份继承份额，应从继承人继承的遗产中扣回其他胎儿的继承份额；（2）为胎儿保留的继承份额，如果胎儿出生时为活体的，则该份额由其母亲（法定代理人）代为保管。胎儿出生后死亡的，则为胎儿保留的继承份额成为他的遗产，应由他的法定继承人依法定继承的方式继承；（3）胎儿出生时是死体的，则为胎儿保留的继承份额仍属于被继承人的遗产，应当由被继承人的继承人再行分割。如果没有保留的，则原分割继续有效。

3. 互谅互让、协商分割原则。继承人应本着互谅互让、和睦团结的精神，协商处理继承问题。

4. 物尽其用原则。物尽其用原则是指在遗产分割时，应当从有利于生产和生活的需要出发，注意发挥遗产的实际效用。最高人民法院《继承法意见》第 58 条规定："人民法院在分割遗产中的房屋、生产资料和特定职业所需要的财产时，应依据有利于发挥其使用效益和继承人的实际需要，兼顾各继承人的利益进行处理，"按照这一原则分割遗产，有利于发挥遗产的实际效用，有利于满足继承人的生产和生活需要。

（三）遗产分割的方式

我国《继承法》第 29 条第 2 款规定："不宜分割的遗产，可以采取折价、适当补偿或共有等方法处理。"根据这一规定，遗产分割的方式主要有以下四种方式：

1. 实物分割。
2. 变价分割。
3. 补偿分割。
4. 保留共有。遗产不宜进行实物分割，继承人又都愿意取得遗产的，或者继承人基于某种生产或生活的目的，愿意继续保持共有状况的，则可以采取保留共有的分割方式，由继承人对遗产享有共有权，其共有份额按照应继份额的比例确定。

四、被继承人债务的清偿

（一）被继承人债务的范围

被继承人债务，是指被继承人死亡时遗留的应由被继承人清偿的财产义务。被继承人的债务属于遗产中的消极财产，又称为遗产债务。被继承人的债务既包括被继承人个人负担的债务，也包括被继承人在共同债务中应负担的债务。

在确定遗产债务的范围时，应当注意划清遗产债务与其他相关问题的界限。

1. 应当将遗产债务与家庭共同债务区分开。家庭共同债务是指家庭成员共同作为债务人所承担的债务。家庭共同债务主要包括：为家庭成员生活需要而承担的债务；为增加家庭共同财产而承担的债务；夫妻共同债务等。家庭共同债务应当用家庭共有财产来偿还，而不能用被继承人的遗产来偿还。但是，家庭共同债务中属于被继承人应当承担的部分，则应当用遗产来清偿。

2. 应当将遗产债务与以被继承人个人名义所欠债务区别开。遗产债务应当是被继承人完全为个人生活需要而欠下的债务。但是，以被继承人个人名义所欠下的债务，并不一定都是遗产债务，如以被继承人个人名义所欠下的，用于家庭生活需要的债务，被继承人因继承人不尽扶养、抚养、赡养义务，迫于生活需要而以个人名义欠下的债务，等等。

（二）遗产债务的清偿原则

继承人表示接受继承，就应当清偿遗产债务。我国《继承法》第 33 条第 2 款规定："继承人放弃继承的，对被继承人应当缴纳的税款和债务可以不负偿还责任。"继承人在清偿遗产债务时，应当坚持如下原则：

1. 限定继承原则。所谓限定继承，是指继承人对被继承人的遗产债务的清偿只以遗产的实际价值为限，超过遗产实际价值的部分，继承人不负清偿责任。我国《继承法》第33条第1款规定："继承遗产应当清偿被继承人依法应当缴纳的税款和债务，缴纳税款和清偿债务以他的遗产实际价值为限。超过遗产实际价值部分，继承人自愿偿还的不在此限。"

2. 保留必留份原则。在最高人民法院《继承法意见》第61条中指出：继承人中有缺乏劳动能力又没有生活来源的人，即使遗产不足清偿债务，也应当为其保留适当的遗产，然后再按有关规定清偿债务。因此，在清偿债务时，即使遗产的实际价值不足以清偿债务，也应当为需要特殊照顾的继承人保留适当的遗产，以满足其基本生活需要。

3. 清偿债务优先于执行遗赠原则。为防止遗赠人通过遗赠逃避债务，保护债权人的合法权利，对遗赠行为加以限制是有必要的。《继承法》第34条规定："执行遗赠不得妨碍清偿遗赠人依法应当缴纳的税款和债务。"根据这一规定，清偿债务优先于执行遗赠，只有在清偿完债务后，还有剩余遗产时，遗赠才能得到执行。如果遗产已不足清偿债务，则遗赠就不能执行。

（三）遗产债务的清偿方法

继承开始后，如果继承人只有一人，则遗产债务的清偿方法对债权人没有什么影响。但继承人为多人时，如何确定债务的清偿方法，对债权人的利益就会产生很大的影响。我国继承法上没有明确遗产债务的清偿方法，司法实践中一般采取以下两种方法：

1. 先清偿债务后分割遗产。先清偿债务后分割遗产是一种总体清偿方式。按照这种清偿方式，共同继承人首先从遗产中清算出遗产债务，并将清算出的相当于遗产债务数额的遗产交付给债权人；然后，根据各继承人应继承的份额，分配剩余遗产。

2. 先分割遗产后清偿债务。先分割遗产后清偿债务是一种分别清偿方式。按照这种清偿方式，共同继承人首先根据他们应当继承的遗产份额分割遗产，同时分摊遗产债务，各继承人按自己分摊的债务数额向债权人清偿。实践中，如果遗产已被分割而债务还未清偿的，应当按照最高人民法院《继承法意见》第62条的解释精神处理。即如果有法定继承又有遗嘱继承和遗赠的，首先由法定继承人用其所得遗产清偿债务。不足清偿的，剩余的债务由遗嘱继承人和受遗赠人按比例用所得遗产偿还；如果只有遗嘱继承和遗赠的，由遗嘱继承人和受遗赠人按比例用所得遗产偿还。

本节的案例3即属于遗产已被分割而债务未清偿的情形，按照上述司法解释的规定，首先由法定继承人丙用所得遗产清偿，即丙偿还10万，剩下的3万元由遗嘱继承人甲和受遗赠人乙按照分得遗产的比例即2∶1的比例清偿，由甲偿还2万，乙偿还1万。

五、无人承受的遗产的处理

根据我国继承法的规定，无人承受的遗产是指没有继承人或受遗赠人承受的被继承人的遗产。

应当指出，无人继承的遗产与"五保户"的遗产和无人承受的遗产是不同的。"五保户"

的遗产可能是无人继承的遗产,也可能是有人继承的遗产。如果集体组织对"五保户"实行"五保"时,双方有扶养协议的,"五保户"的遗产应按协议处理。没有协议,死者有遗嘱继承人或法定继承人要求继承的,在继承遗产时,应当扣回集体组织的"五保"费用;无人承认的遗产是指继承人有无不明的遗产。当继承人有无不明时,应当寻找继承人,只有确定没有继承人时,才能认定该遗产为无人承受的遗产。

从实践看来,无人承受的遗产主要包括:没有法定继承人、遗嘱继承人和受遗赠人的遗产;法定继承人、遗嘱继承人放弃继承,受遗赠人放弃受遗赠的遗产;法定继承人、遗嘱继承人丧失继承权,受遗赠人丧失受遗赠权的遗产。

《继承法》第32条规定:"无人继承又无人受遗赠的遗产,归国家所有;死者生前是集体所有制组织成员的,归所在集体所有制组织所有。"因此,我国继承法是按照死者身份来确定无人继承的遗产归属的:死者生前是国家机关、全民所有制单位的职工,城镇个体劳动者及无业居民的,其无人继承的遗产归国家所有;死者生前是城镇集体所有制单位的职工、农村集体所有制单位的职工、村民的,其无人承受的遗产归死者生前所在的集体所有制组织所有。

在处理无人承受的遗产时,应当注意两个问题:

其一,死者债务清偿问题。取得无人承受遗产的国家或集体所有制组织,应当在取得遗产的实际价值范围内负责清偿死者生前所欠的债务。只有清偿债务后,国家或集体所有制组织才能取得剩余部分的遗产。

其二,非继承人取得遗产问题。最高人民法院《继承法意见》第57条指出:"遗产因无人继承收归国家或集体组织所有时,按继承法第14条规定可以分给遗产的人提出取得遗产的要求,人民法院应视情况适当分给遗产。"根据这一规定,在处理无人继承遗产时,如果有继承人以外的依靠被继承人扶养的缺乏劳动能力又没有生活来源的人,或者继承人以外的对被继承人扶养较多的人,则可分给他们适当的遗产。

思 考 题

1. 如何确定被继承人的遗产?
2. 试论法定继承适用的条件。
3. 比较代位继承和转继承的异同。
4. 继承人丧失继承权的法定事由有哪些?

综 合 训 练

1. 甲、丙两兄弟是孤儿,甲修建一栋价值20万元的楼房,与乙结婚后6个月心脏病发作死亡,乙此时已怀孕。丙寻衅闹事,乙趁丙不备用斧头将丙砍成重伤,被判处有期徒刑2年,因怀孕暂予监外执行。乙生下一子,但几天后夭折。丙欲赶走乙占有甲修建的楼房,与乙发生争执。

问:

(1) 乙被判处有期徒刑后,对甲的遗产是否仍享有继承权?为什么?

(2) 出生后又夭折的婴儿能否取得甲的遗产？为什么？

要点提示：乙被判处有期徒刑后仍享有对甲遗产的继承权，因乙伤害丙的行为不属于为争夺遗产而杀害其他继承人的行为。出生后又夭折的婴儿能取得甲的遗产，因甲去世后留下的遗产，要给胎儿保留一份，甲的孩子出生时是有生命的，所遗留的财产就归该婴儿所有。

2. 吴信兄弟姐妹五人，其父母均已于20世纪60年代过世。父母遗留祖宅一处，有房屋12间，由吴信和其妻任花居住。1994年，当地旧城改造时该祖宅被拆，补偿安置了4套住房，由吴信接管，但是4套房屋均未办理产权登记。2002年吴信去世。2005年，任花将4套房屋中的一套以15万元卖与李诚并交付了房屋。2007年，该4套房屋又面临拆迁，每套房屋补偿大约20万元。吴信的兄弟姐妹四人将任花诉之法院，要求依法分割共有的4套房屋。李诚得知所买房屋即将被拆迁，为保护自己的权利，李诚也将任花诉之法院，要求任花为其办理房屋过户手续。任花以处分他人财产为由主张买卖合同无效；李诚主张已善意取得房屋所有权。另外，任花为吴信第二任妻子，吴信与前妻生有二女，由任花抚养成人后出嫁，吴信与任花生有一女，与任花一起生活。在法院审理第一案时，法院通知吴信前妻所生二女参与诉讼，二女要求继承其父所留遗产。

问：
(1) 本案所涉及的房屋应当如何继承或分配？
(2) 根据《物权法》的规定，李诚是否可以主张善意取得？

要点提示：本案涉及的是对父母遗产的分割和转继承。李诚不能主张善意取得，因为不符合善意取得的要件之一即不动产的买卖已办理了登记。

3. 甲有父母、配偶和一儿一女，儿子是工程师，女儿是音乐教师。甲去世，留有私房6间、存款10万元，古字画10件和钢琴一架，甲生前自书遗嘱指定：房产、存款归妻子和儿女继承，古字画赠给文物部门。遗嘱中对钢琴未作处理。现甲的女儿提出将钢琴留给自己，甲的父母皆年迈丧失劳动能力且无独立生活来源，要求继承遗产。审理中又发现甲因购买字画还有5 000元债款未还。

问：
(1) 甲的遗嘱是否有效？
(2) 甲的女儿的要求是否合理？
(3) 甲的债务如何清偿？
(4) 甲的父母应否分得遗产？

要点提示：甲的遗嘱属于部分有效、部分无效，因为没有给缺乏劳动能力又没有生活来源的父母保留必要的份额；另外，其处分的是夫妻共同财产。在遗产分配中应遵循物尽其用的规则，分配遗产前应先清偿债务。

第五编 民事责任

第十二章

违约责任

学习目标

知识目标
- 了解违约责任的含义、特征;
- 理解违约责任的归责原则及其构成;
- 掌握各种违约责任的形式及适用。

能力目标
- 能够结合案例正确判断当事人的行为是否构成违约,并能提出对违约行为追究责任的方式。

第一节 违约责任的概念和特征

一、违约责任的概念

违约责任,即违反合同的民事责任,是指合同当事人不履行或者不适当履行合同义务所应承担的法律责任。

二、违约责任的特征

(一)违约责任的产生以不履行或不适当履行合同义务为条件

首先,有效合同的存在是违约责任产生的前提。其次,只有当事人违反了合同义务,才需要承担违约责任。违约行为是构成违约责任的首要条件。违约行为既包括违反约定义务,也包括违反根据诚实信用原则产生的合同附随义务。

（二）违约责任具有相对性

违约责任的相对性包含以下含义：（1）违约责任应由合同债务人承担；合同债务人因自己的原因造成违约的，应对自己的行为负责，不得将违约责任推卸给第三人。（2）违约责任应向合同债权人承担。

（三）违约责任具有一定的任意性

违约责任作为一种法律责任，具有一定的任意性。例如，当事人可以在法律规定的范围内对违约责任形式进行约定。《合同法》第 114 条规定："当事人可以约定一方违约时应当根据违约情况向对方支付一定数额的违约金，也可以约定因违约产生的损失赔偿数额的计算方法。"此外，当事人还可以约定违约形态和免责条款等。但是，违约责任具有任意性，并不意味着否定和减弱违约责任的强制性。为了保障当事人对违约责任的约定公正和合理，法律亦进行必要干预，例如对免责条款的控制和违约金的调整等。

（四）违约责任主要具有补偿性

违约责任的补偿性，是指违约责任的功能主要在于弥补当事人因违约行为造成的损失。而不将违约责任的承担变成一种惩罚，使受害人获得额外的不当利益是违约责任以完全赔偿损失为原则。违约责任具有补偿性的同时并不能完全否认违约责任的惩罚性。例如，在不以损害的实际发生为条件的违约金责任承担上，就体现了违约责任的惩罚性。通过这种惩罚性，使得违约责任能够更有效地发挥促使债务人履行债务，保障债权实现的功能。

第二节 违约责任的归责原则、构成要件及免责事由

【案例】
张某与李某订立了一份买卖合同，约定张某将一只古董花瓶以 10 万元的价格卖给李某。履行期限届满前发生地震，房屋倒塌，古董花瓶灭失，张某无法交付。
张某是否承担违约责任？

一、违约责任的归责原则

违约责任的归责原则，是指基于一定事由确定违约责任成立的法律原则。按通说，我国合同法采用了以严格责任原则为主，辅之以过错责任原则的二元归责原则。

（一）严格责任原则

所谓严格责任原则，是指当事人违反合同义务，就应当承担违约责任。我国《合同法》第 107 条规定，"当事人一方不履行合同义务或者履行合同义务不符合约定的，应当承担继续履行、采取补救措施或者赔偿损失等违约责任。"从该条可以看出我国合同法采用了严格责任原则作为一般归责原则，该原则适用于法律无特别规定的违约责任的情形。实行严格责任，并

非意味着在任何情况下,只要债务人不履行合同债务,就必然承担违约责任,还应结合违约责任的免责事由综合考虑。

(二) 过错责任原则

所谓过错责任原则是指合同当事人因过错违反合同义务,就应当承担违约责任。与严格责任原则不同,过错责任原则以当事人的主观过错作为确定违约责任构成的依据。此类情形主要体现在《合同法》第189、191、302、303、311、320、374、406、425条中。

二、违约责任的构成要件

违约责任的构成要件是指违约责任成立所必需的条件,可分为一般构成要件和特别构成要件。一般构成要件是所有的违约责任成立必须具备的条件,特别构成要件是特定的违约责任成立所必须具备的条件。

传统的理论将违约责任的构成要件概括为违约行为、损害事实、违约行为与损害事实之间的因果关系、行为人主观上的过错四个方面,其实这四方面要件不是所有的违约责任都必须具备的。违约责任的构成要件一方面取决于责任形式,另一方面也取决于归责原则,如在严格责任原则下,违约金责任的构成要件有违约行为;赔偿损失责任的构成要件有:违约行为、损害事实、违约行为与损害事实之间的因果关系。在过错责任原则下,违约金责任和赔偿损失责任构成要件还需加上违约方主观上有过错。

在符合违约责任构成要件时,违约责任即成立,一般情况下违约当事人要承担违约责任,但如果具有法定的或约定的抗辩事由,可以免除或减轻违约责任的承担。

三、免责事由

所谓免责事由,是指法律规定的或当事人约定的免除承担违约责任的事由。又称为违约责任的抗辩事由。违约责任的免责事由可分为法定的免责条件和约定的免责条款两种。

(一) 免责条件

免责条件是指法律明文规定的当事人免于承担违约责任的事由。我国《合同法》规定的免责事由,主要有不可抗力、货物本身的自然性质、货物的合理损耗、债权人的过错等。例如,在约定检验期间的买卖合同中,买受人就标的物数量或者质量不符合约定的情形怠于通知出卖人的,出卖人可就部分履行或瑕疵履行免责。

(二) 免责条款

免责条款是指当事人约定的排除或限制其未来责任的合同条款。民法实行意思自治原则,民事主体可以依法放弃民事权利、免除他人的民事义务、民事责任。因此,当事人在订立合同时,可以约定免责条款,并奉行合同自由原则。只要具有免责条款规定的情形,当事人纵有违约行为,也不承担违约责任。但是,合同中约定造成对方人身伤害、因故意或者重大过失造成对方财产损失的免责条款无效。

本节案例中,因发生了不可抗力的免责条件致使合同不能履行,故张某不必承担违约责任。

第三节 违约行为

违约行为是违约责任的一般构成要件。违约行为是指违反合同义务的行为。按违约时是否已届履行期，违约行为可分为预期违约和实际违约，而实际违约又分为不能履行、拒绝履行和不适当履行。

一、预期违约

预期违约，也称先期违约，是指一方于合同义务履行期限到来之前无正当理由而明确表示其在履行期到来后将不履行合同，或者其行为表明在履行期到来以后将不履行合同。预期违约包括两种形态，即明示毁约和默示毁约。我国《合同法》第108条规定了预期违约制度。

预期违约是与实际违约相对应的一种特殊的违约形态，与实际违约不同之处在于：(1) 预期违约是在履行期到来之前的违约而非履行期到来之后的违约。(2) 预期违约侵害的是期待债权而不是现实债权。(3) 预期违约造成的是信赖利益的损害而非履行利益的损害。

预期违约行为发生时，非违约方可以要求违约方在履行期到来之前承担预期违约责任，也可以等到履行期到来后要求违约方承担实际违约的责任。如果非违约方选择解除合同的方式要求违约方承担预期违约责任，按照我国《合同法》第94条的规定，不论明示毁约还是默示毁约，非违约方都可以不经催告而直接解除合同。

二、实际违约

实际违约，是指在履行期限到来以后，当事人无正当理由不履行或不完全履行合同义务。实际违约行为有如下几种类型：

（一）不能履行

不能履行，是指债务人在客观上已经没有履行能力，或者在法律上已经不得履行。例如，在以交付特定物为标的的合同中，该特定物灭失，或为第三人合法取得；在以提供劳务为标的的合同中，债务人丧失行为能力，均构成不能履行。

（二）拒绝履行

拒绝履行，是指在履行期限到来后，债务人能够履行却明确表示不履行或者其行为表明不履行合同。拒绝履行具备以下要件：有合法债务的存在、债务人能够履行债务、债务人不履行债务、债务人不履行债务没有合法理由。如果债务人不履行债务有合法理由，例如正当地行使抗辩权的情况下，不构成违约。

拒绝履行与不能履行不同。拒绝履行是能够履行而不履行，而不能履行则是无能力履行或不得履行。

（三）不适当履行

不适当履行，是指债务人虽然履行了债务，但其履行不符合合同的要求。包括在履行的主体、标的、期限、地点、方式等方面不符合合同的要求。不适当履行主要有以下几种形态。

1. 迟延履行。所谓迟延履行，是指合同债务已经到期，合同当事人能够履行而迟于法定的或者约定的时间履行。迟延履行是合同当事人在合同履行期限方面的不适当履行。作为违约行为的迟延履行必须具备以下要件：有合法债务的存在、履行期限已届满、债务人能够按时履行、债务人迟于期限履行、债务人迟于期限履行没有正当理由。判断是否构成迟延履行的关键是明确债务履行期限。履行期限可分为法定期限和约定期限。如果法律没有规定，当事人也没有约定或有约定但约定不明的，债务人可以随时履行，债权人也可以随时要求履行，但应给对方必要的准备时间，于该时间期满时债务人仍不履行的，就构成迟延履行。

迟延履行分两种情况：（1）债务人迟延，指因可归责于债务人的原因导致履行迟延，如迟延交货、不按时提供劳务等。（2）债权人迟延，指因可归责于债权人的原因导致受领迟延。债权人的受领权，既是一项权利，同时也是一项义务。债权人迟延受领给债务人造成损失的，应承担损害赔偿责任。

2. 瑕疵履行。瑕疵履行，是指债务人虽然履行了债务，但其履行标的质量上不符合合同约定或法律规定。瑕疵履行可分为违约瑕疵履行和损害瑕疵履行。

违约瑕疵履行，是指债务人履行的标的仅在品种、规格、技术要求等质量方面不符合合同约定或法律规定，尚未由于其质量瑕疵给他人造成人身或财产损失。对于违约瑕疵，债权人可依《合同法》第111条的规定，根据标的的性质以及损失的大小，合理选择要求债务人承担修理、更换、重作、退货、减少价款或报酬等违约责任。

损害瑕疵履行又称为加害给付，是指债务人因交付的标的物或提供的劳务有缺陷构成违约，同时还造成了他人的人身、财产损害的行为。与违约瑕疵履行不同的是，损害瑕疵履行不但侵犯了债权人的债权，构成了违约，造成了债权人履行利益的损失，而且还侵犯了债权人的人身权、财产权构成了侵权，因此此种情况下既成立违约责任又成立侵权责任。根据我国合同法的规定，当这两种责任发生竞合，当事人可以择一适用。

3. 部分履行。部分履行，是指合同虽然履行但履行不符合数量的规定，或者说履行在数量上存在着不足。部分履行构成违约，要求债务人无正当理由，如果部分履行系因债务人合法行使抗辩权，则不构成违约。在部分履行情况下，继续履行对债权人仍有意义的，债权人可以首先要求债务人继续履行，补足尚未交付的标的物或尚未提供的劳务，也可以要求支付违约金或赔偿损失。一般情况下不能解除合同。但如果继续履行对债权人没有意义，债权人可以依法解除合同。

4. 其他不适当履行的行为。除上述不适当履行行为外，合同当事人在履行主体、履行地点、履行方式等方面不符合债的本旨，也构成不适当履行的违约行为。

第四节 违约责任的形式

【案例】
A公司与B公司签订总额为50万元的购销合同。合同中约定，违约金依货款总额的4%计算。同时，购货方A公司向B公司交付定金1万元。后来，A公司违约，并导致B公司损失4万元。
B公司有权采取哪些救济手段？

根据《合同法》第107条的规定，违约责任的方式主要有继续履行、赔偿损失、支付违约金及其他方式。

一、继续履行

（一）继续履行的概念
继续履行又称强制履行、实际履行，指在一方当事人违反合同义务时，另一方当事人请求法院强制违约方继续履行合同债务的责任形式。继续履行是在履行期限到来后才履行，侵害了债权人的期限利益，损害了合同目的的正常实现，因此法律对债务人的行为给予否定性评价，并以国家强制力来强制债务人履行，债务人履行后，还需承担其他责任。例如，违约金责任、赔偿损失责任等，但继续履行不能与解除合同方式并用。

（二）继续履行的构成要件
适用继续履行这种责任形式承担违约责任，应具备如下条件：（1）须有合同债权人的请求。（2）债务履行仍有可能，即合同债务人具有实际履行合同的能力，若债务人不具有实际履行的能力，则不能作出继续履行的裁决。（3）有继续履行的必要，即继续履行符合债权人的需要，且不损害社会公共利益和公序良俗。（4）依据合同的性质和强制的手段可以继续履行；如果强制合同债务人实际履行费用过高或依合同性质不宜实际履行时，不得作出继续履行的裁决。例如提供劳务的合同，如果强制履行就意味着要对债务人的人身进行强制，是不允许的。金钱债务一般不存在不能履行的情况。

二、采取补救措施

采取补救措施，是指《合同法》第111条所规定的情形，即"质量不符合约定的，应当按照当事人的约定承担违约责任。对违约责任没有约定或者约定不明确，依照本法第61条的规定仍不能确定的，受损害方根据标的的性质以及损失的大小，可以合理选择要求对方承担修理、更换、重作、退货、减少价款或者报酬等违约责任"。

三、赔偿损失

（一）赔偿损失的概念

赔偿损失，又称损害赔偿，在合同法中称为违约损害赔偿，是指债务人不履行或不完全履行合同债务而给对方造成损失，依法应当承担的赔偿对方所受损失的责任。我国合同法在违约损害赔偿的方式上采取了以金钱赔偿为主的赔偿方式。

（二）赔偿损失的构成要件

适用赔偿损失这种责任方式承担违约责任，须具备如下条件：

1. 须有违约行为。这里的违约行为包含不能履行、拒绝履行、不适当履行等所有违约形式。

2. 须债权人受有损失。包括直接损失和间接损失。直接损失又称积极损失，指因违约行为而减少的既存利益的损失。间接损失又称消极损失，指因违约行为而没有获得的可得利益的损失。

3. 违约行为与损失的发生有因果关系。所谓因果关系是指违约行为与损失之间的相互联系，即损失是由违约行为造成的。

严格责任原则下，赔偿损失责任形式需同时具备上述三个要件。过错责任原则下，还需具备违约方主观上有过错这一要件。

（三）赔偿损失的范围

赔偿损失的范围，包括赔偿的项目以及数额的限定。我国《合同法》第113条第1款规定："当事人一方不履行合同义务或者履行合同义务不符合约定，给对方造成损失的，损失赔偿额应当相当于因违约所造成的损失，包括合同履行后可以获得的利益，但不得超过违反合同一方订立合同时预见到或者应当预见到的因违反合同可能造成的损失。"由此可以看出，违约损失赔偿以完全赔偿损失为原则，同时也辅之可预见性规则、减轻损失规则、损益相抵规则的调节。

1. 完全赔偿的原则。所谓完全赔偿原则，是指违约方对于违约行为造成的损失，应当全部赔偿以完全填补非违约方所遭受的损失，即损失多少，赔偿多少。目的是通过赔偿损失使非违约方的财产和利益达到合同适当履行情况下的状态。根据这一原则，违约方应赔偿受害人的直接损失和间接损失，即既得利益的损失和可得利益的损失。

2. 可预见性规则。根据《合同法》第113条的规定，当事人一方违反合同的赔偿责任，应当相当于另一方因此所遭受的损失，包括合同履行后可以获得的利益，但不得超过违反合同一方订立合同时预见到或者应当预见到的因违反合同可能造成的损失。

3. 减轻损失规则。根据《合同法》第119条的规定，当事人一方违约后，对方应当采取措施防止损失扩大；没有采取适当措施避免损失扩大的，不得就扩大的损失要求赔偿。当事人因防止损失扩大而支出的合理费用，由违约方承担。

4. 损益相抵规则。损益相抵规则，也称损失同销规则，是指受损一方基于损害发生的同一原因而获得利益时，应将其所获利益由所受损害中扣除以确定损害赔偿范围的规则。损益相抵规则是确定受损一方"净损失"的规则。

四、违约金

（一）违约金的概念和分类

违约金，是指由当事人约定的或法律直接规定的，在一方违约后向对方支付一定数额的金钱或代表一定价值的财物。通常情况下，只有当事人对违约金做出约定，受害人才可请求违约方支付违约金。

违约金有两种类型：赔偿性违约金与惩罚性违约金。赔偿性违约金是指仅具有弥补因一方违约给另一方所造成的损失之功能的违约金。这种违约金的性质决定了受害人只能请求强制实际履行或者主张偿付违约金，不能双重请求。惩罚性违约金是指具有制裁违约一方违约行为之功能的违约金。这种违约金的性质决定了无论违约行为是否造成损害，受害人均可以要求支付违约金，且在请求支付违约金的同时，还可以同时请求强制实际履行或赔偿损失。

（二）违约金的调整

违约金的调整，是指对当事人约定的违约金的数额和比例进行调整。当事人约定的违约金如为赔偿性违约金，按照《合同法》第114条第2款的规定，违约金低于造成的损失的，当事人可以请求人民法院或仲裁机构予以增加；约定的违约金过分高于造成的损失的，当事人可以请求人民法院或仲裁机构予以适当减少。所谓"过分高于造成的损失"，根据最高人民法院《关于适用〈中华人民共和国合同法〉若干问题的解释（二）》第29条的规定，是指当事人约定的违约金超过造成损失的30%。

（三）违约金与定金

如果在同一合同中，当事人既约定了违约金又约定了定金时，《合同法》第116条明确规定，当一方违约时，对方可以选择适用违约金或者定金条款，也就是说，定金与违约金两者只能选其一。

本节案例中，当事人既约定违约金，又约定定金的，一方违约时，对方可以选择适用违约金或者定金。A公司违约，B公司可以选择其一。如果B公司选择定金，则A公司无权要求返还定金，余下的4万元损失，B公司可以要求A公司赔偿。如果选择适用违约金，则可以要求A公司支付2万元的违约金，另外2万元的损失，可要求A公司赔偿。

第五节　缔约过失责任

【案例】

某银行下属一个证券公司，按照中央的精神，银行要和证券公司脱钩。该银行找到广东的A公司，A公司就组织了30多家公司共同来购买证券公司，经过半年的磋商和可行性研究，合同文书也已起草，准备签字的时候，银行突然说不卖了，因为银行又打算卖给B公司。A公司损失 50 万元可行性调查等缔约费用。

该银行的行为是否构成缔约过失责任？

一、缔约过失责任的概念与特征

缔约过失责任，是指在合同订立过程中，一方因违背其依据诚实信用原则所产生的义务，给对方造成损失所应承担的损害赔偿责任。

缔约过失责任发生在缔约过程中而不是合同成立以后。只有在合同尚未成立，或者虽然成立，但因为不符合法定的生效要件而被确认无效或被撤销时，缔约人才应承担缔约过失责任。

二、缔约过失责任的构成要件

1. 当事人一方违反先合同义务。依据诚实信用原则的要求，当事人在订立合同时负有一定的附随义务。这些义务称为先合同义务，包括使用方法及瑕疵的告知义务、协作和照顾义务、忠实义务、及时通知义务、保密义务等。例如，合同的订立需要先检测样品，出卖人应当告知样品的使用方法或者瑕疵，如果出卖人有意隐瞒给对方造成损害，出卖人就应当承担缔约过失责任。

2. 对方当事人受有损害。损害事实是缔约过失责任的构成要件之一，无损害则无缔约过失责任。损害既包括人身损害，也包括财产损害，但通说认为缔约过失责任的赔偿范围不包括精神损害。

3. 违反先合同义务与损害之间有因果关系。违反先合同义务与损害之间有因果关系，即损害是由违反先合同义务引起的。如果对方遭受损害的事实非因一方违反先合同义务的行为所引起，即使损害发生在缔约过程中，也不产生缔约过失责任。

4. 违反先合同义务的一方有过错。这里的过错指故意和过失的心理状态。过错是缔约过失责任的构成要件，无过错即无缔约过失责任。

三、缔约过失责任的主要类型

根据《合同法》第42、43、58条的规定，缔约过失责任主要有如下类型：

（一）假借订立合同，恶意进行磋商

所谓"假借"，就是根本没有与对方订立合同的目的，与对方进行谈判只是个借口，目的是损害对方或者他人利益。所谓"恶意"，是指故意给对方造成损害的主观心理状态，它不仅包括行为人主观上并没有谈判意图，还包括行为人主观上具有给对方造成损害的目的和动机。例如，在房价见涨之际，甲明知自己的房屋已经出售给丙，仍与乙就房屋买卖进行磋商，并许诺与乙订立合同，最后致使乙耽误时间，丧失机会不得不以高价与他人订立房屋买卖合同，从而遭受损害。

（二）故意隐瞒与订立合同有关的重要事实或者提供虚假情况

这属于缔约过程中的欺诈行为。例如，对财产状况、履约能力、产品瑕疵等决定当事人是

否订立合同的重要事实不告知或故意告知虚假情况。

（三）泄露或者不正当使用商业秘密

是指对于在订立合同过程中获取的有关对方的技术信息和经营信息，未经对方授权而为自己使用或转让给他人使用。至于获取的途径以及行为人是否获利不予考虑。

（四）因过错导致合同被宣告无效或被撤销

合同无效或被撤销，如果一方有过错并给另一方造成损失，可按缔约过失责任给予对方赔偿。

（五）在订立合同过程中其他违背诚实信用原则的故意或过失行为，造成对方损失的

在订立合同过程中，未尽通知、保护、协助等义务而导致对方遭受损害的，未尽义务的一方应负缔约过失责任。

四、缔约过失责任的赔偿范围

缔约过失造成的是信赖利益的损失，即当事人相信合同能够有效成立，但因合同不成立、无效或被撤销所受的损失。信赖利益的损害赔偿，旨在使受损一方当事人的利益恢复到未曾参与合同订立或者合同成立之前的状态。因此其主要包括直接损失，如与对方联系、赴实地考察以及检查标的物所支出的各种合理费用、准备履行合同所支出的费用等。

对本节案例的分析意见：某银行与 A 公司双方随着谈判的深入产生了一种信用、信任关系，这种信用、信任就是合同法给缔约当事人附加的先合同义务，先合同义务随着缔约双方的接触而产生并且逐渐发展。银行违反了先合同义务，给对方造成了损失，构成缔约过失责任，应当赔偿 A 公司的 50 万元。

思 考 题

1. 论述违约损害赔偿责任。
2. 分析损害赔偿金、违约金、定金三者的关系。
3. 论缔约过失责任的构成要件。

综 合 训 练

1. 2003 年 7 月 15 日，张某和李某约定，张某将一祖传的玉器卖给李某，价款 8 万元。于 8 月 5 日交付，张某将玉器交付给李某的同时李某将价款交付给张某。8 月 1 日，由于王某出价 10 万元，张某就将玉器卖给了王某，并已交付。

问：
(1) 李某能否在 8 月 1 日要求张某承担违约责任？为什么？李某可否解除合同？
(2) 李某可否在 8 月 5 日要求张某承担继续履行的违约责任？

要点提示：
(1) 李某可以要求张某承担违约责任。依据是构成预期违约。因张某已经将玉器卖给了

王某，其行为表明已不能履行对李某的义务，所以李某可以解除合同。

（2）不可以。因为标的物的所有权已转移给王某，张某已不可能再履行合同。

2. 甲和乙签订一份买卖合同，双方约定违约金为2万元。甲在订立合同时向乙支付了定金1.2万元，后乙违约，并致甲损失2万元。

问：

甲以哪种方式求偿可以获得最大利益？

要点提示：定金。因为选择定金为双倍返是2.4万元，并要求赔偿损失2万元；而选择违约金是2万元。

第十三章

侵权责任

学习目标

知识目标
- 了解侵权责任与其他民事责任的竞合、侵权责任的抗辩事由及责任方式;
- 掌握侵权行为民事责任的归责原则、一般侵权责任的构成要件、各种特殊侵权责任的构成要件及免责事由。

能力目标
- 能结合社会生活实际判定各种侵权行为的成立;
- 会运用相关理论知识分析侵权行为人的民事责任。

第一节 侵权责任及其归责原则

【案例1】
沈阳某女子在海滨浴场游泳时被一种剧毒红海蜇蜇伤。第二天上午,该女子因抢救无效死亡。事发两个月后,其家属将海滨浴场告上法庭。
海滨浴场是否应承担民事责任?

【案例2】
张某在某商场买了一热水器,后来在使用过程中由于质量问题,热水器发生爆炸,炸伤了张某。
张某可以请求该商场承担何种民事责任?

一、侵权责任

侵权责任,是侵权行为民事责任的简称,是指侵权行为人因侵害他人民事权益而依法应承担的不利后果。与其他民事责任相比较，侵权责任具有以下特征：

1. 侵权责任侵权人是因违反法律规定的义务而应承担的不利后果。民事责任都是对民事义务违反的结果。民事义务依来源不同可分为两种，一种是法律规定的义务，另一种是当事人自行约定的义务。不同于违约方当事人主要违反约定的义务，侵权违反的是法律规定的义务，如在公众集会活动中，参加者拥挤发生踩踏事件致人损害时，该活动的组织者违反的安全保障义务即为法定义务。

2. 侵权责任主要是一种财产责任，但不限于财产责任。根据《民法通则》的规定，侵权责任除包括赔偿损失、返还财产等财产责任方式外，还包括停止侵害、恢复名誉、消除影响、赔礼道歉等非财产责任形式。而违约责任主要为财产责任。

3. 侵权责任具有强制性。作为民事责任的一种，侵权责任较违约责任而言，体现了更为严厉的强制性。如侵权责任的责任形式、免责事由等一般由法律明确规定，而违约责任的责任方式、赔偿范围、免责事由等都可由当事人在法定范围内自行约定，具有一定的任意性。

侵权责任包括一般侵权责任和特殊侵权责任，一般侵权责任是行为人基于过错而侵害他人人身利益或财产利益所应该承担的民事责任。特殊侵权责任相对于一般侵权责任而言，是根据法律的特别规定，由当事人一方承担的民事责任。特殊侵权责任与一般侵权责任的区别在于其不以过错作为承担责任的法定要件。

二、侵权责任的归责原则

侵权责任的归责原则，是指在行为人的行为致人损害后，用以确定和追究行为人民事责任的根据和标准。侵权责任的归责原则是侵权责任法中的重要内容，它决定侵权责任的构成要件及相应免责事由。我国《民法通则》确认了以下侵权责任的归责原则：

（一）过错责任原则

《民法通则》第106条第2款规定："公民、法人由于过错侵害国家的、集体的财产，侵害他人财产、人身的，应当承担民事责任。"这是确立过错责任原则的法律根据。过错责任原则是一种主观归责原则，它以行为人的主观心态作为确定和追究责任的依据。过错责任原则的基本含义是：过错是行为人承担侵权民事责任的基础。之所以归责于行为人，是因为其主观上具有可归责的事由，即存在故意或过失。

过错，包括故意和过失，是行为人决定其行为的一种主观心理状态。故意是指行为人有意造成他人损害，或者明知其行为会造成他人损害仍实施加害行为。过失是指行为人由于疏忽或者懈怠，对损害的发生未尽合理注意义务。行为人若尽到了相应的合理、谨慎注意义务，即使其行为致他人损害，也不成立一般侵权责任。

一般情形下，过错的证明实行"谁主张谁举证"的原则，即受害人负有举证责任。但在特殊情况下，基于法律的明确规定，过错的证明也可实行举证责任倒置，即法律推定加害人主观上有过错，加害人应证明自己无过错才能免责。过错推定不是独立的归责原则，只是过错责任原则的一种特殊适用方式。

（二）无过错责任原则

无过错责任原则，是指基于法律的特别规定，不论行为人主观上是否有过错，只要其行为与损害后果间存在因果关系，就应承担民事责任的归责原则。无过错责任原则具有以下几个特点：

1. 它不以行为人主观上的过错作为侵权责任的构成要件。无论行为人主观上有无过错，都要承担侵权责任。受害人在主张权利时，对行为人主观上有无过错不负举证责任，行为人也不能以自己没有过错为由进行抗辩。

2. 在无过错责任中，因果关系是决定行为人责任的基本要件。只要行为人的行为与损害结果之间具有因果关系，行为人就应承担侵权责任。

3. 无过错责任原则的适用范围由法律作出特别规定，即只有在法律有明文规定的情况下才能适用。

《民法通则》第106条第3款规定了无过错责任原则，并且具体规定了高度危险作业、饲养动物致人损害、环境污染、产品责任等一系列无过错原则的适用类型。

（三）公平责任原则

《民法通则》第132条规定："当事人对造成损害都没有过错的，可以根据实际情况，由当事人分担民事责任。"这是公平责任原则的法律依据。公平责任原则，又称衡平责任原则，是指当事人双方对损害的发生均无过错，法律又无特别规定适用无过错责任原则时，由法官根据公平观念，责令加害人对受害人的财产损失给予适当的补偿，由当事人合理地分担损失的一种归责原则。公平责任原则具有以下特点：

1. 公平责任原则适用于当事人双方都没有过错而法律也没有特别规定适用无过错责任原则的情形。如果行为人有过错，可适用过错责任原则由行为人承担责任；如果受害人有过错，损害应由受害人自己承担；只有在当事人双方都没有过错不能适用过错责任原则，法律也没有特别规定适用无过错责任原则时，才可以根据实际情况，补充适用公平责任原则由当事人分担损失。

2. 公平责任原则是基于公平观念来分配损害的。一般根据受害人所受损害的程度、当事人受益情况、当事人的经济情况等因素来确定损害的分担，该原则给予了司法审判人员较大的自由裁量权。

综合上述内容分析本节案例1，受害人在供游人使用的天然浴场游泳一般不会预见到其行为可能会有生命危险，其主观上不存在过错。同时，要求海滨浴场在当时具有防止海蜇攻击人的相应防护措施，也是不客观的。因浴场无过错，本案不能适用过错责任原则，法律也没有规定此种情形下适用无过错责任原则，对受害人不幸被海蜇蜇伤致死的损害后果，双方均无过错，考虑到受害人家属生活困难，法院判决由海滨浴场给付该女子家属18万余元。

三、违约责任与侵权责任的竞合

在现实生活中，往往同一违法行为既符合违约行为的成立要件，也符合侵权责任的构成要件，因而既为违约行为也为侵权行为，从而出现了违约责任和侵权责任都成立的现象，这种现象称之为违约责任与侵权责任的竞合。违约责任与侵权责任的差别，主要体现在以下几方面：

（一）归责原则不同

对于违约责任，《合同法》主要采用了严格责任原则，即只要有违约行为，又没有相应的免责事由，就应承担违约责任。对于侵权责任，我国民法上主要采取了过错责任原则，兼采无过错责任原则及公平原则。

（二）赔偿范围不同

违约责任的赔偿范围，按照《合同法》的规定，以完全赔偿实际损失为原则，包括既得利益的损失和可得利益的损失。违约损害赔偿不包括精神损害赔偿。

侵权责任的赔偿范围，按照《民法通则》的规定以及侵权责任理论，一般包括直接损失和间接损失。在人身权和某些特殊物权受到特定侵害时受害人还可以主张精神损害赔偿。

（三）责任方式不同

违约责任主要是财产责任；侵权责任既包括财产责任，也包括非财产责任。

此外，在举证责任的承担、诉讼时效的适用、发生纠纷后管辖法院的确定等方面两者也存在区别。

由于这两种民事责任都以弥补受害人的损失为目的，因此受害人不能双重请求，只能主张其一，以防其反获不当利益。《合同法》第 122 条规定，因当事人一方的违约行为，侵害对方人身、财产权益的，受损害方有权选择依照本法要求其承担违约责任，或者依照其他法律要求其承担侵权责任。

本节案例 2 中，张某向商场既可以基于买卖合同中商场的违约行为要求其承担违约责任，或依照法律特别规定要求商场承担侵权责任。

第二节　一般侵权责任的构成要件

【案例】

杨某驾驶渔船停泊于水力发电厂经管的冲沙闸下闸门约 100 米处（位于警戒水域之内）下网捕鱼作业。当日船闸阀门井水位异常升高，江水漫进机房，情况十分危急。为避免江水淹没船闸电气设备，船闸管理局和水力发电厂有关负责人决定立即开启冲沙闸以解险情。在开闸泄洪时，杨的渔船被急流掀翻，杨某落水身亡。

水电厂应否承担侵权责任？

《民法通则》第 106 条第 2 款规定："公民、法人由于过错侵害国家的、集体的财产，侵害他人财产、人身的，应当承担民事责任。"根据该一般侵权责任条款的规定，一般侵权责任的成立包括以下要件：

一、加害行为

加害行为是指行为人实施的给他人合法权益造成损害的不法行为。判断一个人的行为是否具有不法性应从广义理解,不法行为不仅包括违反以保护他人合法权益为目的的法律的加害行为,还包括故意违反善良风俗的加害行为。

不法行为包括作为的不法行为和不作为的不法行为。所谓作为的不法行为,是指行为人实施了法律禁止实施的行为,即行为人不该为而为之的行为。不作为的不法行为是指行为人有义务实施法律要求实施的行为,却消极地不实施该行为,即行为人该为而不为的行为。成立不作为的不法行为应同时具备两个条件:一是行为人在法律上、职务上或业务上负有作为的义务;二是负有一定义务的人在当时具备了履行该义务的条件。

二、损害事实

损害事实的实际发生为侵权损害赔偿责任的必要条件。侵权责任法所救济的损害,指因一定的行为或事件使他人依法受到法律保护的权利或利益遭受某种不利影响的事实状态,包括财产损失和人身利益损失以及精神损害等。

财产损失是指受害人因其财产或人身损害所致财产利益减损。财产损失是可以用金钱加以衡量的物质财富的损失。包括直接损失和间接损失两部分。直接损失又称积极损失,是指因侵权行为造成的现有财产的损失,即既得利益的减少,如财产被毁坏、灭失等;间接损失又称消极损失,是指受害人本应得到的财产因受侵害而未得到,即可得利益的减少。如因身体受到伤害住院治疗导致工资收入减少等。

人身利益损失是指受害人因其人格利益或身份利益受到损害所带来的人身利益的减损。如侵害他人身体权导致他人身体组织、器官的完整性被破坏。

精神损害是指受害人因不法侵害而产生的恐惧、悲伤、怨恨、绝望、羞辱等精神痛苦。精神损害又称无形损害,存在于受害人的主观感受,其不能直接以金钱来计算和衡量。

三、加害行为与损害事实之间有因果关系

加害行为与损害事实之间的因果关系,是指加害行为与损害事实之间引起与被引起的客观联系。关于因果关系的理论,大陆法系目前多采相当因果关系说,即某一原因仅于现实情况发生某结果时,还不能断定有因果关系,须在通常情形下依一般社会经验,在同一条件存在就能发生同一结果时,才能认定该条件与该结果间有因果关系。

加害行为与损害事实之间的因果关系,表现为多种形态,有一因一果、一因多果、多因一果及多因多果。在多因一果或多因多果等侵权案件中,数人的行为分别对损害结果的发生起作用,各行为人应根据其行为原因力比例各自承担相应的责任。原因力是指所有对损害结果起作用的原因,包括加害人的行为、受害人的行为、第三人的行为或某种自然力等。

四、行为人主观上有过错

过错是一般侵权责任构成要件中的主观因素,是指行为人对其实施的某种行为和损害结果的发生所持的一种心理态度,包括故意和过失两种形式。故意是指行为人明知自己的行为可能产生某种损害结果,仍然希望或放任这种损害结果的心理。过失是指行为人对自己行为的结果应当预见而没有预见,或已经预见却轻信能够避免的心理。

在一般情况下,行为人主观上是故意还是过失,或过错程度大小如何,对于民事责任范围影响不大。但在特殊情况下,行为人的过错程度会影响其责任范围。如在共同过错下,共同侵权人承担连带责任后,其内部应根据各自过错大小,承担相应比例责任。

综合上述构成要件分析:本节案例中,损害事实就是杨某的死亡及渔船的沉没,造成这一损害事实的原因是水力发电厂开闸泄洪的行为,即行为人的行为与受害人的损害事实之间有直接的因果关系。但认定行为人是否承担一般侵权责任,还应看其行为是否违法和主观上是否有过错。水力发电厂的职责是对水利枢纽工程的发电、泄洪、冲沙等设施进行经营管理。当日在危急情况下,水力发电厂按照船闸管理局的要求,开启冲沙闸泄洪,是正常的生产管理行为,是为了保护船闸局所管理的国家财产免受重大损失而采取的行为,这种行为不违反任何法律规定,因此其行为不具有违法性。

至于行为人主观上过错的认定应以其是否违反相应注意义务为标准。本案中,杨某渔船在水利枢纽工程的警戒水域内,有关部门在警戒水域设置了禁行标志。由于开闸泄洪行为对警戒水域以外的航道没有威胁,水电厂一般不能预见其行为会造成他人损害,所以水电厂主观上没有过错。而杨某违反有关规定,进入警戒水域捕鱼,其应能预见可能产生的严重后果,主观上有重大过失。综上分析,水电厂不承担一般侵权责任。

第三节 侵权责任的抗辩事由

一、侵权责任抗辩事由的概念和特征

侵权责任抗辩事由,是指在民事纠纷中,侵权人针对受害人或其近亲属所提请求而提出的该请求不成立或者不完全成立的事实依据。一个有效的抗辩事由可能导致侵权民事责任的减轻或免除。侵权责任的抗辩事由具有以下特征:

1. 侵权责任的抗辩事由必须是客观存在的。
2. 侵权责任的抗辩事由是对抗对方当事人行使请求权的客观事实。抗辩事由的提出,要能够导致对方的请求在法律上不成立或者不完全成立。仅仅证明自己具有可以谅解的事由或单纯否认对方请求权的存在,不能产生抗辩效力。
3. 抗辩事由以相应归责原则和责任构成要件为前提。抗辩事由是根据不同的归责原则和

责任构成要件确定的，比如在适用无过错归责原则时，侵权人就不能以其主观上无过错为由抗辩。

二、侵权责任抗辩事由的具体情形

（一）依法行使职权

依法行使职权，是指根据法律规定或依照法律的授权，在必要时因行使职权而损害他人的财产或人身利益的行为。依法行使职权应具备以下条件：

1. 行使职权的行为应有合法根据或者合法的授权。行为人只有依法行使职权的行为才会因其行为的合法性而免责。如果超出了授权范围或者行使职权的法律依据消灭，该行为就不得视为依法行使职权的行为。

2. 行使职权的行为不应超过必要的限度。依法行使职权作为抗辩事由，只有在损害是行使职权所不可避免或必要的情况下，才能因其合理性而免责。

（二）正当防卫

正当防卫，是指为了使公共利益、本人或者他人的财产或人身免受正在进行的不法侵害而对侵权人本人采取的防卫措施。正当防卫必须具备以下条件：

（1）防卫必须出于正当的目的，即为了避免公共利益、本人或他人的财产及人身遭受损害。

（2）防卫必须针对现实存在的、正在进行的侵害行为实施。

（3）防卫行为必须对不法行为人本人实施，而不能对行为人以外的人实施。

（4）防卫行为不能超过必要的限度造成不应有的损害。

我国《民法通则》第128条规定："因正当防卫造成损害的，不承担民事责任。正当防卫超过必要的限度，造成不应有的损害的，应当承担适当的民事责任。"

（三）紧急避险

紧急避险，是指为了避免公共利益、本人或者他人的合法权益受到正在发生的紧急危险的威胁，不得已而采取的损害另一较小利益的行为。紧急避险必须具备以下条件：

（1）危险必须是现实存在的。

（2）避险行为必须在紧急情况下实施。

（3）避险措施应得当。

由于紧急避险行为以较小的损失挽救了较大的利益，行为本身不具有法律及道德上的可非难性，所以避险人不承担民事责任。对于无辜的受害人而言，若让其因他人的行为承担紧急避险所带来的不利后果，显然是不公平的。为此，《侵权责任法》第31条规定："因紧急避险造成损害的，由引起险情发生的人承担民事责任。如果危险是由自然原因引起的，紧急避险人不承担责任或者给予适当补偿。"

（四）自助行为

自助行为是指行为人为保护自己的合法权利，在情况紧急而又不能及时请求国家机关予以救助的情况下，对他人的财产或自由施加扣押、拘束或其他相应临时措施，而为法律或社会公德所认可的行为。自助行为应具备以下条件：

（1）必须是为了保护自己的合法权利。这是实施自助行为的前提。

（2）必须是情况紧急且来不及请求有关国家机关的救助。非紧急情况不能实施自助行为。

（3）自助方法须为保障请求权所必需。如果行为人能采取其他合法形式保护其权利，就不应采取自助行为。

（4）自助行为不得超过必要限度。如果对财产实施扣押，以足以保护自己的利益为限；如果是针对人身实行约束，则应以足以控制使其无法逃避为限。自助行为的控制措施是临时的，行为人在实施自助行为后，应积极寻求纠纷的解决办法，既可以与对方协商解决，达成新的协议，也可以请求司法机关解决，不得长时间采取控制措施，否则应对造成的损害应负赔偿责任。

（五）受害人同意

受害人同意，是指在不违背法律及公序良俗的情况下，受害人事前明确表示愿意承担某种损害后果的意思表示。受害人同意应具备以下条件：

（1）有愿意承担某种损害的意思表示。受害人的同意必须是真实、自愿的。

（2）受害人必须明确地作出同意的意思表示，而不能以默示的方式推定。

（3）受害人自愿承担某种损害后果的表示必须不违背法律及公序良俗，否则同意的意思表示无效。

（4）受害人的同意在损害后果发生前作出。如果受害人在损害后果发生后自愿承担该不利后果，只能视为受害人自愿免除加害人的责任。

《民法通则》对于受害人同意能否作为抗辩事由没有明确规定，但在司法实践中，对于纯粹财产性权利的侵害，受害人同意可作为抗辩事由。因为处分财产权利的行为，在道德和法律上一般能够为人们所接受。但对于人身权侵害的事先同意，一般不能作为抗辩事由。除非该损害是为受害人的利益而为。

（六）不可抗力

不可抗力，是指不能预见、不能避免并不能克服的客观现象，包括某些自然现象，如地震、台风等，也包括某些社会现象，如战争等。在不可抗力是损害发生或扩大的唯一原因时，当事人不承担责任。如果不可抗力仅构成损害发生或扩大的部分原因，则应根据其原因力大小，适当减轻当事人的责任。

（七）意外事件

意外事件，是指非因当事人的故意或过失，而是由于当事人意志以外的原因偶然发生的事故。意外事件应具备以下条件：

（1）意外事件是不可预见的。当事人在当时的条件下通过合理的注意仍不能预见事故的发生。

（2）意外事件是由于行为人自身以外的原因造成的，不是当事人的行为所致。

(3) 意外事件是偶然发生的事件。意外事件的发生几率很低，当事人尽到通常的注意一般不能避免损害的发生。

（八）受害人或第三人的过错

受害人对同一损害的发生或者扩大有故意、过失的，可以减轻或者免除赔偿义务人的赔偿责任。但侵权人因故意或者重大过失致人损害，受害人只有一般过失的，不减轻赔偿义务人的赔偿责任。赔偿义务人依法承担无过错责任时，受害人有重大过失的，可以减轻赔偿义务人的赔偿责任。

第三人的过错是指第三人对于损害的发生或者扩大具有过错。第三人的过错包括两种情况：一是第三人的过错导致了损害的发生。如果能够证明第三人的行为是损害发生的唯一原因并纯粹由第三人的过错所致，加害人即可免责。二是第三人的过错导致了损害的扩大。在第三人与加害人的行为都是损害发生的原因并且对于损害的发生都有过错（但不构成共同侵权）的情况下，第三人的过错将导致加害人责任的减轻。

第四节　特殊侵权责任

特殊侵权责任是相对于一般侵权责任而言的。一般侵权责任是指依据《民法通则》第106条第2款的规定，行为人实施侵害他人财产、人身权益的加害行为，基于过错而承担的民事责任。一般侵权责任采过错责任原则，为自己责任。而特殊侵权责任是指除一般侵权责任以外的，依据法律的特殊规定承担的侵权责任。特殊侵权责任中既包括过错责任原则（含过错推定），也包括无过错责任原则，既有自己责任也有替代责任。根据《民法通则》、《侵权责任法》以及最高人民法院《关于审理人身损害赔偿案件适用法律若干问题的解释》等相关法律，我国特殊侵权责任主要有以下类型：

一、职务侵权责任

《民法通则》第121条规定："国家机关或者国家机关工作人员在执行职务中，侵犯公民、法人的合法权益造成损害的，应当承担民事责任。"《关于审理人身损害赔偿案件适用法律若干问题的解释》第8条规定："法人或者其他组织的法定代表人、负责人以及工作人员，在执行职务中致人损害的，依照民法通则第一百二十一条的规定，由该法人或者其他组织承担民事责任。上述人员实施与职务无关的行为致人损害的，应当由行为人承担赔偿责任。属于《国家赔偿法》赔偿事由的，依照《国家赔偿法》的规定处理。"《侵权责任法》第34条规定："用人单位的工作人员因执行工作任务造成他人损害的，由用人单位承担侵权责任。劳务派遣期间，被派遣的工作人员因执行工作任务造成他人损害的，由接受劳务派遣的用工单位承担侵权责任；劳务派遣单位有过错的，承担相应的补充责任。"

根据上述法律规定，职务侵权具有以下特点：

（1）职务侵权的主体包括国家机关或者国家机关工作人员、法人或者其他组织的法定代表人、负责人以及工作人员。

（2）侵权行为必须是职务行为。国家机关或者国家机关工作人员、法人或者其他组织的法定代表人、负责人以及工作人员实施与职务无关的行为致人损害的，应当由行为人承担赔偿责任。职务行为的确定采取客观标准，即以执行职务的外在表现形态为标准，如果行为在客观上具有利用职务的形式，就应当认为属于执行职务。

二、产品缺陷侵权责任

《侵权责任法》第43条规定，"因产品的生产者、销售者赔偿后，有权向第三人追偿。"产品缺陷侵权责任适用无过错责任原则，其构成要件如下：

（1）生产或销售了缺陷产品。产品是指经过加工、制作、用于销售的产品，即进入流通领域的产品。缺陷是指产品存在危及他人人身、财产安全的不合理的危险。判断危险的标准有一般标准和法定标准。一般标准是一般的消费者通常认为产品应具有的安全性；法定标准是国家标准以及行业对某些产品规定的保障人体健康和人身、财产安全的标准。

（2）有人身、财产遭受损害的事实。人身伤害包括致人损伤、残疾和死亡。财产损失不仅指缺陷产品自身的损失，还包括缺陷产品以外的其他财产损失，包括直接损失和间接损失。

（3）产品缺陷与损害事实间须有因果关系。该因果关系的确认，应由受害人举证：一方面受害人要证明该缺陷产品被使用或消费；另一方面要证明使用或者消费该缺陷产品导致了损害的发生。

生产者能够证明未将产品投入流通或产品投入流通时，引起损害的缺陷尚不存在的、将产品投入流通时的科学技术水平尚不能发现缺陷的存在的不承担赔偿责任。产品投入流通后发现存在缺陷的，生产者、销售者应当及时采取警示、召回等补救措施。未及时采取补救措施或者补救措施不力造成损害的，应当承担侵权责任。明知产品存在缺陷仍然生产、销售，造成他人死亡或者健康严重损害的，被侵权人有权请求相应的惩罚性赔偿。

三、高度危险作业侵权责任

《民法通则》第123条规定："从事高空、高压、易燃、易爆、剧毒、放射性、高速运输工具等对周围环境有高度危险的作业造成他人损害的，应当承担民事责任；如果能够证明损害是由受害人故意造成的，不承担民事责任。"高度危险作业致人损害的民事责任适用无过错责任原则，其构成要件如下：

（1）行为人从事了对周围环境有高度危险的作业。所谓"对周围环境有高度危险"，是指其活动对周围人们产生了一种引起人身或财产损害的难以避免的可能性。

（2）须有高度危险作业致人损害的事实。损害包括人身伤害和财产损失。

（3）高度危险作业行为与损害事实间存在因果关系。

《侵权责任法》第70条规定："民用核设施发生核事故造成他人损害的，民用核设施的经营者应当承担侵权责任,但能够证明损害是因战争等情形或者受害人故意造成的,不承担责任。"第72条规定:"占有或者使用易燃、易爆、剧毒、放射性等高度危险物造成他人损害的,占有人或者使用人应当承担侵权责任,但能够证明损害是因受害人故意或者不可抗力造成的,不承担责任。被侵权人对损害的发生有重大过失的,可以减轻占有人或者使用人的责任。"第73条规定:"从事高空、高压、地下挖掘活动或者使用高速轨道运输工具造成他人损害的,经营者应当承担侵权责任,但能够证明损害是因受害人故意或者不可抗力造成的,不承担责任。被侵权人对损害的发生有过失的,可以减轻经营者的责任。"第76条规定:"未经许可进入高度危险活动区域或者高度危险物存放区域受到损害,管理人已经采取安全措施并尽到警示义务的,可以减轻或者不承担责任。"

四、污染环境侵权责任

《民法通则》第124条规定:"违反国家保护环境防治污染的规定,污染环境造成他人损害的,应当依法承担民事责任。"污染环境侵权责任适用无过错责任原则,其构成要件如下:

(1) 行为人实施了污染环境的行为。行为人实施了将其所产生的废气、废水、废渣、粉尘、垃圾、放射性物质以及噪声、恶臭等非法排放或传播到大气、水、土地等环境之中,使人类生存环境受到一定程度的危害的行为。

(2) 损害事实的存在。包括财产损害和人身损害。

(3) 污染环境行为与损害事实间存在因果关系。

因环境污染引起的损害赔偿诉讼,由加害人就法律规定的免责事由及其行为与损害结果之间不存在因果关系承担举证责任。完全由于不可抗拒的自然灾害,并经及时采取合理措施,仍然不能避免造成环境污染损害的,免予承担责任。因环境污染损害赔偿提起诉讼的时效期间为3年,从当事人知道或应当知道受到污染损害时计算。《侵权责任法》第67条规定:"两个以上污染者污染环境,污染者承担责任的大小,根据污染物的种类、排放量等因素确定。"第68条规定:"因第三人的过错污染环境造成损害的,被侵权人可以向污染者请求赔偿,也可以向第三人请求赔偿。污染者赔偿后,有权向第三人追偿。"

五、地面施工侵权责任

《民法通则》第125条规定:"在公共场所、道旁或者通道上挖坑、修缮安装地下设施等,没有设置明显标志和采取安全措施造成他人损害的,施工人应当承担民事责任。"

地面施工侵权责任的构成要件如下:

(1) 地面施工的施工人没有设置明显标志和采取安全措施。地面施工是指在公共场所、道旁或者通道等进行挖坑、挖井、埋设、安装、修理地下设施等会改变原来地形状态并可能危及他人人身财产安全的施工。法律明确规定施工人应尽警示及安全保障义务,而施工人应作为却不作为。

(2) 存在损害事实。地面施工造成了他人的人身伤害和财产损害,但不包括施工人员自身的伤害，后者应适用劳动合同或雇佣合同关系加以调整。

（3）施工人的不作为行为与损害事实间有因果关系。即施工人未设置明显安全标志并采取安全措施的不作为，是产生损害后果的原因。

（4）施工人存在过错。地面施工侵权责任适用过错责任原则，但采取过错推定方式，即除非施工人能证明自己已尽法定警示义务，设置明显安全标志并采取安全措施，否则认定其有过错，应承担民事责任。例如，某天深夜，骑车人甲不慎掉入修路挖的坑里，造成车毁人伤，除非施工人能证明自己已设置明显标志并采取安全措施，否则施工人就应承担民事责任。

六、地上工作物侵权责任

《民法通则》第126条规定："建筑物或者其他设施以及建筑物上的搁置物、悬挂物发生倒塌、脱落、坠落造成他人损害的，它的所有人或者管理人应当承担民事责任，但能够证明自己没有过错的除外。"根据上述规定及《关于审理人身损害赔偿案件适用法律若干问题的解释》第16条的规定，地上工作物侵权责任的构成要件为：

（1）须是地上工作物致人损害。地上工作物具体包括：道路、桥梁、隧道等人工建造的构筑物、建筑物上的搁置物或悬挂物、堆放物或树木、果实等其他工作物。地上工作物致害方式包括建筑物倒塌、搁置物悬挂物脱落、坠落、堆放物品滚落、滑落或树木倾倒、折断或者果实坠落等等。

（2）存在损害事实。

（3）地上工作物致害行为与损害事实间有因果关系。

（4）地上工作物的所有人或管理人有过错。地上工作物侵权责任适用过错责任原则，但采取过错推定方式，即一旦发生地上工作物致人损害的后果，便推定其所有人或管理人有过错，除非所有人或管理人证明自己主观上无过错，否则即应承担侵权责任。

道路、桥梁、隧道等人工建造的构筑物因设计、施工缺陷造成损害的，由所有人、管理人与设计、施工者承担连带责任。

七、饲养动物侵权责任

《侵权责任法》第78条规定："饲养的动物造成他人损害的，动物饲养人或者管理人应当承担侵权责任，但能够证明损害是因被侵权人故意或者重大过失造成的，可以不承担或者减轻责任。"第83条规定："因第三人的过错致使动物造成他人损害的，被侵权人可以向动物饲养人或者管理人请求赔偿，也可以向第三人请求赔偿。动物饲养人或者管理人赔偿后，有权向第三人追偿。"饲养动物侵权责任适用无过错归责原则，饲养动物致人损害的侵权行为的构成要件如下：

（1）必须是饲养的动物造成的损害。饲养的动物是指为人们管束喂养的动物。如果是野生动物或人工饲养动物已逃逸回复至野生状态，则不适用此种特殊侵权责任。

（2）必须是动物独立动作造成的损害。所谓动物独立动作是指动物基于本能而为的动作而非受外人驱使，如恶狗咬伤行人。如果动物受人驱使致人伤害，则属于一般侵权行为。

（3）动物的致害行为与损害事实间有因果关系。

动物园的动物造成他人损害的，动物园应当承担侵权责任，但能够证明尽到管理职责的，不承担责任。遗弃、逃逸的动物在遗弃、逃逸期间造成他人损害的，由原动物饲养人或者管理人承担侵权责任。

八、被监护人侵权责任

《民法通则》第133条第1款规定："无民事行为能力人、限制民事行为能力人造成他人损害的，由监护人承担民事责任。监护人尽了监护责任的，可以适当减轻他的民事责任。"根据上述规定，被监护人侵权责任构成要件如下：

（1）被监护人独立实施了损害他人利益的行为。该行为是由无民事行为能力人、限制民事行为能力人独立实施，而非受他人教唆、指使、操纵所为。

（2）存在损害事实。

（3）被监护人行为与损害事实间有因果关系。

根据有关司法解释的规定，处理此类问题应注意：

（1）被监护人致人损害的侵权责任应当由监护人承担。但如果被监护人有财产的，应先从被监护人的财产中支付赔偿费用，不足部分，由监护人适当赔偿，但单位担任监护人的除外。如果监护人尽了监护责任仍未避免被监护人的侵权行为的，可以适当减轻其赔偿责任。侵权行为发生时行为人不满18周岁，在诉讼时已满18周岁，并有经济能力的，应当承担民事责任；行为人没有经济能力的，应当由原监护人承担民事责任。行为人致人损害时年满18周岁的，应当由本人承担民事责任；没有经济收入的，由抚养人垫付，垫付有困难的，也可以判决或者调解延期给付。

（2）夫妻离婚后，未成年子女侵害他人权益的，同该子女共同生活的一方应承担民事责任；如独立承担民事责任确有困难的，可以责令未与该子女共同生活的一方共同承担民事责任。

（3）被监护人致人损害，没有明确监护人的，由顺序在前的有监护能力的人承担民事责任。如果顺序在前的有监护能力的人为数人的，应由与被监护人共同生活的监护人承担民事责任。

（4）监护人可以将监护职责部分或全部委托给他人。因被监护人的侵权行为需要承担民事责任的，应由监护人承担，但另有约定的除外。被委托人确有过错的，负连带责任。

（5）对未成年人依法负有教育、管理、保护义务的学校、幼儿园或者其他教育机构，未尽职责范围内的相关义务致使未成年人遭受人身损害，或者未成年人致他人人身损害的，应当承担与其过错相应的赔偿责任。第三人侵权致未成年人遭受人身损害的，应当承担赔偿责任。学校、幼儿园等教育机构有过错的，应当承担相应的补充赔偿责任。

九、违反安全保障义务的侵权责任

从事住宿、餐饮、娱乐等经营活动或者其他社会活动的自然人、法人、其他组织，未尽合理限度范围内的安全保障义务致使他人遭受人身损害，应依法承担民事赔偿责任。因第三人侵权导致损害结果发生的，由实施侵权行为的第三人承担赔偿责任。安全保障义务人有过错的，应当在其能够防止或者制止损害的范围内承担相应的补充赔偿责任。安全保障义务人承担责任后，可以向第三人追偿。赔偿权利人起诉安全保障义务人的，应当将第三人作为共同被告，但第三人不能确定的除外。

十、雇佣活动中的侵权责任

雇员在从事雇佣活动中致人损害的，雇主应当承担赔偿责任；雇员因故意或者重大过失致人损害的，应当与雇主承担连带赔偿责任。雇主承担连带赔偿责任的，可以向雇员追偿。从事雇佣活动，是指从事雇主授权或者指示范围内的生产经营活动或者其他劳务活动。雇员的行为超出授权范围，但其表现形式是履行职务或者与履行职务有内在联系的，应当认定为从事雇佣活动。

雇员在从事雇佣活动中遭受人身损害，雇主应当承担赔偿责任。雇佣关系以外的第三人造成雇员人身损害的，赔偿权利人可以请求第三人承担赔偿责任，也可以请求雇主承担赔偿责任。雇主承担赔偿责任后，可以向第三人追偿。雇员在从事雇佣活动中因安全生产事故遭受人身损害，发包人、分包人知道或者应当知道接受发包或者分包业务的雇主没有相应资质或者安全生产条件的，应当与雇主承担连带赔偿责任。

十一、帮工活动中的侵权责任

为他人无偿提供劳务的帮工人，在从事帮工活动中致人损害的，被帮工人应当承担赔偿责任。被帮工人明确拒绝帮工的，不承担赔偿责任。帮工人存在故意或者重大过失时，帮工人和被帮工人承担连带责任。

帮工人因帮工活动遭受人身损害的，被帮工人应当承担赔偿责任。被帮工人明确拒绝帮工的，不承担赔偿责任；但可以在受益范围内予以适当补偿。帮工人因第三人侵权遭受人身损害的，由第三人承担赔偿责任。第三人不能确定或者没有赔偿能力的，可以由被帮工人予以适当补偿。

第五节 侵权民事责任的方式

一、侵权民事责任方式的概念

侵权民事责任方式是指赔偿义务人依法应当对侵权损害承担的不利法律后果的具体形式。侵权民事责任方式是民事责任制度的重要组成部分。只有在法律明文规定了具体的侵权责任方式的情况下，侵权行为的受害人才能依据所受侵害的事实提出明确的请求或主张，审判机关才能依法作出恰当的判决，以维护受害人的合法权益。

二、侵害人身权的具体责任方式

对民事主体人身权的保护，是我国各个法律部门的共同任务。而其中民法对人身权的保护具有最直接、最普遍、最全面的三个特点。

（一）侵害人身权须承担财产责任

根据《民法通则》第6章"民事责任"的规定，侵害人身权的民事责任有：停止侵害、消除危险、恢复名誉、消除影响、赔礼道歉、赔偿损失等方式，其中前几种为非财产责任方式。最后一种，即赔偿损失，则为财产责任方式，并且是人身权保护方法中最主要的方式。这是由于民事责任的财产性和补偿性所决定的，也是民法在人身权的保护方面与刑法、行政法的基本区别点。

人身权损害赔偿的财产责任包括以下内容：

1. 侵害人身权的财产损害赔偿。这实际上是对侵害自然人身体权、健康权、生命权造成的财产损失进行的赔偿。根据最高人民法院《关于审理人身损害赔偿案件适用法律若干问题的解释》的规定，受害人遭受人身损害，因就医治疗支出的各项费用以及因误工减少的收入，包括医疗费、误工费、护理费、交通费、住宿费、住院伙食补助费、必要的营养费，赔偿义务人应当予以赔偿。受害人因伤致残的，其因增加生活上需要所支出的必要费用以及因丧失劳动能力导致的收入损失，包括残疾赔偿金、残疾辅助器具费、被扶养人生活费，以及因康复护理、继续治疗实际发生的必要的康复费、护理费、后续治疗费，赔偿义务人也应当予以赔偿。受害人死亡的，赔偿义务人还应当赔偿丧葬费、被扶养人生活费、死亡补偿费以及受害人亲属办理丧葬事宜支出的交通费、住宿费和误工损失等其他合理费用。

2. 侵害人身权的精神损害赔偿。这是对侵害人身权益所造成的精神痛苦的赔偿，以慰藉受害人的精神与情感。

（二）侵害人身权的非财产责任

侵害人身权的非财产责任，包括停止侵害、消除危险、恢复名誉、消除影响、赔礼道歉等责任方式，它与侵害人身权的财产损害赔偿责任共同发挥着对人身权的保护作用。具体而言，人身权的非财产责任包括以下数种：

1. 停止侵害。如停止印刷侵权出版物、停止非法人身拘禁，即属此类。它针对正在实施中的侵权行为，旨在制止侵害。

2. 消除危险。该责任主要适用于对身体权、健康权、生命权的保护，使之脱离危险状况。

3. 消除影响，恢复名誉。消除影响，指责令侵害人在其影响范围内，消除不良后果。它主要适用于侵害肖像权、荣誉权、名誉权、姓名权、名称权、信用权等人格权所造成的不良影响。恢复名誉，指令侵权人在影响范围内将受害人的名誉恢复至未受侵害之状态。两者使用的具体手段可能相同，如登报道歉等，但适用范围有所不同。

4. 赔礼道歉。令侵权人向受害人认错，表示歉意。该方法用于慰抚、平复受害人感情创伤，其效果不可为其他方法所替代。

（三）精神损害赔偿

精神损害赔偿，是指自然人的人身权益因受不法侵害导致其精神利益受到损害时，有权从加害人处得到一定数额的财产或金钱，以赔偿其所受到的精神损失。精神损害赔偿金兼具补偿、惩罚和抚慰功能。

《最高人民法院关于确定民事侵权精神损害赔偿责任若干问题的解释》（以下简称为《精神损害赔偿解释》）于2001年3月10日起施行。该规定的实施标志着我国精神损害赔偿制度的进一步确立和完善。2003年12月4日最高人民法院审判委员会通过了《关于审理人身损害赔偿案件适用法律若干问题的解释》，对精神损害赔偿问题也做了具体规定，该规定自2004年5月1日起施行。

1. 精神损害的受偿主体范围。依照《精神损害赔偿解释》第1条的规定，只有自然人的人格权受到侵害，向人民法院请求精神损害赔偿的，人民法院才予以受理。之所以将法人等团体排除在外，基于两点原因：（1）法人是非生命体，精神损害的典型表现如精神痛苦，法人不可能具有，即使法人人格权受到侵害，会引起社会评价降低，其直接后果仍表现为财产损失。（2）对侵犯法人人格权引起的财产损失予以赔偿，再赔偿其所谓的精神损失，实际上法人是获得了双重赔偿。因此，《精神损害赔偿解释》第5条明确规定："法人或其他组织以人格权利遭受侵害为由，向人民法院起诉请求精神损害赔偿的，人民法院不予受理。"

2. 精神损害的受偿权利范围。一般而言任何权利的不满足都会引起一定的精神损失，如财产被毁损或所签订的合同得不到履行也会引起沮丧、焦虑等精神痛苦，但只有在人格权受侵犯或法律规定的特殊情形下引起精神损害时才能请求精神损害赔偿。

按照《精神损害赔偿解释》第1条的规定，自然人的下列人格权遭受非法侵害，有权要求精神损害赔偿：生命权、健康权、身体权、姓名权、肖像权、名誉权、荣誉权；人格尊严权、人身自由权。违反社会公共利益、社会公德侵害他人隐私或者其他人格利益，受害人以侵权为由向人民法院起诉请求赔偿精神损害的，人民法院应当依法予以受理。

按照《精神损害赔偿解释》第3条的规定，自然人死亡后，他人侵害死者的姓名、肖像、隐私、遗体或遗骨，导致其近亲属遭受精神痛苦，死者的近亲属可以向人民法院请求精神损害赔偿。列为原告的死者近亲属包括配偶、父母、子女，没有这些近亲属的，可以由其他近亲属提起诉讼。

按照《精神损害赔偿解释》第2条的规定，非法使监护人脱离监护，导致亲子关系或者近亲属间的亲属关系遭受严重损害，监护人向人民法院起诉请求精神损害赔偿的，人民法院应当依法予以受理。

按照《精神损害赔偿解释》第4条的规定，具有人格象征意义的特定纪念物品，因侵权行为而永久性灭失或者毁损，物品所有人可请求精神损害赔偿。如一唐山地震遗孤，成年后在母亲生前好友处发现一张仅有的父母照片，但该照片在翻拍时被照相馆遗失，受害人就可要求精神损害赔偿。

3. 精神损害赔偿数额的确定。依据《精神损害赔偿解释》第10条的规定，法律、行政法规对残疾赔偿金、死亡赔偿金等有明确规定的，适用法律、行政法规的规定。其他精神损害的赔偿数额参照以下因素确定：（1）侵权人的过错程度，法律另有规定的除外；（2）侵害的手段、场合、行为方式等具体情节；（3）侵权行为所造成的后果；（4）侵权人的获利情况；（5）侵权人承担责任的经济能力；（6）受诉法院所在地平均生活水平。

受害人对损害事实和损害后果的发生有过错的，可以根据其过错程度减轻或者免除侵权人精神损害赔偿责任。

三、侵害物权的具体责任方式

（一）请求确认物权

请求确认物权是指当物权的权属不明或发生争议时，当事人有权通过一定的方式，请求确认所有权或他物权的归属。《物权法》第33条规定："因物权的归属、内容发生争议的，利害关系人可以请求确认权利。"这一请求权包括请求确认所有权和请求确认他物权。传统的请求确认物权主要是确认所有权，但是随着社会的发展，请求确认他物权的情况越来越多。如在农村，土地承包经营权、宅基地使用权权属争议就经常发生。有权提出请求确认物权的人为认为自己对该物享有物权的人。请求人可以向法院提出诉讼，要求法院通过审理以确认物权之归属。

（二）请求返还原物

根据《物权法》第34条的规定，当物被他人不法占有时，物权人有权要求不法占有人予以返还。请求返还原物必须是向不法的占有人请求，对于合法占有物的人，则不得请求返还，如房屋之所有权人在租赁合同期限内无权向租赁其房屋的承租人要求返还。有权请求返还原物的人包括物的所有权人、物的合法占有人、物的合法使用人等。请求返还原物还有一个重要的条件是原物有返还之可能和必要，如果原物已经毁损灭失，没有返还的可能，则不能要求返还原物，只能要求赔偿损失；如果原物已经没有返还必要（如被使用过的一次性注射器），则无须要求返还原物，但可以同种类物来替代返还或者要求赔偿损失。

在请求返还原物时，返还范围因占有人的善意和恶意而有所不同。善意占有人是指误认为自己的占有为合法、不知自己事实上的占有或者基于拾得遗失物、不当得利等形成的占有人。善意占有人在返还原物时有权要求物权人给付自己为维护物之价值而支付的必要费用并对自己付出的劳动给予一定的补偿。善意占有人在返还原物时，只返还现存的利益，对于不是因自己的过错所造成的损失或减损不负赔偿责任。恶意占有人，是指明知自己无权占有或者发现自己无权占有之后想据为己有的人。对于恶意占有人，在返还原物时，不仅要返还现存的利益，对于物的价值减损还要负损害赔偿责任；同时，也无权要求物权人支付相应的费用。

需注意的是返还原物请求权不是对任何"不法"占有人都可以提起的。如果占有人基于善意取得已经取得了该物的所有权，则原所有权人丧失该物的所有权，他就无权再要求占有人返还原物了。

（三）请求排除妨害

这一请求权是指物权正在遭受他人的不法侵害时，物权人有权要求侵权人排除正在发生的侵害行为，以除去已构成之妨害。如对侵犯采光权的行为、对正在发生的环境污染请求排除妨害。这一请求权发生的条件是：第一，必须是正在发生不法侵害行为，如果尚未发生侵害行为或者侵害行为已经结束，则不能提出；第二，必须是向不法侵害行为人提出，如果是对合法的妨害行为，则无权要求排除，如对法院的强制执行行为。请求排除妨害，权利人可以直接向侵权人提出，也可以向人民法院或有关主管机关提出。

（四）请求消除危险

这一请求权发生在侵权事实尚未发生，但是有发生侵权的现实危险之时，权利人有权要求对方当事人采取措施，以防止将来可能发生的侵权。需注意的是必须是有发生侵权的现实危险时，权利人才可以提出，如邻居之房屋即将倒塌，倒塌就会砸到自己的房屋。如果没有发生侵权的现实危险，则无权提出。在情况紧急时，如果对方当事人不采取措施予以消除危险，权利人可以请求法院采取先予执行的措施，当然，如果情况特别紧急，当事人也可以采取一定的自救措施予以排除危险，所花费用可以要求对方予以支付。

（五）请求恢复原状

当原物被损坏，有恢复原状之可能和必要时，物权人有权要求侵权人采取一定措施以恢复物之原状。《物权法》第 36 条规定："造成不动产或者动产毁损的，权利人可以请求修理、重作、更换或者恢复原状。"这一请求权发生在物被毁损时，如果物已经灭失，则不能要求恢复原状，只能要求赔偿损失。第二个条件是有恢复之可能和必要。第三个条件是恢复原状从经济上讲是合理的，如果有恢复原状的可能，但经济上不合理，则也不能要求恢复原状。

以上是物权请求权的五种具体请求权，需明确的是这五种请求权，不是各自独立，互不联系的，它们在一定场合可以并用。如当物被他人不法侵占后就可以先请求确认所有权，再请求返还原物，如果在返还时原物被损坏，还可以提出恢复原状。

（六）请求赔偿损失（债权请求权）

物权保护当中的债权请求权，是指物权被侵害以后，采取物权请求权不足以或者不能保护物权人的利益时，物权人要求侵权人赔偿损失的权利，即通常所说的赔偿损失。这里的赔偿损失包括两种情况，一是起补充作用的赔偿损失，即当物权人采取物权请求权以后其权利还是不能有效地得到弥补，权利人有权要求对方对不足部分予以赔偿。二是权利人没有采取物权请求权而直接要求对方赔偿损失。这里包括权利人有、无采取物权请求权之可能的两种情况。对于有采取物权请求权可能的情况，权利人是否必须在采取物权请求权之后才可以要求赔偿损失予以补充？一般认为在此种情况下，权利人有选择权，而不是必须先行行使物权请求权。

思 考 题

1. 如何理解侵权行为的法律特征?
2. 如何理解公平责任原则的含义?
3. 侵权责任要件中因果关系如何认定?
4. 如何区分正当防卫与紧急避险?
5. 被监护人侵权责任具有什么特点?

综 合 训 练

1. 甲路过乙家,发现乙家门口有一只狗,甲便捡起石头向狗砸去,狗被惹恼随即蹿上来咬人。碰巧此时丙也路过乙家门口,甲因为跑得快,未被狗咬着,而丙却被狗咬伤,花去医疗费 500 元。经查狗是由乙替丁家所养。

问:

丙的损失应由谁承担赔偿责任?为什么?

要点提示:饲养动物致人损害属于特殊侵权,考虑法定的免责事由判断责任主体。

2. 王甲、韩乙是幼儿园大班的小朋友。一天上午,大班的马老师带领孩子们到院子里做游戏。当王甲、韩乙还有另外一些小朋友爬上滑梯准备往下滑时,有人找马老师,马老师嘱咐小朋友"大家注意安全慢一点",便出去了。当轮到韩乙时,她因为胆子小,坐在滑梯口一直不敢往下滑,站在她身后的王甲非常着急,使劲推了韩乙一下,韩乙极快地滑下。由于速度太快,导致韩乙落地时尾椎骨受挫,韩乙大哭,马老师听见哭声急忙返回,抱起韩乙,并严厉批评了王甲。韩乙当晚回家后不能坐下,连连喊疼,韩父领其到医院检查,诊断为尾椎骨骨折。

问:

韩乙的损失应该由谁承担赔偿责任?为什么?

要点提示:被监护人致人损害属于特殊侵权,考虑王甲父母作为监护人的责任(适用无过错责任原则)以及幼儿园作为教育机构的责任(适用过错责任原则)。

参考文献

[1] 王利明,房绍坤,王轶. 合同法. 北京:中国人民大学出版社,2002.
[2] 魏振瀛. 民法. 北京:北京大学出版社、高等教育出版社,2002.
[3] 王利明,尹飞,程啸. 中国物权法教程. 北京:人民法院出版社,2007.
[4] 王泽鉴. 民法学说与判例研究(1~8册). 北京:中国政法大学出版社,1998.
[5] 郭明瑞、房绍坤. 继承法(第二版). 北京:法律出版社,2004.
[6] 张玉敏. 继承法教程. 北京:中国政法大学出版社,1999.
[7] 孙宪忠. 中国物权法原理. 北京:法律出版社,2004.
[8] 杨立新. 侵权行为法. 上海:复旦出版社,2005.

郑 重 声 明

高等教育出版社依法对本书享有专有出版权。任何未经许可的复制、销售行为均违反《中华人民共和国著作权法》，其行为人将承担相应的民事责任和行政责任，构成犯罪的，将被依法追究刑事责任。为了维护市场秩序，保护读者的合法权益，避免读者误用盗版书造成不良后果，我社将配合行政执法部门和司法机关对违法犯罪的单位和个人给予严厉打击。社会各界人士如发现上述侵权行为，希望及时举报，本社将奖励举报有功人员。

反盗版举报电话：(010) 58581897/58581896/58581879

传　　真：(010) 82086060

E - mail：dd@ hep. com. cn

通信地址：北京市西城区德外大街 4 号
　　　　　高等教育出版社打击盗版办公室

邮　　编：100120

购书请拨打电话：(010) 58581118